मानवाधिकार दर्शन के विमर्श

मानवाधिकार दर्शन के विमर्श

प्रशांत अटकान

प्रथम संस्करण, 2022

ISBN 978–93–83723–94–2

प्रकाशक

एल.जी. पब्लिशर्स डिस्ट्रीब्यूटरर्स

49, गली न. 14, प्रताप नगर, मयूर विहार फेज I

दिल्ली 110 091

lgpdist@gmail.com

टाइपसेट

लिमिटेड कलर्स, दिल्ली

मुद्रक

सपरा ब्रदर्स, नोएडा

स्वयं में एकांतवास के लिए*

* मैंने यह विचार महान रोमन सम्राट मार्कस ऑरेलियस एंटोनिनस की कृति 'मेडीटेशन' से लिया है। मानव/व्यक्ति/स्वयं/इंसान/आदमी की धारणा मानवाधिकारों पर चर्चा का महत्वपूर्ण हिस्सा है। 'स्वयं में आश्रय' स्वयं में निवर्तन मन को एक किले के रूप में मजबूत बनाता है जो भावावेश और दोषों के लिए अभेद्य है : ज्ञान और उदात्त आनंद प्राप्त करने का यह एक आनंदमय तरीका है।

अनुसूची

प्राक्कथन

जब हम मानवाधिकारों की बात करते हैं तो हम आमतौर पर मानवाधिकारों की कानूनी परिभाषा और ऐसे अधिकारों के उल्लंघन के परिणामों पर चर्चा करते हैं। लेकिन श्री प्रशांत ने मानवाधिकारों से संबंधित प्रसंगों में, विशेष रूप से मानवाधिकारों के दार्शनिक, नैतिक और धार्मिक पहलुओं, मानवाधिकारों की उत्पत्ति और इतिहास के साथ शुरू होने वाले मामलों में गहराई से दर्शाया है।

श्री प्रशांत ने अपने शोध को इस निष्कर्ष के साथ समाप्त किया है कि दूसरों के लिए वेदना अनुभव करना मानवाधिकारों की रक्षा करने का सबसे अच्छा साधन है जो मानव से संबंधित सार्वभौमिक मूल्यों पर आधारित हैं।

इस पुस्तक के माध्यम से किए गए कार्यों के लिए मैं श्री प्रशांत को बधाई देता हूँ।

प्रफुल्ल सी. पंत

सदस्य राष्ट्रीय मानवाधिकार आयोग

नई दिल्ली

स्वीकारोक्ति

यह पुस्तक समाज के एक हाशिये पर धकेले गए और वंचित वर्गों के पुरुषों और महिलाओं से मिली प्रेरणा का परिणाम है जो बाधाओं के खिलाफ खड़े हुए, जिन्होने अपने समाज/समुदाय के सदस्यों को उत्थान के लिए सहारा दिया और जिनके साथ मुझे मानवाधिकारों पर सीखने का पहला अनुभव प्राप्त हुआ। यह मनुष्य के मौलिक और प्राकृतिक अधिकारों पर पुनर्विचार करने और मानवाधिकारों पर विचार-विमर्श शुरू करने के लिए और आम आदमी के कल्याण हेतु प्रतिबद्ध होने का बिल्कुल सही समय है। दरअसल, अपने लिए 'मानवाधिकार संरक्षक' की उपाधि अर्जित करना या पाना ही क्या सौभाग्य की बात है! मानवाधिकारों की यात्रा कई चुनौतियों का सामना करती है लेकिन किसी ने सही ही कहा है-

बुद्धिमान व्यक्ति आगे बढ़ना पसंद करता है . . .

"सच बोलने के लिए मुझ पर क्रोधित न हों।"

–सुकरात

"आओ, अब इस पर बहस करते हैं..."
—प्रभु (ईसा 1: 18)

सुकरात और भगवान ईसा के पिछले उद्धरणों के आधार पर-

सुकरात तो खुद एक प्रेरणा रहे हैं। पिछले उद्धरण मानवाधिकारों पर विमर्श के लिए दो आवश्यक कारकों को रेखांकित करते हैं- पहला मानवाधिकारों पर चर्चा कुछ मनोवृति (अच्छे या न हजम होने वाले) को आमंत्रित करेगी, दूसरा धर्म है जोकि मानवाधिकार के सिद्धांतों पर नैतिकता के स्वरूप को 'संपूर्ण' रूप से रेखांकित करता है। वर्तमान संदर्भ में, ये दोनों कारक (स्वभाव और धर्म) नियंत्रण और हेरा-फेरी के लिए सत्ता के निहित स्वार्थों हेतु सबसे व्यापक रूप से देखे जाने वाले संयोगी तत्व हैं। स्वार्थी हितों की साधना के लिए मूल्यों से समझौता किया जाता है। मानवाधिकारों पर विचार-विमर्श करने का आवश्यक समय आ गया है। वैश्विक परिदृश्य अपने आप में एक ऐसा संदर्भ बन गया है जहां मनुष्य के अधिकारों की अनदेखी और अवहेलना की जाती है और किसी न किसी रूप में, जानबूझकर या वास्तविक तरीके से सरेराह उल्लंघन किया जाता है।

इस पुस्तक के माध्यम से मैं मानव जाति के मूल अधिकारों के सिद्धांत पर कुछ मूलभूत दर्शन को याद करने के आशय से समकालीन मानवाधिकार परिदृश्य को समझने का प्रयास करता हूं। यहाँ हर कोई किसी न किसी तरह से, प्रत्यक्ष या अप्रत्यक्ष रूप में, इन अधिकारों के उल्लंघन से प्रभावित होता है। शिक्षा की कमी और मानवाधिकारों की बारीक समझ ने मुद्दे की गंभीरता को कई गुना बढ़ा दिया है। वर्तमान समय 'विज़न-2020' की मांगों के प्रतिफल पर विमर्श के लिए परिपक्व और तैयार है। कई आशाएं पूरे होने की राह देख रहीं हैं। सभ्यता से अभी तक के विकास वाली मूल्य-पद्धति की तुलना में वर्तमान मूल्य प्रणाली को परखने का यह एक नया प्रयास होगा। यहाँ आज शांति गौण प्रतीत होती है और मानव की स्थिति में सुधार से संबंधित प्रमुख मौलिक प्राथमिकताओं को स्थगित रखा जाता है। भीड़ का रोष और आक्रमकता, क्रूरता, सामूहिक बलात्कार, बाल-अधिकार के दुरुपयोग, वंचितों की आजीविका के लिए अस्तित्व के खतरे, आत्मनिर्णय की तलाश, विचारधारा/भव्य रणनीति की उदासीनता और विनाशकारी संशोधनवादी दृष्टिकोण की घटनाएं अब हमारी दिनचर्या का सामान्य क्रम बन चुकी है। इन सब चीजों

ने मानव की विवेकशीलता पर कब्जा कर लिया है। परिवर्तन-उत्साही लोगों और नीति निर्माताओं को सभी स्तरों पर अधिकारों और मानव मामलों पर सम्मेलनों को सुविधाजनक और विनियमित करने के लिए एक बेहतर तंत्र के लिए एक साथ आना होगा। इस पुस्तक में प्रस्तुत विमर्श के माध्यम से हम एक संकल्प के लिए कुछ अति मौलिक विचारों को दोहराते हैं।

आमुख

''हम केवल आदमी की तलाश कर रहे हैं। हमें किसी दूसरी दुनिया की कोई जरूरत नहीं है। हमें दर्पण चाहिए। हम नहीं जानते कि दूसरी दुनिया के साथ हमें क्या करना है? एक अकेला संसार, हमारा अपना, हमारे लिए काफी है; लेकिन हम अपनी इस यथास्थिति को स्वीकार नहीं कर सकते हैं। हम अपनी खुद की दुनिया की एक आदर्श छवि की तलाश कर रहे हैं : हम इसलिए एक ग्रह की तलाश में जाते हैं, एक ऐसी सभ्यता की जो हमारे अपने से बेहतर है लेकिन हमारे प्राचीन अतीत के एक आदिरूप के आधार पर ही विकसित हुई हो। साथ ही साथ हमारे अंदर कुछ ऐसा है जिसका सामना करना हमें पसंद नहीं है, जिससे हम अपनी रक्षा करने की कोशिश करते हैं, लेकिन फिर भी एक स्थिति तो बनी ही रहती है– क्योंकि हम पृथ्वी को प्रारंभिक सरलता की स्थिति में नहीं छोड़ते हैं। हम यहाँ वैसे ही पहुँचते हैं जैसे हम वास्तव में हैं और जब भी पृष्ठ पलट जाता है वह वास्तविकता हमारे सामने प्रकट हो जाती है– हमारी वास्तविकता का वह हिस्सा जिसे हम मौन में पारित करना पसंद करेंगे– तब हम इसे और पसंद नहीं करते हैं।"[1]

–स्टैनिस्लाव लेम

कथा और व्यंग्य पर पोलिश लेखक

यह पुस्तक "मानवाधिकार दर्शन के विमर्श" अधिकारों के मानक दर्शन, अंत: विषय पहलुओं, निश्चित अर्थों और बुनियादी मुद्दों पर विमर्श निर्माण करने का एक प्रयास है। यह अवधारणा सकारात्मक अर्थों में बुनियादी दर्शन,

---

1. लेम, स्टैनिस्लाव-''सोलारिस", जोआना किलमार्टिन और स्टीव कॉक्स द्वारा अनुदित पुस्तक। 1970,अध्याय–6 ''द लिटिल एपोक्रिफा" पृष्ठ 72, 1987 हार्कोर्ट ब्रेस "हार्वेस्ट" संस्करण, आईएसबीएन 0156837501को संदर्भित करती है।

मूल्यों, विचारकों की भूमिका, उनकी विचारधाराओं, प्रमुख घटनाओं, मुद्दों, विकल्पों और अनिवार्यताओं की पेशकश करती है। यहां अपनाई गई कार्यप्रणाली भिन्न प्रतीत हो सकती है। इसके बजाय मेरा उद्देश्य, मूलभूत तर्कों, उपाख्यानों, प्रवृत्तियों, मुख्यधाराओं को एक साथ प्रस्तुत करना है जिन्होंने गतिशीलता हासिल करने के लिए मानवाधिकारों के सिद्धांत के लिए शाही मार्ग प्रशस्त किया है।

यह पुस्तक मानव जाति के अधिकारों के दर्शन पर 'स्वयं के नैतिक मूल्यांकन' के लिए एक प्रायोगिक उपक्रम है। प्राचीन कहानियां, यहां तक कि पौराणिक कथाएं, विचारकों के शब्दशः और परिभाषाएं सीधे उद्गम स्रोत से लिए गए उद्धरण तर्कों को और वितर्कों को मान्यता प्रदान करती हैं। लिखते समय ध्यान देने योग्य विशिष्ट बिंदु, पृष्ठभूमि और संदर्भ के प्रति मैं संतुलित हूं कि 'क्यों' ये कथन दिए गए थे वरन मैंने इन कथनों का उपयोग वर्तमान से जोड़ने के लिए किया है। इसके अलावा, मैंने इन प्रवचनों का उपयोग संज्ञा, मूल और क्रिया, व्यापक अवधारणाओं की पहचान करने के लिए नए अर्थ बनाने के लिए किया है। उदाहरण के लिए, दार्शनिक क्षेत्र में, 'प्रतिनिधित्व' प्रतिनिधित्व से भिन्न हो सकता है या मनोविज्ञान में 'स्थापना' का विभिन्न प्रकार से अनुमान लगाया जा सकता है। हालाँकि, मैंने इन शब्दों में क्रिया-मूल का उपयोग किया है (यहाँ प्रतिनिधित्व और स्थापित करें) शाब्दिक अर्थ को आकर्षित करने के लिए। मैं संस्कृति को किसी भी मानदंड पर परिभाषित करने के बजाय मन का हिस्सा कह सकता हूं। मैं संस्कृति को मन के स्थान पर कब्जा करने वाली वस्तु के रूप में देखता हूं क्योंकि मेरा मानना है कि पदार्थ मन को नियंत्रित करता है। प्रत्येक शब्द किसी वस्तु से प्रेरित होता है और उसमें वस्तुनिष्ठ भाव होता है। यह दृष्टिकोण एक वैज्ञानिक अभ्यास नहीं हो सकता है, मेरा प्रयास नैतिक जोर को उजागर करना है, अनुभवजन्य जांच नहीं। विमर्श का अन्य उद्देश्य दावे को मान्य करना है। संदर्भ पर ध्यान न देना पुराने सिद्धांतों या कम से कम कुछ मार्मिक से एक नया प्रस्ताव बनाने का एक और तरीका है। बहुत अधिक भ्रम स्व-सुधार के माध्यम से आदेश का आग्रह करता है। दांते की *डिवाईन कॉमेडी* या किसी प्रसंग के लिए ओडिपस रेक्स मिथक को अलग-अलग प्रतिक्रिया देने के लिए कई तरह से उपयोग में लगाया जा सकता है।

सरल/जटिल शब्दों की मूल परिभाषाएं प्रस्तुत की जाती हैं और अपनी स्वयं की वैधता के लिए अंतर्निहित तर्क को स्पष्ट करने के लिए शब्दों को दोहराया जाता है। धर्म पर चर्चा करने और नैतिक दर्शन पर जोर देने के लिए मैंने धार्मिक और आध्यात्मिक प्रवचनों का उपयोग किया। इवेंजेलियम विटे का एक उदाहरण :

"केवल परमेश्वर के पास ही जीवन और मृत्यु पर अधिकार है [...] जब मनुष्य मूर्खतापूर्ण और स्वार्थी सोच के गुलाम होकर इस शक्ति को हड़प लेता है, तो वह अनिवार्य रूप से अन्याय और मृत्यु के लिए इसका उपयोग करता है। इस प्रकार, कमजोर व्यक्ति का जीवन समाज में मजबूत व्यक्ति के हाथों में डाल दिया जाता है, तो न्याय की भावना खो जाती है, और आपसी विश्वास, प्रत्येक *प्रामाणिक* पारस्परिक संबंध का आधार, इसकी जड़ से ही नकार दिया जाता है।"[2]

वाक्यांशों के ठीक बाद निष्कर्ष निकाला जाता है। उपरोक्त वाक्यांश से, मैं यह अनुमान लगा सकता हूं कि बढ़ी हुई शक्ति ने मनुष्य को अति-महत्वाकांक्षी बना दिया जो समाज में संघर्ष की उत्पत्ति का कारण बन गया। न्याय का विचार जैसा कि उपरोक्त उद्धरण में प्रकाश डाला गया है, धर्म धार्मिकता का व्युत्पन्न है, ईश्वर का संदेश है। परंपरा, धार्मिक बारीकियां सांस्कृतिक रूप से संवेदनशील संदर्भों में शिक्षा के लिए उपकरण, मानवाधिकारों के लिए योजनात्मक रणनीतियों का प्रारूप तैयार करती हैं। पूर्वाग्रहों में से एक तरह से यह है कि कानून के रूप में मानवाधिकार औपचारिक कानून की तुलना में नैतिक और वास्तविक कानून से अधिक प्रभावोत्पादक है। इस तरह के दावे नैतिक तर्कों की पुष्टि प्रदान करते हैं। मैंने अपनी व्याख्या का उदाहरण या प्रमाण प्रस्तुत नहीं किया, हो सकता है, या ये दावे सामान्य सत्य हैं।

बहरहाल, यह पुस्तक अपने दर्शकों को आश्वस्त करने का एक प्रयास है कि यहां प्रस्तुत आधार, आख्यान और बयानबाजी का संयोजन विमर्श के लिए और बहस को जीवित रखने के लिए विचार-विमर्श को प्रमाणित करता है। मुख्य अवधारणाओं पर परिभाषाओं, मूल तर्कों और संदर्भों के प्रमाणीकरण पर विवाद की संभावना हो सकती है। यह पुस्तक स्वतंत्र शोध का परिणाम

---

2. Evangelium Vitae, यहां उपलब्ध है : http://w2.vatican.va/content/john-paul-ii/en/encyclicals/documents/hf_jp-ii_enc_25031995_evangelium-vitae.html.

है जिस पर वैज्ञानिक कठोरता के आधार पर प्रश्नचिह्न लगाया जा सकता है। कठोरता–घाटे को दूर करने के लिए मैं प्रत्येक अध्याय में परिभाषाएं, प्रसंग और संदर्भ प्रदान करता हूं। जैसा भी हो, यह शोध अधिकारों के सार को उजागर करने के उद्देश्य से जटिल तथ्यों को सादे तरीके से प्रस्तुत करता है। इसलिए, इस पुस्तक का उद्देश्य एक वैज्ञानिक पद्धति के बाद अनुभवजन्य जांच के माध्यम से विवरण में जाने के बजाय नैतिक ढांचे पर पर्याप्त तर्कों के साथ मनन का विस्तार करना है। शुरुआत में स्टैनिस्लाव लैम के उद्धरण के आधार पर : प्रकृति द्वारा सत्य सरल है और प्रकृति सुव्यवस्थित है, वास्तविकता की यह अभिव्यक्ति इस तथ्य को समझने में मदद करती है कि ...हमें दर्पण की आवश्यकता है...। तो हम स्वयं को अब और पसंद नहीं करते...। हम अपनी दुनिया की एक आदर्श छवि की तलाश में हैं...

भाग 1

1
परिचय

मानवाधिकार : नैतिकता असामान्य रूप से उत्साह से भरी हुई है।[1]

मेरा उद्देश्य मार्गदर्शन था न कि व्यंग्य करना; मदद करना, चोट पहुँचाना नहीं; मनुष्य को यह दिखाने के लिए कि कैसे बेहतर बनें, और उनके रास्ते में न खड़े होना ... न केवल उनके प्रतिकार के लिए बल्कि मनोरंजन हेतु भी। मैंने अक्सर देखा था कि लोगों को सही राह पर रखने का यह हंसमुख और विनोदी अंदाज उनमें से कई लोगों के लिए सबसे सफल होता है। —इरास्मस[2]

हे प्रभु, हम जानते हैं कि हम क्या हैं, लेकिन यह नहीं जानते कि हम क्या हो सकते हैं। —विलियम शेक्सपियर, *हेमलेट*, 1623[3]

मानवाधिकारों पर दार्शनिक विचार विमर्श क्यों? मानवाधिकार अपने आप में जीवन की प्रगति के लिए मूल्यों के बारे में मनुष्य के मन को संवेदनशील बनाने का एक दर्शन है। मानवाधिकार दर्शन सार्वभौमिक मूल्यों को आदत और व्यवहार के रूप में अपनाने के लिए मानवीय बुद्धि को संवेदनशील बनाता है।

"तत्वज्ञान कल्पनाओं को छोड़ और कुछ नहीं देता, और . . . उन परिकल्पनाओं का मूल्य केवल इसलिए है क्योंकि वे पुरुषों के दिमाग को उनके बारे में जीवन के प्रति अधिक संवेदनशील बनाती हैं।"[4]

रूढ़िवादी समय में, संचार और बातचीत के प्रणाल को खुला रखने के लिए अधिकारों के उदार मूल्यों की आवश्यकता होती है। सामाजिक निर्माण में परिवर्तन का नेतृत्व करने के लिए विचार-विमर्श पहला कदम है। दार्शनिक

विमर्श मानवीय मामलों पर अपने अधिकार में राजनीति के समान है। भले ही आप इसे गंभीरता से न लें, फिर भी आपमें हमेशा किसी न किसी प्रकार के दर्शन को विकसित करने या उसका पालन करने की प्रवृत्ति होती है। दर्शन साधन और साध्य दोनों ही है और विमर्श का मार्ग है तथा यह अपरिहार्य की तरह है जिससे आप बच नहीं सकते। यह मस्तिष्क के विचारशील अतीत के अलावा और कुछ नहीं है।

"... यही कारण है कि कुछ लोग दर्शन से दूर नहीं जा सकते हैं, जैसे वे अपने माता-पिता से दूर नहीं जा सकते, या आमतौर पर अपने अतीत से दूर नहीं जा सकते।"[5]

दुनिया संकरी होती जा रही है। दो मनुष्यों के बीच का संवाद अपमानजनक और कम होता जा रहा है। असीमित तकनीकी प्रगति और इसे संभालने के दबाव ने विशेषाधिकार प्राप्त आधुनिक व्यक्ति की प्राथमिकताओं को समझने की क्षमता को बाधित कर दिया है। जमीनी स्तर पर बहुत कम लोग जागरूकता की स्थिति में हैं। उनकी एकमात्र प्राथमिकता अस्तित्व और जीवित रहना है। दुनिया के सभी हिस्सों से एक बुरा अनुभव सामने आ रहा है जो स्थायी खराब स्मृति में बदल रहा है। हैबरमास के शब्दों में आत्मिक विस्मरण की हालत बन गई है। पुरानी यादें और बुरी यादें फिर से उभर आती हैं। मार्क्स ने कहा था कि इतिहास पहले त्रासदी की तरह खुद को दोहराता है फिर प्रहसन बन जाता है। वर्तमान में, हम वैश्विक मामलों के परिदृश्य को पतन की राह पर देख रहे हैं। सच में! सबसे शक्तिशाली राज्य खुद-लगाए गए लॉक-डाउन में हैं।[7] शून्यवाद सार्वभौमिकता पर हावी प्रतीत होता है, जो एक बेहतर अनुभवात्मक शिक्षा के लिए प्रयोग हो सकता है।

"... क्योंकि शून्यवाद हमारे महान मूल्यों और विचारों के अंतिम तार्किक निष्कर्ष का प्रतिनिधित्व करता है।"[8]

जैसे-जैसे राष्ट्र-राज्य अपने राजनीतिक हितों के लिए समय के साथ अधिक कट्टरपंथी होते जा रहे हैं, वैश्वीकरण के गुणों को प्रोत्साहित करने में सार्वभौमिक मूल्यों की एक महत्वपूर्ण भूमिका बनती जा रही है। जब वर्तमान वैश्विक मामलों के बारे में जानकारी प्राप्त करने की बात आती है तो हमारे पास दुनिया में कहीं से भी कुछ बुरी खबरें आती हैं। सबसे बुरी बात यह है कि समाचार अक्सर सबसे सभ्य समाजों से आते हैं जिनका प्राचीन अतीत

समकालीन आधुनिक दुनिया के लिए कीर्तिमान रहा है। प्रवास, व्यापार और जलवायु संबंधी नीतियों पर आपसी सहयोग की कमी, घटती धार्मिक सहिष्णुता, कमजोर सामाजिक ताने-बाने, शैक्षिक प्रणाली, विशेषाधिकारों के प्रति मीडिया की ठंडी प्रतिक्रिया, अब कोविड महामारी आदि कुछ प्रमुख वैश्विक मुद्दे हैं जो वैश्वीकरण की गति में मंथरता को दर्शाते हैं और इन मुद्दों के प्रति आत्मिक लगाव की कमी भी दिखती है। राजनेताओं की अत्यधिक राजनीतिक महत्वाकांक्षाएं आधुनिक सभ्यता के मूलभूत सिद्धांतों को झटका दे रही हैं। स्वार्थ अब सह-अस्तित्व के सद्भाव, व्यवस्था और सार्वभौमिक मूल्यों को कमजोर कर रहा है। यह टिप्पणी करना अतार्किक नहीं होगा कि विमुक्त दुनिया अधिक कट्टरपंथी होती जा रही है जहां परोपकारिता और सहानुभूति के मूल्यों में गिरावट के लिए जिम्मेदार केवल एकमात्र बुराई 'स्व-हित का भूत' है। विश्व व्यवस्था या सामाजिक व्यवस्था में समान रूप से समस्याओं का मूल कारण सामान्य-हित पर हावी स्वार्थ है। हितों और मूल्यों के बीच संतुलन साधना लंबी अवधि में विवेकपूर्ण और उचित विकल्प है। सामान्य मानवता के आदर्शों को तुच्छ अल्पकालिक लाभों के लिए नजरअंदाज कर दिया जाता है जो नैतिक-परिवर्तन के लिए आवश्यक मानवाधिकारों के कुछ बुनियादी सिद्धांतों पर एक मिशन के लिए विमर्श की मांग करता है। मानवाधिकार मानव के आचरण के लिए एक मार्गदर्शक शक्ति के रूप में कार्य करने वाले मानव जाति के पहले अधिकार हैं। ये अधिकार सांस्कृतिक रूप से सापेक्षवादी संकीर्ण दृष्टिकोण से व्यापक सार्वभौमिक मूल्य प्रणाली के संक्रमण में मानव जाति के लिए प्रकाश-स्तंभ के रूप में कार्य करते हैं। पश्चिमी दर्शन पर एक अमेरिकी दार्शनिक विल्फ्रिड सेलर्स कहते हैं :

"सभी प्रकार की जागरूकता एक भाषाई मामला है।"[9]

मैं जागरूकता के लिए भाषाई मामले पर सेलर्स के दावे में वाक्पटुता/ वक्तृत्व शक्ति को जोड़ूंगा। मेरे समीकरण में:

वाक्पटुता + भाषाई प्रसंग = जागरूकता

वाग्मिता/वाक्पटुता और भाषाई मामले सामूहिक रूप से विमर्श के बराबर होते हैं, इसलिए विमर्श का परिणाम जागरूकता होता है। विमर्श का निश्चित अर्थ और उद्देश्य मनुष्य को मानव जाति के अधिकारों के बारे में जागरूक करना है।

पहला अध्याय मानवाधिकारों की कुछ बुनियादी बातों पर एक विहंगम दृष्टि से इस पुस्तक के अभिन्यास का परिचय देता है। नैतिक अंतराल की जांच एवं पुष्टि के लिए कुछ प्राचीन साहित्य की समीक्षा की जाती है और समकालीन प्रथाओं पर चर्चा की जाती है। धार्मिक मूल्य तर्कों को प्रारंभ और पुष्ट करते हैं। इस पुस्तक में इस बात की ओर ध्यान आकर्षित किया जा सकता है कि प्रत्येक अध्याय की शुरुआत में कुछ उद्धरणों का उल्लेख किया गया है। ये कुछ मूलभूत अधियाचनाएं हैं जिन पर कथात्मक बयानबाजी की जाती रही है। आगमनात्मक दृष्टिकोण के बाद कुछ सामान्यीकरण किए जाते हैं। इस पुस्तक को मानवाधिकारों पर एक अनुभवजन्य-दार्शनिक कथन (दस्तावेज) बनाने के लिए विश्लेषण को मजबूत करते हुए उद्धरणों के रूप में दावे सरल रूप में दिए गए हैं। यह पुस्तक एक उदास मानव अधिकारवादी या आदर्शवादी का एक गंभीर कोलाहल बिल्कुल नहीं है यद्यपि मानविकी के क्षेत्र में एक शैक्षिक प्रयास है।

मैग्ना कार्टा लिबर्टाटम (मैग्ना कार्टा, द ग्रेट चार्टर) प्राचीन इंग्लैंड में 1215 में लिखा गया था जो स्वतंत्रता और अधिकारों पर विचारों को सामने रखता है। ये दो चर (स्वतंत्रता और अधिकार) मानवाधिकारों की अवधारणा को विकसित करने के लिए गहन साधन हैं। कालांतर में संपत्ति, जीवन, अभिव्यक्ति, खुशी, संस्कृति, अर्थशास्त्र और समानता आदि पर विचारों के साथ अधिकारों का और विस्तार किया गया। अमेरिकी संविधान खुशी की खोज पर जोर देता है जिसका अर्थ है कि इन सभी अधिकारों द्वारा मानव जाति को खुश रखना चाहिए। संयुक्त राष्ट्र के मानवाधिकारों की सार्वभौम घोषणा (यूएनडीएचआर) का अनुच्छेद-1 आधुनिक संस्थागत वास्तुकला के मूल में है :

"सभी मनुष्य स्वतंत्र और समान गरिमा और अधिकारों के साथ पैदा हुए हैं। वे तर्क और विवेक से संपन्न हैं और उन्हें भाईचारे की भावना से एक दूसरे के प्रति कार्य करना चाहिए।"

यूएनडीएचआर में, ध्यान देने योग्य अवधारणाएं भाईचारा स्वतंत्रता, गरिमा, समानता, कारण, विवेक और भावना हैं। नैतिक बल के साथ कारण (तर्क) की गुणवत्ता को मजबूत किया जाता है। स्वतंत्रता, समानता और गरिमा लोगों की ओर से परस्पर समझौता है जिसके लिए उनके पास विवेक और भावना

होनी चाहिए। ये निरपेक्ष मान नहीं हैं बल्कि शून्य-राशि का खेल हैं। स्वतंत्रता और समानता एक साथ नहीं रह सकते। यहाँ मूल्यों की व्याख्या और चर्चा अध्याय दो और अध्याय पांच में की गई है। मूल्यों पर अनुशासित आचरण एक स्वाभाविक घटना और इच्छा नहीं हो सकती है जब समाज के सदस्यों को वैश्वीकरण द्वारा पेश किए गए खतरों और अवसरों के माध्यम से विभाजित किया जा रहा है। आगामी अध्यायों में मूल्यों आधारित अनुमान को स्पष्ट करने के लिए कई शब्दों का बार-बार उपयोग किया जाता है और गहराई से उपयोग किया जाता है। कारण (तर्क) और तर्कसंगतता ऐसे ही कुछ शब्द हैं। 'संघर्ष' सामान्य-मानकों को प्रतिबिंबित करने और सांस्कृतिक मूल्यों के अनुकूल होने की इच्छा के बारे में दर्शाता हुआ शब्द है।

"... एक व्यक्ति तर्कसंगत है जो सांस्कृतिक रूप से स्थापित मूल्यों के मानकों के आलोक में अपनी इच्छाओं और भावनाओं की प्रकृति की व्याख्या करता है, लेकिन विशेष रूप से यदि वह बहुत मूल्य मानकों के लिए एक चिंतनशील रवैया अपनाता है तो उनके के माध्यम से उसकी इच्छाओं और भावनाओं की व्याख्या की जाती है।"

मनुष्य को अपनी इच्छाओं और भावनाओं की वर्तमान प्रकृति के प्रति दृष्टिकोण के संबंध में भविष्य के बारे में तर्क करने की आवश्यकता है। तर्कसंगतता कारण के आधार पर कार्रवाई/पसंद/निर्णय/स्वभाव है। वेबर के शब्दों में, तर्कसंगतता हमेशा होती है :

1. विकास और प्रगति उन्मुख,
2. और उद्यम के लिए एक दृष्टिकोण,
3. मूल्य-वर्धित,
4. मूल्यों की वृद्धि।

यह तर्कसंगतता के कारण ही है कि मूल्य सार्वभौमिक वैधता प्राप्त करते हैं। 'कारण' (तर्क) एक व्यक्ति की सांस्कृतिक रूप से स्थापित परंपराओं के अनुकूल होने और मूल्यों की प्रणाली के ढांचे के भीतर स्वार्थ, इच्छाओं और भावनाओं को पूरा करने के लिए इन सम्मेलनों को अपनाने की क्षमता है। दूसरे शब्दों में, समाज के निर्धारित मूल्य-प्रस्ताव के खिलाफ जाना स्वार्थ के प्रति एक अनुचित दृष्टिकोण है। इसलिए मनुष्य को आकांक्षाओं की पूर्ति के

लिए स्थापित सामाजिक मानकों पर आत्मनिरीक्षण के साथ सामान्य निरीक्षण भी करना पड़ता है। *प्रोटेस्टेंट एथिक्स एंड स्पिरिट ऑफ कैपिटलिज्म* पर अपने मौलिक काम में तकनीक पर वेबर की तीक्ष्णता मानवाधिकार साहित्य के शिक्षाविदों के लिए तर्कसंगत तकनीक का परिचय देती है। उनकी तर्कसंगत तकनीक का अर्थ है उपलब्ध संसाधनों का उपयोग अनुभव और प्रतिबिंब के लिए व्यवस्थित तरीके से करना।[11]

कारण (तर्क) का उद्देश्य मनुष्य को संपत्ति और सुविधा स्थापित करने के लिए स्वयं में परागमन के लिए मार्गदर्शन करना है जिस पर मानव जाति फलती-फूलती है और जीवित रहती है। तर्क के माध्यम से समाज में मूल्यों और मूल्यों को जमीनी स्तर से सार्वभौमिक स्तर तक सामान्यीकृत किया जाता है और यही कारण है कि मनुष्य सामाजिक स्थान में अपनी स्वीकार्यता पा जाता है। व्यवहार में समाज के सदस्य होने के नाते मूल्य-मानकों को आचरण में प्रतिबिंबित करना होगा। मानदंडों को त्यागकर इच्छाओं की एकतरफा खोज सामाजिक-संरचना में संघर्ष पैदा करेगी।

अध्याय दो विशुद्ध रूप से एक नैतिक और दार्शनिक विचार विमर्श है जो समझ की आधारभूत रेखा निर्धारित करता है। मानवाधिकारों के बिना केवल प्राकृतिक कानून, आधुनिक कानून और राष्ट्रीय हितों को प्राथमिकता देने वाली संस्थाओं से विश्व का अस्तित्व संभव नहीं है। मूल्य मायने रखते हैं और दर्शन मूल्यों के सार पर मनन है। कई बहसें हैं कि क्या नैतिक मूल्य मायने रखते हैं। दर्शन एक मूल्य-उन्मुख कर्तव्य के लिए प्रोत्साहित करता है। वेबर इसको प्रमाणित करता है :

"कार्य एक सचेत विश्वास द्वारा निर्धारित किया जा सकता है कि यह, इसके परिणामों की परवाह किए बिना-कर्तव्य के कारण, अधिकार के लिए, या केवल अपने स्वयं के लिए किया जाना चाहिए।"[12]

वेबर का मूल्य-उन्मुख अनुयोजनन प्रतिमान (एक्शन मॉडल) सचेत विश्वास को मजबूत करके कार्यों के लिए मानक स्तर प्रदान करता है। दर्शन मूल्यों की शुद्धता से चेतना, आदतों और कार्यों को प्रभावित करता है। कर्तव्य, धार्मिकता मानवाधिकारों के मूल घटक हैं। दार्शनिक मूल्य मानवीय आचरण को न्यायसंगत और तर्कसंगत बनाते हैं। अध्याय दो के अंत में 'नैतिक दायित्व' की व्याख्या मानवाधिकारों के संबंध में दार्शनिक चिंतन का मूल आधार है।

दायित्व पर अंतर्दृष्टि आयर्स, हैबरमास, हेगेल और रॉर्टी व अन्य के दार्शनिक सिद्धांतों से ली गई है। संचार क्रिया पर हैबरमास के विचार गहन रूप से व्यावहारिक हैं :

"यदि हम मान लें कि मानव प्रजाति अपने सदस्यों की सामाजिक रूप से समन्वित गतिविधियों के माध्यम से खुद को बनाए रखती है और यह समन्वय संचार के माध्यम से स्थापित किया जाता है– और जीवन के कुछ क्षेत्रों में, संचार के माध्यम से समझौते तक पहुंचने के उद्देश्य से– तो प्रजातियों के संवर्धन को भी संतुष्ट करने की आवश्यकता होती है संचार क्रिया में निहित तर्कसंगतता की शर्तें पूर्ण करती हों।"[13]

हैबरमास का दावा है कि संचार वह माध्यम है जो सामाजिक क्रिया के लिए आवश्यक मन की चेतना को दर्शाता है, बशर्ते इसका उद्देश्य समाज के सदस्यों के बीच किसी आपसी समझौते पर पहुंचना हो। समझौता उन सम्मेलनों का रूप लेता है जो नैतिक विमर्श और संचार कार्रवाई के पीछे के कारण पर आधारित होते हैं। संचारी क्रिया को हैबरमास 'संचारी कारण' कहता है जिसमें नैतिकता भी शामिल होनी चाहिए। यह सार्वभौमिक मानवाधिकार यांत्रिकी की श्रृंखला को चलाने वाला नैतिक दर्शन है। अभी तक मानवाधिकार प्रकृतिक स्वभाव में बाध्यकारी नहीं हैं और केवल नैतिक प्रश्न की संभावना बची है, और नैतिक ह्रास की कसौटी पर जवाबदेही और दायित्व तय करने के आचरण पर 'विचार' बचे है।

मानवाधिकार सिद्धांत पर ये ही विचार हैं जिन्हें राज्य, राजनेता या संस्थान समायोजित अथवा अस्वीकार करने के लिए स्वतंत्र हैं। अस्वीकृति वैश्विक दुनिया में केवल नाम और मुंह के शब्द को शर्मसार करने के लिए एक आधार है, जिसे कुछ लोग गंभीरता से ले सकते हैं और बाकी के लिए ये बस जमानत है। कुछ बड़े नैतिक प्रश्न हैं :

1. क्या मानवाधिकारों के स्पष्ट उल्लंघन के संबंध में आधुनिक राष्ट्र–राज्य, समुदाय या व्यक्ति अपने प्रतिष्ठा मूल्य की परवाह करते हैं?
2. क्या प्रबुद्धता, पुनर्जागरण, नागरिक आंदोलनों के संस्थापक देश दुनिया भर में मानव जाति की पवित्रता के प्रति पर्याप्त जागरूक हैं?
3. जवाबदेही के लिए नैतिक दायित्व कौन वहन करता है?

अध्याय दो और अध्याय तीन मानवाधिकारों और परिवर्तन की अवधारणा का निर्माण करते हैं, जिसमें मानवाधिकार इतिहास-लेखन में उत्पत्ति, विचारकों और प्रमुख घटनाओं पर ध्यान केंद्रित किया गया है।

अध्याय तीन में, हम समय और स्थान की निरंतरता पर कुछ प्रवृति-दिशा और सुर्खियों (मुख्यधाराओं) को समझने की कोशिश करेंगे, जिसके माध्यम से मानवाधिकारों पर विचार जैसे रोमन साम्राज्य का पतन, बर्बरता, अंधकार युग, पुनर्जागरण और ज्ञानोदय, लोकतंत्र, गुलामी, नागरिक अधिकारों और मानवाधिकारों से संबंधित अन्य मूल्यों पर प्रभाव पड़ा।

अध्याय चार प्राचीन काल से धार्मिक रचनात्मकता और नवाचारों और मानवाधिकारों की उत्पत्ति में उनकी भूमिका पर केंद्रित है। धर्म अनुशासित आचरण के लिए आध्यात्मिक दिशाओं के साथ-साथ नैतिक मूल्यों की स्थापना और प्रसार का स्रोत है। धर्म सामाजिक रूप से पारलौकिक विचारधारा[14] के रूप में आधिकारिक शक्ति रखता है जिस पर साम्राज्य उठे और बिखर गए। धर्म प्रामाणिक शांति के माध्यम से अंतिम शांति और आधुनिकता की ओर ले जाता है।[15] राज्यों ने इसका उपयोग बहु-राज्य सभ्यता[16] के लिए एक मंच बनाने के लिए मानदंडों को साझा करने और धार्मिक प्रथाओं में आसन्न मनोबल[17] के माध्यम से नैतिक दायित्व प्राप्त करके जमीनी स्तर पर सम्मेलन को लागू करने के लिए किया। धर्म नैतिक मानक प्रदान करता है और आचरण के मानदंडों पर व्यक्ति पर नैतिक अनुशासन लागू करता है :

"वास्तव में प्रत्येक व्यक्ति की उन कार्यों के लिए नैतिक जिम्मेदारी होती है जो वह व्यक्तिगत रूप से करता है; किसी को भी इस जिम्मेदारी से छूट नहीं दी जा सकती है, और इसके आधार पर सभी का न्याय स्वयं भगवान द्वारा किया जाएगा।"[18]

मनुष्य के विवेक पर धर्म और आध्यात्मिक ग्रंथों का प्रभाव मानदंडों के आधार पर विवेकशील आपत्तियों को उठाने के लिए व्यापक है जो नैतिक मानकों के साथ असंगत आचरण करता है : यह मानवाधिकारों के लिए एक शर्त है। इस आधार पर, मैं इस बात पर जोर देता हूं कि एक व्यक्ति द्वारा दूसरे के लिए बिना शर्त सम्मान उसकी सांस्कृतिक परवरिश, धार्मिक और आध्यात्मिक उपक्रम, शास्त्रों, भगवान, संतों, आध्यात्मिक नेताओं और संबंधित

प्रथाओं में उनके विश्वास से आता है। धर्म निश्चित रूप से उन प्रथाओं पर प्रमुख प्रभावक है जो मानवाधिकारों में मानक बन गए हैं।

अध्याय पांच विचारकों और मूल्यों पर चर्चा करता है। आधुनिक मानवाधिकार व्यवस्था और संबंधित क्षेत्रों पर उनके प्रभाव के स्तर पर विचारकों की पहचान की जाती है। मूल्य उनकी प्राथमिकता और प्रभाव के आधार पर तय किए जाते हैं। लोकतंत्र की चर्चा अन्य मूल्यों और मानवाधिकारों के मूल्य और अंतर्निहित प्रस्ताव दोनों के रूप में की जाती है। लोकतंत्र विभिन्न वर्गों, जातियों और पंथों के लिए एक साझा स्थान है और मानवाधिकार सभी के लिए वांछनीय हैं। इस अध्याय में वर्णित विचारकों द्वारा विकसित विचारधाराओं/मूल्यों का अत्यधिक नियंत्रण है और यह मानवाधिकारों के लिए समर्पित सम्मेलनों के अग्रभूमि के रूप में कार्य करते हैं। इसके अलावा, मूल्य नैतिक दबाव को बनाए रखते हैं और समाज के सदस्य होने के नाते आचरण के लिए मनुष्य के दायित्व को देखते हैं। अध्याय पांच अध्याय दो में प्रस्तुत कुछ दर्शनों की पुनरावृत्ति प्रतीत हो सकता है, हालांकि, नए विकल्पों और अर्थों का अनुमान लगाया जा सकता है। मूल्यों को मानवाधिकारों के संदर्भ में वरण और कारण दोनों के रूप में समझाया गया है जहां तर्क पर इच्छा/विकल्प ज्यादा प्रभावशील हैं। हैबरमास औचित्य देता है :

"क्योंकि अंतिम विश्लेषण में मूल्यों को तर्कसंगत रूप से आधार नहीं बनाया जा सकता है बल्कि केवल अंगीकृत किया जा सकता है।"[19]

मानवाधिकार लोगों की पसंद का मार्गदर्शन करने के लिए अनुभवी तर्कों के साथ लागू किए गए विनम्र कानून हैं। यद्यपि मैंने आठवें अध्याय में मानवाधिकारों को लागू करने योग्य बनाने के लिए एक तर्क के निर्माण के लिए कुछ अनिवार्यताओं की पहचान की है, लेकिन अंत में, वे पसंद, चरित्र और व्यक्तित्व के मामले हैं। इसीलिए, मैंने अधिकारों के बारे में अपने स्वयं के विचारों की जाँच और सत्यापन के लिए विचारकों और उनके प्रवचनों के तर्कों का सहारा लिया है। अमेरिकी स्वतंत्रता की घोषणा और मानवाधिकारों पर संयुक्त राष्ट्र की घोषणा पर जॉन लॉके का प्रभाव काफी मौलिक और सार्थक रहा है, विशेष रूप से स्वतंत्रता और स्वतंत्रता की भावनाओं को सशक्त बनाने में। लॉके ने लोगों की आजीविका पर अपने युग की धार्मिक और शासक संस्थाओं द्वारा लगाए गए अवरोधों को प्रत्यक्ष रूप से अनावृत किया

था। लोके के योगदान को मानवाधिकारों के क्षेत्र में सबसे अधिक अनुभवजन्य और तर्कपूर्ण माना जा सकता है। निस्संदेह, वह प्राकृतिक कानूनों के दर्शन के पिता हैं जो मानवाधिकारों के आधार हैं। इसके अलावा कुछ मूल्यों की पहचान की जाती है जो मानवाधिकारों के दर्शन के लिए अपरिहार्य और वांछनीय हैं। ये मूल्य एक-दूसरे के विरोधाभासी लग सकते हैं जिन्हें मैं वाद-विवाद के लिए आमंत्रित करता हूँ। इसको संतुलित करने के लिए, मैं कुछ मूल स्रोत और उद्धरण सीधे विचारकों, नेताओं, धार्मिक और आध्यात्मिक नेताओं से प्रस्तुत करता हूं। हिप्पो के संत ऑगस्टाइन को रेखांकित किया गया है :

"स्वतंत्रता की शुरुआत हत्या, मिलावट, व्यभिचार, चोरी, धोखाधड़ी, बेअदबी आदि जैसे अपराधों से मुक्त होना है। केवल जब कोई इन अपराधों को करना बंद कर देता है [...], व्यक्ति स्वतंत्रता की ओर अपना सिर उठाना शुरू कर देता है। लेकिन यह केवल स्वतंत्रता की शुरुआत है, पूर्ण स्वतंत्रता नहीं।"

स्वतंत्रता पूर्ण रूप से अंत नहीं है। यह स्वाभाविक है कि कला के क्षेत्र में विचार-विमर्श निहित सापेक्षता, व्यक्तिपरकता और पूर्वाग्रह के कारण विचारों और प्रतिवादों से ग्रस्त हैं। मैंने अपने विचारों और प्रतिरूपों में मानक और गुणवत्ता जोड़ने के लिए मूलाधार के सिद्धांत पर एक दृष्टिकोण अपनाया है जिसके लिए धर्म, यूनान दर्शन, पुनर्जागरण, ज्ञान आंदोलन, नागरिक आंदोलनों, क्रांतियों आदि से प्राचीन साहित्य में बहुत कुछ निहित हैं। इनमें कुछ काफी गहरे स्रोत है। इन घटनाओं को इस पुस्तक में सचित्र आधार, कथा और तर्क-वितर्क के लिए मौलिक माना गया है। इस पुस्तक की समग्र रूपरेखा तर्क और कारण की कमी भरने वाले आध्यात्मिक दृष्टिकोण को अपनाने का आभास दे सकती है। हालाँकि मैंने कुछ अनुभवजन्य मामलों, उपाख्यानों को इस बात की पुष्टि के लिए साझा किया कि यह पुस्तक खाली समय में केवल एक दार्शनिक मानसिक कोलाहल नहीं है। एक और पूर्वाग्रह विचारकों और मूल्यों और अन्य मापदंडों की पहचान से संबंधित हो सकता है जो मानवाधिकारों के संदर्भ में स्पर्शरेखा लग सकता है। विचारों में विविधता लाने के लिए या प्रति-कथा के मामले के लिए एक एकीकृत और समग्र दृष्टिकोण देने के लिए आयामों और विचार-सीमा को जोड़ने और स्पर्श करने का प्रयास यहां है। उसी समय, इस पुस्तक में प्रस्तुत किए गए आख्यान और वाद-विवाद

की तरह लग सकते हैं। मैंने विचारकों और दार्शनिकों के उद्धरणों की प्रचुर आपूर्ति के साथ प्रासंगिक दावों के आधार पर तर्क के माध्यम से अपने तर्कों का आधार प्रस्तुत किया है। प्रमुख मुद्दों की पहचान और जांच के अलावा, अनिवार्य विकल्पों का उल्लेख जगह-जगह पर किया गया है जोकि अंत में समेकित नीति विकल्पों के साथ दिया है।

परंपरा पर अध्याय छह में, मानवाधिकारों पर वर्तमान अंतर्राष्ट्रीय कानून की सुसंगत और अनुभवजन्य प्रस्तुति के उद्देश्य के लिए समकालीन शासन, अंतर्राष्ट्रीय निकायों और संधियों को संक्षिप्त किया गया है। ये पिछले अध्यायों में चर्चा की गई घटनाओं के परिणाम हैं जिनके कारण मानवाधिकारों पर अंतर्राष्ट्रीय कानूनों का निर्माण हुआ। प्रमुख अंतर्राष्ट्रीय संधियों और निकायों की भूमिका और दायरे को यहाँ केवल छुआ गया है। अंतर्राष्ट्रीय मानवाधिकार कानून के कानूनी वास्तुकारों को समझे और जाने बिना सम्मेलनों पर चर्चा से यह आभास होगा कि पेड़ गायब हैं पर वन नहीं। हमें कानून और कानूनी संस्थानों में विकासवादी वैचारिक प्रवृत्तियों को समझने की जरूरत है ताकि भविष्य के हित के साथ पृष्ठभूमि और संदर्भ को एकीकृत किया जा सके। दावों के रूप में कुछ उपाख्यानों और सहायक उद्धरणों का उल्लेख सम्मेलनों की बुनियादी घटनाओं पर पूर्वव्यापीकरण के उद्देश्य की पूर्ति के लिए किया गया है। स्वायत्तता, लोहे का पिंजरा और स्वयं को सशक्त बनाना इसके उदाहरण हैं। हालांकि, मानवाधिकारों पर कानून की व्याख्या या सामान्यीकरण के लिए ये नियमित उदाहरण नहीं हो सकते हैं, लेकिन ये अंतर्राष्ट्रीय मानवाधिकार कानून के संदर्भ के रूप में काम करते हैं, जो यह आश्वासन देता है कि ये विचार-विमर्श केवल संयोग नहीं हैं बल्कि एक अनुभवजन्य दावे के रूप में कार्य करते हैं। यह एक बड़े पैमाने पर एक अनुभवजन्य दृष्टिकोण नहीं हो सकता है, लेकिन मैंने इनका उल्लेख किया है सुसंगतता प्राप्त करने के लिए। मैं ऊपर से जमीनी स्तर तक मानवाधिकारों के विस्तार के लिए नौकरशाही की भूमिका को उत्कृष्ट रूप से सर्वोत्कृष्ट मानता हूं। लोकतंत्र में, सभी स्तरों पर नौकरशाही की प्रमुख और महत्वपूर्ण भूमिका होती है और वास्तविक/महत्वपूर्ण प्रश्न यह है :

...हम आज के नौकरशाही-लोकतांत्रिक राज्य में कैसे पहुंचे...?[20]

यह सवाल सत्तावाद और निरंकुशता के संदर्भ में भी उठाया जाता है जो सत्ता की राजनीति तक ही सीमित रहता है। केवल सत्ता के स्वरूप और अधिकार की मात्रा में परिवर्तन ही बदलता हुआ प्रतीत होता है। निरंकुशता की सीमा को सीमित करने के लिए स्वायत्तता का प्रस्ताव है चाहे वह लोहे के पिंजरे/प्रशासित दुनिया या सत्ता-राजनीति के रूप में क्यों न हो। मैंने उपरोक्त प्रश्न के आलोक में नौकरशाही पर प्रकाश डाला, जो इसके वाक्य-विन्यास में उपयुक्त और अनुरूप है : नौकरशाही-लोकतंत्र। नौकरशाही ही लोकतंत्र की ओर ले जाती है। नौकरशाही और राजनीति के बीच सहजीवी जुड़ाव का विवादास्पद कारण है कि निहित स्वार्थ अधिकारों के विमर्श और दर्शन को विफल कर देते हैं। सामाजिक संबंधों को मुक्त करने का भार और कर्तव्य सद्भाव और व्यवस्था या सामाजिक संबंधों को पिंजरे में रखने का चुनाव लोहे के पिंजरे (नौकरशाही) पर ही है।[21]

अध्याय सात निष्पादन अंतराल में तल्लीन करता है। मुद्दों, अंतराल, प्रक्रिया, सार और नैतिक दर्शन के आधार पर कानून के निष्पादन से संबंधित कई बहस बिंदुओं की पहचान की गई है। मैं इन बिंदुओं को स्थिति के आधार पर संदर्भ और क्षण के तहत वाद-विवाद के लिए छोड़ देता हूं। अध्याय छह और अध्याय सात में, व्यक्तिपरकता शब्द का उल्लेख है जिसे मैं उद्देश्यपूर्ण-तर्कसंगत कार्रवाई के लिए प्राकृतिक या आधुनिक कानून में 'रूप और तर्कसंगतता' के संतुलन के रूप में प्रस्तावित करता हूं। इस पर एमिल लास्क के विचार :

"व्यक्तिपरकता के लिए यह स्वयं स्पष्ट नहीं है, बल्कि इसकी जांच का पूरा उद्देश्य [पता लगाने के लिए] वह श्रेणी जिसमें सामान्य रूप से तार्किक रूप को विभेदित किया जाता है जब कुछ निश्चित व्यक्तिगत मामलों को स्पष्ट रूप से समझा जाता है-या, इसे दूसरे तरीके से रखने के लिए, [पता लगाने के लिए] व्यक्तिगत मामला जो हर जगह अलग-अलग श्रेणियों के भौतिक विचार-सीमा का गठन करता है।"[22]

अपने प्रारंभिक दृष्टिकोण में, व्यक्तिपरकता तर्क के आधार पर परिस्थिति को विच्छेदित करके वास्तविकता को समझने में मदद करती है और व्यक्तिगत मामले यानी संदर्भ की आवश्यकता और उसके बाद की अपेक्षा को निर्धारित करती है। निष्पक्षता न्यायोचित दृष्टिकोण और न्यायोचित आचरण की प्राथमिक शर्त है।

नागरिक समाज की व्याख्या राज्य और व्यक्ति की तुलना में बड़ी भूमिका पर प्रकाश डालती है। इसमें प्रयासों को दिशा देने के उद्देश्य से शक्ति का प्रयोग और धारण करने की क्षमता है :

'समाज', हमें बताया गया है, 'सत्ता के कई अतिव्यापी और प्रतिच्छेदन सामाजिक-स्थानिक तंत्र से बने हैं।'[23]

लोकतांत्रिक व्यवस्था में, नागरिक समाज पूर्ण शक्ति का प्रयोग करता है और रखता है। यह समाज की सामान्य संस्कृति पर निर्भर करता है कि वह राज्य के साथ कैसे अंत:क्रिया करता है। सामान्य संस्कृति को अधिकारों के उल्लंघन का स्रोत माना जाता है, जिसे कानून और इसकी कानूनी प्रक्रियाओं के दायरे में लाना मुश्किल है। धर्म के सिद्धांतों, प्राचीन साहित्य और आध्यात्मिक प्रथाओं के अन्य स्रोतों को उजागर करके संस्कृति को संयोजित करने के कार्यक्रम पर स्पष्ट नीति होनी चाहिए। अधिकांश अपराध और उल्लंघन ऐसे उपक्रमों में अपनी जड़ें जमाते हैं जो कानून को विफलता के लिए प्रवण बनाते हैं। इन सब के लिए सामान्य संस्कृति ही मुख्य आधार और मुख्य कारण है। लोग भोजन और आश्रय की बुनियादी आवश्यकताओं को त्यागने के लिए तैयार हो सकते हैं, लेकिन संस्कृति, धर्म, वर्ग, जाति और आध्यात्मिक झुकाव पर आधारित पहचान की अपनी खोज को नहीं छोड़ सकते। नागरिक समाज के पास मनुष्य और राज्य के मामलों को समान रूप से सुविधाजनक बनाने और विनियमित करने के लिए अधिक वैध विकल्प हैं। नागरिक समाज द्वारा आलस्य को मानवाधिकार सम्मेलनों के कार्यान्वयन में निष्पादन अंतराल के रूप में ठीक ही माना गया है।

अध्याय आठ वह उद्देश्य है जिसके साथ मैंने इस पुस्तक की शुरुआत की है अर्थात नीति संबंधी प्रतिक्रिया, प्रस्तुतीकरण या प्रस्तावों पर विचार। समस्याओं को परिभाषित करने और उन पर चर्चा करने के अलावा, नीति प्रस्तावों के संदर्भ में समाधान के विचार पर जोर दिया गया है जो इस पुस्तक में एक सहज प्रवृत्ति है। इस अध्याय में पहचाने गए विकल्प और अनिवार्यताएं ऐसे विकल्प हैं जिन्हें हम अधिकारों की बेहतर समझ के लिए स्रोत बना सकते है। यहां मैंने राजनीतिक अधिकारियों की एक बड़ी भूमिका और उनके हाथों में कार्य का उल्लेख किया है क्योंकि यह वह राजनीतिक सोपान है जिसके पास सार्वजनिक क्षेत्र के मामलों पर निर्णय लेने की आवश्यक शक्ति है।

राजनीति से ज्यादा ताकतवर और क्या है? उनका अंतिम दायित्व और नैतिक दायित्व है जो उनकी चेतना और व्यक्तित्व लक्षणों पर निर्भर करता है।

कुछ शाश्वत वाद-विवाद अध्याय नौ में सचित्र हैं। ये वाद-विवाद भविष्य के विमर्श के लिए समस्याओं की पहचान और परिभाषित करने के लिए हैं क्योंकि विमर्श एक कभी न खत्म होने वाली घटना है और संशोधन एक सतत प्रक्रिया है। वाद-विवाद के कुछ बिंदु मानवाधिकारों पर विमर्श के लिए स्पर्शरेखा प्रतीत हो सकते हैं यथा अध्याय नौ के तहत पुरातनता और शास्त्रीयता की जांच की गई। मेरे विचार में पुरातनता और परंपरावाद कुछ सांस्कृतिक पूर्वाग्रह विकसित करते हैं जो आगे चलकर 'सांस्कृतिक संक्षिप्तीकरण' की ओर ले जाते हैं जो है :

"... सांस्कृतिक ज्ञान के पुनरुत्पादन और नवीनीकरण पर एकतरफा अत्यधिक जोर देना और समूह सदस्यता और व्यक्तिगत पहचान के गठन और परिवर्तन की सापेक्ष उपेक्षा।"[24]

ऐसा कोई सबूत देखना मुश्किल है जहां पुरातनता और शास्त्रीयता पर आधारित विचारों ने सार्वभौमिक मूल्य प्रणाली को बढ़ावा दिया हो। मानवाधिकार सार्वभौमिक मूल्य और सार्वभौमिक मंच हैं। घरेलू सांस्कृतिक प्राथमिकताओं के लिए वैचारिक उत्साह मानवता और आगामी पीढ़ी के गठन और परिवर्तन की कार्यावली को हाशिए पर डाल सकता है। पुरातनता और शास्त्रीयता शायद ही कभी उदारवाद की ओर ले जाती है।

पूरी तरह से इस साहित्य में अधिकांश तर्कों के केंद्र बिंदु पर प्रकृति और मानव स्वभाव है। माइकल मान ने सामाजिक शक्ति के स्रोतों में 'मानव स्वभाव' का वर्णन किया है :

"मनुष्य बेचैन, उद्देश्यपूर्ण और तर्कसंगत है, जीवन की अच्छी चीजों के अपने आनंद को बढ़ाने का प्रयास कर रहा है और ऐसा करने के लिए उपयुक्त साधन चुनने और उसका पीछा करने में वह सक्षम है।"[25]

मनुष्य का आंतरिक स्वभाव सुखवाद का है इसीलिए मैंने मूल्य-आधारित आचरण को भोग के स्वार्थ को सीमित किया जाने वाला समझौता कहा है। सार्वजनिक हित में योगदान मनुष्य के लाभ में और मानव जाति के लिए दीर्घकालिक रूप से है। इसके अलावा, पुस्तक में कहीं भी 'स्व' पर सिद्धांत की व्याख्या अलग-अलग तरीकों से की गई है। उदाहरण के लिए:

1. अधिवेशन की मूल इकाई के रूप में स्वयं को सशक्त बनाना,
2. स्वयं और व्यवस्था के बीच चल रही लड़ाई,
3. सामाजिक क्षेत्र में प्रभाव और एकीकरण,
4. समाज और राज्य के विपरीत में स्व।

एक बुनियादी इकाई के रूप में 'स्व', सामाजिक परिसर में स्थिर कारक, सशक्तिकरण का तरीका, नवाचार और रचनात्मकता और शासन प्रणाली की व्यवस्था मानवाधिकार अध्ययन के लिए आवश्यक मानदंड/हितधारक है। मानवाधिकारों, सांस्कृतिक और मनोवैज्ञानिक विशेषताओं पर अंत:विषय दृष्टिकोण का पालन करने से मुद्दे पर पहुंचने में मदद मिलती है। हनी बीरन के शोध में निष्कर्षत: प्रस्तुत किया गया है :

"ईर्ष्या व्यामोहाम खंडित मनस्कता चरण में केंद्रीय है और यह एकीकरण की क्षमता को नष्ट कर देती है।"[26]

मुझे अपने तर्क में गहरा यकीन है कि यह स्वयं की गलत ईर्ष्या है जो एकीकरण की क्षमता के लिए विघटनकारी है। मेरे विचार में इसीलिए ही मैंने उल्लेख किया है कि मानवाधिकार समझौते और अनुशासन का क्षेत्र है। वैश्विक नेताओं की लापरवाह ईर्ष्या विश्व व्यवस्था में खंडित मनस्कात का कारण बन रही है और पीड़ित शांति-व्यवस्था के प्रति उत्साही लोगों के प्रयास काफी नहीं हैं। कोई जिम्मेदारी नहीं लेता और अपमान जीवन का हिस्सा बन गया है। सामाजिक पारिस्थितिकी में सूखापन पैदा करने वाले स्वार्थ के लिए 'स्व' सिकुड़ गया है। नतीजतन, सभी पीड़ित हैं। अंत में उद्देश्य, तर्कसंगतता और उपयोगिता के बेहतर आत्मनिरीक्षण के लिए बेचैन मनुष्य के लिए दार्शनिक विमर्श एकांत का स्रोत है। स्वयं से परे, व्यक्ति को दूसरों के लिए प्रयास करने की आवश्यकता होती है। रॉबर्ट इंगरसोल का उद्धरण मानवाधिकारों की भावना की आधार रेखा तय करता है :

"दूसरों के उत्थान में हमारा उत्थान निहित है"।[27]

उपरोक्त कथन निर्वहण की स्थिति को परिभाषित कर रहा है। यदि हम दूसरों के जीवन में सहयोगात्मक योगदान की भावना विकसित नहीं करते हैं तो ओडिपस मिथक चेतावनी का एक प्रतीक है : निश्चित रूप से आत्मनिरीक्षण

और पूर्वव्यापीकरण के माध्यम से सुधार के लिए, एक दृष्टि के अनुभव पर। ओडिपस की कहानी से एक संदेश :

"जब उसने विकृत वास्तविकता को देखना बंद कर दिया और अपने भीतर देखा तो वह सही ढंग से देख सकता था।"[28]

मानवाधिकारों को ऐसे दूरदर्शी पुरुषों की आवश्यकता है जो विकृत वास्तविकता से परे देख सकें और आत्म-अनुशासन के लिए एक गहरी आत्म-अंतर्दृष्टि के लिए नग्न सत्य का सामना कर सकें, दूसरों को लाभ हो यह भी सोचें। मैंने किसी भी तरह के अनुमान और सुझाव देने के लिए खुद को संयमित किया है क्योंकि मैं देखता हूं कि मानवाधिकारों से संबंधित मुद्दे सरल हैं :

जो भावना और इच्छा का चुनाव करते है।

कुछ अध्यायों में चित्र प्रस्तुत किए गए हैं जैसे– शारलेमेन का मंत्रियों के साथ विमर्श, यीशु द्वारा आमंत्रित अंतिम भोज, छदम-सांप के साथ लड़ रहे हरक्यूलिस इत्यादि, इनका प्रयोग अर्थ को उजागर करने के लिए किया गया है। लियो द ग्रेट ने रोमन साम्राज्य पर धर्मयुद्ध को त्यागने के लिए एटिला द हून के साथ बहस करने के लिए क्रॉस के प्रतीक का यंत्रीकृत उपयोग किया। इन छवियों को एक संस्कृति को बढ़ावा देने के लिए इन आत्माओं के मूल्य और भावना को उजागर करने के लिए प्रस्तुत किया गया है जिसने मानव जाति को आधुनिक सभ्यता का मार्ग दिखाया। यीशु का अंतिम भोज सामुदायिक भावना के प्रति समर्पण पर प्रकाश डालता है। भविष्य के लिए मूल्यों के पाठ्यक्रम को तैयार करने के लिए दार्शनिकों से घिरे एक राजा के रूप में शारलेमेन का समर्पण मनुष्य के अधिकारों के लिए उनकी दूरदर्शिता को प्रकाशित करता है। हरक्यूलिस के मन में साहस और उसकी शारीरिक शक्ति दृढ़ संकल्प और नैतिकता के लिए प्रेरित करती है। सेंट द्वारा संदर्भ के अनुसार क्षण भर की कार्रवाई, अत्तिला की योजना को टालने के लिए लिये आधुनिक राजनयिकों के लिए कूटनीति पर विमर्श का प्रयास करने के लिए लक्ष्य निर्धारित करती है। निम्नलिखित अध्यायों में ये सभी चित्रण एक मानसिक समझ और विचारों को जगाने के लिए हैं। ये अपने शरीर, मन, आत्मा और आत्मा की पूर्ण क्षमता में मनुष्य की दीक्षा थे। मानवाधिकारों के उद्देश्यों में एक ठीक शुरुआत में किसी त्रासदी से बचने के लिए है।

कुछ बुनियादी सवालों को बीच में कोई निश्चित जवाब या दावा नहीं होने की परिस्थिति में ही उठाया गया है, उदाहरण के लिए, समस्या की जड़ को उजागर करने के लिए :

आदमी क्या है?

तब 'समाज' क्या है?[29]

कुछ विशेषण और क्रिया विशेषण सन्दर्भों के साथ उपयोग किए जाते हैं, कुछ काफी सामान्य हैं जैसे : अभिजात वर्ग जो मानवाधिकारों के संदर्भ में संयोजी-अर्थ और वास्तविकता को प्रतिबिंबित करने के लिए उपयोग किया जाता है। इसके लिए कोई इनकार नहीं है :

"... [नौकरशाही]/सत्ताधारी अभिजात वर्ग ऊपर से सामाजिक परिवर्तन को बल देता है।"[30]

जबकि लोकप्रिय लोकतांत्रिक आधुनिकता पदानुक्रम-रहित है और लोगों को शीर्ष से शक्ति प्राप्त होती है। मानवाधिकार शासन में नीचे से ऊपर तक दृष्टिकोण के लिए प्रोत्साहित करते हैं। 'कुलीन सिद्धांत' का उपयोग मनुष्य के अधिकारों के पक्ष में तर्कों की विषमता रेखांकित करता है। मैंने अपने अध्ययन की तटस्थता को बनाए रखने के लिए वर्तमान परिप्रेक्ष्य से कुछ उपाख्यानों या उदाहरणों के साथ विचारकों के उद्धरणों का सहारा लिया है। मैं अवधारणा और पदार्थ को संदर्भ, उदाहरण या साक्ष्य से अधिक शक्तिशाली मानता हूं। अवधारणात्मक संवाद धार्मिक उपाख्यानों, पौराणिक कथाओं और वास्तविक ऐतिहासिक घटनाओं से लिए गए हैं। वास्तविकता की जांच किए निष्कर्ष-विहीन तरीके से समझने पर जोर दिया गया है। फ्रांसीसी लेखक बर्नार्ड ले बोवियर डी फोंटेनेल जिन्होंने वैज्ञानिक कठोरता पर ज्ञानोदय काल के बाद के विचारों की छानबीन की, उन्होंने कहा:

"ऐसा कोई राष्ट्र नहीं है जिसका इतिहास दंतकथाओं से शुरू न हो।"[31]

उन्होंने देखा कि मनुष्य को प्रेरित करने में कहानियों/कथाओं का प्रभाव मौलिक और अभूतपूर्व है। दर्शन चाहे मूर्त या अमूर्त स्रोत से हो, मनुष्य के मन में प्रवेश करने और नैतिक अनुशासन की तलाश करने का एक तरीका है। मानवाधिकारों का नैतिक दर्शन विशुद्ध रूप से पर्याप्त मानदंडों पर शासित होता है जिसमें मनुष्य की भावना और इच्छा को स्थानांतरित करने की प्रवृत्ति

होती है। यह एक व्यवहार और संस्कृति है। सूचना और दुष्प्रचार के युग में जिसका मानवाधिकारों पर सीधा प्रभाव पड़ता है, मानवाधिकारों की नींव लुप्त होती दिख रही है। मनुष्य का ज्ञान आधार बढ़ रहा है और आशा कम हो रही है। दार्शनिक विमर्श के अलावा अन्य में लिप्तता ने स्थिति को और खराब कर दिया है। वर्तमान समय ऐसा है कि राज्य शासन के साधनों का उपयोग आत्म-उन्नयन के लिए किया जाना चाहिए है। विचार-विमर्श की सतत् प्रक्रिया आशा और ज्ञान का निर्माण करती है और सामान्य जन पर सूचना के कारण उत्पन्न उदासी को दूर करती है। मनुष्य की आत्मा में विश्वास रखे :

"हमारे पास उदास होने का कोई कारण नहीं है, लेकिन हमें इस बात की भी थोड़ी समझ है कि खुद को कैसे उपयोगी बनाया जाए।"[32]

हमें ज्ञान के माध्यम से आशा पैदा करने की उपयोगितावादी भावना विकसित करने की आवश्यकता है। अधिकारों पर दार्शनिक विमर्श अग्रवर्ती संरक्षण नहीं तो और क्या हैं?

टिप्पणियाँ

1. इजराइल, जोनाथन, *मन की क्रांति*, प्रिंसटन यूनिवर्सिटी प्रेस, 2010. पृ. 160
2. डेसिडेरियस इरास्मस, https://plato.stanford.edu/archives/win2017/entries/erasmus/#PoliThou
3. द ट्रेजेडी ऑफ हैमलेट, प्रिंस ऑफ डेनमार्क, एक्ट 4, सीन 5, http://shakespeare.mit.edu/hamlet/hamlet.4.5.html पर उपलब्ध है।
4. जॉन डेवी, *रिकंस्ट्रक्शन इन फिलॉसफी*, बोस्टन : बीकन प्रेस, 1948. पृ. 22
5. रॉर्टी, रिचर्ड, "सत्य और प्रगति", *फिलॉसॉफिकल पेपर्स*, खंड 3, कैम्ब्रिज यूनिवर्सिटी प्रेस, 1998. पृ. 344
6. हैबरमास, जुर्गन, *संचारी कार्रवाई का सिद्धांत*, बोस्टन : बीकन प्रेस, 1984. पृ. X.
7. मार्च-अप्रैल 2020, हम Covid-19 द्वारा पकड़े गए हैं। मैंने मानवाधिकारों पर अपनी पुस्तक को पूरा करने के लिए संगरोध और लॉकडाउन को सबसे अच्छी संभावना माना, भले ही वायरस का मानव जाति के अधिकारों से कोई लेना-देना नहीं है; लेकिन कम से कम इस समय, ऐसा लगता है कि वायरस सार्वभौमिक रूप से जीवन के अधिकार का आनंद ले रहा है। महामारी द्वारा स्कोर नीचे रखा गया है। असली समय, कठिन समय; अफसोस! सभी के लिए प्रार्थना
8. हैबरमास, जुर्गन, *संचारी कार्रवाई का सिद्धांत*, बोस्टन : बीकन प्रेस, 1984. पृ. 7

9. रॉर्टी, रिचर्ड, "सत्य और प्रगति", *फिलॉसॉफिकल पेपर्स*, खंड. 3, कैम्ब्रिज यूनिवर्सिटी प्रेस, 1998. पृ. 101
10. हैबरमास, जुर्गन, *संचारी कार्रवाई का सिद्धांत : कारण और समाज का युक्तिकरण*, खंड 1, बोस्टन : बीकन प्रेस, 1984. पृ. 20
11. उक्त, पृ. 169
12. हॉल, जॉन ए, और श्रोडर, राल्फ, *एन एनाटॉमी ऑफ पावर : द सोशल थ्योरी ऑफ माइकल मान*, कैम्ब्रिज, यूके : कैम्ब्रिज यूनिवर्सिटी प्रेस, 2006. पृ. 57
13. हैबरमास, जुर्गन, *संचारी कार्रवाई का सिद्धांत : कारण और समाज का युक्तिकरण*, खंड 1, बोस्टन : बीकन प्रेस, 1984. पृ. 397
14. हॉल, जॉन ए, और श्रोडर, राल्फ, *एन एनाटॉमी ऑफ पावर : द सोशल थ्योरी ऑफ माइकल मान*, कैम्ब्रिज, यूके : कैम्ब्रिज यूनिवर्सिटी प्रेस, 2006. पृ. 5
15. उक्त।
16. उक्त।
17. उक्त।
18. Evangelium Vitae] ;gka miyCèk gS % http%@@w2-vatican-va@content@john&paul&ii@en@encyclicals@documents@hf_jp&ii_enc_25031995_evangelium&vitae-html
19. उक्त, पृ. XX
20. हॉल, जॉन ए, और श्रोडर, राल्फ, *एन एनाटॉमी ऑफ पावर : द सोशल थ्योरी ऑफ माइकल मान*, कैम्ब्रिज, यूके : कैम्ब्रिज यूनिवर्सिटी प्रेस, 2006. पृ. 3
21. उक्त।
22. हैबरमास, जुर्गन, *संचारी कार्रवाई का सिद्धांत : कारण और समाज का युक्तिकरण*, 1, बोस्टन : बीकन प्रेस, 1984. पृ. 372
23. हॉल, जॉन ए, और श्रोडर, राल्फ, *एन एनाटॉमी ऑफ पावर : द सोशल थ्योरी ऑफ माइकल मान*, कैम्ब्रिज, यूके : कैम्ब्रिज यूनिवर्सिटी प्रेस, 2006. पृ. 72
24. हैबरमास, जुर्गन, *संचारी कार्रवाई का सिद्धांत : कारण और समाज का युक्तिकरण*, 1, बोस्टन : बीकन प्रेस, 1984. पृ. XXV
25. हॉल, जॉन ए, और श्रोडर, राल्फ, *एन एनाटॉमी ऑफ पावर : द सोशल थ्योरी ऑफ माइकल मान*, कैम्ब्रिज, यूके : कैम्ब्रिज यूनिवर्सिटी प्रेस, 2006. पृ. 62
26. बीरन, हनी, *सरलता का साहस : डब्ल्यू.आर. के कार्य में आवश्यक विचार*, बायोन : रूटलेज, 2015. पृ. 13
27. फ्री थॉट के स्वर्ण युग के दौरान एक अमेरिकी लेखक और वक्ता, जिन्होंने अज्ञेयवाद के बचाव में अभियान चलाया। इसके अलावा उन्हें "द ग्रेट अज्ञेयवादी" उपनाम दिया गया था; एक वकील और एक राजनेता : विकिपीडिया

28. बीरन, हनी, *सरलता का साहस : डब्ल्यू.आर. के कार्य में आवश्यक विचार*, बायोन : रूटलेज, 2015. पृ. 112
29. हॉल, जॉन ए, और श्रोडर, राल्फ, *एन एनाटॉमी ऑफ पावर : द सोशल थ्योरी ऑफ माइकल मान*, कैम्ब्रिज, यूके : कैम्ब्रिज यूनिवर्सिटी प्रेस, 2006. पृ. 25
30. उक्त, पृ. 8
31. बिटेनहोल्ज, पीटर जी., *हिस्टोरिया और फैबुला : मिथ्स एंड लेजेंड्स इन हिस्टोरिकल थॉट फ्रॉम एंटिकिटी* टू द मॉडर्न एज, ब्रिल्स स्टडीज इन इंटेलेक्चुअल हिस्ट्री, खंड, 59. अक्षांश। लाइडन : ई.जे. ब्रिल, 1994. पृ. 282
32. रॉर्टी, रिचर्ड, "सत्य और प्रगति", *फिलॉसॉफिकल पेपर्स*, खंड. 3, कैम्ब्रिज यूनिवर्सिटी प्रेस, 1998. पृ. 235

2

मानवाधिकार दर्शन – मूल स्रोत

यहाँ दो असंगत कानून हैं, परस्पर मेल नहीं खाते,
एक कानून मनुष्य के लिए और दूसरा विषय-वस्तु के लिए कानून;
ये दूसरा कानून नगर और समूह बनाता है, लेकिन यह जंगली हो जाता है
तथा मानव की प्रकृति को पलट देता है।

–एमर्सन पिको की मनुष्य को राजा बनाने की आशा पर[1]

नैतिक दर्शन हमारे भीतर शेर की उग्र हिंसा और क्रोध की उग्रता, उग्र हिंसा और क्रोध को नियंत्रित करेगा। –जियोवन्नी पिको डेला मिरांडोला

दर्शनशास्त्र ने मुझे सिखाया है कि मैं दूसरों के निर्णयों के बजाय अपने स्वयं के विश्वास पर भरोसा करूँ और अपने बारे में कम सोचूँ कि मैं जो करता हूं या कहता हूं वह बुरा है या नहीं।

–जियोवन्नी पिको डेला मिरांडोला का धर्मशास्त्र पर दावा

मेरा देश ही मेरी दुनिया है और मेरा धर्म अच्छा करना है।

–थॉमस पेन, द *राइट्स ऑफ मैन*

मनुष्य की सहायता करना ही मनुष्य का सच्चा परमेश्वर है।

–प्लिनी, यूनान स्टोइक

इस अध्याय का उद्देश्य मानवाधिकार दर्शन में मूलभूत सिद्धांतों की पहचान करना है जिस पर आधुनिक मानवाधिकारों की पूरी योजना तैयार की जाती है और आधुनिक संरचना स्थापित होती है। शुरुआत में उल्लिखित सिद्धांत का पालन किया जाता है : 'मूल स्रोत" जिसका अर्थ है – आधार स्रोत/सिद्धांत

को जानना। इसमें कहा गया है कि स्रोत जितना अधिक मूल होगा बयान का दावा उतना ही मजबूत होगा। मानवतावादियों और प्रसिद्ध विचारकों के लिए मार्गदर्शक सिद्धांत ही मूल स्रोत रहा है। मूल स्रोत या अंतिम बुनियादी मार्गदर्शक सिद्धांतों पर वापस जाने से 'मूल कारण' का अनुमान लगाने के लिए एक विधि तैयार करने में मदद मिलती है जिस पर भविष्य के लिए स्पष्टता और संपूर्णता के साथ अनुमान लगाया जा सकता है। मूल सिद्धांत/स्रोत अतीत पर चिंतन करने और भविष्य को प्रतिबिंबित करने का एक उत्कृष्ट तरीका है। इस सिद्धांत ने मुझे मानववाद की अवधारणात्मक समझ के लिए शास्त्रीय काल के यूनान लेखन, ज्ञानोदय के युग, मैग्ना कार्टा, फ्रांसीसी क्रांति, अमेरिकी स्वतंत्रता, गृहयुद्ध आदि में निहित मानवाधिकारों और संबंधित मूल्यों के विकास की जड़ों का पता लगाने के लिए प्रोत्साहित किया है। ये सब मानवाधिकार दर्शन में समाहित है। सुबह की कितनी खूबसूरत शुरुआत होती है जब आप अपने बगीचे में ग्रीन टी और हाथ में मुद्रित पृष्ठ लेकर बैठते हैं जिसमें लिखा होता है : मानवतावाद!

2.1 मानवतावाद

'मानवतावाद' शब्द लैटिन शब्द ह्यूमैनिटास से लिया गया है जिसका अर्थ है शिक्षित व्यक्ति।[3] मानवतावाद मानवता पर आधारित एक दर्शन है जो मानव के व्यक्तिगत महत्व को मनुष्य में अच्छाई, उसकी आकांक्षाओं और व्यवहार के तरीकों में विश्वास के साथ उसकी दूरदर्शिता को जोड़ता है। यह मानव द्वारा अपनी चिंताओं पर बल देकर अन्य व्यक्तियों को बढ़ावा देने और विकसित करने के लिए मनुष्य की स्वतंत्रता और प्रगति की धारणा है।[4] व्यक्ति सामूहिक रूप से मनुष्य के रूप में अन्य व्यक्तियों के लिए मायने रखते हैं। सामूहिक भावना आपसी प्रगति की ओर ले जाती है जो एक सभ्य समाज की एक अस्तित्वगत आवश्यकता है। सामूहिक मानवीय भावना का यह दावा न केवल धार्मिक और आध्यात्मिक लेखन में है बल्कि प्रकृति से स्थिरता का प्रतिबिंब है। विभिन्न प्रजातियों के बीच सहयोग के माध्यम से प्रकृति फलती-फूलती है जबकि संघर्ष संतुलनकारी शक्तियों के पारस्परिक समायोजन के लिए कार्य करता है ताकि सार्वभौमिक प्रकृति की सहकारी योजना को फिर से लागू किया जा सके। प्रकृति का नियम या प्राकृतिक नियम सहयोग की उसी भव्य

योजना का प्रतिबिंब है। जॉन लॉके के तर्क इस प्रस्ताव का समर्थन करते हैं कि प्राकृतिक कानून सद्भाव, संघर्ष और अराजकता पर आदेश चाहता है। मानवतावाद पर आधारित नैतिकता न केवल स्थिरता और प्रगति के लिए बल्कि तर्क और तर्क के लिए ठोस तर्कसंगत समर्थन के तरीके प्रदान करती है; हठधर्मिता और अंधविश्वास फैलाने वाली कलुपित अभिकरण को नियंत्रित करने और खत्म करने के लिए उपाय बताती है। इसलिए, मानवतावाद की धारणा तर्कवाद और अनुभववाद को स्थापित और मजबूत करती है जो समय और संदर्भ के साथ सभ्यता को उत्थान की ओर ले जाती है। मानवीय मामले कुछ हितों के लिए होते हैं जिन्हें अन्य मनुष्यों के साथ सहयोग, समझौता और बातचीत करके पूरा करना होता है। प्रौद्योगिकी निर्जीव प्राणियों के लिए नहीं है। साथी मनुष्यों के जीवन में उन्नति के लिए लोग उन्नत तकनीक का निर्माण करते हैं। मानव जीवन शैली मानवतावाद की नींव पर आधारित है। अनादि काल से लेकर अब तक की सभी उथल-पुथल ने मानवतावादी अनुशासन को मजबूत किया है जहाँ मनुष्यों के बीच सहयोग, अपने अस्तित्व की भावना, सबके बचाव के लिए अनिवार्य प्रतीत होते है। यह दावा पारिस्थितिक और सार्वभौमिक परिप्रेक्ष्य में समान रूप से सत्य है। मानवतावाद शब्द की व्युत्पत्ति 'ह्यूमनिटस' से हुई है जो रोमन राजनेता सिसेरो द्वारा प्रतिपादित विचारधारा है जिसका अर्थ है मानव स्वभाव, सभ्यता और दयालुता। मानवता मूल रूप से यूनान शब्द परोपकार (फिलेनथ्रोपिया) से उत्पन्न है जिसका सार-अर्थ है 'परोपकार' जो हमें सच्चा मानव बनाता है। सिसेरो से प्रेरणा लेकर, फ्रेडरिक नीथमर जर्मन धर्मशास्त्री, जिन्होंने औपचारिक शिक्षा प्रणाली में नागरिक शास्त्र और सभ्यता से संबंधित विषयों को शामिल करने की वकालत की थी, ने मानवतावाद शब्द गढ़ा। समाज को परेशान करने वाली समस्याओं को संभालने के लिए सबसे अच्छी तरह से सुसज्जित शब्द है– मानवतावाद। सिसरो का दर्शन एक सक्रिय सार्वजनिक जीवन और सेवा के लिए समर्पित एक शिक्षित व्यक्ति की क्षमता है जो गुणों और कौशल के विकास के लिए नैतिक विकास का स्रोत बना हुआ है। उनका ध्यान अपने ही राज्य और आसपास के शोषित नागरिकों के दुखों के निवारण पर था। अपने भाई को कहे उनके शब्दों में:

"यदि भाग्य ने आपको अफ्रीकियों या स्पेनियों या गल्स, जंगली और बर्बर राष्ट्रों पर अधिकार दिया होता तो भी आप अपनी मानवीयता के लिए

उनके आराम, उनकी जरूरतों और उनकी सुरक्षा के बारे में चिंतित होने के लिए ऋणी होते।"[9]

अन्य मनुष्यों के लिए आराम, जरूरतें और सुरक्षा समान रूप से सभी की जिम्मेदारिया हैं। एक मानवतावादी की सोच में जनसांख्यिकी, धर्म या राजनीतिक हित के अलावा और कुछ भी मायने नहीं रखता।

मानवतावादी एक सार्वभौमिक भावना वाला व्यक्तित्व है जो दूसरों के उत्थान के लिए निस्वार्थ भाव रखता है। प्राचीन रोम में प्लिनी द यंगर (61-112 ईस्वी) मजिस्ट्रेट का कहना है कि मानवतावाद का आदर्श वंचित लोगों को ऊपर उठाने की मानवीय क्षमता को बढ़ाने का प्रयास करता है क्योंकि सद्भाव और व्यवस्था अंतिम परिणाम हैं। प्लिनी ने एक चेतावनी भी जारी की है। राज्य की प्रणाली में गड़बड़ी नहीं होनी चाहिए; अधिक से अधिक को प्रभावित किए बिना। सिसरो द्वारा पहचाने गए मानवतावादियों की कुछ क्षमताएं/गुण हैं[10, 11]:

1. सतत् विकास को महत्व,
2. नैतिक वरीयता/पूर्वाग्रह पर नियंत्रण,
3. खुद पर भरोसा,
4. दूसरों के प्रति विनम्रता,
5. सक्रिय सार्वजनिक/राजनीतिक जीवन,
6. सभ्य सामाजिक आचरण,
7. सौंदर्य संबंधी संवेदनाएं,
8. कारण/तर्क,
9. साहसी संदेह,
10. मजबूत निराशावाद।

सिसेरो के विचार में मानवतावादी भी आत्म-भ्रामक आशावाद पर मजबूत निराशावाद के साथ साहसी संदेह के साथ जीवन का सामना करने में सक्षम व्यक्ति है। अति-महत्वाकांक्षा और आत्म-भ्रामक आशावाद शांति के लिए खतरा हैं। अपने गहन दर्शन के साथ सिसेरो ने अपने देश और आसपास के राजनेताओं को प्रेरित किया।

पवित्र रोमन साम्राज्य के सम्राट, मार्कस ऑरेलियस (शासनकाल 161–180 ईस्वीं) मानवता के गुणों को संक्षेप में प्रस्तुत करते हैं : विनय, आत्म-नियंत्रण, पौरुष, उपकार, व्यावहारिकता, उदारता, तर्कसंगतता, सहिष्णुता और प्रकृति के आदेशों का पालन।[12] प्रकृति अपने सार्वभौमिक प्रभुत्व और पहुंच के लिए हमेशा मानवतावादियों के लिए एक संदर्भ के रूप में काम करेगी। अन्य रूपों में मानवतावाद ने परोपकार, सहयोग भाव, भाईचारे, परोपकार, दया और सहानुभूति का विकास किया। धार्मिक और आध्यात्मिक उपक्रमों ने इस विचार को गहराई से प्रभावित किया और मानवतावाद की कल्पना साकार की :

"केवल मनुष्य का मन शिक्षित और प्रशिक्षित हो; शारीरिक व्यायाम पर समय बर्बाद न करें और वह मानसिक व्यायाम पूरी तरह से आध्यात्मिक मामलों पर, उन पवित्र विचारों पर केंद्रित है जो स्थायी, शाश्वत मूल्य के लिए अकेले हैं; दृश्य, क्षणभंगुर संसार आदि की भौतिक वस्तुओं पर कोई विचार नहीं किया जाना चाहिए।"[13]

सभ्यता के मार्ग को संचालित करने वाले शाश्वत मूल्यों का वहन करने के लिए मानवीय महत्वाकांक्षा की सीमा एक पूर्वापेक्षा है। मनुष्य को अपनी जीवन शैली का मार्गदर्शन करते हुए आध्यात्मिक सारांश पर ध्यान केंद्रित करना होगा। आचरण में तप और पवित्रता भौतिकवादी से बड़े प्रयासों के लिए मन को प्रशिक्षित करने के लिए अर्जित की जानी है। संसार क्षणभंगुर है। मनुष्य में नैतिक मूल्य जो सतत् है वह है। मनुष्य में मूल्य उसकी क्षमता है : शारीरिक और मानसिक। उच्च आध्यात्मिक क्षेत्रों में विश्वास रखने वाले मानवतावादी हैं– सिसरो, प्लिनी, मार्कस ऑरेलियस और पिका डेला व अन्य। वे आश्वस्त थे कि मानवतावादी मूल्यों का पूर्ण अर्थों में पालन करने से मनुष्य ईश्वर के समान हो सकता है जो उच्च-स्व से परे हो। इस अध्याय की शुरुआत में प्लिनी का उद्धरण इस अधियाचना को दर्शाता है कि मनुष्य की मदद करना ही मनुष्य का सच्चा ईश्वर है। सिसेरो का मानना है कि जिस प्रकार व्यक्ति ने तर्क, तर्क के माध्यम से सौंदर्य संबंधी संवेदनाओं को विकसित करके मानवीयता का अभ्यास किया और मानवीयता को उसके उच्चतम बिंदु पर विकसित किया उसी प्रकार मनुष्य और ईश्वर के बीच समानता है। ज्ञानोदय, प्रतिवाद आंदोलन और पुनर्जागरण के युग के दौरान धार्मिक मानवतावाद के नए रूप विकसित हुए जो मानवीय जरूरतों, रुचियों और क्षमताओं को

समझने के कारण के आधार पर उनके दृष्टिकोण में अधिक व्यावहारिक हो गए। वैज्ञानिक तर्क ने अलौकिक लोकों से प्रेरित हठधर्मिता, अंधविश्वास और राजसी दावों पर विजय प्राप्त की। इससे लोगों के लिए अपना भविष्य खुद के लिए नियत करने का मार्ग प्रशस्त हुआ। अर्नेस्ट रेनन (1823-92), एक फ्रांसीसी धार्मिक दार्शनिक ने अपनी कृति द *फ्यूचर ऑफ नॉलेज : थॉट्स ऑन 1848* में सही निष्कर्ष निकाला कि :

"यह मेरा गहरा विश्वास है कि शुद्ध मानवतावाद भविष्य का धर्म होगा जो कि मानवता से संबंधित सभी का पंथ होगा– संपूर्ण जीवन, पवित्र और नैतिक मूल्य के स्तर तक उठाया गया।"

इसलिए, वर्तमान और भविष्य इस तथ्य के कारण धारणीय है कि मानववाद उप-मानव प्रवृत्तियों पर हावी है। नैतिक मूल्य सभ्य संसार, मानवता और भावी पीढ़ी के स्तर को ऊपर उठाने में मनुष्य के विश्वास का समर्थन करते हैं। मानवतावादियों का पंथ मानवता है जो भविष्य का धर्म है।

2.2 प्राकृतिक नियम

प्रकृति एक प्रेरक संचालक शक्ति है। प्रकृति का नियम या प्राकृतिक कानून प्रकृति पर लागू होने वाला कानून है जो मानव निर्णय के पूर्वाग्रहों से मुक्त अपने उद्देश्य और उपयोगिता में सार्वभौमिक रूप से समान है। यह सकारात्मक अर्थों में एक सकारात्मक कानून है जो 'सह-अस्तित्व' के लिए सहयोग चाहता है। सहअस्तित्व प्रकृति के युद्धाभ्यास से अपनी तर्कसंगतता प्राप्त करने वाले सभी दर्शनों की नींव है। प्रत्यक्षवाद प्रकृति और कारण के ज्ञान पर आधारित है। ये दोनों (प्रकृति और कारण) प्राकृतिक नियम के आधार हैं। स्वभाव से, यहाँ मेरा तात्पर्य प्रकृति से है जो एक अति-सम्पूर्ण है क्योंकि यह विद्यमान है जिसमें जीवित और निर्जीव प्राणी शामिल हैं। 'प्राकृतिक' शब्द की व्युत्पत्ति प्रकृति से हुई है : आचरण और अनुशासन के लिए प्रेरणा का स्रोत जो सार्वभौमिक है। प्रकृति एक जीवित इकाई है जो गैर-मानव है जो मानव को नैतिक सिद्धांतों, न्यायोचित आचरण, न्यायसंगत दृष्टिकोण और तर्कसंगतता की भावना के लिए प्रेरित करती है। प्रकृति कानून के लिए एक अपरिहार्य संदर्भ है। होर्खाइमर और एडोर्नो ने अपनी शोध में महत्वपूर्ण कारणों से ठीक ही स्थापित किया कि :

"प्रकृति के प्रभुत्व में मनुष्य का प्रभुत्व शामिल है।"[15]

जब विपरीत होता है यानी जब प्रकृति पर मनुष्य का प्रभुत्व होता है तो प्रकृति की भव्य योजना को लागू करते हुए प्रकृति का नियम लागू होता है। यदि मनुष्य प्रकृति और उसके संदेश से प्रेरणा लेता है तो पूरी सभ्यता फलती-फूलती है। प्राकृतिक नियम मनुष्य के नैतिक व्यवहार को सुविधाजनक और विनियमित करने के लिए तर्क द्वारा शासित होते हैं। थॉमस हॉब्स, जॉन लॉके, कांत से लेकर मैक्स वेबर तक विभिन्न विचारकों ने विविध प्रकृतिगत विचारों की पेशकश की है। वेबेरियन संदर्भ में :

> "आधुनिक अर्थों में प्राकृतिक कानून औचित्य के तर्कसंगत सिद्धांत पर आधारित है और [...] नैतिक-व्यावहारिक युक्तिकरण के संदर्भ में अनिवार्य हैं ..."[16]

प्राकृतिक नियम गुणों में नैतिक और व्यावहारिक रूप दोनों में है। औचित्य का सिद्धांत आधुनिक कानून का मूल आधार है। प्राकृतिक कानून, कानून के अधिक न्यायसंगत दृष्टिकोण के लिए संवैधानिक योजनाओं को युक्तिसंगत बनाता है जो सकारात्मक, कानूनी और औपचारिक होती हैं। वेबर का तर्क है कि धर्म ने प्राकृतिक नियम को भी प्रभावित किया है। इसके अलावा, वेबर कानून में नैतिकता की वकालत करते हैं और उनके लिए विशुद्ध रूप से औपचारिक प्राकृतिक कानून असंभव है। प्राकृतिक कानून का विचार एक सार्वभौमिक कानून स्थापित करने के लिए मानव निर्मित औपचारिक कानून में निहित अवैधता/तर्कहीनता को चुनौती देना है। प्राकृतिक कानून सार्वभौमिक कानून है। राजा के दैवीय अधिकार, कुलीनता और पादरियों के अलग-अलग अधिकार, सभी ने प्राकृतिक कानून के समय-परीक्षणित न्यायशास्त्र द्वारा अधीनता के समान भाग्य का सामना किया है। 'प्राकृतिक अधिकार' अकेले प्राकृतिक कानून की अवधारणा से उभरा है जिसकी चर्चा यहां मानवाधिकार के रूप में की गई है। मानव जाति के अधिकार प्रकृति द्वारा दिए गए उसके प्राकृतिक अधिकार हैं और वह प्रकृति का सदस्य है। साथ ही प्राकृतिक न्याय के सिद्धांत का भव्य विचार जिसने दुनिया भर में राष्ट्र-राज्यों के गठन को प्रभावित किया है प्राकृतिक कानून की धारणा से विकसित हुआ है। न्याय एक प्राकृतिक घटनाक्रम है, अन्याय अप्राकृतिक है और इसके समरूप ही जो अप्राकृतिक है वह अन्याय है। प्रकृति प्राकृतिक नियम का स्रोत है और व्यवस्था/सद्भाव ही इसकी संचालन प्रथा है। प्राकृतिक नियम पर जॉन लॉके

के विचारों की चर्चा आगामी अध्यायों में की गई है। यहाँ उनके दर्शन की संक्षिप्त व्युत्पत्ति है। प्लेटो के विचारों ने अपने साहित्य *रिपब्लिक*, *गोरगियस* और *सिमपोसियम* में प्राकृतिक कानून पर सिद्धांत को तत्काल और प्रमाणित करने के लिए वैध दावों को जोड़ा है। व्यवस्था, सौंदर्य और अच्छाई के रूप पर उनका दावा इस तथ्य की पुष्टि करता है कि ब्रह्मांड और प्रकृति समान रूप से उस व्यवस्था पर स्थापित एक क्रम में मौजूद हैं जो अच्छाई/अच्छाई, सौंदर्य, ज्ञान और शासन के आदर्शों की विशेषता है। *रिपब्लिक* में, प्लेटो ने चित्रित किया :

"एक शहर [जो] प्रकृति के अनुसार स्थापित किया जाएगा।"[18]

प्रकृति एक आदेश प्रदान करती है जिस पर प्राकृतिक कानून के अनुसार शहर/गणराज्य की स्थापना होती है। अरस्तू प्राकृतिक कानून को प्राकृतिक न्याय से परस्पर जोड़कर आगे बढ़े। अपने ग्रंथ *निकोमैचियन एथिक्स* में उन्होंने नैतिक सवाल उठाए और जवाब दिया कि एक समुदाय में सद्भाव के साथ रहने का सबसे अच्छा तरीका प्राकृतिक नैतिकता का पालन करना है।[19]

अरस्तू का तर्क है कि नैतिकता चरित्र पर आधारित है जो सही आदत/धर्मी कार्यों की सचेत इच्छात्मक चयन पर आधारित है।[20] प्रसन्नचित मानव जीवन का अंतिम उद्देश्य है जो अच्छी तरह से किए गए और खूबसूरती से किए गए धार्मिक कार्यों से आता है।[21] अरस्तू को प्राकृतिक कानून का जनक माना जाता है। उनके विचार सार्वभौमिक या राष्ट्रीय सभी संदर्भों में प्रासंगिक हैं। उन्होंने प्राकृतिक कानून के पक्ष में पारंपरिक कानून के अलावा राजनीतिक न्याय के एक प्रकार के रूप में तर्क दिया।[22] न्याय सामान्य रूप से प्रकृति से प्राप्त होता है क्योंकि प्रकृति सभी स्थानों पर समान रहती है। परंतु कानून समय, लोगों और स्थानों के संबंध में रूप बदलता है इसलिए न्याय का निष्पादन तंत्र रूप के अनुसार बदलता रहता है। कुछ अंतर्विरोध प्राकृतिक नियम के एक सार्वभौम नियम होने के कारण उसी में अंतर्निहित हैं। अरस्तू स्पष्ट करते हैं :

"न्याय के नियम प्रकृति द्वारा नहीं बल्कि मनुष्य द्वारा सभी जगहों पर समान नहीं हैं, क्योंकि सरकार के स्वरूप समान नहीं हैं, हालांकि सभी जगहों पर सरकार का केवल एक ही रूप है जो प्राकृतिक है, अर्थात् सबसे अच्छा रूप है।"[23]

> प्रकृति अपने में सर्वोत्तम स्वरूप है और प्राकृतिक नियम उस सर्वोत्तम स्वरूप पर आधारित नियम है। ये लोगों को अपने जीवन के तरीके को तय करने में मदद करते है, ये नियम कानून को नियंत्रित भी करते हैं चाहे वह सम्मेलनों या सार्वभौमिक प्रकृति पर ही आधारित हो।[24]

प्राकृतिक कानून पर अन्य विचारशील विचार वैराग्य की अवधारणा से संबंधित हैं जो धीरज के गुण पर आधारित होने का एक दावा है। कुदरत सब कुछ चुपचाप सह लेती है। इस अवधारणा का तर्क है कि कठोर प्राकृतिक कानून प्रकृति/ब्रह्मांड के साथ सद्भाव के लिए तैयार की गई एक सार्वभौमिक प्रणाली है।[25] प्राकृतिक कानून समाज को सामान्य/समूचे विकास हित की दिशा में योगदान करने और सहयोग के लिए एकजुट होने का मार्ग प्रशस्त करता है।[26] नागरिकों की सुरक्षा, राज्य का संरक्षण, शांति और मानव जीवन की खुशी प्राकृतिक कानून के विशेषाधिकार हैं जो एक सकारात्मक कानून है।[27]

धार्मिक दर्शनशास्त्र प्राकृतिक कानून को शाश्वत या दैवीय कानून से जोड़ते हैं। उनका मानना है कि कानून मानवता की सेवा करने के लिए भगवान का मानव जाति के लिए एक संदेश और कानून का यह रूप दूरसंचार जैसा है।[28] भावना, परिस्थितियाँ और मनोभाव मानव व्यवहार और आचरण के लिए एक मार्गदर्शक के रूप में कार्य करने के लिए प्राकृतिक कानून के लिए निर्णायक मानदंड हैं।

2.3 गरिमा/प्रतिष्ठा/मर्यादा

मानवाधिकारों पर पहला ठोस प्रयास 14वीं से 15वीं शताब्दी तक का इतालवी पुनर्जागरण मानवतावाद आंदोलन है जो कला, साहित्य और धर्म पर ध्यान केंद्रित करते हुए एक सांस्कृतिक आंदोलन के रूप में शुरू हुआ। जिओवन्नी पिका डेला मिरांडोला द्वारा रचित कृति डे *होमिनिस डिग्निटाटे : ऑरेशन ऑन द डिग्निटी ऑफ मैन* (1486) में मनुष्य की गरिमा के दर्शन को गहराई से उल्लेखित किया है।[29]

मिरांडोला द्वारा रचित भाषण मानव जाति के अधिकार की गरिमा को संबोधित करने के लिए प्रकट नहीं हो सकता है, फिर भी, 'गरिमा' नामक अधिकारों के मूल निर्धारक पर अन्य दृष्टिकोणों को अभिसरण करने के लिए यह व्याख्यान एक आवश्यक उपकरण बना हुआ है। गरिमा की अवधारणा

अरबी, बाइबिल, हिब्रू और यूनान धर्मशास्त्रों के धार्मिक प्राचुर्य का केंद्रीय विषय है। महिमा गरिमा का समकक्ष संस्करण है।

गरिमा एक नैतिक दार्शनिक विमर्श है जो इटली से फैले मानवतावाद के सार पर बहस करता है।[30] वास्तव में, मनुष्य की गरिमा ईश्वर का उपहार है जिसके लिए भगवान ने मनुष्य को आध्यात्मिक और तर्कसंगत शक्तियां दी हैं और यदि इस शास्वत सत्य की उपेक्षा मनुष्य द्वारा की जाती है तो वह अपने स्वार्थ की स्वतंत्र इच्छा का पीछा करते हुए पाशविक स्तर तक डूब जाएगा।[31] दुनिया भर के धर्म और प्राचीन इतिहास मानव गरिमा के लिए गौरव, सम्मान और गर्व के मूल्य की पुष्टि करते हैं। जो व्यक्ति ईश्वरीय नियम का परित्याग कर देता है वह पाशविक बन जाता है।[32] इसलिए, गरिमा प्राप्त करने के लिए मनुष्य को तर्क के नियम का पालन करते हुए आध्यात्मिक बुद्धि के माध्यम से आकर्षक याचनाओं को त्यागकर एक पाशविक प्राणी से देवदूत में बदलने की जरूरत है।[33] गरिमा पारस्परिक है। अहंकार, सत्ता की लालसा, अहंकार की संतुष्टि मनुष्य में कुछ अनुचित व्यवहार की पहचान की जाती है जो मानव गरिमा के विपरीत उसकी वनस्पतिक और कामुक त्रुटियों के लिए जिम्मेदार है।[34] विनम्रता के माध्यम से हम क्रूर इच्छाओं पर काबू पाते हैं।[35] मिरांडोला द्वारा वकृतत्व एक गहरा आध्यात्मिक प्रवचन है जो उनके नैतिक दर्शन को दर्शाता है। 'मनुष्य की गरिमा' पर यह दर्शन गरिमा को इस प्रकार परिभाषित करता है :

> "अनुशासित तर्क और कल्पना का उच्च बड़प्पन, मानव स्वभाव जैसा कि मसीह द्वारा निभाया गया है, आत्मा और दिमाग के अभ्यास के माध्यम से वास्तव में मानव का व्यक्तिगत उत्थान है।"

इस भाषण को गरिमा पर विमर्श की बाइबिल माना जा सकता है। यह मानव स्वभाव का एक महान अनुशासन है जो मानव जाति के उत्थान के लिए है जिसके लिए मानवीय आचरण को नैतिक और सदाचारी होने के लिए उदार दृष्टिकोण की आवश्यकता होती है। ऊपर दी गई परिभाषा उच्च आत्मानुभूति द्वारा दिखाए गए मार्ग के अनुसरण के रूप में गरिमा को दर्शाती है। मिरांडोला का जोर नैतिक दर्शन के लिए आध्यात्मिकता पर आधारित है। नैतिकता मनुष्य की गरिमा का उपक्रम है। वह प्राकृतिक दर्शन के व्याभिचार का विरोध करता है। आध्यात्मिकता की कमी वाला दर्शन एक सच्ची और

अडिग शांति व्यवस्था प्रदान करने में विफल रहता है।[36] गरिमा सार्वभौमिक शांति से संबंधित है। धर्मशास्त्र में उनका विश्वास उस रूप में त्रुटिहीन है जो वास्तविक और निरपेक्ष है। गरिमा की खोज उस व्यक्ति को आशा प्रदान करती है जो निराशावाद की प्रवृत्ति रखता है। मिरांडोला गरिमा पर धार्मिक भाषण का प्रतिनिधित्व करता है :

> "हे परिश्रम करनेवालों तुम मेरे पास आओ, और मैं तुम्हें बदल दूंगा; तुम मेरे पास आओ और मैं तुम्हें वह शांति दूंगा जो दुनिया और प्रकृति नहीं दे सकती।"[37]

इस प्रकार वह आशा और शांति के लिए मनुष्य की अस्वीकृति को पुनारंभ करने के लिए नैतिक-सह-आध्यात्मिक दर्शन के स्रोत के रूप में गरिमा पर व्याख्यान देता है। गरिमा का विचार भविष्य के लिए अपनी उच्च महत्वाकांक्षाओं का अनुरक्षण करने के लिए मनुष्य के दृढ़ विश्वास को बढ़ाता है। पूर्वदृष्टि और ईश्वरकृत अवसरों के लिए गरिमा औचित्य है। मिरांडोला का योगदान मानव जाति के लिए बहुत ही अपरिहार्य और अधिकार गरिमा के लिए अमूल्य है। गरिमा से अधिक कुछ सार्थक नहीं है अपितु सम्मान और गौरव पर ही साम्राज्यों का निर्माण किया गया था। विवेक, पवित्रता और वीरता गरिमा की अगली कड़ी हैं। मनुष्य को मानव में बदलने वाले सभी गुणों की उत्पत्ति गरिमा के मूल में होती है। मिरांडोला का दृष्टिकोण समान रूप से तर्कसंगत और वैज्ञानिक है। गरिमा पर धार्मिक प्रवचन मन को याचना करने में मदद करता है, मानव मामलों की जांच, न्याय और मूल्यांकन करने के लिए एक उपाय प्रदान करता है और अंततः तर्क की शक्ति को बढ़ाता है।[38] गरिमा पर भाषण आत्मा के दिव्य तंत्र, पूर्ण पदार्थ का ज्ञान और स्वर्गीय अमृत की प्राप्ति है।[39] गरिमा पर मिरांडोला की अवधारणा मानव-जीवा को आध्यात्मिक पवित्रता और ईश्वर के सर्वशक्तिमान होने बारे, सबसे पवित्र पंथ में विश्वास के माध्यम से आत्मशुद्धी के लिए मार्गदर्शन करने के लिए नामित है।[40]

गरिमा का वर्णन यहाँ जरूरत से अधिक आध्यात्मिक लग सकता है, लेकिन गरिमा के प्रस्ताव पर मुझे इससे बेहतर स्पष्टीकरण नहीं मिला जो मानव-व्यक्ति के लिए इतना उपयोगी है जो उसे सम्मान, गौरव, स्वाभिमान और गर्व करने के योग्य बनाता है। मानव जाति का अस्तित्व सम्मानजनक आदत और कार्यों से ही हो सकता है। गरिमा के लिए भय सूचक संकेत मनुष्य

की आजीविका को अनिश्चित और अप्रत्याशित बना देता है। गरिमा शालीनता लाती है जो सामाजिक परिवेश में मानव अनुशासन को निर्धारित करती है।

2.4 स्वाधीनता/आजादी

मानव जाति को ऊपर उठाने में स्वतंत्रता और उसके सार को समझने के लिए सामान्य, विशिष्ट और सचेत अर्थों में पराधीनता/गुलामी की व्यवस्था का विश्लेषण करना सबसे महत्वपूर्ण है। मानव-गुलामी की भावना को समझे बिना स्वतंत्रता की भावना कम महत्वपूर्ण रहेगी। गुलामी का मूल कारण राजनीतिक नियंत्रण के लिए, सैन्य शक्ति के लिए, राजस्व के स्रोतों को बढ़ाने के लिए और उत्पादन के नए तरीके बनाने में निहित था।

"उत्पादन की एक विधा के रूप में, दासता के रूप में जाना जाने वाला अब तक का सबसे बड़ा विकास, और रोम की राजनीतिक और सैन्य शक्तियों की द्वंद्वात्मक प्रगति में इसकी केंद्रीयता पाई जाती है।"[41]

प्राचीन यूनान से निकले अन्य मूल्यों की तरह, दासता भी एक यूनानी नवाचार है जो प्राचीन रोमन साम्राज्य से आगे निकल गया। रोमन साम्राज्य का विवरण इस तथ्य की पुष्टि करता है कि राजनीतिक उद्देश्य के लिए सत्ता की खोज (आर्थिक/निहित हितों के लिए नियंत्रण और प्रभाव) ने मनुष्य को गुलाम बनाने के लिए मनुष्य के कठोर इरादे को बढ़ा दिया। गुलामों की तड़प से आजादी की भावना पैदा हुई। ऑरलैंडो पैटरसन, अमेरिकी सांस्कृतिक समाजशास्त्री का तर्क है कि बंधुआ मजदूरी के अपने बदतर रूप में असहनीय दासता ने स्वतंत्रता और स्वतंत्रता के सार्वभौमिक आदर्श के लिए पुरुषों और दासों को प्रेरित किया।[42] दासता मानव मन को सोचने के लिए अर्थ और जोर देती है :- इसका मतलब समझ आता है की मुक्त होना या नहीं होना है? गुलामी एक प्राचीन प्रथा और एक स्थापित संस्था रही है जहाँ मनुष्य ने विभिन्न कारणों से मनुष्य को अपने अधीन कर लिया है : एकाधिकार का दावा करना, वर्चस्व दिखाना, नियंत्रण करना, प्रभाव डालना, व्यापार करना, तस्करी करना, जबरन विवाह करना, श्रम करना या केवल साधुवाद के लिए इसका फैलाव हुआ। प्राचीन सभ्यताओं और यहां तक कि दुनिया के आधुनिक इतिहास में भी गुलामी के साक्ष्य मौजूद हैं। यह विभिन्न रूपों में उग आया

एक मुद्दा है–मिस्र में गुलामी, बंधुआ मजदूरी और जबरन मजदूरी के रूप में यह मिलता है।[43] टेरेंस एक दास के उवाच :

"क्या मैं कोई इंसान या किसी का भाई नहीं हूँ।"[44]

ऊपर एक प्रमुख दास की तड़प है जो अमेरिका और ब्रिटेन में गुलामी उन्मूलन विरोधी आंदोलनों में उन्मूलनवादियों और राजनेताओं के शोषण विरुद्ध जन-चेहरा बन गया है। प्रसिद्ध ब्रिटिश कुलीन योशिय्याह वेजवुड का पदक नीचे दिखाए गए चित्र में ऊपर अंकित कथन के साथ 18वीं शताब्दी में गुलामी विरोधी आंदोलन के लिए संवेदनात्मक उत्साह पैदा करता है।[45] अमेरिकी स्वतंत्रता संग्राम और फ्रांसीसी क्रांति से वेजवुड की प्रेरणा ने ब्रिटिश उन्मूलन आंदोलन शुरू करने के लिए मानव विवेक को प्रेरित किया।[46]

बेंजामिन फ्रैंकलिन (पेंसिल्वेनिया एबोलिशन सोसाइटी के तत्कालीन अध्यक्ष) व्यक्तिगत रूप से न्याय, मानवता, स्वतंत्रता और वेजवुड के रचनात्मक पदक के आंदोलन से प्रभावित थे।[47] इस तरह की एक छोटी सी कलाकृति (पदक) का प्रभाव फ्रैंकलिन द्वारा व्यक्त किया गया था:

"यह पदक उत्पीड़ित लोगों के पक्ष में उपकार करने के लिए सबसे अच्छे लिखित रुचार-पुस्तिका के बराबर।"[48]

चित्र 2.1 : योशिय्याह वेजवुड का पदक।[48]

अंततः मनुष्यों विशेष रूप से महिलाओं और बच्चों में तस्करी को रोकने, दबाने और दंडित करने के लिए संलेख के अलावा संयुक्त राष्ट्र के

अंतर्राष्ट्रीय संगठित अपराध के खिलाफ सम्मेलन संयुक्त राष्ट्र पलेर्मो प्रोटोकॉल के अनुच्छेद 3 के रूप में लागू हुआ।[50]

'उत्पीड़न' से मुक्ति सत्य ही भाव और आत्मा में स्वतंत्रता का सही अर्थ है। अन्य प्राणियों की तरह बुद्धिमान व्यक्ति (होमो सेपियन्स) की भी हावी होना स्वाभाविक प्रवृत्ति है। गुलाम युग से लेकर आधुनिक युग तक, यह प्रवृत्ति गंभीर हो गई है, भले ही यह स्पष्ट रूप दिखाई न देती हो। गुफा में रहने वाले आदि मानव के लिए वर्चस्व का कार्य अस्तित्वगत कारणों से था। आधुनिक सभ्यता ने स्वार्थी हितों के लिए हावी होने की चाह और इच्छा देखी है। यूरोपीय लोगों की यही चाह और इच्छा दासता के लिए जिम्मेदार है जो 1500 ईस्वी. पूर्व की है जब उन्होंने लोगों को दैनिक काम, उद्यम और व्यापार के लिए गुलाम बनाना शुरू किया। औपनिवेशीकरण ने गुलामी को आवश्यक बना दिया और इसी ने बदतर रूप यानी क्रूरता के साथ बंधुआ मजदूरी का रूप ले लिया। दासों को कोई विकल्प, पारिश्रमिक और निर्णय लेने की शक्तियाँ नहीं दी जाती थीं। इसलिए स्वतंत्रता स्वतंत्र इच्छा के माध्यम से चुनाव करने और आत्मनिर्णय के लिए अपना रास्ता स्वयं तय करने को कहा गया है। गुलाम अपनी मर्जी से कुछ नहीं कर सकते। विवेक, क्षमता और इच्छा का प्रयोग करने में सक्षम नहीं होना एक मवेशी के जीवन जीने के बराबर है, यह कलंक और अपमानजनक है।

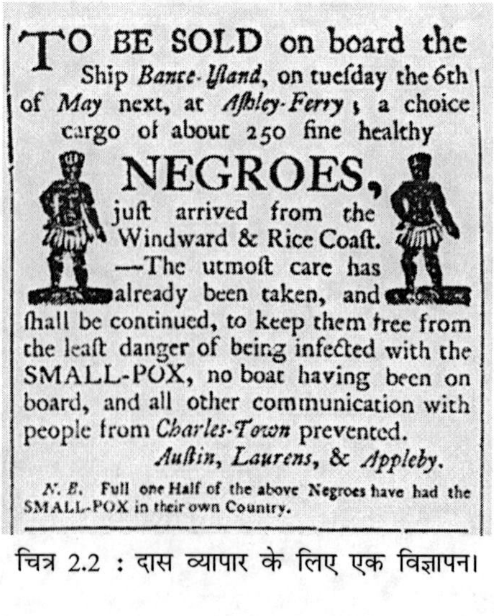

चित्र 2.2 : दास व्यापार के लिए एक विज्ञापन।

यह विज्ञापन 19वीं शताब्दी के दौरान अमेरिका में नीग्रो दासों की नीलामी के लिए एक औपचारिक व्यापार को दिखाता है।[51] ये विज्ञापन एक निर्जीव वस्तु के रूप में मनुष्य के साथ व्यवहार पर उसमें वर्णन से ध्यान देने योग्य मानवीय भ्रष्टता को भी दर्शाता है।

गुलामी एक ऐसे राज्य में कानून और न्याय की विफलता को रेखांकित है जहां लोग अपने जीवन के तौर तरीके भी तय करने के लिए स्वतंत्र नहीं हैं। विफलता मानव विवेक की दयनीय स्थिति, न्याय के खराब प्रवर्तन तंत्र, शासन प्रणाली पर एकाधिकार, उत्पादन के कारकों, अर्थव्यवस्था और आजीविका से संबंधित होती है।

अब स्वतंत्रता पर विचार करें जो बिना किसी बाधा/उत्पीड़न के विवेक/स्वतंत्र इच्छा पर स्वतंत्र रूप से कार्य करने की क्षमता है। इस परिभाषा के अनुसार किसी को भी सही मायने में स्वतंत्र नहीं माना जाएगा। कम से कम मनुष्य अपनी अंतरात्मा की युक्ति से गुलाम है। स्वायत्तता, आत्मनिर्णय स्वतंत्रता के अन्य मानदंड हैं। स्वतंत्र इच्छा की अभिव्यक्ति मानदंडों, कानूनों और सामाजिक व्यवस्था के अधीन है। उच्च स्तर पर उच्चस्तरीय स्वतंत्रता का आनंद लेने के लिए बहुत से कर्तव्यों और जिम्मेदारियों का पालन करना पड़ता है। इसलिए स्वतंत्रता का अधिकार हमेशा कर्तव्यों और जिम्मेदारियों के नैतिक दायित्व के साथ प्राप्त होता है। आजादी को स्वतंत्रता के साथ निकटता से देखा जाता है फिर भी दोनों विचार भिन्न होते हैं। जॉन स्टुअर्ट मिल के विचार में :

> "आजादी मुख्य रूप से है, यदि विशेष रूप से नहीं, तो एक इच्छा के अनुसार कार्य करने की क्षमता और किसी के पास स्वयं कुछ करने की शक्ति है; जबकि स्वतंत्रता मनमानी प्रतिबंधों की अनुपस्थिति से संबंधित है और इसमें शामिल सभी के अधिकारों पर विचार करना है। इस प्रकार, स्वतंत्रता का प्रयोग क्षमता के अधीन है और दूसरों के अधिकारों द्वारा सीमित है।"[52]

आजादी शक्ति की क्षमता और बंदोबस्ती की अभिव्यक्ति है। यह स्वतंत्रता के विपरीत एक सक्रिय गुण है। आजादी के साथ आप अपनी आकांक्षाओं के लिए कार्य करने की क्षमता प्राप्त करते हैं। स्वतंत्रता केवल दूसरों के अधिकारों का सम्मान करने के लिए बाध्यता और दायित्व का अभाव है। एक सशक्त व्यक्ति अपनी स्वतंत्र इच्छा का प्रयोग कर सकता है और भविष्य के

लिए खुद को सक्षम बना सकता है जैसे वह जीना चाहता है। दास विवश, असमर्थ, शक्तिहीन और स्वामी के विवेक से जीते थे। राज्य की भूमिका लोगों को सशक्त बनाना है ताकि वे आत्म-विकास के लिए और समाज के लिए सामान्य भलाई के रूप में अपनी क्षमता का पूरी ताकत से प्रयोग कर सकें। आजादी पारस्परिक है और इसमें समन्वयन के लिए एक अंतर्निहित प्रवृत्ति है जो दूसरों के लिए स्वतंत्रता और दूसरों के अधिकारों पर विचार करने की मांग करती है। लोकतांत्रिक या निरंकुश किसी भी व्यवस्था में पूर्ण अर्थों में स्वतंत्रता (आजादी) का आनंद नहीं लिया जा सकता है। क्योंकि आजादी, एक ही समय में, सार्वजनिक निर्णय और दूसरों के विवेक के अधीन नहीं है। फिर भी यह सांस्कृतिक परिसर में शालीनता/सज्जा के अधीन है कि इसे दूसरों की स्वतंत्रता के अधिकार का उल्लंघन नहीं करना चाहिए।

अध्याय पांच में 'स्वतंत्रता' और 'आजादी' की विस्तार से चर्चा की गई है। स्वतंत्रता के सिद्धांत में इन दो मूल्यों की उत्पत्ति हुई है। जीन-जैक रूसो का सामाजिक अनुबंध सिद्धांत स्वतंत्रता, स्वाधीनता, और आजादी के बीच एक जोड़ने वाली कड़ी प्रदान करता है। आधुनिक कानून में आजादी भी मौलिक मूल्य है। यह मानदंडों या कानून को मानने के लिए मनुष्य की आजादी पर निर्भर करता है। नैतिक दायित्व प्रवर्तनीय नहीं है। इसलिए, अपने और दूसरों के हित के लिए सामाजिक अनुबंध बनाना एक आजाद व्यक्ति की पसंद थी। आधुनिक कानून की तुलना में आजादी के सार्वभौमिक सिद्धांत की मान्यता को हैबरमास द्वारा सरल बनाया गया है :

> "आजादी" प्राकृतिक कानून के आवश्यक तत्व हैं, सबसे ऊपर "अनुबंध की आजादी"। स्वैच्छिक तर्कसंगत अनुबंध प्राकृतिक कानून निर्माण के सार्वभौमिक औपचारिक सिद्धांतों में से एक बन गया, या तो राज्य सहित सभी सहयोगी संबंधों के वास्तविक ऐतिहासिक आधार के रूप में, या कम से कम मूल्यांकन के नियामक मानकों के रूप में।"[53]

मनुष्य ने अपने लिए अन्य व्यक्तियों के साथ रहने का समझौता किया और यह प्राकृतिक कानून के अनुरूप एक स्वतंत्र व्यक्ति का तर्कसंगत विकल्प था। आजादी का सार्वभौमिक अधिकार एक आजाद व्यक्ति की आजाद इच्छा से उभरा और आजादी मानव मामलों, बातचीत और उसमें संबंधों के वास्तविक ऐतिहासिक आधार के रूप में कार्य करती है। इसके अलावा भी

आजादी मानव आचरण का एक मूल्यांकन मानदंड है। मानव उद्यम, नैतिकता की भावना और मानदंडों का परीक्षण एक मुक्त वातावरण में किया जाता है। दूसरी ओर, स्वतंत्रता परंपरावादी मानदंडों के उत्थान को सार्वभौमिक सिद्धांतों के स्तर तक ले जाती है जो आधुनिक कानून में पद और सिद्धांतों की सेवा करता है। आजादी व्यक्ति, समाज और राज्य के बीच संबंधों के मूल्यांकन, सुविधा और विनियमन के लिए निर्णायक मानक है।

2.5 सार्वजनिक हित

एक समुदाय के सभी लोगों द्वारा दिया गए योगदान और सभी लोगों द्वारा साझा किया गया कार्य सार्वजनिक हित कहलाता है। लोग सबकी भलाई के लिए योगदान करते हैं क्योंकि यह आत्म-विकास और पूरे समुदाय के लिए फायदेमंद है। मानव अस्तित्व और जीविका के साधन समुदाय की प्रगति के साथ घनिष्ठ रूप से जुड़े हुए हैं। वंचित समाज के हितों की पूर्ति, उनकी सुरक्षा, संरक्षा और स्थिरता आम-जन के हित में है। अरस्तू के अच्छे जीवन सिद्धांत की अवधारणा से प्रेरणा लेकर, थॉमस एक्विनास ने प्राकृतिक अधिकारों के रूप में सरकार द्वारा सुनिश्चित किए जाने वाले निम्नलिखित सामूहिक संसाधनों की पहचान की :

1. जीवन की रक्षा करना,
2. राज्य का संरक्षण,
3. और शांति को बढ़ावा देना।

एक्विनास ने हम सभी के लिए सामान्य कानून का मार्गदर्शन करने के लिए प्राकृतिक कानून के पक्ष में तर्क दिया। हम सब पहले प्रकृति की प्रजाति हैं।[55] सामूहिक हित व्यक्तिगत हित से पहले आता है।[56] आज यह व्यापार आधारित अर्थव्यवस्था द्वारा संचालित वैश्वीकरण के युग में काफी विपरीत लग सकता है क्योंकि सतत् विकास का विचार कुछ और नहीं बल्कि एक आवश्यकता है– व्यक्तिगत साधनों पर सर्वहित की प्राथमिकता। अरस्तू ने कहा कि मनुष्य एक सामाजिक प्राणी है जो समाज/समुदाय के दायरे में ही अच्छे जीवन को सुरक्षित करके समृद्ध हो सकता है।[57] एक समुदाय में रहने से व्यक्ति सर्वहित के लिए साहस, ईमानदारी और न्याय के गुण प्राप्त करता है। कल्याणकारी अर्थशास्त्र के प्रमेय में एडम स्मिथ ने जोर देकर कहा कि

व्यक्ति प्रतिस्पर्धा से प्रेरित मुक्त व्यापार–आधारित अर्थव्यवस्था में सार्वजनिक सेवा करता है और व्यक्तिगत स्वार्थ स्वत: ही सार्वजनिक हित में बदल जाता है।[59] सर्वहित में योगदान मनुष्य की क्षमता को बढ़ाता है। सामान्य भलाई का विचार मनुष्य के स्वार्थ और आकांक्षाओं के अनुरूप है क्योंकि हित समानता के लिए आसन्न वस्तु है। अर्थशास्त्र के सिद्ध सिद्धांतों जैसे कि गेम थ्योरी या कैदी की दुविधा ने इस तथ्य को मान्य किया है कि सहयोग में सर्व कल्याण के सर्वोत्तम परिणाम निहित हैं। सर्वहित केवल प्रगतिशील विस्तार का साधन नहीं है, यह स्वयं, समाज और राज्य के संरक्षण के लिए एक अनिवार्य भूमिका निभाता है। लेकिन लोगों के स्वार्थ होते हैं और सामूहिक हितकार का विचार एक अवास्तविक प्रवृत्ति लग सकता है। एक्विनास जवाब देता है :

> "इसलिए, हर भीड़ में लोगों को आम हित साधना की ओर निर्देशित करने के लिए कुछ शासी शक्ति होनी चाहिए।"[60]

दायित्व कानून द्वारा तय सशक्त नियम है जो लोगों को आम भलाई की ओर ले जाने के रास्ते पर निर्देशित करने के लिए राज्य द्वारा तय किए कानून है। रूसो के संदर्भ में, राज्य के लिए सामान्य इच्छा के आधार पर शासन करना वैध है। सामान्य हित/भलाई निजी हित को कम करता है। लोकप्रिय सामान्य इच्छा राज्य के लिए सामान्य हित में शासन करने की शक्ति को और बल देता है।[61]

सर्वहित के पूरे विचार से संबंधित विरोधाभास रहे हैं जैसे कि मुफ्त सवारी, ये एक सामान्य अज्ञानता है। बदतर रूप में, सामान्य हित की विचारधारा 'आम लोगों की त्रासदी' को जन्म दे सकती है। मोटे तौर पर मानवाधिकारों के संदर्भ में, यह प्रवृत्ति आम भलाई की धारणा के अनुरूप है क्योंकि मानवाधिकार सामाजिक अधिकार हैं न कि आर्थिक उपक्रम या विनियमन के राजनीतिक उपकरण। अब जब इस तरह के अंतर्विरोध मानवाधिकारों के सामान्यहित के साथ सहसंबंध में उत्पन्न होते हैं तो विभिन्न हितधारक आम जनता से लेकर राज्य तक की जिम्मेदारी लेते हैं संचार प्रणाली पर सवाल उठाने की व्यापक भूमिका तय है परंतु सामान्य भलाई के विस्तार और संरक्षण के लिए अनिवार्य प्रावधान प्रदान नहीं करने के लिए राज्य को उत्तरदायी ठहराया गया है। वाल्टर लिप्पमैन ने आमजन या उनकी सामान्य इच्छा के साथ निम्नलिखित प्रमुख समस्याओं की पहचान की है[62]:

1. अपर्याप्त पहुंच या उनके पर्यावरण के तथ्यों में रुचि,
2. संज्ञानात्मक पूर्वाग्रह,
3. मीडिया/संचार तंत्र द्वारा हेरफेर,
4. न्याय करने के लिए अपर्याप्त विशेषज्ञता,
5. पक्षपाती जानकारी,
6. सांस्कृतिक मानदंड।

जॉन डेवी ने सूचना अंतर को पाटने के लिए जनहित में महत्वपूर्ण मीडिया की भूमिका की पहचान की।[63] एक लोकतांत्रिक संदर्भ में जहां आम जनता उपरोक्त बाधाओं के कारण आम जनता के बारे में जागरूक या रुचि नहीं रखती है, संस्थानों की स्वायत्तता महत्वपूर्ण बन जाती है। लोकतंत्र के चौथे स्तंभ यानी बड़े पैमाने पर मीडिया की महत्वपूर्ण भूमिका है। आमहितों की प्रगति में जवाबदेही और दायित्व तय करने में मीडिया की रचनात्मक भूमिका निर्णायक रूप से महत्वपूर्ण है। मीडिया को सार्वजनिक हित के लिए लोगों की पीड़ा का समर्थन करना चाहिए और आवाज उठानी चाहिए:– मीडिया की प्रमुख भूमिका लोकतांत्रिक व्यवस्था में राज्य, अभिकरणों (एजेंसियों) और संस्थानों की भूमिका के अलावा, लोक सतर्कता और जुड़ाव लोकतंत्र के टिकाऊ और व्यवहार्य होने के लिए महत्वपूर्ण हैं।[64] विनियमन, सतर्कता के लिए सार्वजनिक सस्थाओं को स्वायत्त होना चाहिए और राजनीतिक प्रभाव से अलग होना चाहिए कि यहाँ आमहितों से समझौता नहीं किया जाता है और सत्ता चाहने वाले अभिजात वर्ग से जनता का हित प्रभावित नहीं होना चाहिए। आमहित की वस्तुओं का सबसे अधिक शोषण राजनीतिक, नौकरशाही और व्यावसायिक अभिजात वर्ग द्वारा किया जाता है। बाकी आम सामान या तो क्षतिग्रस्त हो जाता है या जनता द्वारा हड़प लिया जाता है। आमहित के प्रसाधन सभी के लिए लूट-पाट की विषय वस्तु है। इस संदर्भ में राजनीति-नौकरशाही-व्यवसाय के गठजोड़ को स्वायत्त संस्थानों द्वारा सीमित करना होगा। जागरूकता के लिए नियमित संचार में जनता की भलाई के लिए ताकत निहित है, बशर्ते जनता खुद को शोषण के तंत्र में न बदल ले। महत्वपूर्ण मामलों पर नियमित संचार के लिए विचार-विमर्श की प्रक्रिया जारी रहनी चाहिए। डेवी बताते हैं कि कुछ चुनौतियां हैं जैसे विशेष रुचियां, शक्तिशाली कॉर्पोरेट पूंजी, स्तब्ध और

विचलित करने वाला मनोरंजन, सामान्य स्वार्थ और सार्वजनिक संचार की अनियमितताएं इसे प्रभावी बनाने में सार्वजनिक विचार–विमर्श के लिए खतरा हैं।[65] जनता क्षण भर के लिए दम तोड़ सकती है लेकिन लंबे समय में इसमें सामान्य हितों के प्रतिष्ठान के लिए ताकत और आशावाद पैदा होता है। डेवी ने पहचाना कि बेहतर संचार इन सभी बाधाओं का समाधान है। हितधारकों द्वारा अपने अधिकारों और सामान्य भलाई के लिए विभिन्न पदानुक्रमों में संचार स्थापित किया जाना चाहिए। विचार–विमर्श की प्रक्रिया सामान्यतः दर्शन को साकार करने के लिए सामंजस्य और सुसंगतता लाने में मदद करती है। जनहित के मुद्दों को व्यक्त करने में सक्रिय होकर, डेवी ने निष्कर्ष निकाला कि एक समुदाय एक महान समुदाय बन सकता है जिसके लिए संचार का तरीका और माध्यम सशक्त है :

> "लोकतंत्र का कार्य हमेशा के लिए एक स्वतंत्र और अधिक मानवीय अनुभव का निर्माण करना है जिसमें सभी साझा करते हैं और जिसमें सभी का योगदान होता है।"

सामान्य भलाई में योगदान को और साझा करके, लोकतंत्र की भावना को मजबूत किया जा सकता है जिसमें मानव स्वतंत्र और अच्छी तरह से सम्मानित महसूस करता है : मानवाधिकारों की सर्वोत्कृष्टता। साझा करने से एक बेहतर मानवीय और अधिक मानवीय अनुभव प्राप्त होता है।

2.6 समानता और समता

भेदभाव को समझना समानता और समता की अवधारणा के लिए बेहतर अंतर्दृष्टि प्रदान करेगा। भेदभाव किसी व्यक्ति को लिंग, नस्ल, जातीयता, जाति, वर्ग, धर्म, मूल, विकलांगता, यौन वरीयता आदि के आधार पर अनुकूल व्यवहार और बुनियादी मानवाधिकारों से वंचित करना है। प्राकृतिक न्याय के सिद्धांतों और निष्पक्षता की कसौटी का व्यापक रूप से दुरुपयोग किया जाता है यह भेदभाव की प्रक्रिया है। भेदभाव असमानता और विषमता की ओर ले जाता है जो समाज में वैमनस्य और अव्यवस्था को कायम रखता है, इसके फलस्वरूप सांस्कृतिक, राजनीतिक, सामाजिक और आर्थिक दृष्टि से वंचितों को हाशिए पर ले जाया जाता है। इसके आर्थिक परिणाम सभी प्रकार के सबसे भयानक होते। राज्यों ने सशक्तिकरण और सामाजिक न्याय को मुख्य

धारा में लाने के लिए कानून और नीति स्थापित की है। राजनीतिक और सार्वजनिक क्षेत्र के सभी पदानुक्रमों पर नीतियां मौजूद हैं। रोजगार, कानून और शैक्षणिक संस्थानों में उचित प्रतिनिधित्व सुनिश्चित किया जाता है। समानता और समता के लिए इन सभी संरचित प्रयासों के बावजूद भेदभाव स्पष्ट रूप से, सचेत रूप से और प्रभावी ढंग से फैलता ही जाता है। शिक्षा लोगों को प्रेरित करने में विफल रहती है। वास्तव में शिक्षित वर्ग अपने नैतिक दायित्वों से अधिक अनभिज्ञ है, इसके अलावा उसकी मानवाधिकारों में कोई दिलचस्पी नहीं है और यहां तक कि कुछ विचारधारा के लिए कट्टरपंथी भी है। आर्थिक समृद्धि में उदारता के अभाव में भेदभाव का स्तर बढ़ जाता है। अमीर छोटे लोगों से दूर हो जाते हैं। यहां तक कि धार्मिक और आध्यात्मिक सुविधाएं भी विशेषाधिकार प्राप्त और वंचितों के बीच की खाई को पाटने में विफल हैं। रूढ़िवादी व्यवहारवाद उन्नत और परिपक्व सभ्यताओं और उदार पश्चिमी राज्यों में भी उदार मूल्यों को दबा देता है। वर्तमान में इसी कारण दुनिया समाजों और समुदायों में भेदभावपूर्ण प्रवृत्तियों से संबंधित गंभीर मुद्दों का सामना कर रही है।

प्रवासन, धार्मिक कट्टरवाद, आतंकवाद, नागरिक अशांति और सुरक्षा मुद्दे मुख्य रूप से भेदभावपूर्ण घृणा, हिंसा और अन्याय फैलाने की कार्यावली पर संचालित होते हैं। इसका परिणाम यह हुआ कि विश्व वैश्विक प्राथमिकता वाले साझा मुद्दों पर बंटा हुआ प्रतीत होता है। गरीब और कमजोर लोगों को सबसे खराब आर्थिक विभाजन का सामना करना पड़ता है जो एक अवधि में अस्थिर हो जाता है। मेरा एक पूर्वाभास है कि भेदभाव की अभिव्यक्ति में विवादास्पद उपक्रम सांस्कृतिक है। सांस्कृतिक परिसरों को समझने से भेदभाव की उत्पत्ति में गहन चिंतन करने में मदद मिलेगी। भावनाओं को सांस्कृतिक प्राथमिकताओं से कैसे जोड़ा जाता है जिससे भेदभावपूर्ण प्रभाव पड़ते हैं, यह एक अन्य अवलोकनीय विषय-वस्तु है जिसकी जांच की जानी चाहिए। फिर, समानता और समता के आदर्शों की गहराई में जाना आसान कार्य होगा। संस्कृति जीवन का एक तरीका है और बहुत सामान्य अर्थों में अनुभवों को साझा करता है। संस्कृति निम्नलिखित वस्तुएं प्रदान करती है :[67]

1. संरचना,
2. दिशानिर्देश,

3. आशाएं,

4. व्यवहारों को समझने और उनकी व्याख्या करने के नियम।

सांस्कृतिक सापेक्षवाद को समझना और यह पहचानना उचित होगा कि क्या यहाँ किसी भी तरफ या तरह से सांस्कृतिक सार्वभौमिकों जैसे मानवाधिकारों की ओर संक्रमण संभव है। यदि संक्रमणकालीन परिवर्तन के माध्यम से सांस्कृतिक सार्वभौमों को प्राप्त किया जा सकता है तो मानवाधिकार समानता और समता के आदर्शों को भी सदा के लिए मूर्त रूप दिया जा सकता है। सांस्कृतिक सापेक्षवाद और पहचान-संघर्ष सांस्कृतिक सार्वभौमिकों के मार्ग में बाधाओं की घुड़की दे रहे हैं। अर्थशास्त्र सांस्कृतिक स्वभाव में महत्वपूर्ण भूमिका निभाता है और सामाजिक संबंध मुख्य रूप से उत्पादन के कारकों पर आधारित संबंध होते हैं। यह निष्कर्ष निकाला जा सकता है कि संसाधन उपलब्धता और वितरण सांस्कृतिक सापेक्षवाद और सांस्कृतिक सार्वभौमिकों के बीच की खाई को पाटने में महत्वपूर्ण भूमिका निभाते हैं। अधिकांश पिछड़े समाज आर्थिक रूप से वंचित समुदाय हैं। आर्थिक प्रगति विकास में मदद करती है जो मानवाधिकारों के फलने-फूलने और समृद्ध होने के लिए आवश्यक है। एक भूखे पेट के पास मानवाधिकारों के बारे में सोचने के लिए कुछ भी नहीं है जब उसकी मुख्य चुनौती अस्तित्व ही है जोकि दुनिया में कहीं भी एक भौतिक तथ्य है। इसलिए, समानता और समता की योजना को वंचितों के आर्थिक उत्थान का प्रचार करना चाहिए। अन्यथा, आजीविका की चुनौती और सांस्कृतिक गिरावट भेदभाव के दुष्चक्र की राशि बनी रहेगी।

दूसरी ओर, उन्नत अर्थव्यवस्थाएं भी सुस्थापित और समर्पित संस्थागत तंत्र और शासन होने के बावजूद मानवाधिकारों का उल्लंघन करती हैं। भावनाओं, अभिव्यक्ति और मनोविज्ञान जैसे व्यवहार संबंधी पहलू आंतरिक और प्रणालीगत गतिशीलता दोनों के संबंध में भिन्न होते हैं। समय, सन्दर्भ, भावनाएँ, पूर्ववर्ती घटनाएँ सामान्य संस्कृति पर प्रभाव डालती हैं। सांस्कृतिक सापेक्षवाद से सांस्कृतिक सार्वभौमिक में संक्रमण एक संस्कृति की पहचान के लिए खतरे की धारणा प्रदान करता है। हेरोडोटस के मतनुसार :

> यदि किसी को, चाहे किसी को भी, दुनिया के सभी राष्ट्रों में से विश्वासों के दृष्टांत को चुनने का अवसर दिया गया हो, जिसे वह सबसे अच्छा समझता था, तो वह अनिवार्य रूप से– उनके सापेक्ष गुणों पर सावधानीपूर्वक विचार करने

> के बाद–अपने देश का चयन करेगा। अपवाद के बिना हर कोई अपने स्वयं के मूल रीति–रिवाजों को मानता है, और जिस धर्म में उनका पालन–पोषण हुआ, वह सबसे अच्छा है; और ऐसा होने पर, यह संभावना नहीं है कि एक पागल आदमी के अलावा कोई भी ऐसी बातों का मजाक उड़ाएगा। इस बात के प्रचुर प्रमाण हैं कि यह अपने देश के प्राचीन रीति–रिवाजों के बारे में सार्वभौमिक भावना है।[68]

हेरोडोटस पुरातनता और शैलीवाद के प्रति जुनून की ओर इशारा करता है जिस पर मैंने नौवें अध्याय में बहस की है। स्वदेशी संस्कृति और पहचान के प्रति भावुक होना मनुष्य की स्वाभाविक प्रवृत्ति है। घरेलू संदर्भ में सार्वभौमिक मूल्यों का हस्तक्षेप, अनुभव को समृद्ध करने और ज्ञान के क्षितिज में विविधता लाने का एक अवसर है। लेकिन, संस्कृतिकरण आसान नहीं है। यदि संस्कृति की पहचान सांस्कृतिक सार्वभौमिकों से खतरे को मानती है तो संक्रमण अशांति के लिए अंतर्निहित प्रवृत्ति को उत्तेजित कर सकता है। रूढ़िवादियों या उदारवादियों के लिए चुनौती समान प्रकृति और मात्रा की हो सकती है। विलियम ग्राहम ने इस चुनौती को जातीयतावाद के रूप में परिभाषित किया :

> "किसी का अपना समूह हर चीज का केंद्र होता है जिसके खिलाफ अन्य सभी समूहों को आंका जाता है।"[69]

पूर्वाग्रह सांस्कृतिक सार्वभौमिकता के लिए महत्वपूर्ण अंतराल हैं। शिक्षा प्रणाली, संवेदीकरण अभियान, सांस्कृतिक उत्सवों, साहित्यिक कार्यक्रमों और अन्य नीतियों में ऐसे अन्य साधनों के माध्यम से सांस्कृतिक सार्वभौमिकों को मुख्यधारा में लाने के लिए कुछ निश्चित कार्यक्रम और रणनीति होनी चाहिए। ये कुछ अस्पृश्य और भौतिक उपकरण हैं जिनके माध्यम से मानव पर कानून समानता और समता के माध्यम से प्रतिमान के रूप में अधिकार निष्पादन योग्य हैं। कानून में प्रतिनिधित्व और रोजगार में आर्थिक मानदंड के आधार पर आरक्षण प्रमुख नीतिगत साधन हैं। इसके अलावा, समानता लाने के लिए सर्वांगीण लाभ सौंपने के लिए अधिकारों, न्याय और सुरक्षा कवचों की उपलब्धता सुनिश्चित करनी होगी।

2.7 नैतिक सत्यनिष्ठा

नैतिकता और सत्यनिष्ठा अलग-अलग गुण और अवधारणाएं हैं। नैतिक आचरण का मानवाधिकारों के उत्कर्ष पर सकारात्मक प्रभाव पड़ता है। सत्यनिष्ठा को नैतिक अनुशासन के साथ ईमानदार होने के गुण के रूप में परिभाषित किया गया है जो मानवाधिकारों के लिए एक शर्त है। इसलिए, मैं इस शब्द को नैतिक सत्यनिष्ठा के साथ ईमानदार होने की धारणा के साथ गढ़ता हूं और बुनियादी नैतिकता को अपनाकर अनुशासित और मानवाधिकारों के मूल्यों के दायरे को बढ़ाने के लिए उनका पालन करने पर जोर देता हूँ। आइए पहले नैतिकता और सत्यनिष्ठा को विचारों के अलग मतों के रूप में और फिर मानवाधिकारों के संबंध में सामंजस्य के रूप में समझें। अरस्तू ने सद्गुणी आचरण अर्थात सदाचार के साथ आचरण को जोड़कर इसे सरल बनाया है :

> "मनुष्य को केवल जीना नहीं चाहिए, बल्कि सद्गुणों द्वारा शासित आचरण के साथ अच्छी तरह जीना चाहिए। इसे कठिन माना जाता है, क्योंकि पुण्य का अर्थ है सही काम करना, सही तरीके से, सही समय पर, सही कारण के लिए।"[70]

सामाजिक सदाचार ही नैतिक सत्यनिष्ठा है। मेरी समझ में नैतिक सत्यनिष्ठा को सदाचार के साथ जोड़ने का अर्थ है संदर्भ के लिए एक तर्कसंगत दृष्टिकोण अपनाना। अरस्तू ने कारण को सभी सद्गुणों के अंत के रूप में वर्णित किया है। इस प्रकार, नैतिक सत्यनिष्ठा सही काम, सही तरीके से, सही समय पर, सही कारण के लिए है। आचरण, ढंग, समय और कारण नैतिक सत्यनिष्ठा के मानदंड परिभाषित कर रहे हैं। लेकिन नैतिक सत्यनिष्ठा पूरी तरह से क्यों मायने रखती है? बेंथम का उत्तर है कि सही और गलत का माप सबसे बड़ी संख्या में लोगों की सबसे बड़ी खुशी प्राप्त करने की कसौटी है और जीवन को उपयोगिता के सिद्धांतों पर संचालित नहीं किया जा सकता है।[71]

खुशी मायने रखती है जो नैतिकता पर आधारित है और कानून के लिए आवश्यक है।[72] इमैनुएल कांत नैतिक कानून के शासन के प्रति कर्तव्य/दायित्व का एक योग्य मानदंड होने के लिए प्रतिष्ठा के प्रस्ताव पर जोर देता है।[73] प्रतिष्ठा नैतिक अनुशासन और मानवाधिकारों की क्षमता को मजबूत करती है जबकि बुरा इरादा व्यर्थ और विनाशकारी होता है। इसलिए सत्यनिष्ठा का अर्थ है एक अच्छी इच्छा/इरादे के साथ नेक आचरण। इसके अलावा, कांत का कहना है कि कर्म कर्तव्य और नैतिक धार्मिकता के अनुरूप होना

चाहिए। कर्तव्य सबसे अच्छा गुण है। सत्यनिष्ठा के संबंध में यहां विशेष रूप से आशय का उल्लेख किया गया है। सत्यनिष्ठा की असली परीक्षा अच्छा आचरण है जब कोई नहीं देख रहा है। इसलिए, यह आत्म-सम्मान के लिए स्वयं का अनुशासन है। सत्यनिष्ठा मानवाधिकार मूल्यों का स्वर्ण मानक है। कांत का तर्क है कि यह एक कार्रवाई के पीछे का मकसद है जो उन्हें सही या गलत बनाता है, न कि कार्रवाई का परिणाम।[74]

नैतिक आचरण नैतिक कानून द्वारा संचालित एक व्यक्तिगत दृष्टिकोण है। राज्य का कानून प्रकृति में प्रत्यक्षवादी है जो नैतिक आयामों या नैतिक आधारों के लिए बहुत कम या अपर्याप्त गुंजाइश प्रदान कर सकता है। यह राज्य की प्राथमिकताओं के कारण हो सकता है या केवल इस तथ्य के कारण हो सकता है कि राज्य किसी व्यक्ति की प्रतिष्ठा के बजाय एक लोकप्रतिष्ठा से शासित होता है। यह फिर से मानवाधिकारों के लिए एक चिंता पैदा करता है। यहाँ ज्यादातर अल्पसंख्यक हैं जिनके अधिकारों का हनन होता है। राज्य को अपने कानून के माध्यम से व्यक्तिगत स्तर पर मुद्दों का समाधान करना होता है। जब मानवाधिकारों और फिर निष्पादन की बात आती है तो चुनौतियों का सामना करना पड़ सकता है लेकिन नैतिक अखंडता के प्रति समर्पण के साथ गंतव्य प्राप्त किया जा सकता है। नैतिक सत्यनिष्ठा न केवल मानवाधिकारों का अनुशासन है यद्यपि इसमें मानव मामलों के सभी क्षेत्र शामिल हैं। मानवाधिकारों के लिए शासन में सत्यनिष्ठा सर्वोच्च प्राथमिकता है, विशेष रूप से प्रशासन चलाने वाले संस्थानों के लिए। लोकतांत्रिक और विविध व्यवस्था में सत्यनिष्ठा की वास्तविक परीक्षा एक चुनौती हो सकती है। संबद्धता और स्वार्थ से प्रेरित कई वफादारी शासन की विफलता के मुख्य कारण हैं। ऐसी प्रशासनिक चुनौती से व्यवस्था और संस्थानों को योग्यता के आधार पर चलाकर निपटा जा सकता है। एक प्राचीन चीनी दार्शनिक मोजी ने टिप्पणी की है–

> "एक शासक को प्रतिभाशाली लोगों के करीब होना चाहिए, प्रतिभाओं को संजोना चाहिए और अक्सर उनकी सलाह लेनी चाहिए। देश के भीतर प्रतिभाओं को खोजे और समझे बिना, देश तबाह हो जाएगा।"[75]

नैतिक मानकों पर संस्थानों को चलाने के लिए प्रतिभा को विकसित और सशक्त बनाना होगा। योग्यता में उद्यम की उपेक्षा करना मानवाधिकारों के लिए

प्रशासनिक शासन के लिए विनाशकारी हो सकता है। मोजी की टिप्पणियां भाई-भतीजावाद और वंशवाद से प्रभावित शासन की वर्तमान व्यवस्था के लिए प्रासंगिक हैं। वह देखभाल, निष्पक्षता और सार्वभौमिक प्रेम जैसे गुणों की भी वकालत करता है जो नैतिक-सत्यनिष्ठा की नींव बनाते हैं।

2.8 नैतिक दायित्व

नैतिक दायित्व आत्मा पर दायित्व है कि वह अच्छे और बुरे के प्रति कर्तव्यनिष्ठ हो, अच्छे का अनुसरण करें और बुरे वाले से बचें। नैतिकता स्वयं का नैतिक आचरण है। दायित्व दूसरों के संबंध में है अर्थात कर्तव्य और दूसरों की सेवा करना। इसके अलावा, कार्य और धारणा दोनों नैतिक दायित्व की व्याख्या के अंतर्गत आते हैं। नैतिक विचार-विमर्श भी नैतिक दायित्व है। दायित्व एक नैतिक आचरण है और आत्मा की संतुष्टि के लिए है। आत्मसम्मान अच्छाई और बुराई या राय रखने के निर्णय से अछूता रहता है। नैतिक दायित्व एक आंतरिक व्युत्पन्न है। दायित्व वास्तविक और निरपेक्ष क्षेत्र की गहरी जड़ वाली इच्छा है। अधिकांश दार्शनिक आध्यात्मिक खोज की जांच के रूप में नैतिक दायित्व की जांच करते हैं। नैतिकता सार्वभौमिक है। समय के साथ जो बदलता है वह नैतिक नहीं है। नैतिकता शाश्वत वास्तविकताएं हैं जो सत्य की तरह सरल हैं और प्रकृति और ब्रह्मांड के रूप में व्यवस्थित हैं। जटिलता मानव स्वभाव का गुण है। मानव स्वभाव बदल सकता है या अपरिवर्तित प्रतीत हो सकता है, यह निष्कर्ष निकालना कठिन प्रस्ताव है। किसी ने दावा किया कि आप मानव स्वभाव को नहीं बदल सकते। प्लेटो के मानवीय आदर्शवाद के अर्थों में आशा और दृष्टि थी। मानव स्वभाव पर नीत्शे के पास कुछ कटु साक्ष्य थे। बहरहाल, नैतिकता प्राचीन और शुद्ध है। हेगेल नैतिक दायित्व को परिभाषित करने के लिए प्रासंगिक विचार प्रस्तुत करता है :

"पूर्ण आत्मा की आत्म-चेतना"।[76]

आत्मा की अवधारणा को अरस्तू ने अपनी पुस्तक *निकोमैचियन एथिक्स* में गहराई से समझाया है। जीवन का उद्देश्य आत्मा को प्रसन्न रखना है। नैतिकता आत्मा की पुकार है। कर्तव्य और दायित्व समाज और कानून में परंपराएं हैं।

"... सर्वोच्च मूल्य 'आत्म-चेतना' में निहित है।"[77]

चेतना शब्द का प्रयोग इस पुस्तक में व्यापक और विस्तृत रूप से किया गया है। माइकल एयर्स इसे परिभाषित करते हैं :

"चेतना अर्थ का स्रोत है जो भाषा और वास्तविकता के बीच मध्यस्थ है।"[78]

चीजों के प्रति मानव का संपर्क उसके इरादे को प्रभावित करता है और अनुभव विकसित करता है जो बदले में उसकी चेतना/भावना को प्रभावित करता है। जिस भाषा के साथ वह बातचीत करता है और जो वास्तविकता वह अपनाता है वह नैतिक दायित्व के प्रति उसके दृष्टिकोण को आकार देने के लिए महत्वपूर्ण कारक हैं। भाषा संवाद करने का साधन है, संचार करने का एक कारण है और हैबरमास के संदर्भ में संचारी कारण है। उत्तर-आध्यात्मिक सोच पर हैबरमास सिद्धांत चेतना, भाषा, कारण, मानवीय आत्मा और मानव समझ के सभी बिंदुओं को जोड़ता है :

> "भाषा की संरचना से यह स्पष्टीकरण आता है कि मानव-आत्मा से एक लंबी भ्रमण यात्रा (ओडिसी) की निंदा क्यों की जाती है-क्यों यह पहली बार अन्य चीजों और अन्य मनुष्यों में पूर्ण बाहरीकरण के माध्यम से एक चक्कर पर ही अपना रास्ता खोजती है। केवल स्वयं से सबसे बड़ी दूरी पर ही वह एक पृथक सत्ता के रूप में अपनी अपूरणीय विलक्षणता में स्वयं के प्रति सचेत हो जाता है।"

उपरोक्त दृष्टांत से मुझे जो समझ में आया वह यह है कि भाषा और मानव आत्मा परस्पर संबंधित हैं। मेरा मानना है कि नैतिक दायित्व विशुद्ध रूप से आत्मा का आह्वान है इसलिए मानव विवेक को प्रभावित करने वाले कारकों को समझना प्रासंगिक हो जाता है। व्यक्तियों में अपने लक्ष्यों और उद्देश्यों का स्व-निर्णय करने के लिए चेतना एक सामान्य परिवर्तनशील तत्व है। भाषण की भाषा प्रति मानवीय भावना में कर्तव्यनिष्ठा को दर्शाती है। हेबरमास के कथन से यह मेरा अनुमान है, भाषण आवश्यक प्रश्न प्रस्तुत करता है। संचार क्रिया का उनका सिद्धांत समाज के युक्तिकरण में और अधिक अंतर्दृष्टि प्रदान करता है। मनुष्य के भाषाई मामले, सीखने और जागरूकता के स्रोत हैं।

उप-संस्कृतिक स्तर पर हमें पहले खुद को उनकी भाषा में विसर्जित करने की जरूरत है, उसके बाद हम धीरे-धीरे उन्हें सार्वभौमिक मूल्य प्रणाली के आदी कर सकते हैं। जमीनी स्तर पर लोगों की अलग-अलग प्राथमिकताएं होती हैं। उन्हें बदलने के लिए हमें पहले उनके जीवन के तरीके में गहराई

से उतरने की जरूरत है ताकि मानवाधिकार के बुद्धिजीवी अलग-थलग और बहिष्कृत न हों, भले ही उनका नैतिक दायित्व कितना भी मजबूत क्यों न हो। नैतिक दायित्व के माध्यम से समस्या समाधान और परिणाम अभिविन्यास को सबसे पहले समस्या का हिस्सा बनने की आवश्यकता है। मानवाधिकार के मुद्दे जटिल हैं, वातानुकूलित कार्यालयों में बैठकर इनसे नहीं निपटा जा सकता है। सुविधाजनक बिंदु से दृष्टिकोण अमल में नहीं आता। यह विसर्जन और नैतिक दायित्व है जो उप-संस्कृति को मानवाधिकार संस्कृति में बदल देता है। दरअसल, एक संस्कृति में नैतिक दायित्वों की अभिव्यक्ति इसे एक सार्वभौमिक संस्कृति में विकसित करती है। नैतिक दायित्वों के बिना, सार्वभौमिक स्तर पर अधिकारों की कोई स्वीकार्यता नहीं है और नैतिक दायित्वों की कमी, सार्वभौमिक मूल्य प्रणाली का उप-संस्कृति स्तर पर कोई आकर्षण या प्रत्यक्ष प्रभाव नहीं है। तो भी, नैतिक दायित्व अधिकारों के सार्वभौमिक मूल्य कार्यक्षेत्र और जमीनी स्तर के बीच सामान्य कड़ी है। अल्पावधि में समुदाय की प्रगति और लंबे समय में सभ्यता के लिए दायित्व अनिवार्य हैं। नैतिक दायित्वों का आधार या माप परंपरा, संदर्भ, स्थिति या कारण नहीं है। यह विशुद्ध रूप से नैतिकता, सार और आत्मा का मामला है। अच्छाई और बुराई की कसौटी धार्मिक प्रथाओं पर आधारित एक आध्यात्मिक उपक्रम है। धर्म अच्छे और बुरे की रचना और संरचना की उत्पत्ति है। नैतिक दायित्व का उद्देश्य मुक्ति या आत्म-साक्षात्कार के लिए अच्छे कर्मों के माध्यम से आत्मा की पवित्रता है जो सभी धार्मिक सिद्धांतों में मानव जीवन का अंतिम उद्देश्य है। वेबर ने दुनिया भर के विभिन्न धर्मों में ज्ञान के माध्यम से आत्म-उद्धार की प्रथाओं की पहचान की।[79] आत्म-मुक्ति नैतिक दायित्व है; जिसका माध्यम ज्ञान, धार्मिक आचरण, आध्यात्मिक अभ्यास, स्वयं का सम्मान या समाज के पारंपरिक मानदंडों या भूमि के कानून द्वारा सौंपे गए कर्तव्य के प्रति समर्पण हो सकता है। समाज नैतिक दायित्व के मानक पर समुदाय में परिपक्व होता है। नैतिक दायित्व मनुष्य के अधिकारों से संबंधित राष्ट्र-राज्यों के आधुनिक महानगरीय और वैश्विक एकता में योग्यता का उत्तर है। नैतिक दायित्व का बिना शर्त पूर्ति के परिणामस्वरूप उच्च मंच पर उत्थान होता है जहां अधिकार सशक्त होता है और जिम्मेदारियों का विस्तार होता है। निःस्वार्थ नैतिक दायित्व, इसलिए, सशक्तिकरण का एक तरीका है। इसके लिए धीरज और निरंतर प्रयासों की आवश्यकता हो सकती है। नैतिक दायित्व उपवन में टहलना नहीं है, इसके

लिए एक असाधारण साहस और शक्ति की आवश्यकता हो सकती है। यह शाब्दिक अर्थों में एक कठिन कार्य है।

चित्र 2.3 : हरक्यूलिस एचेलस से लड़ रहा है

ऊपर दिया गया चित्रण जिसमें हरक्यूलिस (मनुष्य के रूप में) अचेलस (भगवान सांप में बदल गया) के साथ लड़ रहा है, एक आदमी के भारी साहस और किसी भी विपरीत परिस्थिति का सामना करने की ताकत को दर्शाता है। एचेलस के लिए हरक्यूलिस के शब्द प्रेरणादायक हैं :

"एक सांप! क्या आप इससे बेहतर नहीं कर सकते? मैं तब से सांपों को मार रहा हूं जब मैं पालने में बच्चा था।"

यह विशुद्ध रूप से एक पौराणिक कहानी है लेकिन रहस्यवाद का सज्ञानात्मक अनुमानात्मक व्याख्या पर मजबूत अधिकार है। पौराणिक इस दुनिया की घटनाओं को समझने के कुछ तरीके हैं। पौराणिक व्याख्या रक्षात्मक तंत्र विकसित करने के लिए जंगली के दिमाग को समझने में मदद करती है। सेंट ऑगस्टीन, सेंट एक्विनास और लूथर अपने समय से आगे थे। हैबरमास स्पष्ट करता है :

> "दुनिया की एक पौराणिक व्याख्या के जालतंत्र में जितना गहरा प्रवेश होता है, उतनी ही मजबूती से जंगली दिमाग की समग्र शक्ति सामने आती है। एक ओर जहां प्राकृतिक और सामाजिक पर्यावरण के बारे में प्रचुर मात्रा में और सटीक जानकारी मिथकों में निहित है... दूसरी ओर, इस जानकारी को इस तरह से व्यवस्थित किया जाता है कि हर दूसरी उपस्थिति दुनिया में प्रत्येक व्यक्ति की उपस्थिति, अपने विशिष्ट पहलुओं में, समान या इसके विपरीत होती है।"[80]

हेबरमास द्वारा पेश की गई पौराणिक निर्माण की धारणा उप-संस्कृति स्तर पर व्यवहार और मनोविज्ञान को समझने में मदद करती है, एक गहन रूढ़िवादी संदर्भ में नैतिक दायित्व को लागू करने का एक अति-शक्तिशाली तरीका जहां भगवान के डर के अलावा और कुछ भी काम नहीं करता है। पौराणिक संदर्भों और मिथकों ने मनुष्य के कार्यों को निर्देशित किया जो ऐतिहासिक महत्व और ऐतिहासिक परिमाण के मामले बन गए।[81] वोल्टेयर भगवान के आविष्कार पर सही थे : अज्ञात का अज्ञात भय पैदा करना जो आत्मा के कठोर होने पर आत्मा को हिलाता है। जरूरी नहीं कि डरें, यह ईश्वर द्वारा मनुष्य को दी जाने वाली प्रोत्साहन या इनाम प्रणाली हो सकती है जो उसके सृजन/संरचना के संदेश का अनुपालन करता है ... इनाम : मंत्रमुग्ध उद्यान।[82]

मूल-बिंदु भय की व्यवस्था के माध्यम से मनुष्य को नैतिक दायित्व के लिए प्रेरित करना या जो कुछ भी काम करता है उसे पुरस्कृत करना है। पौराणिक कथाएं मानवीय और सामाजिक मामलों में निहित हैं।

नैतिक दायित्वों को चरित्र और मन के साहस के साथ शारीरिक शक्ति के साथ पूरा किया जा सकता है क्योंकि "नैतिक विफलता वैचारिक रूप से शारीरिक विफलता के साथ जुड़ी हुई है ..."[83] शरीर, मन, भाव और आत्मा

को तालमेल बिठाना होगा। मानवाधिकारों को मानवता में मानव विश्वास को बरकरार रखने के लिए प्रतिबद्ध कार्रवाई और परिणामों की आवश्यकता है।

साक्ष्य और प्रोत्साहन से ज्यादा प्रेरक कुछ भी नहीं है। फिर भी, मानवाधिकार नरम दृष्टिकोण पर संचालित होते हैं। क्रांतियां हमेशा क्रांतिकारी विरोधी ताकतें पैदा करती हैं। हैबरमास ने अपने संचार क्रिया सिद्धांत में निम्नलिखित कारकों की पहचान की जो मानवाधिकारों के दौरान संघर्ष से बचने और एक और दूसरे के लिए नैतिक दायित्व को मजबूत करने के लिए नितांत आवश्यक हो सकते हैं :[84]

1. दैनंदिन की जिंदगी का संचार अभ्यास,
2. आदत और दिनचर्या के रूप में अभ्यास करें,
3. तर्क करने का कौशल,
4. संचार क्रिया में निरंतरता,
5. बल के प्रत्यक्ष या रणनीतिक उपयोग के माध्यम से कोई समझौता नहीं।

लगातार और सहज होने वाला परिवर्तन स्थायी होता है। नैतिक दायित्व नकारात्मक दायित्व नहीं हैं। वे एक समाज में सदस्यों के बीच सकारात्मक सहयोग हैं। नैतिक दायित्व के मार्ग का अनुसरण करने से अभूतपूर्व चुनौतियाँ, अंतहीन संघर्ष, अराजकता में प्रवेश करना, सत्ता खोना और यहाँ तक कि अस्तित्व के खतरे भी हो सकते हैं। दायित्व के स्पष्ट फल हैं अमरता, आत्म-सम्मान के माध्यम से पूर्णता और अनंत काल का निवास, आत्म-साक्षात्कार और आत्म-अनुभूति की ओर ले जाना जैसा कि धार्मिक और आध्यात्मिक सिद्धांतों में वर्णित है। निश्चिंत रहें कि संपूर्ण क्षमता उन दायित्वों के तहत एक संभावना है जो गहराई से नैतिक और केवल नैतिक ही हैं। मानवाधिकार सख्त अनुशासनात्मक निर्वासन और मेथोडिस्ट भाइयों (केवल नियमानुसार) के स्तर की दिनचर्या की मांग करते हैं। सैन्य-सदृश नैतिक आचरण के बिना अपेक्षित परिणाम भौतिक/दृश्यमान नहीं हो सकते हैं और यही कारण है कि इस दृष्टिकोण को 'मिशनरी' कहा जाता है : प्रदर्शन के माध्यम से उत्कृष्टता की ओर अग्रसर एक स्तर।

2.9 सुरक्षा/जीवन

विवेक सद्गुण है और इसका अर्थ है एक भाव में, सावधानी भी है। मनुष्य ने अपनी सुरक्षा और संरक्षा के लिए जनजाति का सदस्य बनने के लिए गुफाओं को छोड़ना पसंद किया। आकांक्षाएं, नियोग और दर्शिता सुरक्षा के लिए गौण हैं। वास्तव में मानवाधिकार साहित्य में जीवन-सुरक्षा एक दूरदर्शी अवधारणा है। जीवन का अधिकार दुनिया भर के सम्मेलनों और संविधानों में एक मौलिक मानवाधिकार है। सुरक्षा मानवाधिकारों पर आधारित संस्कृतिक संचालन का परिणाम है। गरिमा, सम्मान, सहानुभूति, स्वानुभूति, देखभाल, भाव, भावना और सहिष्णुता आदि सुरक्षा के लिए प्रस्ताव या कानून के रूप में हैं। एक अमेरिकी दार्शनिक रिचर्ड रॉर्टी सुरक्षा को परिभाषित करते हैं :

> "सुरक्षा से मेरा तात्पर्य जीवन की ऐसी परिस्थितियों से है जो पर्याप्त रूप से जोखिम-मुक्त हैं,जो किसी के आत्म-सम्मान, किसी के मूल्य की भावना के लिए दूसरों से अंतर को अनिवार्य बनाती हैं।"[85]

जोखिम से मुक्त होना सुरक्षित जीवन की अभिव्यक्ति है। जैसा कि ऊपर उल्लेख किया गया है, यह न केवल जीवन और संपत्ति की सुरक्षा है बल्कि समृद्धि/मूल्य और आत्म सम्मान की भावना भी है। ठीक ही, प्रगति के रास्ते के बिना क्रोधित जीवन जीने लायक नहीं है। इसके अलावा, सुरक्षा का अर्थ न्यायसंगत जीवन भी है। प्राथमिकता पर न्याय के बिना शासन या विकास का कोई भी साधन असमानता और असमानता के बराबर होगा जो मानव सुरक्षा को फिर से खतरे में डाल देगा। मेरे अनुसार सूत्रीकरण में:

न्याय > शासन > विकास > संवृद्धि

न्याय, शासन, विकास और आजीविका सुविधाएं और अवसर सुरक्षित जीवन को समृद्ध बनाने के लिए हैं। इसके अलावा, जैसा कि ऊपर उल्लेख किया गया है, सुरक्षा की अवधारणा में अन्य अंतर्निहित चर समानुभूति और सहानुभूति हैं। मेरा तर्क है कि समानुभूति सहानुभूति की ओर तथा सहानुभूति सुरक्षा की ओर ले जाती है। मानवाधिकार मुख्य रूप से सहानुभूति के एक आवश्यक उपाय पर संचालित होते हैं और इसका लिटमस परीक्षण समानुभूति है। समानुभूति इच्छा है और सहानुभूति जानबूझकर कार्रवाई और अभ्यास है। ह्यूम कानून और तर्क पर उच्च मानकों में सहानुभूति को रखता है। एनेट क्लेयर बेयर

(न्यूजीलैंड के दार्शनिक) ने अपनी कृति *ए प्रोग्रेस ऑफ सेंटीमेंट्स : रिफ्लेक्शंस ऑन ह्यूमस ट्रीटीज* में प्रदर्शित किया है कि प्रगति भावनाओं की प्रगति है जो मानवाधिकारों के मामले में उपयुक्त रूप से सच है कि भाव और भावनाएं अधिकारों की घटना के लिए प्रारंभिक और अंतिम चालक हैं। इन्द्रियों और भावनाओं से विवेक के व्यवहार और चरित्र का विकास होता है। सुरक्षा के लिए इन सभी भावुकतापूर्ण प्रस्तावों का मूल्य तटस्थ और सार्वभौमिक होना चाहिए। संबद्धता समान स्तर के मनुष्यों के प्रति भेदभावपूर्ण दृष्टिकोण को जन्म दे सकती है। अधिकांश मूल्यों और मूल्यवान प्रस्तावों के लिए तटस्थता और भी अधिक मौलिक है। तटस्थता मूलभूत स्थिरता की ओर ले जाती है। एक तटस्थ दृष्टिकोण पुरातनता और वर्ग चेतना के पूर्वाग्रहों को भी समाप्त करता है, इसलिए वैचारिक और वास्तविक रूप में सुरक्षा कोई पूर्वाग्रह नहीं है। जो चीजें तटस्थ हैं वे सार्वभौमिक भी हैं। जीवन का अधिकार/सुरक्षा प्रकृति द्वारा मनुष्य को उसकी प्रकृति की प्रजातियों की क्षमता में सार्वभौमिक रूप से प्रदान की जाती है। मानवाधिकारों की नीति में जीवन की सुरक्षा एक अकेला वैचारिक मानदंड नहीं है। इसे सभी क्षेत्रों में सशक्तिकरण की ओर ले जाना चाहिए और इसीलिए मानवाधिकारों में सभी अधिकार शामिल हैं : राजनीतिक, सामाजिक, आर्थिक और सांस्कृतिक। सशक्तिकरण के साधनों की कमी वाला जीवन अंततः समाप्त हो जाएगा। सुरक्षा के लिए सशक्तिकरण के लिए उनकी उपयोगिता को समझाने के लिए अध्याय पांच में शासन, सर्वहित और नागरिक समाज कुछ ऐसे मूल्य हैं जिन्हें समझाया गया है। गरिमा और स्वतंत्रता के समान, सुरक्षा अन्य मूल्यों में भी एक कसौटी है : मानव जाति का एक अविभाज्य अधिकार है।

टिप्पणियाँ

1. किर्क, रसेल, "परिचय", मनुष्य की गरिमा पर व्याख्यान, एक गेटवे संस्करण (1956, पृ. 19
2. मानवतावाद, यहां उपलब्ध है : https://www.luther.de/en/welt13.html
3. https://www.luther.de/en/welt13.html
4. मानवतावाद https://en.wikipedia.org/wiki/Humanism पर उपलब्ध है
5. मानवता, यहां उपलब्ध है : https://en.wikipedia.org/wiki/Humanitas

6. निएथमर, यहां उपलब्ध है : https://en.wikipedia.org/wiki/Friedrich_Immanuel_Niethammer
7. मानवता, यहां उपलब्ध है : https://en.wikipedia.org/wiki/Humanitas
8. मानवता, यहां उपलब्ध है : https://en.wikipedia.org/wiki/Humanitas
9. उक्त।
10. उक्त।
11. उक्त।
12. उक्त।
13. बीरस, हेंड्रिक, "मानवतावाद का पुरातत्व" यहां उपलब्ध है : https://pum.umontreal.ca/revues/surfaces/vol4/birus.html
14. मानवता, यहां उपलब्ध है : https://en.wikipedia.org/wiki/Humanitas
15. हैबरमास, जुर्गन, *संचारी कार्रवाई का सिद्धांत : कारण और समाज का युक्तिकरण,* खंड 1, बोस्टन : बीकन प्रेस, 1984. पृ. 379
16. उक्त, पृ. 263
17. उक्त।
18. प्लेटो, https://en.wikipedia.org/wiki/Natural_law
19. निकोमैचियन एथिक्स, https://en.wikipedia.org/wiki/Nicomachean_Ethics
20. उक्त।
21. उक्त।
22. उक्त।
23. उक्त।
24. उक्त।
25. प्राकृतिक नियम, प्राकृतिक नियम-विकिपीडिया।
26. प्राचीन रोम, https://en.wikipedia.org/wiki/Natural_law
27. उक्त।
28. ईसाई धर्म, पूर्वोक्त।
29. पुनर्जागरण, अवलोकन, यहां उपलब्ध है : https://en.wikipedia.org/wiki/Renaissance
30. किर्क, रसेल, "परिचय", मनुष्य की गरिमा पर व्याख्यान, एक गेटवे संस्करण (1956), पृ. xv
31. उक्त।
32. मिरांडोला, जियोवानी, "मनुष्य की गरिमा पर व्याख्यान", http://www.andallthat.co.uk/uploads/2/3/8/9/2389220/pico_-_oration_on_the_dignity_of_man.pdf.A गेटवे पर उपलब्ध अनुवाद संस्करण (1956), पृ. 10

33. उक्त।
34. उक्त, पृ. xvi-xx
35. उक्त।
36. उक्त, पृ. 21
37. उक्त।
38. उक्त, पृ. 29
39. उक्त, पृ. 30
40. उक्त, पृ. 32
41. हॉल, जॉन ए, और श्रोडर, राल्फ, *एन एनाटॉमी ऑफ पावर : द सोशल थ्योरी ऑफ माइकल मान,* कैम्ब्रिज, यूके : कैम्ब्रिज यूनिवर्सिटी प्रेस, 2006. पृ. 77
42. पैटरसन, ऑरलैंडो, *आजादी*, न्यूयॉर्क : बेसिक बुक्स, 1991
43. लंदन की एंटीस्लेवरी सोसाइटी की मुहर पर शिलालेख, C.1770 गुलामी, https://en.wikipedia.org/wiki/Slavery
44. 1807 स्मरणोत्सव, दास व्यापार का उन्मूलन, यहां उपलब्ध है : https://www.history.ac.uk/1807commemorated/discussion/supplicant_slave.html
45. योशिय्याह वेजवुड (ब्रिटेन का प्रसिद्ध कुम्हार) : http://www.bbc.co.uk/history/british/abolition/africans_in_art_gallery_02.shtml
46. उक्त।
47. उक्त।
48. उक्त।
49. योशिय्याह वेजवुड : https://en.wikipedia.org/wiki/Josiah_Wedgwood#/media/File:Am_I_not_a_Man_and_a_Brother,_medallion_modelled_by_William_H._Hackwood,_Wedgwood,_Etruria,_England,_Pglyn_Wedgwood#/C07_Wedgwood#Pg-J.
50. अंतर्राष्ट्रीय संगठित अपराध के खिलाफ संयुक्त राष्ट्र सम्मेलन : https://www.ohchr.org/en/professionalinterest/pages/protocoltraffickinginpersons.aspx
51. बिक्री पर मानव, https://www.dailymail.co.uk/news/article-5106967/Haunting-photographs-reveal-American-slave-auctions.html
52. व्यक्तिगत और सामाजिक स्वतंत्रता या स्वतंत्रता, https://en.wikipedia.org/wiki/Freedom
53. हैबरमास, जुर्गन, *संचारी कार्रवाई का सिद्धांत : कारण और समाज का युक्तिकरण,* खंड 1, बोस्टन : बीकन प्रेस, 1984. पृ. 263
54. सरकार और आम अच्छा, https://www.crf-usa.org/bill-of-rights-in-action/bria-22-4-c-st-thomas-aquinas-natural-law-and- जनहित

55. बीट्टी, टीना, थॉमस एक्विनास, भाग 6, प्राकृतिक कानून, https://www.theguardian.com/commentisfree/belief/2012/mar/05/thomas-aquinas-natural-law
56. उक्त।
57. सेंट थॉमस एक्विनास, प्राकृतिक कानून, और आम अच्छा, https://www.crf-usa.org/bill-of-rights-in-action/bria-22-4-c-st-thomas-aquinas प्राकृतिक-कानून-और-आम-अच्छा
58. उक्त।
59. एडम स्मिथ, https://en.wikipedia.org/wiki/Common_good
60. उक्त।
61. सिम, कादरी, "सामान्य हित और सार्वजनिक हित की अवधारणाएँ : प्लेटो से बायोबैंकिंग फाइल तक" : /// उपयोगकर्ता//Theconceptsofcommongoodandpublicinterest.Simm_final.pdf पृ. 8
62. जनता और उसकी समस्याएं, https://en.wikipedia.org/wiki/The_Public_and_its_Problems
63. सिम, कादरी, "आम भलाई और सार्वजनिक हित की अवधारणाएँ : प्लेटो से बायोबैंकिंग फाइल तक" : ///Users/parshantatkaan/Downloads/Theconceptsofcommongoodandpublicinterest.Simm_final.pdf पृ. 15
64. जनता और उसकी समस्याएं, https://en.wikipedia.org/wiki/The_Public_and_its_Problems
65. उक्त।
66. उक्त।
67. भावनाएं और संस्कृति, https://en.wikipedia.org/wiki/Emotions_and_culture
68. सांस्कृतिक सापेक्षवाद, https://en.wikipedia.org/wiki/Cultural_relativism
69. उक्त।
70. नैतिकता, https://en.wikipedia.org/wiki/Ethics
71. उवत।
72. उक्त।
73. उक्त।
74. उक्त।
75. मेरिटोक्रेटिक सरकार, https://en.wikipedia.org/wiki/Mohism
76. पूर्ण आत्मा का दर्शन, https://plato.stanford.edu/entries/hegel/#AbsSpi
77. रॉर्टी, रिचर्ड, "ट्रुथ एंड प्रोग्रेस", *फिलॉसॉफिकल पेपर्स*, खंड, 3, कैम्ब्रिज यूनिवर्सिटी प्रेस, 1998. पृ. 230
78. एयर्स, माइकल, *लोके : दार्शनिकों के तर्क,* अक्षांश. लंदन : रूटलेज, 1991. पृ. 301

79. हैबरमास, जुर्गन, *संचारी कार्रवाई का सिद्धांत : कारण और समाज का युक्तिकरण,* खंड 1, बोस्टन : बीकन प्रेस, 1984. पृ. 202
80. उक्त, पृ. 45
81. बिटेनहोल्ज, पीटर जी., *हिस्टोरिया और फैबुला : मिथ्स एंड लेजेंड्स इन हिस्टोरिकल थॉट फ्रॉम एंटिकिटी* टू द *मॉडर्न एज,* ब्रिल्स स्टडीज इन इंटेलेक्चुअल हिस्ट्री, खंड 59, अक्षांश। लाइडेन : ई.जे. ब्रिल, 1994. पृ. 28
82. यह शब्द विश्व धर्मों में नैतिक-व्यावहारिक तत्वों और प्रथाओं पर वेबर की अभिव्यक्ति से अनुमानित है। उक्त, पृ. 205
83. उक्त, पृ. 48
84. उक्त, ii. Xiii, 17-18
85. रॉर्टी, रिचर्ड, "ट्रुथ एंड प्रोग्रेस", *फिलॉसॉफिकल पेपर्स*, खंड 3, कैम्ब्रिज यूनिवर्सिटी प्रेस, 1998. पृ. 180

3
मुख्यधाराएँ

मनुष्य का वास्तविक स्वरूप क्या है? —इरास्मस पूछता है

क्या यह तर्कसंगतता के अनुसार जीना नहीं है? यही कारण है कि उन्हें एक तर्कसंगत प्राणी कहा जाता है और यही उन्हें जानवरों से अलग करता है। और मनुष्य पर सबसे हानिकारक प्रभाव क्या है? निश्चय ही यह अज्ञान है।[1]

—इरास्मस उत्तर देता है

अपने विवेक का उपयोग करने के लिए साहस रखें। —ज्ञानोदय[2]

सीजर व्याकरणविदों से ऊपर नहीं है! —प्राचीन रोम में एक दावा।

मैं सोचता हूँ, मुझे लगता है कि मैं अमेरिका की भावनाओं को बोलता हूं।

—थॉमस जेफरसन।

महाशय [...] अच्छे परमेश्वर का धन्यवाद कि पुराने दिन नहीं रहे। यदि किसान चाहते तो कुलीनों को स्वयं काम पर जाना पड़ता। —फ्रांसीसी क्रांति[3]

...अत्यंत क्षमा करें कि मनमानी शक्ति, पोप और बैस्टिल की शक्ति को धराशायी कर दिया है। —पेन, फ्रांसीसी क्रांति के पक्ष में[4]

3.1 रोमन साम्राज्य का पतन, बर्बरता

रोमन साम्राज्य का पतन यूरोपीय इतिहास के महत्वपूर्ण संक्रमण बिंदुओं में से एक और उसके बाद के परिणामों की जांच करने में मदद कर सकता है। पैक्स रोमाना (रोम शांति) जो 365 ईस्वी. से 476 ईस्वी. तक चली,

उसके बाद साम्राज्य का पश्चिम और पूर्व से बर्बर आक्रमणों के माध्यम से अचानक अंत हो गया। कुछ इतिहासकारों का तर्क है कि राजनेताओं और जागीरदारों के बीच विश्वासघात ने साम्राज्य के महाकाव्यीय पतन का नेतृत्व किया। दूसरी ओर निहित मानवीय स्वभाव में कुटिलता, छल, कोमलता और विलेयता प्रमुख कारक हैं जिनकी पहचान की गई है। रोमन साम्राज्य के पतन को देखने के बाद, जैसे ही वृत्तचित्र[5] समाप्त होता है मुझे विश्वास हो गया है कि कैसे सबसे बड़े साम्राज्य को राज्य के हितों के खिलाफ और मुख्य रूप से राज्य पर शासन करने वाले लोगों द्वारा भीतर से नष्ट कर दिया गया था। प्रारंभ में, यह भीतर से विद्रोह था। गृहयुद्ध बाहरी युद्धों से भी बदतर है क्योंकि आप अपने ही लोगों से लड़ रहे हैं और आप अपने ही वंशजों को समझाने में नाकाम रहे हैं जो राष्ट्रीय चेतना की अपकीर्ति करते हैं। यह एक नरक की तरह काम करता है जो चीजों को अंदर से नष्ट कर देता है जिसे नियंत्रित करना और प्रबंधित करना मुश्किल होता है। यह अगस्तस के शासनकाल के दौरान और बाद में रोमन साम्राज्य के साथ हुआ। दो दशकों के गृहयुद्ध ने एक समृद्ध साम्राज्य के पतन को एक विचारणीय वास्तविकता बना दिया। गार्न्सी और सैलर का तर्क है कि इस काल में साम्राज्य में भ्रम और उथल-पुथल का वातावरण बना।[6] यह बिखराव पतन का महत्वपूर्ण बिंदु था। अविश्वास और अंधकार का दौर था। प्राचीन रोम में शासन की व्यवस्था पद और श्रेणी तक सीमित थी जहां पूंजी योगदान की क्षमता पर पद तय किया जाता था। स्थिति तत्काल राजस्व के लिए छोटी-छोटी लड़ाइयों के लिए सामंती और सरदारों के बीच जुझारू प्रवृत्ति को बढ़ावा देती थी। संपत्ति का उपयोग सैन्य और कुलीन तुष्टीकरण को बनाए रखने के माध्यम से और अधिक शक्ति वृद्धि के लिए स्थिति बनाए रखने के लिए किया जाने लगा था। रूढ़िवादी अभिजात वर्ग और विकेन्द्रीकृत राज्य प्रणाली ने आम जनता का शोषण किया जिससे भारी सार्वजनिक असंतोष पैदा हुआ।[7] अभिजात वर्ग को आत्म-संरक्षण, साम्राज्य निर्माण और जागीरदार बनाने के लिए धन की बुरी तरह से आवश्यकता थी जिसके लिए वे युद्ध के स्वामी के लिए अधिकतम लाभ सिद्धांत का अनुसरण करते थे। सक्षम और सफल योद्धा तब प्रांत के शासक के रूप में प्रसिद्ध होंते। इसलिए, प्रत्येक युद्ध-स्वामी एक राज्यपाल होने के बारे में सोचता जिसके लिए उन्हें व्यापक सामान्य हितों पर उनके तत्काल स्व-हितों के अनुकूल गुटीकरण की प्रवृत्ति के साथ अभिजात वर्ग

के तुष्टिकरण के लिए पूर्वनिर्धारित किया जाता। इसने दुनिया के पहले गणतंत्र साम्राज्य की लोकतांत्रिक भावना की नींव और रीढ़ की हड्डी को तोड़ दिया। स्पष्टतः इस पाटन के मुख्य कारण यही थे :

1. कुलीन वर्ग की तुष्टिकरण नीति,
2. प्रांत के अपने सामान्य लोगों का शोषण,
3. सत्ता के लिए अंध और आत्म-विनाशकारी दुचेष्टा।

प्लूटार्च के शब्दों में जिन्होंने सम्राट टराजन के दरबार में एक राजदूत और न्यायाधीश के रूप में कार्य किया :

> "निश्चित रूप से लोगों का आग्रह था कि उनके उम्मीदवारों को खुद बिना कपड़े के और बिना अंगरक्षा के पेश करना चाहिए। रिश्वत के किसी भी संदेह से कोई लेना-देना नहीं था, क्योंकि यह लंबे समय तक नहीं था कि मत खरीदने और बेचने का दुरुपयोग सामने आया और पैसे ने एक महत्वपूर्ण भूमिका निभानी शुरू कर दी। सब चुनाव के निर्धारण में भाग लेते हैं। हालांकि, बाद में, भ्रष्टाचार की यह प्रक्रिया कानून अदालतों और सेना में फैल गई और अंत में जब तलवार भी सोने की शक्ति की गुलाम हो गई तो गणतंत्र सम्राटों के शासन के अधीन हो गया। क्योंकि यह ठीक ही कहा गया है कि जो मनुष्य लोगों को पहले भोज और घूस देता है, वही उनकी स्वतंत्रता को नष्ट करता है।"

पूंजी और दिमाग का भ्रष्टाचार साम्राज्य की महिमा को खराब कर रहा था। सार्वजनिक धन को साम्राज्यवाद के रूप में शाही स्मारकों के प्रायोजन और युक्तिकरण के लिए प्रयोग किया गया ताकि वे आत्म-प्रतिनिधित्व और यहां तक कि प्रचार के उद्देश्य से काम कर सकें।[8] आम जनता में कइयों की वफादारी के लिए एक अंतर्निहित प्रवृत्ति थी जिसमें राज्य के प्रति कोई चिंता या रुचि नहीं थी। एक राष्ट्र-राज्य के रूप में, पवित्र रोमन साम्राज्य की समय-परीक्षित भावना, जहां राज्य सर्वोच्च था, दांव पर लगी हुई थी। यहां तक कि राजे-रजवाड़े (छोटे राज्य) भी अपने स्वयं के वंशजों की आजीविका के लिए उनके रवैये और चिंता में उदासीन थे। जीवन और गरिमा के बुनियादी मानवाधिकार विशेषाधिकार प्राप्त योद्धाओं या कुलीनों के लिए विशेषाधिकार बन गए थे। भय पैदा करने के लिए कानून का क्रियान्वयन भेदभावपूर्ण था। एक आम व्यक्ति द्वारा किए गए छोटे अपराध के लिए गहन दंड या मृत्युदंड होगा। प्लूटार्च का अवलोकन त्रासदी का सार प्रस्तुत करता है। प्लैटोनिस्ट

दार्शनिक केवल एक विचारक नहीं था। उनका अवलोकन व्यावहारिक है। उन्होंने पुजारी, राजदूत और न्यायवादी के रूप में कार्य किया। उन्हें रोमन साम्राज्य के मामलों का व्यावहारिक अनुभव था। साम्राज्य एक पतन की ओर बढ़ रहा था जब मत खरीदने और बेचने के व्यापारिक हित में राज्यशिल्प का प्रभुत्व था और पैसा राज्य के दृढ़ संकल्प का संचार-तंत्र बन गया। कानून, अदालतें, सैन्य और यहां तक कि लोगों का नियमित जीवन भी भ्रष्टाचार की प्रक्रिया के दायरे में आ गया। नतीजतन तलवार गुलाम हो गई, सोने की शक्ति से! अब तक का सबसे बड़ा साम्राज्य एक आत्म-विनाशकारी शासन की ओर अग्रसर हुआ और अचानक समाप्त हो गया।

बर्बरता पर चर्चा करने की आवश्यकता निम्न को समझने के लिए उत्पन्न होती है :

1. सभ्यता का अर्थ,
2. 'सभ्य' होने का क्या अर्थ है?

> "बर्बरता और सभ्यता पश्चिमी इतिहास के सबसे पुराने और सबसे कठोर विरोधों में से एक है।"[9]

मानवाधिकारों की आवश्यकता की बेहतर समझ के लिए और सभ्यता को एक साथ रखने वाले सामान्य सूत्र के लिए मानव कार्यों में नकारात्मक मानक का विश्लेषण करने के लिए बर्बरता एक दिलचस्प काल खंड है। सरल अर्थों में, अधिक मानवीय निर्वासन के प्रति आदिम समाज के क्रूर और पाशविक रवैये में परिवर्तन के कारकों का अवलोकन इस तथ्य की स्वीकार्यता के लिए मान्य आधार प्रदान करेगा कि मानवाधिकार प्राप्त करने योग्य हैं। अंधकार युग से ठीक पहले 5वीं से 9वीं शताब्दी तक बर्बरता का युग था। अब क्योंकि वे बर्बर थे इसलिए उनकी कला, इतिहास, साहित्य या वास्तुकला का कोई लेखा-जोखा नहीं है जो उन्होंने अपने लिए बनाकर रखा हो। हम केवल बर्बरता की प्रकृति की व्याख्या कर सकते हैं या सबसे अच्छी तुलना सभ्यता के निम्नलिखित मापदंडों पर की जा सकती है :

कला, भाषा, संस्कृति और विचारधारा, राजनीतिक प्रतिष्ठान, शिष्टाचार और मूल्य, मानव-व्यक्तिवाद, मानवतावाद, मानवता, आजीविका आदि।[12] बर्बर लोगों में धर्म, जातीयता, नस्ल, वर्ग की चेतना और यहां तक कि लिंग सहित

इन सभी विशेषताओं के प्रति जागरूकता का अभाव था।[13] वे लक्ष्यहीन घुमंतू, पहाड़ के निवासी, खानाबदोश, चरवाहे और जंगल के लोग थे, उन्हें सभ्यता, यूरोपीय इतिहास, यूनान दर्शन, वैश्विक भू-राजनीति या विश्व व्यवस्था के अर्थ से कोई सरोकार नहीं था।[14] आधुनिक सभ्यता के विवेकपूर्ण– मानव की तुलना में बर्बर लोगों के अन्य कई विशिष्ट अंतर थे जैसे कोई माफी नहीं, कोई तर्क नहीं, कोई स्पष्टीकरण नहीं, लूट, लूट और बस लूट।[15] सुखवाद और हैवानियत अपने चरम पर थी, दिमाग लक्ष्यहीन और पथभ्रमित था। लक्ष्यहीनता ने बर्बरता को उकसाया। रोमांच के लिए रोमन साम्राज्य की राजधानी पर आक्रमण करने की हिम्मत के अलावा और कौन सा प्रमुख कारण था जिसने सदियों पुरानी रोमन सभ्यता को केवल अज्ञात के हित के लिए खा लिया?

चित्र 3.1 : बर्बर लोगों द्वारा रोमन सभ्यता का विनास, 24 अगस्त 410 ई.[16]

मार्कस ऑरेलियस एंटोनिनस द ग्रेट रोमन सम्राट के शासनकाल के दौरान बर्बादी के दूसरे प्रयास की एक अन्य जानकारी के अनुसार बर्बर लोगों ने रोमन राजधानी पर धावा बोलने की हिम्मत की जिन्हें बाद में विवेक की कमी के लिए सम्राट द्वारा पकड़वा कर छोड़ दिया गया और क्षमा कर दिया गया।

चित्र 3.2 : मार्कस ऑरेलियस और बर्बर, कैपिटलिन संग्रहालय, रोम।

मैंने छवि 3.2 छवि 3.1 के साथ प्रदर्शित किया है जो महान रोमन सम्राट की भव्यता को दर्शाती है। इसके माध्यम से नग्न बर्बर लोगों को दिखाया जा सके और इस बात पर जोर दिया जा सके कि इतिहास में मार्कस ऑरेलियस को एक बर्बर के दिमाग में क्रूरता पर उनकी समझदारी के लिए याद किया

जाएगा। ये छवियां मानवाधिकार विचारकों को 'मेडिटेशन' में मार्कस ऑरेलियस द्वारा बताए गए विवेक के गुणों पर भरोसा करने और मनन के लिए ध्वनि संदेश प्रदान करती हैं। विवेक ने साम्राज्यों का प्रबंधन किया।

रोम लंबे समय तक नहीं टिक सका। महान ऑरेलियस के गुणों को उसकी भावी पीढ़ी ने नजरअंदाज कर दिया था। रोमन साम्राज्य के पतन ने यूरोप में अंधकार युग की शुरुआत की। छोटे लेकिन भयंकर बर्बर आक्रमण सभ्यता के अर्थ को नष्ट कर रहे थे। गियामबत्तीसता विको का नया विज्ञान बर्बरता के कारण-प्रभाव विश्लेषण में अंतर्दृष्टि प्रदान करता है जो इंद्रियों की बर्बरता और प्रतिबिंब की बर्बरता के कारण होता है।[17] विको मानव की तुलना नये विज्ञान में एक बर्बर से करता है :

> "ऐसे लोग [बर्बरता में], इतने सारे जानवरों की तरह, प्रत्येक व्यक्ति के रिवाज में केवल अपने निजी हितों के बारे में सोचते हुए गिर गए हैं और अत्यधिक स्वादिष्टता, या गर्व की बेहतरी पर पहुंच गए हैं, जिसमें जंगली जानवरों की तरह वे थोड़ी सी भी नाराजगी पर आक्रामक और मारना आरंभ कर देते हैं।"[18]

बार्बर लोग जानवरों के ही करीब थे क्योंकि वे मूल वृत्ति और मौलिक आनंद से संचालित थे। एक मार्गदर्शक प्राधिकरण के रूप में यहाँ धर्म समाज को एक साथ रखने में विफल रहा और जमीनी स्तर पर और व्यक्तिगत स्तर पर शक्तिशाली लोगों द्वारा अंध स्वार्थ की खोज ने सामान्य समझ को नष्ट कर दिया। नतीजतन, भावना की बर्बरता ने पूरी सभ्यता को विफल कर दिया।[19]

3.2 अंधकार युग

रोमन साम्राज्य के पतन और पुनर्जागरण के बीच के समय-अंतराल को अंधकार युग (10वीं से 12वीं शताब्दी) माना जाता है। यह युग एक और मील का पत्थर है या मानवता में एक प्रतिमान परिवर्तन है जिसने मानव सोच में परिवर्तन देखा : बुराई पर अच्छाई भविष्य की ओर रास्ता दिखाएगी। यह अंधकार युग विजय, प्रभुत्व, पहचान, शक्ति के लिए मनुष्य की मनमानी खोज के 'अर्थ' में था। मन की बौद्धिक क्षमता इस युग में अपने सबसे निचले स्तर पर थी जहां मनुष्य का मुख्य उद्देश्य किसी भी तरह से स्वार्थ ही था। मनुष्य अपने पाशविक स्तर में सबसे उच्च बिन्दु पर था। मानव स्वभाव भी नकारात्मक मानकों में सबसे ऊपर था। सुसंगतता के उद्देश्य से, मानवता के

लिए महान महत्व की इन सभी घटनाओं का अध्ययन करना या इसमें एक सभ्य जीवन की ओर संक्रमण को स्वीकार करना उचित है। रोम के पतन को इतिहासकारों द्वारा सभ्यता का अंत माना जाता है। भूमध्यसागरीय और उसके आसपास और अंततः रोमन साम्राज्य में प्रवासन ने यूरोप और उससे आगे के विभिन्न खानाबदोश जनजातियों के बीच भयंकर संघर्ष का नेतृत्व किया। आम आदमी के पास कोई सहारा नहीं है और मजबूरी में उन्हें अपनी किस्मत खुद तय करने के लिए छोड़ दिया गया था। शासक कुलीनों के पास नाममात्र का अधिकार था जबकि चर्च अभिजात वर्ग और सामूहिक रूप से समान रूप से शोषण कर रहा था। नियंत्रण, प्रभाव, शासन और आजीविका की कमी के कारण सर्वोपरि सर्वोच्च अधिकार की अनुपस्थिति और भी बदतर हो गई। लेविथान में थॉमस हॉब्स (अध्याय 13):

> "...समय का कोई हिसाब नहीं; कोई कला नहीं; कोई पत्र नहीं; कोई समाज नहीं; और, जो सबसे बुरी बात है, नित्य भय और हिंसक मृत्यु का खतरा, और मनुष्य का जीवन अकेला, गरीब, बुरा, क्रूर और छोटा।"

लेविथान में हॉब्स की कल्पना बर्बरता के नेतृत्व वाले अंधेरे युग के ज्वलंत योजनाबद्ध चित्रण को दर्शाती है। इसे अंधकार इसलिए कहा जाता है क्योंकि कला, साहित्य, वास्तुकला, राज्य या समाज पर किए गए कार्यों की गहनता से मानवता पर कोई प्रकाश नहीं पड़ा। यह केवल मृत्यु के भय के अर्थ में क्रूर नहीं था, बल्कि अपने स्वार्थ के लिए मनुष्य का एकांत कारावास था जो युग के अंधकारमय और ठंडे होने का मूल कारण था। धार्मिक संस्थाओं ने मानव जाति को गंभीर रूप से बर्बाद करने के लिए एक विभाजनकारी भूमिका निभाई। मनुष्य को आध्यात्मिक दायरे में लाने के बजाय चर्च ने इस विडंबना का फायदा उठाया और इस तरह पृथ्वी पर नरक के घेरे को बढ़ा दिया। पादरी वर्ग वास्तव में युग के अंधकार की सिद्धियाँ थे। यह समझना अजीब है कि बर्बर आक्रमणों के बावजूद चर्च का नियंत्रण रोमनों के पास ही रहा। हो सकता है कि बर्बर जनजातियों को ईश्वर का भय हो, लेकिन इस भय ने भी उनके विनाश और थकावट के क्रमिक वृतांत को या तो साहसिक कार्य या नए राज्यों की स्थापना या संशोधनवादी विस्तार के उद्देश्य से किया गए कार्य मानकर प्रभावित नहीं किया। मनुष्य बनाम मनुष्य के अकल्पनीय अत्याचार के कारण अंधेरे युग में चेतना और विवेक का पतन

हो गया। बर्बरता ने सभी क्षेत्रों में गंभीर क्षति पहुंचाई। सामाजिक, आर्थिक और राजनीतिक उद्देश्य नष्ट हो गए। इसके अलावा यह विचार का अंधेरा था जिसके परिणामस्वरूप मनमानी हुई। अधिकांश दार्शनिकों, मुख्य रूप से बैरोनियस, पेट्रार्क आदि ने चरम पर सांस्कृतिक गिरावट (शास्त्रीय आदर्शों, साहित्य और कला) का उल्लेख किया।[20] धार्मिक पक्ष पर, मुख्य ईसाई मूल्य ने चर्च की राज्य पर हावी होने की लालसा ने पतन का रास्ता दिखाया।[21] जब धर्म को ध्यान और शांति के लिए एक सहारे के रूप में सेवा करनी चाहिए, चर्च द्वारा समुदाय का शोषणतंत्र चलता रहा और उसका कोई अंत न था। एफ. ओकली ने उन तरीकों की जांच की जिसमें यूरोपीय सामान्य जन धार्मिक परजीवियों की उप-मानवता के लिए शिकार हो रहे थे :

1. तीव्र भ्रष्टाचार,
2. जबरदस्ती,
3. अनुज्ञप्तिधारी पुजारी,
4. संस्थागत नैतिक पाखंड,
5. सिद्धांतों का वैचारिक, नैतिक और व्यावहारिक समझौता[23];
6. चर्च की सांप्रदायिक दृष्टि[24]।

इससे भी बुरी बात यह है कि समुदायों का कामचोर लोगों के हाथों बेवजह शोषण किया जाता था। अत्यधिक राजनीतिकरण वाले चर्च और केंद्रीकृत नौकरशाही ने कुलीनों द्वारा बड़े पैमाने पर की जाने वाले उलटफेरों की अनदेखी की जिसके परिणामस्वरूप सामंतवाद, युद्ध-प्रभुवाद और अराजकता का एक दुष्चक्र पैदा हुआ। राजशाही रखरखाव और विलासिता के लिए चर्च की व्यवस्था पर निर्भर थी। चर्च की नियुक्ति और कराधान की लूट के लिए राजा पोप की इच्छा की कठपुतली थे।[26] चर्च की सांप्रदायिक दृष्टि इसके प्रभाव और प्रभावशीलता में निर्णायक रूप से विभाजनकारी थी जिसके कारण मध्ययुगीन सभ्यता का पतन हुआ। पुरातनता और परंपरावाद के लिए धार्मिक अधिकार, व्यक्तिगत अनुभव और तर्कसंगत गतिविधियों पर हावी थे।[27] तर्कसंगतता की कमी ने अज्ञानता को जन्म दिया। यह मध्य युग में अंधकार का मूल कारण था। इसलिए अंधकार युग, संक्षेप में, पुरोहितों से प्रभावित धार्मिक संघर्षों और ज्ञान की व्यवस्था के गैर-अस्तित्व का काल था।

विकलांगता, मिथक, गलत धारणाएं, स्वार्थ और निष्क्रियता अंधकर युग के बल-गुणक थे। इसके अलावा, दी गई स्थिति में मनुष्य की जिज्ञासा और कल्पना की कमी सबसे असफल बिंदु थी। समाज और उसके मूल्यों को बनाने और बनाए रखने, सामुदायिक जीवन को गहरा बनाने में समानता की चिंता गायब थी। निजी स्वार्थ, मौलिक सुख और विलासिता की वासना बौद्धिक खोज के लिए हानिकारक साबित हुई इसने मनुष्य को क्षुद्र लाभ के लिए पागल बना दिया। अभिजात वर्ग के निजी हितों की लालसा गली के स्तर तक भी पहुंच गई। अभिजात वर्ग के इशारे पर युद्ध-प्रभुओं के बीच संघर्ष पूरे यूरोप में नियमित गृहयुद्ध में बदल रहा था। छोटे लेकिन कई बार होने वाले युद्धों ने मानव आत्मा को अंधकार के युग में उसके मूल्यों को झकझोर दिया और अन्ततः समाप्त कर दिया। सभ्यता के 500 से अधिक वर्षों तक बौद्धिक शून्यता बनी रही। यह मानव जाति के लिए भयानक कार्यकाल था। इसके बावजूद, आशा सबसे अच्छा उपचारक है। मध्ययुगीन युग के अंधकार के युग के अग्रणी विचारकों में से एक पेट्रार्क ने भविष्यवाणी की थी :

> "मेरा भाग्य विविध और भ्रमित करने वाले तूफानों के बीच रहना है। लेकिन आपके लिए शायद, जैसा कि मैं आशा करता हूं और चाहता हूं कि आप मेरे बाद लंबे समय तक जीवित रहेंगे, एक बेहतर उम्र आएगी। यह विस्मृति की नींद हमेशा के लिए नहीं रहेगी। जब अँधेरा छंट गया है, तो हमारे वंशज फिर से पूर्व शुद्ध चमक में आ सकते हैं।"

पुनर्जागरण हुआ!

3.3 पुनर्जागरण काल (1300-1600)

'पुनर्जन्म' एक फ्रांसीसी शब्द रेनेसाँ से है। इसे हिन्दी में पुनर्जागरण कहा गया है। 14वीं से 17वीं शताब्दी तक यूरोपीय/पश्चिमी सभ्यता के सार्वभौमिक विचारों ने मानववाद के लिए मनुष्य की खोज को पुनर्जीवित किया जो पुनर्जागरण काल का मुख्य विषय था। उत्पत्ति का केंद्र इटली में फ्लोरेंस नगर था लेकिन प्रेरणा प्राचीन यूनान इतिहास और विद्वानों के प्रवास से और रोमन साम्राज्य से प्राप्त हुई थी। कला, संस्कृति, चित्रकला, वास्तुकला, विचार-विमर्श, कविता और अकादमिक उद्यम सामाजिक मामलों का केंद्र थे जिन्होंने मानव भावना को आत्म-साक्षात्कार के अगले स्तर पर बदल दिया। विचारकों, दार्शनिकों और

प्रशासकों की रुचि और असाधारण प्रयास से इसकी नींव रखी गई थी जिन्होंने यूरोप को अंधेरे युग से मध्यकालीन यूरोप में एक नए अनुभव के लिए प्रेरित किया। चार्ल्स द ग्रेट या शारलेमेन (8वीं-9वीं शताब्दी, रोमियों, फ्रैंक्स और गॉल्स के सम्राट) ने कैरोलिंगियन साम्राज्य से शुरू होने वाली सांस्कृतिक और बौद्धिक गतिविधियों को प्रोत्साहित करने के लिए कुछ असाधारण किया।[29] राजनेता की नीति और व्यवहार विशिष्ट रूप से 'कारण' से प्रेरित थे। चार्ल्स द ग्रेट के शासनकाल ने मध्ययुगीन यूरोप को अपने स्वयं के राज्य शिल्प के साथ मानकों को स्थापित करके तर्क/कारण के नए युग की ओर अग्रसर किया।[30] सम्राट ने स्वयं उदाहरण स्थापित किया और इसकी वकालत की।[31] शारलेमेन ने पुरातन साहित्य और संरक्षण के माध्यम से सीखने के पुनरुत्थान के विचार को प्रोत्साहित किया।[32] उनका दरबार पूरे यूरोप में बौद्धिक गतिविधियों का केंद्र बन गया और सम्राट को यूरोप का पिता माना गया।[33]

चित्र 3.3 : बौद्धिक अभिजात वर्ग के साथ सम्राट शारलेमेन की उनके दरबार में एक चित्रकला।[34]

साहित्य, पुराण और कविता लोगों को उच्च उद्देश्य के लिए प्रेरित करने का एक प्रमुख स्रोत बन गए। दांते के प्रसिद्ध ग्रंथ द *डिवाइन कॉमेडी* ने इस विश्वास को जन्म दिया कि कविता के माध्यम से स्वयं में सिंहावलोकन करने और उच्च क्षेत्र से जोड़ने के लिए महत्वपूर्ण भूमिका निभाई जा सकती है। इतालवी विचारक अपने स्वयं के अभिजात शासक वर्ग द्वारा उनका उपहास करने के बावजूद शाश्वत सत्य के अधिकार को सर्वोच्च बनाए हुए थे। उन्हें निर्वासन का सामना करना पड़ा और कुछ को मृत्युदंड का भी सामना करना पड़ा। वास्तविकता परेशान करती है जब वह राज्य कौशल में हस्तक्षेप करती है। दांते के लेखन ने इस विचार को मुख्यधारा के सामाजिक मामलों में न्याय करने का साहस दिया। इसका मनुष्य के ज्ञान पर क्रांतिकारी प्रभाव पड़ा। निर्णय और धारणा कारण के मूल कारक हैं। लोग गहराई से सोचने लगे और विचारों को दूसरों तक पहुँचाने लगे। सामाजिक मामलों में नैतिक विचार-विमर्श एक नया चलन था। यह संक्रमण मनुष्य के प्रति मनुष्य की दुर्भावना को ठीक कर रहा था और सांस्कृतिक प्रतिमान सकारात्मक परिवर्तन की ओर अग्रसर था। मानवाधिकारों के अध्ययन के लिए पुनर्जागरण की गणना क्यों की जाती है? इसकी सबसे विशिष्ट विशेषता में पुनर्जागरण तर्कसंगत निर्णय का शीर्ष बिंदु था जो मुख्य रूप से कला और साहित्य के माध्यम से निरंतर प्रयास के साथ यूरोपीय जन के बीच फैल रहा था। पुनर्जागरण के योग्य मानववादियों ने मन के क्षितिज को व्यापक बनाने में विश्वसनीय भूमिका निभाई।

> "यह पुनर्जागरण की एक *सामान्य* विशेषता है कि तर्कसंगत निर्णय की उम्मीद सामान्य हो गई।"[36]

लोग आत्मा की संतुष्टि के लिए नैतिक आचरण के माध्यम से अपनी महिमा के लिए आदर्श के प्लेटोनिक क्षेत्र यानी मनुष्य के नैतिक आदर्शों पर अब विचारशील हो रहे थे।[37] मानव जीवन का अंतिम लक्ष्य संतुष्टि के उसी स्तर को प्राप्त करना हो गए था। मानवतावाद के अलावा अब यह धर्मनिरपेक्षता थी जो अन्य विश्वासों और विचारों की प्रणालियों के लिए सम्मान और जिसने लोगों की आध्यात्मिक समझ में विविधता लाने में मदद की। आध्यात्मिक उत्थान ने लोगों को आत्मनिर्भर होने और उनके आशीर्वाद पर भरोसा करने में मदद की।

आजीविका की बदतर स्थिति में भी गिरजाघर (चर्च) लोगों की धार्मिक आकांक्षाओं और परिस्थितियों के प्रति असंवेदनशील रहा है। राज्य के अपने और राजस्व संसाधनों के बावजूद पूरे यूरोप में भयंकर प्लेग महामारी को संभालने के लिए चर्च की असंवेदनशीलता ने चर्च और उसके अनुयायियों के बीच एक विवाद पैदा कर दिया। यह वास्तविक रूप में एक छद्म वरदान साबित हुआ क्योंकि इससे लोगों का पादरियों में अंध विश्वास टूट गया।[38] महामारी द्वारा बनाई गई धर्मपरायणता की लहर ने गरीब तबके के लोगों को एक-दूसरे की देखभाल करने के लिए एकजुट किया। महामारी के प्रकोप से बच्चे सबसे ज्यादा प्रभावित हुए। इसने पूरे यूरोप में उच्चतम स्तर के अभिजात वर्ग की आत्मा को अपने स्वयं की पीढ़ी की विडंबना को ठीक करने में शासन की विफलता पर पीछे मुड़कर देखने के लिए मजबूर किया। गिरजाघरों ने खुद को गरीबों और छोटे लोगों की विडंबनाओं से अलग कर लिया। लोगों ने निरपेक्ष और आध्यात्मिक क्षेत्रों के मनमाने क्षेत्र की धारणा पर सवाल उठाना शुरू कर दिया जिस पर चर्च ने कुलीनों और गरीबों का समान रूप से शोषण किया। सामान्य जन चर्च और समुदायों के बीच उदासीनता का हितैषी रहा है। इसने चर्च, रईसों और शासक अभिजात वर्ग के बीच गठजोड़ को कम कर दिया जिससे लोगों को तर्क के साथ उद्यमशील रूप से सोचने और वास्तविकता पर ध्यान केंद्रित करने में मदद मिली। लोग व्यावहारिक रूप से सोच रहे थे। सौंदर्य, आस्वादन और पेशेवर हितों को दीर्घकालिक भविष्य लाभ के लिए जोड़ा गया था। बाद में प्रतिष्ठानों के नए रूप सामने आए जैसे कि प्रतिवादी (प्रोटेस्टेंट) सुधार जिसने रचनात्मक प्रतिस्पर्धा पर ध्यान केंद्रित किया और उत्पादन के कारकों का निर्माण करके साम्राज्य निर्माण के लिए मार्ग का निर्माण किया। ज्ञान की लालसा ने मनुष्य को दुनिया के दूसरे पक्ष को समझने के लिए अपने स्वयं के आराम के माहौल का पता लगाने, यात्रा करने और बाहर निकलने के लिए प्रेरित किया। पुनर्जागरण ने मानवतावादी पठन संस्कृति को बढ़ावा देकर आत्मनिरीक्षण की भावना विकसित की जिसमें फ्लोरेंटाइन मानवतावादियों ने प्राचीन विमर्श-शैली को फिर से खोजकर और मनुष्य की तर्क करने की क्षमता को मजबूत करने में महत्वपूर्ण भूमिका निभाई।[39] विभिन्न इतिहासलेखन के लोगों के बीच नए संबंध सामने आए। कूटनीति, विविधता को सार्वभौमिक मूल्यों के प्रसार और नए संबंधों

और संबंधों के निर्माण के लिए नए रास्ते तलाशने के लिए मजबूत किया गया। पुनर्जागरण ने अन्वेषण के युग (15वीं-17वीं शताब्दी) को जन्म दिया। गुटेनबर्ग द्वारा मुद्रण मशीनरी के नवाचार ने मानवीय हित के लिए समर्पित सभी क्रांतियों– पुनर्जागरण, ज्ञानोदय युग, प्रतिवादी सुधार और वैज्ञानिक क्रांति में महत्वपूर्ण भूमिका निभाई।[40]

अब राजनयिकों और अन्वेषकों के हाथ में नक्शे थे। वास्तव में मुद्रण क्रांति ने मानवीय मामलों और जीवन शैली में एक महत्वपूर्ण बदलाव लाया क्योंकि अधिकांश विकल्प कई प्रकार से अंतिम अवस्था में थे। यूनानियों को इटली में बसना अच्छा लगा, इतालवी हंगरी की यात्रा पर गए, जर्मन फ्रेंच से सीखने लगे।

चित्र 3.4 : गुटेनबर्ग पवित्र रोमन साम्राज्य (1780-1782 और 1802) में एक प्रभावशाली और धर्मनिरपेक्ष राजकुमार मेंज के निर्वाचक को एक मुद्रण नमूना दिखा रहा है।[41]

यूरोप अपनी सांस्कृतिक उन्नति के माध्यम से दुनिया का नेतृत्व करने के लिए बेड़ियों से मुक्त हो रहा था। अपने अंतिम अर्थ में, पुनर्जागरण मानव जिज्ञासा के नेतृत्व में संस्कृति की क्रांति थी : जीवन की वृत्ति थी। पुरातनता के प्रति रूढ़िवाद और उदासीनता अब कुछ नवीन और भविष्य के निर्माण के लिए मनुष्य की कठिन उत्सुकता से चकित थी। भावना, अनुकरणीय व्यवहार परिवर्तन का प्रतीक थी।

लियोनार्डो दा विंची ने नवजागरण के व्यक्ति की पहचान *निर्विवाद जिज्ञासा और ज्वलनशील आविष्कारशील कल्पना के साथ की।*[42] जिज्ञासा और कल्पना ने उस व्यक्ति को उसके आराम क्षेत्र से बाहर निकाल दिया। मानव मूल में अब सार्वभौमिक शिक्षा और मानवतावादियों के आदर्शों की प्यास थी।[43] शिक्षा का मुख्य ध्यान साहित्य और इतिहास पर बना रहा ताकि मानवतावादियों द्वारा मानवतावाद को एक संपूर्ण मन और शरीर के रूप में विकसित किया जा सके।[44] श्रद्धेय विचारक रॉटरडैम के इरास्मस ने शिक्षा के सार पर जोर दिया :

"शिक्षा के बिना मानव में मानवता नहीं थी : मानव का जन्म नहीं हुआ बल्कि शिक्षा से मानव बना।"[45] मानवतावादियों के पिता इरास्मस ने निम्नलिखित प्रमुख भूमिकाओं की पहचान की जो शिक्षा द्वारा निभाई जा सकती हैं–

1. शिक्षा का मानवीय प्रभाव,
2. सहकारी प्रयास की प्रभावशीलता,
3. स्त्री–पुरुष की शिक्षा से लाभ उठाने की क्षमता,
4. सिखाई गई सामग्री को आंतरिक बनाने का महत्व।

एक सशक्त समाज के लिए मानवाधिकार दर्शन के लिए ये सभी भूमिकाएँ महत्वपूर्ण हैं। शिक्षा न केवल ज्ञान का माध्यम थी बल्कि समाजीकरण की प्रक्रिया में एक गहन भूमिका निभा रही थी। बुद्धिमता के प्रेम के लिए शिक्षा का बढ़ता स्तर पुनर्जागरण में एक विशिष्ट घटना थी जिसने मनुष्य को नैतिकता, तर्क, चरित्र और ज्ञान से सुसज्जित किया। मानव चरित्र बदल रहा था और पुनर्जागरण ने एक व्यक्ति के चरित्र को बदलकर और अतीत के साथ अपने जुनून को त्यागकर मानव आत्मा के साहस को बढ़ाया। व्यक्तिगत चरित्र में परिवर्तन ने नैतिक मानकों को इस तरह से ऊंचा कर दिया कि आने वाली पीढ़ियों के लिए एक मजबूत और दूरगामी प्रभाव होने की संभावना बन

गई। यह संभावना नैतिक चरित्र के प्रति जागरूकता, नैतिक आचरण के प्रति आत्म-अनुशासनात्मक प्रेरणा प्रदान करती है और तथ्यात्मक औपचारिकताओं की तुलना में मूल्यवान मानदंड पर संदर्भ का कारण बताती है। यूरोप उदारवाद के प्रतीक के रूप में विकसित हुआ और पूरी दुनिया उससे प्रभावित हुई। इरास्मस के राजनीतिक विचार राजनेताओं, शासकों, अभिजात वर्ग, नौकरशाहों और न्यायविदों के लिए समान रूप से ज्ञानवर्धक थे। उनके विचारों ने शक्ति और अधिकार के साथ अच्छाई और न्याय के आदर्शों की छानबीन की :

> "अच्छाई के बिना शक्ति निरंतर अत्याचार है। [...] यदि आप न्याय का उल्लंघन किए बिना अपने राज्य की रक्षा नहीं कर सकते ...इसे तो त्याग दें"।[48]

इसलिए, एक शासक को अपने प्रदर्शन और सत्ता के निष्पादन में अच्छाई और न्याय के आदर्शों को शामिल करना चाहिए। अच्छाई के बिना कोई महानता नहीं है। इस विचार ने अभिजात वर्ग पर अपनी पीढ़ी के हित में कानून बनाने के लिए एक नैतिक दबाव डाला और कानून और मूल्यों का सबसे प्रमुख पालनकर्ता बनकर स्वयं को मानक के रूप में स्थापित करने वाला आदर्श दिया। जनता के हित में नियम– कानून बनाने की प्रक्रिया से राजनेताओं की जिम्मेदारियों बढ़ी। साथ ही इसने सभी को समान कानून की छत के नीचे लाकर एकरूप में खड़ा किया। आम कानून ने शासक वर्ग के अधिकार और राज्य की संप्रभुता को मजबूत किया। पुनर्जागरण की प्रक्रिया में सांस्कृतिक राष्ट्रवाद के बीज बोए गए। विश्व भ्रमण करते हुए ज्ञान प्राप्त करते हुए, सभी अपनी-अपनी मातृभूमि की ओर देखने लगे और पुनर्जागरण के बारे में फिर से विचार करने लगे जो वैश्वीकरण का प्रारंभिक बिंदु था। यदि हम ऊपर की चर्चा को याद करते हैं और पुनर्जागरण काल के प्रसाद की गणना करते हैं, तो ये थे : कला, साहित्य, दर्शन, विज्ञान और सामाजिक उपलब्धियां[49] इसे पुनर्जन्म माना गया क्योंकि पिछला युग क्षय और ठहराव का युग रहा है, जिसके दौरान मनुष्य आत्म-केंद्रित रूढ़िवादी हितों तक सीमित था, अंधकार के युग में अंधा आदमी।[50]

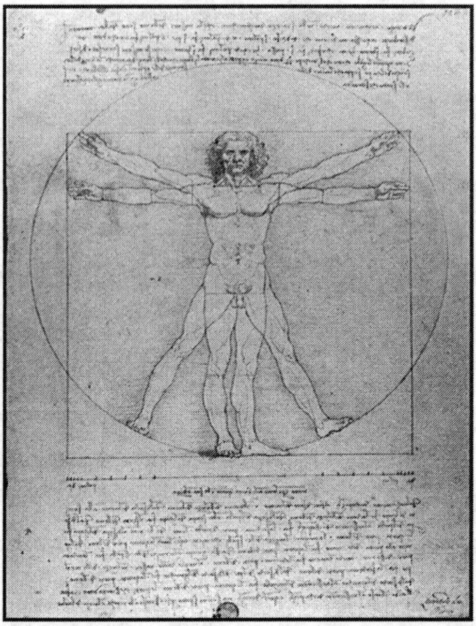

चित्र 3.5 : लियोनार्डो दा विंची (1492) द्वारा विट्रुवियन मैन।

सामाजिक उपलब्धियों पर विशेष रूप से प्रकाश डाला जाना चाहिए। एक समाज के दायरे में सच्चे चरित्र का विकास होता है और अखंडता को मान्य किया जा सकता है। मानवीय मूल्यों के प्रति आदर्शवाद ने प्रतिष्ठा, प्रभाव और दृश्यता प्राप्त की। नैतिकता अकादमिक बहस के उद्देश्य के लिए नहीं थी। यह शिक्षित लोगों के बीच एक अनिवार्य अभ्यास और पूरे यूरोपीय महाद्वीप और उससे आगे के सामान्य जन के लिए एक उपयोगितावादी मार्गदर्शक बन रहा था। आम लोग अपनी संतान को भविष्य में एक अच्छे भविष्य के जीवन की कल्पना के लिए सार्वजनिक जीवन में ईमानदारी की शिक्षा दे रहे थे। व्यापार मार्गों के विस्तार ने लोगों को धार्मिक गलियारों में समय समर्पित करने के लिए और उद्यम करने के लिए उत्साहित किया। नैतिक बहस को प्रोत्साहित करने के लिए रचनात्मकता चरम पर थी। नैतिक क्षेत्रों में नई अवधारणाएँ उभरीं। कला, चित्रकला और कविताएं लोगों की भावनाओं को हिला रही थीं।

मानवीय भावना सभी सांस्कृतिक प्रयासों का केंद्र और आकर्षण थी। सहानुभूति और भावनाएं मनुष्य को नैतिक दायित्व के लिए प्रोत्साहित करने

के लिए बुनियादी आवश्यकताएं हैं जो मानवाधिकार विमर्श की व्यावहारिक उपयोगिता सिद्ध करती है। चित्रकारों को उनके नवीन निर्माण के कार्य के लिए ईश्वर के समान माना जाता था। एक प्रसिद्ध पुनर्जागरण चित्रकार ड्यूरर कहते हैं :

"एक अच्छा चित्रकार, जो हर दिन मनुष्यों और प्राणियों के नए रूपों का निर्माण करता है, जैसा कि पहले कभी नहीं देखा गया था और न ही किसी अन्य व्यक्ति ने सोचा था, भगवान के बराबर था।"[51]

कला और संस्कृति की इन सभी श्रद्धेय व्याख्याओं ने लोगों के विवेक और चेतना में एक दूसरे के लिए परिवर्तन किया। न केवल एक समुदाय के सदस्यों के लिए, यहां तक कि अजनबियों के लिए भी सम्मान और मूल्यों की एक प्रणाली अस्तित्व में आई। पैनोफ्स्की ने चेतना के तीन स्तरों की पहचान की[52]:

1. भगवान के संबंध में,
2. समाज,
3. और उसका अपना।

पुनर्जागरण ने मानव को समाज के प्रति जागरूक होने के साथ-साथ स्वयं के प्रति और ईश्वर के संबंध में व्यापक, उच्च और सामान्य हितों के प्रति विचारशील बनाया। पुनर्जागरण में व्यक्ति की प्राथमिकता स्वार्थ नहीं थी। सार्वभौमिक मानव समुदाय के उत्थान के प्रति समर्पण उस युग का एक अद्वितीय परिणाम था। अंत में, पुनर्जागरण ने विलियम ऑफ ओखम की शाश्वत पूछताछ का उत्तर दिया :

"वास्तविकता कितनी वास्तविक थी?"[53]

पुनर्जागरण न केवल एक वास्तविकता की जांच था बल्कि दर्शन का एक वादा था। प्लेटोनिक धर्मशास्त्र के आदर्शवाद पर इतालवी पुनर्जागरण के बारे में मार्सिलो फिसिनो बताते हैं :

"कि एक बार एक स्वर्ण युग था जब ज्ञान राज्य करता था, और यदि कभी दर्शन फिर से शासन करता है तो स्वर्ण युग वापस आ जाएगा।"[54]

पुनर्जागरण युग में कुलीनों और लोगों को एक साथ प्रबुद्ध करने के लिए बुद्धि अपने पूरे जोश से राज कर रही थी। मानव जाति के अधिकारों पर दार्शनिक विमर्श मनुष्य को ज्ञान के स्वर्ण युग में लाने का वादा करता है।

3.4 प्रबुद्धता/ज्ञानोदय का युग

प्रबुद्धता ने मानव जाति को तर्कसंगत रूप से संचालित, वैज्ञानिक उन्मुख, नैतिक रूप से पूर्ण और आधुनिक युग के प्रत्येक क्षेत्र में बेहतर बनाया। यह अधिकांश भाग के लिए एक वैज्ञानिक क्रांति थी जो वास्तविकता को समझने पर केंद्रित थी। मनुष्य की मौलिक सत्य से पूछताछ करने की क्षमता ने उसकी तार्किकता को बढ़ा दिया। प्रबुद्धता, भविष्य की पीढ़ियों को भविष्य के पुनर्निर्माण के लिए एक दृष्टि के साथ अवतार, चरमोत्कर्ष और जलवायु, इतिहास, लेखन पर सीखने, फिर से सीखने और सेवा करने के रूप में थी। मनुष्य समझ पाया कि खुशी का एकमात्र तरीका नैतिक आचरण और यूरोप महाद्वीप तथा उसके आसपास के मानवीय मामलों में नैतिक जांच की वृद्धि के माध्यम से मिलेगा।[55] खुशी सबसे अच्छा अधिलाभांश था जो यूनानी महाकाव्य और प्रचारकों द्वारा निर्धारित नैतिक प्रणाली का उच्चतम उद्देश्य था।[56] सिसरो के विविध आयामी अनुभव, जो उसे एक दार्शनिक, वकील, राजनेता और लेखक की क्षमताओ के रूप में प्राप्त हुए, ने उन्हें उन कारकों को सहसंबंधित करने में मदद की जो उच्चतम उद्देश्य के लिए अग्रणी थे।[57] 18वीं शताब्दी 'जानने का साहस' वाली घटना द्वारा प्रेरित थी। मनुष्य की परिपक्वता और विवेक उसके अतीत के विपरीत तेजी से विकसित हुआ। वैज्ञानिक और दार्शनिक सोच के विकास का नेतृत्व वैज्ञानिकों, दार्शनिकों, विचारकों और राजनेताओं ने किया था। युग ने स्वतंत्रता, सहिष्णुता, बंधुत्व और शासन जैसे कुछ बुनियादी मूल्यों का नेतृत्व किया जो आज मानवाधिकारों को समग्र बनाते हैं। आत्मज्ञान का सबसे महत्वपूर्ण योगदान मनुष्य को यह महसूस करने में था कि उसका अस्तित्व और बचाव 'विकास' में निहित है। यह धारणा विकास आधारित दूरदर्शिता के हेतु नए दृष्टिकोण विकसित करने के लिए प्रबुद्ध मानस की स्वरलहरी बन गयी। प्रगति की मुख्य जड़ विकास में निहित है। मानव विकास अपने आप में वृत्ति और बुद्धि के विकास की एक घटना थी। मनुष्य ने विकसित होने की क्षमता अर्जित कर ली जो उसमें जन्मजात ही होती है। ज्ञान क्या है?

यदि वह विकास के लिए क्षमता पैदा नहीं कर सका? मनुष्य मूल को समझ गया था। परिकल्पित भविष्य पर नियमित विमर्शों की तीव्र गति ने ज्ञानोदय के विचार को एक वास्तविकता बना दिया। असमानता पर विमर्श और रूसो द्वारा सामाजिक अनुबंध के प्रसिद्ध सिद्धांत, मोंटेस्क्यू द्वारा कानून की आत्मा के रूप में कानून पर विचार-विमर्श, नैतिक भावनाओं के सिद्धांत में एडम स्मिथ की नैतिक मूल्यों की गहन अवधारणा कुछ ऐसे उल्लेखनीय लेखन थे। मानवाधिकारों की संस्कृति उभरने लगी। इन साहत्यकारों ने यूरोप में दृष्टिकोण और आदतों में परिवर्तन का मार्ग प्रशस्त किया। ज्ञान, ज्ञान– साहित्य, विज्ञान और संस्कृति के प्रति प्रेम अपने चरम पर था। बर्नार्ड डी फोंटेनेल के संदर्भ में यह अकादमियों का युग था। सभ्यता और आधुनिकता के लिए आग्रह किया गया और सामाजिक परिसर की बुनियादी चिंताओं की पूछताछ के लिए समाजशास्त्र का विषय विकसित किया गया। सबसे महत्वपूर्ण बात यह है कि सभी मामलों ने मानव प्रकृति की शक्ति के लिए विलासिता से उद्यम और अर्थव्यवस्था की ओर सामान्य आधारों के निर्माण के माध्यम से प्रेरित किया जिसके लिए एकता की आवश्यकता थी। प्रारम्भिक बिन्दु '*जानने का साहस*' था जिसने ज्ञान-विज्ञानवादी आंदोलन शुरू किया। होरेस ने इस शब्द का इस्तेमाल यह कहने के लिए किया था कि *जिसने शुरू किया है वह आधा सफल हो गया है, जानने की हिम्मत करें, शुरू करें* मानव प्रगति में बाधाओं को दूर करने के लिए प्रयास और दृढ़ता के मुख्य मूल्यों की पहचान की गई थी।[58] होरेस का मानना था कि कलम मन की जीभ है। कला, संस्कृति, शासन और राज्य-शिल्प पर साहित्यिक कार्यों को संजोकर लोगों ने सही मायने में प्रबुद्धता की दिशा में प्रयासों को गंभीरता से लिया। कांत ने इस विचार का उपयोग प्रबुद्धता पर अपने दार्शनिक विचारों की अवधारणा के लिए किया, मुख्य रूप से समानता पर सामाजिक परिसर में मानवीय उपक्रमों को कारण देने के लिए। उन्होंने तर्क दिया कि कारण ही आत्मज्ञान, आत्म-मुक्ति और बौद्धिक प्रगति का माध्यम है।[59] कांत, स्वतंत्रता में एक उत्साही विश्वासी है कि केवल स्वतंत्रता के माध्यम से मनुष्य अपनी तर्कसंगतता का प्रयोग कर सकता है, इस प्रकार तर्क को प्रोत्साहित किया जाता है : जितना हो सके विमर्श करें, और आप क्या करेंगे, लेकिन आज्ञा माने![60]

तर्क और मनन के साथ स्थापित कानून के प्रति सम्मान की भावना होनी चाहिए। कांत के शब्दों में आत्मज्ञान तर्कशीलता की कमी के कारण स्वयं को होने वाली अक्षमता के बंधन से मुक्ति है।[61] दूसरे से दिशा-निर्देश की कमी के कारण अक्षमता पैदा होती है जिसे कांत संरक्षण कहते हैं। तर्क और दिशा-निर्देशों का पालन करने के लिए उग्र संकल्प और अदम्य साहस की आवश्यकता होती है। यह दिशा-निर्देश ज्ञान के दौरान विकसित साहित्य और ज्ञान के स्रोतों द्वारा दिखाई गई राह थी। कांत आगे स्पष्ट करते हैं कि इच्छा, अधिकार और कारण का उपयोग अपरिपक्वता की स्थिति को समाप्त करके पूर्व-मौजूदा संबंधों को सुधारता है जो ज्ञान लाता है। संबंधों में सुधार से सद्भाव और सामाजिक व्यवस्था एक सभ्य समाज की ओर ले जाती है। मानवाधिकारवादी समुदाय के सदस्य बेहतर संबंधों के लिए तरसते हैं। प्रबुद्धता के युग में दार्शनिकों, कुलीनों और न्यायविदों द्वारा वकालत की गई नैतिकता और कानून में सबसे बड़ी संख्या की सबसे बड़ी मात्रा खुशी की थी। फ्रांसिस हचिसन, जेरेमी बेंथम उपयोगितावाद की अपनी अवधारणाओं के माध्यम से खुशी के कुछ प्रमुख प्रस्तावक थे।[63] उद्देश्य के साथ उपयोगिता भी मायने रखती है। मानवाधिकार परिणामोन्मुखी प्रयास हैं।

अर्नेस्ट कैसरर ने इस काल की निम्नलिखित प्रमुख विशेषताओं की पहचान की है :[64]

1. बौद्धिक विकास,
2. आत्मविश्वास,
3. आत्म-चेतना।

बर्बरता से आधुनिकता की ओर संक्रमण, चेतना और विश्वास के निरंतर विकास के कारण संभव हुआ जिसने समानता में समग्र विश्वास को जन्म दिया जो आधुनिक राजनीतिक विचार का सार बन गया। आधुनिकता की ओर संक्रमण लोगों के वर्तमान की जरूरत को समझने और उसे चित्ताकर्षक करने के नजरिए को बदल रहा था। बौडेलेयर के विचार में:

> "आधुनिकता शैली से अलग वस्तु है, जो समय के पाठ्यक्रम पर सवाल उठाने से ज्यादा कुछ नहीं करता है, आधुनिकता वह दृष्टिकोण है जो वर्तमान क्षण के "वीर" पहलू को समझना संभव बनाता है। आधुनिकता क्षणभंगुर वर्तमान

के प्रति संवेदनशीलता की घटना नहीं है; यह वर्तमान में "वीरता" करने की इच्छा है।[65]

प्रबुद्धता के युग ने भावी पीढ़ी का मार्गदर्शन करने, दुर्गम इच्छाशक्ति पैदा करने और वर्तमान की चुनौतियों के पहलू में डूबे हुए समय की आवश्यकता को प्राथमिकता देने का विशिष्ट तरीका प्रदान किया। बौडेलेयर की टिप्पणियों के सरल अर्थ में, आधुनिकता वर्तमान में वीर पहलुओं को स्थापित करने में निहित है। वर्तमान की बर्बादी से आधुनिकता खतरे में है। दार्शनिक, विचारक, राजनेता, न्यायविद आदि मानवता के लिए सर्वश्रेष्ठ पेशकश करने के लिए अपने दिमाग की प्रतिस्पर्धा की रचनात्मक स्थिति में थे, चाहे वह कल्पनावाद हो या और वीरता पर प्रवचन हो। गहन अकादमिक वाद-विवाद और ज्ञान की आभा से चिरस्थायी माहौल उत्पन्न हुआ। वर्तमान की वीरता की अवधारणा आधुनिकता के गुण का प्रयोग करने के लिए वर्तमान वास्तविकता पर ध्यान केंद्रित करने पर जोर देती है। वर्तमान का मूल्य, कल्पना करने की उत्सुकता, क्षण को संबोधित करने की क्षमता आधुनिकता के निर्णायक कारक हैं। आगे कहा है –

> "आधुनिकता एक ऐसा अभ्यास है जिसमें वास्तविक पर अत्यधिक ध्यान इसलिए दिया जाता है ताकि स्वतंत्रता के पालन का सामना किया जा सके जो एक साथ इस वास्तविकता का सम्मान भी करता है और इसका उल्लंघन भी करता है।"[66]

मानवाधिकारों पर एक विमर्श के लिए विचार और प्रतिवाद समान रूप से मायने रखते हैं लेकिन यह वास्तविकता और इसे प्रभावित करने वाले कारकों पर अत्यधिक ध्यान देने के साथ होना चाहिए।

वर्तमान क्षण की बुनियादी और सरल घटनाओं पर ध्यान केंद्रित करते हुए और स्वतंत्रता देते हुए वास्तविकता का सामना करना पड़ता है। स्वयं और संपूर्ण के लिए सर्वश्रेष्ठ का उत्पादन करने हेतु स्वयं का आविष्कार एक आधुनिक व्यक्ति की सर्वोत्कृष्ट विशेषता है।[67] स्व और समाज एक स्वस्थ मानवाधिकार संस्कृति के लिए एक ही जैसी धारणा हैं।

प्रबुद्धता युग की अन्य महत्वपूर्ण विशेषता मानव अज्ञानता और सड़ी हुए स्थापित व्यवस्था का विध्वंस था जिसने अतीत से मानवता को पंगु बना दिया था जैसे कि राजशाही और साम्राज्यों पर हठधर्मी धार्मिक पादरियों का प्रभाव।

मोंटेस्क्यू द्वारा विकसित सत्ता के पृथक्करण पर विचार मानवीय मूल्यों पर जोर देने के साथ शासन को लोकतांत्रिक बनाने में अग्रणी था। द *स्पिरिट ऑफ लॉज* में कार्यपालिका, विधानपालिका और न्यायपालिका के बीच शक्ति के पृथक्करण पर मोंटेस्क्यू का तर्क शासन प्रणाली पर भव्य विचार था। इसने अत्याचार के प्रमुख कारणों की पहचान की और उन्हें संबोधित किया :

> जब विधायी और कार्यकारी शक्तियाँ एक ही व्यक्ति में, या जजों के एक ही निकाय में एकजुट हो जाती हैं, तो कोई स्वतंत्रता नहीं हो सकती है; क्योंकि आशंकाएँ उत्पन्न हो सकती हैं कि कहीं ऐसा न हो कि एक ही सम्राट या सीनेट अत्याचारी कानूनों को लागू करे, ताकि उन्हें अत्याचारी तरीके से निष्पादित किया जा सके।

सत्ता के पृथक्करण पर मोंटेस्क्यू के विचारों ने दुनिया भर में शासन की पारंपरिक वास्तुकला में बदलाव का नेतृत्व किया, यहां तक कि पूर्ण राजशाही के नेतृत्व वाले राज्यों में, विशेष रूप से रूस और फ्रांस में भी इनका प्रभाव रहा। अत्याचार और निरपेक्षता के अंत के साथ स्वतंत्रत-अंतःकरण, स्वतंत्रता और मानवाधिकारों के अन्य मूल आदर्शों का विकास हुआ जो प्रबुद्ध दिमागों के नेतृत्व में पुरातन परंपराओं की जगह एक प्रतिमान था। अब, बर्बरता का काला युग जो भय पर राज करता था वह समाप्त हो गया था।

मनुष्य अपने भाग्य और आत्मनिर्णय का स्वामी था वह अपने इच्छित भविष्य की कल्पना और आत्मखोज का श्रेय स्वयं को देता था।

अब इसके बाद, मैं दो प्रमुख क्रांतियों और मानवाधिकार सिद्धांत के मूल्य कारकों पर उनके प्रभाव की जांच करने की कोशिश करूंगा– अमेरिका और फ्रांस की क्रांतियां। स्वतंत्रता की अमेरिकी घोषणा ने स्वतंत्रता के विचार को प्रेरित किया और फ्रांसीसी क्रांति ने राज्य पर सवाल उठाने के पराक्रम और मानव में परिवर्तन का आह्वान करने की साहसी क्षमता को प्रेरित किया। व्यंजित अर्थों में कहें तो इन क्रांतियों द्वारा तर्क का युग लाया गया। वर्तमान पीढ़ियों के पास मनुष्य के अधिकारों के लिए निर्णायक रूप से सार्थक क्रांतियों से सीखने के लिए बहुत कुछ है।

3.5 अमेरिकी स्वतंत्रता की घोषणा (1776)

उत्तरी अमेरिका की खोज आधुनिक सभ्यता में एक नवीन खोज रही है और इसी तरह अमेरिकी स्वतंत्रता इस आशा को मजबूत करने में है कि मनुष्य के लिए मनुष्य के द्वारा किए प्रयास स्वर्ण युग को वापस लाने में सफल हो सकते हैं। उत्तरी अमेरिका की खोज पर :

> *हमने लोगों को सबसे कोमल, प्रेमपूर्ण और विश्वासयोग्य, सभी प्रकार के धोखे, और राजद्रोह से रहित, और ऐसे लोगों को पाया जो स्वर्ण युग के अवतरण के बाद बसते थे। पृथ्वी प्रथम दृष्ट्या सब वस्तुओं को बहुतायत में बिना मेहनत या परिश्रम के उत्पन्न करती है।*[69]

महान अमेरिकी स्वप्न और अमेरिका प्रेरणा देता रहता है अमेरिका, न्याय और स्वतंत्रता की भूमि है यह शांतिपूर्ण राज्य को संजोने का खुशी भरा अवसर है।

अमेरिकी स्वतंत्रता की घोषणा कानून के तहत बुनियादी आवश्यकताओं के लिए अवसर प्रदान करती है जो मानवाधिकार दर्शन को सम्पन्न करता है :

> ...कि सभी पुरुषों को समान बनाया गया है, ... वे कुछ अक्षम्य अधिकारों के साथ संपन्न हैं, ... ये जीवन, स्वतंत्रता और खुशी की खोज हैं।

घोषणा थॉमस जेफरसन के मनन की उपज थी जिन्होंने स्वतंत्रता की पांडुलिपि का पहला संस्करण तैयार किया था। यह घोषणा कानून, नैतिकता और अधिकारों के लिए मानक निर्धारित करती है। घोषणा का जॉन एडम्स और बेंजामिन फ्रैंकलिन द्वारा जोरदार समर्थन किया गया था जिनकी भावनात्मक और व्यक्तिगत भागीदारी के बिना यह कार्य क्रम और स्थान पर नहीं हो सकता था। घोषणा की दार्शनिक अभिव्यक्ति ने दुनिया भर के राजनेताओं को लोगों के लिए बेहतर संभावना के लिए अपने संविधान में यथास्थिति में बदलाव लाने के लिए प्रेरित किया। अमेरिका की भावनाएँ दुनिया के विभिन्न क्षेत्रों में लोकतांत्रिक उथल-पुथल का कारण बनी। इसने फ्रांसीसी क्रांति को प्रेरित किया। फ्रैंकलिन, एडम्स और जेफरसन की एकता और शैली के लोगों ने अपने विश्वास को बरकरार रखा कि उनका देश किसी भी त्रासदी को दूर कर सकता है। अमेरिका का गृहयुद्ध ब्रिटिश औपनिवेशिक विस्तार का परिणाम था। समय के साथ स्वतंत्रता की भावना परिपक्व हो गई और उस निर्णय को

परिपक्व कर दिया जो एकता की भावना को देखने में अमेरिकियों के लिए तार्किक परिणाम साबित हुआ। अमेरिकी स्वतंत्रता एक ऐसे परिदृश्य में एक चमत्कारी उपलब्धि थी जिसमें शामिल लोग एक–दूसरे के नुक्कड़ और देशों के कट्टर दुश्मन शामिल थे। स्वतंत्रता की घोषणा एकता की भावना के लिए सर्वोपरि अंतर्दृष्टि की अनिवार्य आवश्यकता है। अमेरिका समुदाय में बदल गया।

अन्य क्रांतियों की तरह इसका भी कर राजस्व के रूप में एक आर्थिक उपक्रम था जिसने अमेरिकियों को उत्पादन के कारकों पर ब्रिटिश एकाधिकार को चुनौती देने के लिए प्रेरित किया। अमेरिकी मेहनतकशों की कठिनाई से बहने वाली राजस्व धाराएं औपनिवेशिक साम्राज्यों की ओर निर्देशित थीं। अमेरिकी लोगों ने सक्रिय रूप से ब्रिटिश शोषण और भविष्य में इसके प्रभाव को महसूस किया।

अमेरिकी कांग्रेस ने ब्रिटिश संसद के दमनकारी कृत्यों को रद्द करके परिदृश्य का आकलन किया। ब्रिटिश आर्थिक उत्पीड़न असहनीय होता जा रहा था। ग्रेट ब्रिटेन के राजा और राजनेता औपनिवेशिक विस्तार के अपने आशाजनक अनुभव से परिपक्व अपने कठोर शाही स्वभाव पर दृढ़ थे कि उनके पाशविक बल को अमेरिका के भाग्य को तय करना और सतत् करना होगा :

"प्रहार द्वारा तय करना चाहिए कि उन्हें इस देश के अधीन रहना है या स्वतंत्र"।[71]

ब्रिटिश सम्राट जार्ज III के बयान में प्रहार का मतलब युद्ध था। यह अमेरिका के न्यू इंग्लैंड में पूर्वी तट से उठ रहे विद्रोह को बुझाने के लिए राजा का आधिकारिक पत्राचार है। अमेरिकियों ने भविष्य की वास्तविकता को समझने के लिए स्वयं को अनुकूलित किया कि उन्हें अपनी मुख्य भूमि पर खड़ा होना है और वहीं बने रहना है। वे अमेरिका पर संप्रभु नियंत्रण रखने के लिए ब्रिटिश संसद द्वारा सहायक विदेशी सहायता के अनुकूल प्रस्तावों पर भरोसा नहीं कर सकते थे। अमेरिकी दार्शनिकों ने स्वतंत्रता के विचार को हर तरह से बढ़ावा दिया। थॉमस पाइन के संचार पुस्तिका उभयनिष्ठ–बोध (कॉमन सेंस) (जनवरी 1776) ने जमीनी हकीकत के सरल तथ्य और क्रांति के पक्ष में तर्क को सबसे आगे लाया कि मनुष्य को न केवल अपने अधिकारों के लिए याचिका दायर करनी चाहिए बल्कि उन्हें लेना भी चाहिए। जेफरसन, पाइन, एडम्स आदि द्वारा दिए इन दार्शनिक प्रवचनों के परिणामस्वरूप अमेरिका की सामान्य पहचान उभरी। नागरिकों को अंग्रेजों के अनपेक्षित

भावार्थ और संयुक्त राज्य अमेरिका में एकजुट होने की दृढ़ भावना को समझने के लिए सशक्त बनाया। इस समय स्वतंत्रता ही एकमात्र ऐसी भावना थी जिसे अमेरिकी आनन्दित होने के बारे में सोचने लगे। एडम्स के 'निषेध अधिनियम' और 'स्वतंत्रता के अधिनियम' ने अमेरिकी आकांक्षा की पुष्टि की कि ब्रिटिश संसद से विघटन जल्द ही एक संभावना हो सकती है। ब्रिटेन के असामयिक किंग जॉर्ज ने अमेरिकियों के बीच बढ़ती भावना को दबाने के लिए बाधाओं को दूर करने के लिए कोई कसर नहीं छोड़ी जिसका अर्थ पूरे ब्रिटिश साम्राज्य के पतन की शुरुआत हो सकता है। आर्थिक, धार्मिक, राजनीतिक या सांस्कृतिक, राजा ने अमेरिकी स्वतंत्रता के युद्ध को दबाने के लिए अपनी सभी रणनीतियां दांव पर लगा दीं। उन्होंने अमेरिकी बुद्धिजीवियों का मुकाबला करने के लिए धर्म, दर्शन और कला में सर्वश्रेष्ठ विचारकों को काम पर रखा जो अपने देश-पक्ष से गहराई से जुड़े हुए थे।

उप-संस्कृति स्तर पर विविध सामाजिक व्यवस्था अमेरिकियों के लिए भावी पीढ़ियों की जिम्मेदारी लेने के लिए छुपा वरदान साबित हुई। उन्होंने भौगोलिक विभाजन और सांस्कृतिक मतभेदों पर एकता का प्रबंधन किया जो गृहयुद्ध और ब्रिटिश साम्राज्यवाद के संकट से बचने में सक्षम था। भावी पीढ़ियों ने अपनी खुद की नई स्वतंत्र भूमि यानी संयुक्त राज्य अमेरिका में आत्मनिर्णय के लिए आत्ममनाही पर आत्मनिर्भरता का वादा किया।

शुरुआत में इस घोषणा ने प्राकृतिक कानून, राजनीतिक स्वतंत्रता की धारणा, मानव जाति की राय के लिए सम्मान और जीवन के अपरिवर्तनीय अधिकारों, स्वतंत्रता और उल्लास की खोज की शुरुआत की।[72] स्वतंत्रता दुनिया भर के लोगों की इच्छा, चाह और आशा है। एडम्स ने अपनी पत्नी को (1776 की संवेदना का प्रदर्शन करते हुए एक पत्र में) स्वतंत्रता और स्वाधीनता की भावना व्यक्त की :

> "... अमेरिका के इतिहास में सबसे यादगार युग ... आने वाली पीढ़ियों द्वारा महान वर्षगांठ उत्सव के रूप में मनाया जाता है, उद्धार का दिन, सर्वशक्तिमान ईश्वर की भक्ति के गंभीर कृत्यों द्वारा ... जलसे, खेल, खेल के साथ धूमधाम और गर्व के साथ मनाया जाता है। बंदूकें, घंटियाँ, अलाव, और रोशनी, इस महाद्वीप के एक छोर से दूसरे छोर तक, इस समय से हमेशा के लिए आगे..."

चित्र 3.6 : 1776 का उत्साह[74]

नई स्वतंत्र भूमि में स्वतंत्रता की भावना का आनंद लेने वाले लोगों की उत्साहित भावना ने ईश्वर से एकता की मांग की। 4 जुलाई, 1783 को न्यू कैलोरिना के सेलम में आयोजित जुलाई के पहले चौथे उत्सव के उपलक्ष्य में खुशी के स्रोत का जाप किया गया...। *हे प्रभु, हमें एकता को प्रदान करो..* [75]

सुख की खोज के लिए स्वतंत्रता, जीवन और स्वतंत्रता केवल एकता के माध्यम से ही संभव है और सभी अमेरिकी एकता के त्रुटिहीन मानक को स्थापित करने के लिए एक साथ आए। घोषणा ने स्पष्ट किया कि लोगों की सरकार लोगों की सहमति पर काम करेगी और यदि अधिकार सुरक्षित नहीं हैं तो लोग ऐसी सरकार को फेंकने और भविष्य के लिए खुद को नई शासन व्यवस्था प्रदान करने के लिए स्वतंत्र होंगे।[76] इसलिए यह घोषणा क्रांति के माध्यम से विकास के लिए अमेरिकियों को उनकी आसन्न प्रवृत्ति के अनुसार अधिकार प्रदान करती है। जब अवसर पैदा होता है, संदर्भ बदल जाता है, चोटें दोहराई जाती हैं, अत्याचारी सरकार की स्थापना से निपटना भारी हो जाता है लोगों के पास प्रभाव के सभी अधिकार होते हैं।

जनहित के लिए आवश्यक स्वास्थ्य और भूमि कानून लागू किया गया। कानून बनाने के लिए कानून और कानून की प्रक्रिया में समाज के सभी सदस्यों का पर्याप्त प्रतिनिधित्व आवश्यक है। अंग्रेजों ने अमेरिकियों को उनके कानून पर सवाल उठाने के लिए प्रतिनिधित्व से इनकार किया। विधायकों की सहमति पर स्वतंत्र और श्रेष्ठ नागरिक शक्ति लोकतंत्र में मानवाधिकारों के क्षेत्र को सशक्त बनाती है। नागरिक समाज की श्रेष्ठता एक ऐसे वातावरण में सबसे महत्वपूर्ण और अत्यधिक है जहां लोग स्वतंत्रता, स्वाधीनता, समानता और सुरक्षा के लिए संघर्ष करते हैं। राजनीतिक नियंत्रण उस मामले के लिए युगीन समाज के नियंत्रण और संतुलन के अधीन होना चाहिए। सभ्य राष्ट्र में क्रूरता, अत्याचार, दमन और विश्वासघात के लिए कोई स्थान नहीं है। बर्बरता का युग बीत चुका है। जेफरसन के संदर्भ में घोषणा मुक्त होने के लिए नियत अमेरिकी मन की अभिव्यक्ति थी। यह वह भावना है जो अमेरिकी सामान्य जन में गहराई से समाई हुई है। स्वतंत्रता और स्वाधीनता को संजोने के लिए लोगों पर निर्भर है कि वे अपने अहरणीय अधिकारों के लिए निर्भरता और आश्रय की निंदा करें। स्वतंत्र अमेरिका के नागरिकों ने इसे अपने गृहयुद्ध और क्रांति के सबक के रूप में अच्छी तरह से समझा। निर्भरता पापपूर्ण है और शोषण और अधीनता के लिए शाश्वत है। इस घोषणा ने राजनीतिक सिद्धांतों और सामान्य जन भावना को प्रेरित किया जो मानवाधिकारों को अनिवार्य नैतिक कानून बनाने की व्यवस्था के लिए के लिए आवश्यक भूमिका निभाती है।

3.6 फ्रांसीसी योगदान और मनुष्य के अधिकारों की घोषणा (1770-90)

1789 में स्वीकृत मानव और नागरिक अधिकारों की फ्रांसीसी घोषणा ने दुनिया भर में संवैधानिक सुधारों को प्रेरित किया। घोषणा ने मानवाधिकारों के दर्शन को पुनर्जीवित किया :

> "कानून की नजर में सभी नागरिक समान होने के कारण वे सभी सम्मान, सभी सार्वजनिक पदों, व्यवसायों के लिए उनकी क्षमताओं के अनुसार समान रूप से पात्र हैं, और बिना किसी भेदभाव के अपने गुणों और प्रतिभाओं की अपेक्षा करते हैं।"[77]

गुणों और प्रतिभाओं की समानता पर गरिमा और आत्मनिश्चय ने समान अधिकारों की धारणा को समृद्ध किया। यह घोषणा फ्रांसीसी समाज के उन आदर्शों का प्रतिबिंब है जिनकी शिष्टता स्वतंत्रता, समानता और बंधुत्व में निहित है। नेपोलियन बोनापार्ट का राज्य को एकजुट करने और उसके लोगों को एकजुट करने का आह्वान फ्रांसीसी नागरिकों के अवचेतन में रहा है। फ्रांसीसी क्रांति का समग्र प्रभाव यह था कि इसने लोकतांत्रिक शासन के साथ राष्ट्रवाद को मजबूत किया। फ्रांसीसी समुदाय ने अधिनायकवादी नियंत्रण, कुलीनता के अधिकार और पादरियों की शिष्टता को खारिज कर दिया, जिन्होंने जीवन के साधनों, सम्पदा, खेतों, करों, शासी वास्तुकार, स्थापना और सामाजिक व्यवस्था पर शासन करके अपने जीवन का पर्यवेक्षण किया। बुर्जुआ/मध्यम वर्ग की भूमिका जमीनी स्तर पर लोगों की दुर्दशा के प्रति उदासीन थी। मध्यम वर्ग अभी भी गरीबों के प्रयासों में औसत दर्जे का था। क्रांति तब होनी ही थी जब अभिजात वर्ग का दमन असहनीय हो गया। किसान वर्ग की विडंबना हर तरफ से दमन और अज्ञानता से कई गुना बढ़ गई थी कि अंततः बैस्टिल, अन्याय की जगह पर जनता ने धावा बोल दिया। क्रांति का आधार समता और समानता पर टिका था। वर्ग व्यवस्था ने शासन और आजीविका की व्यवस्था को बिगाड़ दिया। लोगों ने आतंक के शासन के माध्यम से राजा के मनमाने शासन से मुक्ति की मांग की जोकि मुख्य रूप से विशेषाधिकारों और विलासिता के लिए था। आतंक के शासन को उग्रवादी किसान क्रांतिकारियों, लोगों के अधिकारों के पैरोकारों द्वारा विनम्र किया गया था। मैक्सिमिलियन डी रोबेस्पिएरे फ्रांसीसी राजनेता और वकील परिवर्तन के क्षण की मांग बताते हैं :

> "हम एक ऐसी व्यवस्था चाहते हैं जहां सभी नीच और क्रूर जुनूनी कानूनों से न बंधे हों, सभी में लाभकारी और उदार भावनाएं जागृत हों ... जहां भेद केवल समानता से ही उत्पन्न होते हैं ... जहां देश प्रत्येक व्यक्ति के कल्याण को सुरक्षित करता है ... जहां उद्योग एक श्रंगार है, स्वतंत्रता जो इसे समृद्ध करती है, और सार्वजनिक धन के स्रोत का वाणिज्य करती है, न कि केवल कुछ परिवारों के लिए राक्षसी धन ... हम एक शब्द में प्रकृति के क्रम को पूरा करने के लिए, मानव जाति के भाग्य को पूरा करने की कामना करते हैं।"
>
> –रोबेस्पिएरे, 5 फरवरी 1794[78]

रोबेस्पिएरे के भाषण ने फ्रांस के लिए क्रांति और दृष्टि के उद्देश्य की पहचान की।[79] उनका आग्रह था कि अत्याचार और अपराध के शासन को उदार लोगों के भव्य समाज के साथ बदल दिया जाए।[80] उनके संक्रमण की यह योजना थी[81]:

1. सम्मान पर सत्यनिष्ठा,
2. आदत के बजाय सिद्धांत,
3. शिष्टाचार दिखाने के स्थान पर कर्तव्य,
4. प्रथा के अत्याचार पर तर्क का साम्राज्य,
5. बुराई के लिए अवमानना,
6. बदतमीजी को नकारने वाला अभिमान,
7. घमंड की जगह बड़ी सोच,
8. धन की लालसा पर महिमा के लिए प्रेम,
9. एक अच्छी संगत के लिए अच्छे आदमी,
10. साजिश और दंभ पर योग्यता और प्रतिभा।

रोबेस्पिएरे द्वारा तैयार की गई क्रमबद्ध योजना घोषणा के लिए एक ब्लू प्रिंट थी जिसने किसानों को प्रेरित किया। किसान क्रांतिकारियों के बिना क्रांति संभव नहीं हो सकती थी। आत्म-बलिदान को समय की मांग कहा गया। बैस्टिल के तूफान के अलावा क्रांति की दो प्रमुख घटनाएं हैं :

1. जुलाई 1789 में मनुष्य और नागरिक के अधिकारों की घोषणा,
2. आगामी अगस्त में सामंतवाद का अंत।

सामंतवाद लोगों का शोषण करने और उनकी आने वाली पीढ़ियों को आत्म-संतुष्टि के लिए गुलाम बनाने की अपनी अभिव्यक्ति में बर्बरता के समान है। पादरी और अभिजात शासक वर्ग के विशेषाधिकार और अन्य अधिकार समाप्त कर दिए गए। किसान और बुर्जुआ दोनों ने मनुष्य में अत्याचारियों के साथ परिणाम तय करने के लिए स्वयं को एकजुट किया। बड़े भय द्वारा शासन को ग्रसित कर दिया गया था। जब शोषण ने सहनशक्ति की सीमा पर प्रहार किया तो किसान खेतों से बाहर आ गए। उन्होंने महत्वपूर्ण भूमिका निभाई और जो अब भी ऐसा ही है। कृषिविद राज्य-समाज संबंधों को प्रभावित करने में

केंद्रीय भूमिका निभाते हैं, एक रणनीतिक संस्कृति की स्थापना करते हैं और नीति का गठन जमीनी स्तर पर उत्पादन के तरीके निर्धारित करने के लिए करते है। ये तौर तरीके फ्रांसीसी किसान वर्ग द्वारा बहुत ही सही उदाहरणों सहित निर्धारित किये गए। सामंतवाद के उन्मूलन को मैं फ्रांसीसी क्रांति को यूरोपीय महाद्वीप की सबसे युगांतरकारी घटना के रूप में समझता हूँ। यह जनता का जागरण था जो की सरदारों के सामंतवाद और अभिजात वर्ग की अत्याचारी प्रवृति को अज्ञानतावश अस्तित्व के खतरे के रूप में सह रहे थे। ये अत्याचार विशुद्ध रूप से आर्थिक अर्थों में एक शोषण था। गरीबी न केवल क्षमता को सीमित करती है बल्कि मनुष्य की स्वतंत्रता पर अंकुश लगाकर गुलाम भी बनाती है। सामंतवाद की व्यवस्था में प्रमुख रणनीति राज्य सत्ता के साथ नियंत्रण और प्रभाव है। जमींदारों को उनकी मधुर इच्छा से कानून को लागू करने के लिए भारी शक्तियाँ दी गई। दंडात्मक न्याय के तंत्र को सामंतों के नियंत्रण में निचले स्तर तक विकेंद्रीकृत किया गया था। जागीरदारों के पास अपने स्वयं बनाए कानून थे जोकि फांसी, जेल और बहुत भयानक दंडात्मक स्वरूप में थे।[82] इससे भी बदतर यह था कि राजा और उनके राज्य के अधिकारी हस्तक्षेप नहीं करते थे। वे स्वामियों से वसूले गए राजस्व पर निर्भर थे। राजस्व संग्रह का सामंती तरीका एक संगठनात्मक व्यवसाय था और वास्तव में एक कलेक्टर का व्यवसाय धूर्त का व्यापार था।[83]

जैसा कि कहा गया है कि सामंतवाद का उपक्रम भाव रूप से आर्थिक था। संपत्ति के अधिकार विशेषाधिकार प्राप्त दो संस्थाओं तक सीमित थे : पहला– पादरी और दूसरा–राजा जबकि तीसरी संस्था–किसानों को या तो वंचित कर दिया गया था या वे स्थानीय सरदारों की सनक और शौक में थे। उत्पादन के लिए कोई संपत्ति नहीं होने से लोगों का भविष्य खतरे में पड़ गया था और उन्हें गुलाम बना लिया गया था। जनसमुदाय वर्ग का भविष्य विशेषाधिकार प्राप्त संस्थाओं द्वारा घोर उत्पीड़न के खिलाफ एकजुट होकर भूमि जोतने पर निर्भर था। दमन का परिणाम जनता की एकता में परिणत हुआ। क्रान्ति की प्रवृत्ति प्रारम्भ में स्वाभाविक थी। क्रांति में मुख्य रणनीति कानून–किताबों को नष्ट करने के लिए निर्देशित की गई थी जो उन्हें दासता में बांधे रखती थी। किसानों ने दशमांश, बकाया, रोल और चार्टर के सभी रिकॉर्ड जला डाले थे जिसके माध्यम से उन्हें बंधुआ रखा गया था।[84] यह

क्रांति का एक मजबूत प्रतीकात्मक संदेश था कि इसने आर्थिक समानता के लिए एक बार आर्थिक स्वतंत्रता की मांग की जो स्वतंत्रता और स्वाधीनताता लाती है। आर्थिक अधिकार मानवाधिकारों की आधारशिला हैं क्योंकि बाकी अधिकार आर्थिक अधिकारों के अभाव में कायम नहीं रह सकते। मनुष्यों के संपत्ति के अधिकारों पर रोक और उनकी स्वतंत्रता पर अन्यायपूर्ण प्रतिबंधों को समाप्त करके व्यक्तिगत अधिकार आगे बढ़े। अनिवार्य रूप से, घोषणा ने संपत्ति को माना[85]:

1. मनुष्य का प्राकृतिक और अभेद्य अधिकार,
2. एक पवित्र और अनुल्लंघनीय अधिकार।

मनुष्य और नागरिक के अधिकारों की घोषणा (26 अगस्त 1789) अंतिम व्यक्ति के लिए संबंधित नए कानून को लागू करने के लिए अस्तित्व में आई।[86] इसने इस तथ्य को प्रमुख और विशेष रूप से रेखांकित किया कि संपत्ति बाकी अधिकारों के लिए मूलभूत दायरे के रूप में कार्य करती है जो स्थायी रूप से बनाए रखी जा सकती है।[87] सुरक्षा और जीवन के आधार पर आर्थिक तर्क अडिग था। उसी समय, पहली संस्था (चर्च) का एकाधिकार समाप्त कर दिया गया था। चर्च की संपत्ति सम्मान्य हितों की आकस्मिकताओं को पूरा करने के लिए बेच दी गई थी। इस तरह का एक महत्वपूर्ण मोड़ वास्तविक अर्थों में एक प्रतीक था कि धार्मिक लोकतंत्र की तुच्छताओं पर तर्क प्रबल था। चर्च अनुचित रूप से निष्पक्ष और नागरिक मामलों की विडंबनापूर्ण स्थिति पर उदासीन था। यह महामारी और अकाल के मद्देनजर जनता के श्रम को भुखमरी के कगार पर खड़ा कर रहा था। यह अंततः एक ऐतिहासिक युद्धाभ्यास हुआ जब धार्मिक हठधर्मिता को लोगों के लिए गणतंत्र द्वारा प्रतिस्थापित किया गया। क्रांति के कगार पर कुछ अग्रगामी आंदोलन भी थे : तर्क का पंथ और सर्वोच्च होने का पंथ जो धार्मिक सिद्धांतों को चुनौती देने के लिए तर्क को बुनियादी मानक के रूप में केंद्र स्तर पर रखता है। 'कारण' के मंदिरों को संरचित किया गया था और स्वतंत्रता की क्रांति की जीत को चिह्नित करने के लिए 'कारणों के त्योहार' मनाए गए थे। 1789 की क्रांति से नवोदित ग्रामीण विद्रोह ने शोषण को पूरी तरह से कुचलने के लिए प्रोत्साहित किया। ग्रामीण क्षेत्रों में जमींदारों द्वारा किसानों का शोषण उनके मवेशियों के रूप में किया जाता था। किसानों की विडंबना :

"... कुछ भी सम्मान नहीं किया जाता है, सब कुछ उसके जानवरों के दांतों के अधीन होता है, जो अकेले ही पूरे जंगल में चरने का विशेषाधिकार प्राप्त करते हैं। प्रतिवाद बेकार थे; जब तक मैं कर सकता हूं, मुझे इसका आनंद लेना चाहिए यही उत्तर था, लाभ कमाना और अपने राजस्व में वृद्धि करना।"[88]

छोटे पैमाने के इन निरंतर किसान विद्रोहों के माध्यम से फ्रांस में सामंतवाद का पतन हुआ और अंततः बैस्टिल में पिरामिड के नीचे लोगों के जीवन में निर्णायक परिवर्तन आया। उनकी धरती पर किसानों की पकड़ बढ़ गई और सभी फ्रांसीसी अब एक समान कानून के अधीन हो गए।[89] इसने उस युग को समाप्त कर दिया जब सबसे ताकतवर का कानून चालित होता था। क्रांति का संदेश स्पष्ट था कि कोई भी चाहे तो उसकी प्रशंसा करे, चाहे ईर्ष्या करे या उसकी नकल करे। किसानों के पास कुल्हाड़ी के साथ अत्याचार से बाहर निकलने का रास्ता था और उत्पीड़क को भगाने का एक स्पष्ट इरादा था चाहे वह पहली सत्ता से हो या दूसरी से। किसानों ने कानून पर एकाधिकार वाले अधिकार के उन्मूलन को देखा जिसने उनकी आजीविका को दम तोड़ दिया था, उनके उत्साह और भविष्य की इच्छा को खत्म कर दिया था।

...यह न्याय है, और अगर यह अस्तित्व में नहीं है तो इसे स्थापित किया जाना चाहिए।[90]

राजा को निष्पादन के क्रोध का सामना करना पड़ेगा। सार्वजनिक स्वतंत्रता और सामान्य सुरक्षा को भय का एक शाश्वत व्यामोह पैदा करते हुए निलंबित नहीं किया जा सकता है। इसलिए, लुई सोलहवें को अपने स्वयं के उपकरण और स्वजनों के प्रति अज्ञानता का शिकार होना तय था। बच्चे और औरतें भूखे मर रहे थे जबकि रानी ने उनकी बेबसी का मजाक उड़ाया। लोकप्रिय बल ने राजा को एक सामान्य नागरिक के रूप में कम कर दिया क्योंकि फ्रांसीसी लोगों ने राजा लुई सोलहवें के बजाय नागरिक लुई कैपेट के रूप में उनकी निंदा की।

आखिर में आखिरी सवाल, क्या क्रांति का सहारा लेना उचित है कि न्याय की स्थापना के लिए आम लोगों को अपने राजा और रानी का सार्वजनिक रूप से सिर काटना चाहिए?

थॉमस पाइन जन विद्रोह के पक्ष में विचार प्रस्तुत करते हैं :

"यह लुई सोलहवें के खिलाफ नहीं था बल्कि सरकार के निरंकुश सिद्धांतों के खिलाफ था कि राष्ट्र ने विद्रोह किया। इन सिद्धांतों का मूल उनमें नहीं था, बल्कि मूल स्थापना में था, कई सदियों पहले, और वे हटाए जाने के लिए बहुत गहरी जड़ें बना गए थे, और परजीवियों और लुटेरों के ऑगियन अस्तबल भी पूरी तरह से कम से कम भी किसी पूर्ण और सार्वभौम क्रांति जैसी चीज से साफ होने के लिए घृणित रूप से गंदे थे।"[91]

लेकिन क्या क्रांति वैध होगी? पहले दो संस्थाएं (चर्च और राजा) जो कानून को उत्पीड़न के रूप में भ्रष्ट करके कानून से ऊपर थे, अब देश के कानून द्वारा हटा दिए गए थे। पेन्स जवाब देते हैं 'ला लोई, ले रोई' का अर्थ है कानून ही राजा है।[92] कानून को कार्यकारी और नागरिकों के मामलों पर सर्वोच्च रूप में स्थापित किया गया था।

मानवाधिकारों के अस्तित्व और फलने-फूलने के लिए कानून पर प्राथमिकता और क्या हो सकती है? कारण के साथ कानून के अलावा कुछ नहीं।

फ्रांसीसी क्रांति पर यहां और ऊपर की व्याख्या कुल्हाड़ी के उपयोग और कुल्हाड़ी के इरादे से आम लोगों द्वारा प्रयोग किए जाने वाले उपचारात्मक बल के समर्थन में नहीं है बल्कि इतिहास लेखन के संदर्भ में कारण को मान्य करने के लिए है। बल का क्रूर प्रयोग 'तर्क की शक्ति' के लिए विषम प्रतीत होता है। बल का प्रयोग कभी भी तर्क और तर्क की शक्ति की बराबरी नहीं कर सकता। फ्रांसीसी संदर्भ की समानता एक अपवाद प्रतीत होती है जबकि हम मानवाधिकारों के क्षेत्र पर चर्चा करते हैं जो कि विवेक और बहस, विमर्श, कथा और अनुनय पर आधारित है जिसके लिए नागरिकों को शिक्षित, कुशल और विचार करने के लिए अभिजात वर्ग की आवश्यकता है। अन्यथा, कानून के दुरुपयोग में मौजूदा व्यवस्था को उखाड़ फेंकने के लिए विद्रोह की अंतर्निहित प्रवृत्ति होती है। परिस्थिति सामान्य इच्छा के संयुक्त आह्वान के लिए उपयुक्त प्रणाली का पक्ष लेती है जो लंबे समय तक टिकाऊ होती है। यूरोपीय उपाख्यान विशेष रूप से विद्रोहों और क्रांतियों के बाद उदार व्यवस्था के विकास के समय-परीक्षणित प्रमाण प्रदान करते हैं। क्रांतियों पर चर्चा कभी-कभी मानवाधिकारों की विस्तृत उन्नति के लिए मजबूर करती है जो मानवाधिकारों के आदर्शवाद और कानून के नरम पक्ष के लिए काफी विरोधाभास है।

मध्ययुगीन काल से लेकर पुनर्जागरण तक की चर्चा और इसकी तुलना वर्तमान से यह बोध करती है कि अधिकारों पर दार्शनिक विमर्श में रुचि वास्तविक दुनिया के परिदृश्य में दिनचर्या की चुनौतियों से प्रबल हो गई है। यह अति प्राचीन काल से लेकर वर्तमान तक का पछतावा है कि आचरण, सम्मान, दृष्टि और ज्ञान के मानकों पर मानव जाति बिगड़ती रही। शालीनता, मानवता की भावना गायब है। सार्वभौमिक मानवाधिकार संस्कृति की स्थापना के लिए आवश्यक मौलिक शुद्धता और वीरता से मनुष्य शून्य हो गया है। क्रांतियां पूर्वआत्मविश्लेषण का सबक देती हैं।

टिप्पणियाँ

1. डेसिडेरियस इरास्मस, https://plato.stanford.edu/archives/win2017/entries/erasmus/#PoliThou
2. ज्ञानोदय क्या है? https://pdfs.semanticscholar.org/9e9d/22103d51c8c0b5508ff03e4b5135517e472c.pdf
3. सग्नाक और कैरन, पृ.190, 195; *"ग्रामीण क्रांति, फ्रांस में सामंतवाद का पतन"*; https://archive.org/details/falloffeudalismi00herbrich/page/160 पृ. 161
4. http://www.ushistory.org/paine/rights/c1-011.htm
5. स्टीफन बॉयड (1964) द्वारा रोमन साम्राज्य का पतन : https://www.youtube.com/watch?v=3cYVLXric5E
6. गार्न्सी, पीटर और सैलर, रिचर्ड पृ. *रोमन साम्राज्य : अर्थव्यवस्था, समाज और संस्कृति,* बर्कले : यूनिवर्सिटी ऑफ कैलिफोर्निया प्रेस, 1987. पृ. 107
7. मेयर, इमानुएल, *गृहयुद्ध और सार्वजनिक असंतोष : विकेंद्रीकृत रोमन साम्राज्य के स्मारकों की स्थिति; स्वर्गीय पुरातनता में सामाजिक और राजनीतिक जीवन,* खंड 3.1, 2005, ब्रिल। पृ. 141
8. उक्त, पृ. 142
9. *बर्बरता और उसके असंतोष, वर्तमान में सांस्कृतिक स्मृति,* स्टैनफोर्ड यूनिवर्सिटी प्रेस, 2013
10. उक्त।
11. उक्त।
12. उक्त, पृ. 59
13. उक्त।
14. उक्त, पृ. 62-64
15. डोनोवन, जैक, *बर्बरीक बनना,* डिसोनेंट हम, 2016। पृ. 117-127

16. रोम की बोरी : https://en.wikipedia.org/wiki/Sack_of_Rome_(410)
17. प्रतिबिंब की बर्बरता, https://www.iep.utm.edu/vico/#SH4iप
18. उक्त।
19. उक्त।
20. अंधकार युग, https://en.wikipedia.org/wiki/Dark_Ages_(इतिहासलेखन)
21. उक्त।
22. ओकले, फ्रांसिस, *मध्यकालीन अनुभव : पश्चिमी सांस्कृतिक विलक्षणता की नींव,* मध्यकालीन अकादमी शिक्षण के लिए पुनर्मुद्रण। अक्षांश. टोरंटो : यूनिवर्सिटी ऑफ टोरंटो प्रेस इन एसोसिएशन विद द मिडीवल एकेडमी ऑफ अमेरिका, 1988. पृ. 1-4
23. उक्त, पृ. 70
24. उक्त।
25. उक्त, पृ. 65-66
26. उक्त, पृ. 70
27. लिंडबर्ग, डेविड सी., और नंबर, रोनाल्ड एल, *जब विज्ञान और ईसाई धर्म मिलते हैं।,* शिकागो विश्वविद्यालय प्रेस, 2008. पृ. 8
28. मध्य युग को अंधकार युग क्यों कहा जाता है? http://www.medievalists.net/2014/02/why-the-middle-age-are-call-the-dark-age/
29. शारलेमेन : https://en.wikipedia.org/wiki/Charlemagne
30. फ्राइड, जोहान्स, और पीटर लुईस, *मध्य युग,* बेल्कनैप प्रेस, 2015. पृ. 328
31. उक्त।
32. साहित्य और शिक्षा का प्रारंभिक मध्य युग पुनर्जागरण : https://www.historyhit.com/why-were-the-early-middle-age-call-the-dark-ages/
33. बारबेरो, एलेसेंड्रो, *शारलेमेन : एक महाद्वीप के पिता,* कैलिफोर्निया विश्वविद्यालय प्रेस, 2004।
34. उक्त।
35. बिटेनहोल्ज, पीटर जी. *हिस्टोरिया और फैबुला : मिथ्स एंड लेजेंड्स इन हिस्टोरिकल थॉट फ्रॉम एंटिकिटी* टू द *मॉडर्न एज,* बौद्धिक इतिहास में ब्रिल का अध्ययन। खंड 59. अक्षांश। *लाइडेन* : ई.जे. ब्रिल, 1994. पृ. 408
36. उक्त, पृ. 149
37. उक्त।
38. पुनर्जागरण, https://en.wikipedia.org/wiki/Black_Death
39. बिटेनहोल्ज, पीटर जी. *हिस्टोरिया और फैबुला : मिथ्स एंड लीजेंड्स इन हिस्टोरिकल थॉट फ्रॉम एंटिकिटी* टू द *मॉडर्न एज,* ब्रिल्स स्टडीज इन इंटेलेक्चुअल हिस्ट्री, खंड 59. अक्षांश। लाइडेन : ई.जे. ब्रिल, 1994. पृ. 149

40. जोहान्स गुटेनबर्ग, https://en.wikipedia.org/wiki/Johannes_Gutenberg
41. "रिकॉर्डेड वर्ड की कहानी" : एडवर्ड लेनिंग, न्यूयॉर्क पब्लिक लाइब्रेरी : http://sites.austincc.edu/caddis/age-of-exploration/
42. पुनर्जागरण पुरुष, https://en.wikipedia.org/wiki/Polymath#Renaissance_man
43. उक्त।
44. मानवतावाद, https://en.wikipedia.org/wiki/Renaissance
45. डेसिडेरियस इरास्मस, https://plato.stanford.edu/archives/win2017/entries/erasmus/#PoliThou
46. उक्त।
47. बिटेनहोल्ज, पीटर जी. *हिस्टोरिया और फैबुला : मिथ्स एंड लेजेंड्स इन हिस्टोरिकल थॉट फ्रॉम एंटिकिटी* टू द *मॉडर्न एज,* ब्रिल्स स्टडीज इन इंटेलेक्चुअल हिस्ट्री, खंड 59. अक्षांश। लाइडेन : ई.जे. ब्रिल, 1994. पृ. 179
48. उक्त।
49. पुनर्जागरण और पुनर्जागरण, https://lauradufresne.files.wordpress.com/2013/12/panofsky_renaissance-and-renascences.pdf पृ. 414
50. उक्त।
51. पुनर्जागरण और पुनर्जागरण, https://lauradufresne.files.wordpress.com/2013/12/panofsky_renaissance-and-renascences.pdf पृ. 430
52. उक्त।
53. बिएटेनहोल्ज, पीटर जी. *हिस्टोरिया और फैबुला : मिथ्स एंड लीजेंड्स इन हिस्टोरिकल थॉट फ्रॉम एंटिकिटी* टू द *मॉडर्न एज,* ब्रिल्स स्टडीज इन इंटेलेक्चुअल हिस्ट्री, खंड 59. अक्षांश। लाइडेन : ई.जे. ब्रिल, 1994. पृ. 149
54. उक्त, पृ. 212
55. नॉर्टन, ब्रायन माइकल, *फिक्शन एंड द फिलॉसफी ऑफ हैप्पीनेस : एथिकल इंक्वायरी इन द एज ऑफ एनलाइटनमेंट,* बकनेल यूनिवर्सिटी प्रेस, 2012. पृ. 133
56. उक्त, पृ. 133-134
57. सारांश बोनस : https://en.wikipedia.org/wiki/Summum_bonum
58. होरेस, https://en.wikipedia.org/wiki/Sapere_aude
59. इम्मानुएल कांत, https://en.wikipedia.org/wiki/Sapere_aude
60. ज्ञानोदय क्या है, https://pdfs.semanticscholar.org/9e9d/22103d51c8c0b5508ff03e4b5135517e472c.pdf
61. उक्त।
62. उक्त।
63. उक्त।

64. उक्त।
65. ज्ञानोदय क्या है? https://foucault.info/documents/foucault.whatIsEnlightenment.en/
66. उक्त।
67. उक्त।
68. मोंटेस्क्यू के राजनीतिक विचार, https://en.wikipedia.org/wiki/Montesquieu#Political_views
69. कमिंग, डब्ल्यू.पी., स्केल्टन, आर.ए. और क्विन, डी.बी., *उत्तरी अमेरिका की खोज,* टोरंटो, 1971. पृ. 200
70. एलिस फोर्ड, एडवर्ड हिक्स, *शांतिपूर्ण साम्राज्य के चित्रकार (फिलाडेल्फिया 1952),* पृ. 41 एडवर्ड हिक्स (1780-1849) ने 'शांतिपूर्ण साम्राज्य' बनाया
71. डब्ल्यू बेक, डेरेक, "स्वतंत्रता से पहले का युद्ध : 1775-1776", *सोर्सबुक्स* (2017),, बी. 3 : वार तय करना चाहिए
72. स्वतंत्रता की घोषणा, http://www.ushistory.org/declaration/document/
73. स्पिरिट ऑफ 76, http://www.jamesstewartchapterdar.org/about-us/commemorative-events/july-4th-the-birth-of-our-national/
74. उक्त।
75. आनंद का एक स्रोत, https://catalyst.library.jhu.edu/catalog/bib_326702
76. स्वतंत्रता की घोषणा, http://www.ushistory.org/declaration/document/
77. फ्रांसीसी घोषणा का अनुच्छेद छह।
78. पामर, आर.आर. *ट्वेल्व हू रूल : द ईयर ऑफ द टेरर इन द फ्रेंच रेवोल्यूशन,* प्रिंसटन : प्रिंसटन यूनिवर्सिटी प्रेस, 1970. पृ. 275
79. उक्त।
80. उक्त।
81. उक्त।
82. फ्रांस में सामंतवाद का पतन; https://archive.org/details/falloffeudalismi00herbrich/page/2
83. उक्त, पृ. 17
84. उक्त, पृ. 94
85. उक्त।
86. उक्त, पृ. 129
87. उक्त।
88. उक्त, पृ. 160
89. उक्त, पृ. 201

90. उक्त, पृ. 215
91. फ्रांसीसी क्रांति पर श्री बर्क के हमले का उत्तर होने के नाते– 16 का भाग 2, थॉमस पाइन द्वारा मनुष्य के अधिकार; http://www.ushistory.org/paine/rights/c1-011.htm
92. मनुष्य के अधिकार, http://www.ushistory.org/paine/rights/c1-017.html
93. बीटेनहोल्ज, पीटर जी. *हिस्टोरिया और फैबुला : मिथ्स एंड लीजेंड्स इन हिस्टोरिकल थॉट फ्रॉम एंटिकिटी टू द मॉडर्न एज। ब्रिल्स स्टडीज इन इंटेलेक्चुअल हिस्ट्री,* खंड 59. अक्षांश। *लाइडेन* : ई.जे. ब्रिल, 1994. पृ. 213
94. उक्त।

4
धर्म और मानवाधिकार

यदि ईश्वर नहीं है तो उसका अविष्कार करना आवश्यक होगा। —वोल्टेयर

एक जीवित ईश्वर में विश्वास और एक उच्च नैतिक संहिता न्याय के निरंतर अनुस्मारक थे और इस प्रकार एक गणतंत्र समाज के लिए आवश्यक ।
—रोबेस्पिएरे[1]

कानूनों की तुलना में नैतिकता अधिक महत्वपूर्ण है क्योंकि कानून नैतिकता पर निर्भर करता है। —एडमंड बर्क

धन्य हैं शांतिदूत क्योंकि वे परमेश्वर की सन्तान कहलाएंगे। —मैथ्यू 5:9

सावधान, जो कोई गैर-मुस्लिम अल्पसंख्यक पर क्रूर और कठोर है या उनके अधिकारों को कम करता है या जितना वे सहन कर सकते हैं उससे अधिक बोझ डालते हैं या उनकी स्वतंत्र इच्छा के विरुद्ध उनसे कुछ भी लेते हैं; मैं फैसले के दिन उस व्यक्ति के खिलाफ शिकायत करूंगा। —पैगंबर मुहम्मद

धार्मिक सिद्धांतों के आलोक में मानवाधिकारों पर चर्चा का बहुत महत्व है। धार्मिक प्रतिबद्धताओं की जड़ें आम आदमी और समाज में गहरी हैं। धर्म की भूमिका नैतिक और आध्यात्मिक है जो मानवाधिकारों के विमर्श के लिए महत्वपूर्ण है। एक निराश व्यक्ति के पास अलौकिक अंत:क्षेप में उसके विश्वास के अलावा और कुछ नहीं है; कम से कम मनोबल बढ़ाने के लिए तो और कुछ नहीं है।

4.1 विलुप्त सूत्र में ईश्वरीय योग

धार्मिक उपदेशों ने एक व्यक्ति को उसके आचरण और दायित्व पर अनुशासित करने के लिए मूल्यों और तर्कों को अस्तित्व में लाया है। लोगों को उनके निरपेक्ष प्रकृति के मूल कर्तव्यों की याद दिलाने में धर्म की व्यावहारिक उपयोगिता है। नियंत्रण और प्रभाव के लिए प्राचीन युद्धों में भी धार्मिक संस्कारों का अभ्यास किया जाता था। हेरोडोटस ने फारसी युद्धों में वह भूमिका निभाई।[2] उसके पास कौशल था:

> "क्योंकि मेरा मानना है कि हर जगह पुरुषों को भगवान का समान ज्ञान है। हालाँकि, मैं इस तरह की यादों को स्मरण करूँगा जैसा कि मेरे तर्क के लिए आवश्यक है।"[3]

धर्म का आचरण और उपयोग कैसे किया जाता है यह उपदेशक की मानसिकता पर निर्भर करता है। सेंट पोप लियो द ग्रेट ने कैथोलिक मूल्यों के आधार पर अपने तर्कों के माध्यम से अत्तिला, हुन द्वारा रोमन साम्राज्य पर हमले को टाल दिया था। मानव चेतना, बुद्धि और उप-चेतना की प्रणाली को नियंत्रित और हेरफेर करने के लिए धर्म में अंतर्निहित प्रकृति विद्यमान है। मैनफोर्ड जॉर्ज गुट्ज़के ने डेवी के विचार और उसके निहितार्थों से एक दिलचस्प निष्कर्ष निकाला है :

> "...धर्म एक "मनोभौतिक और बौद्धिक मामला" है .....यह प्राकृतिक पहलू है जो बुद्धि के कार्य को धर्म के मामलों में वास्तव में क्षमता के रूप में स्थापित करता है और इस प्रकार हेरफेर और नियंत्रण की संभावना को इंगित करता है।"[4]

धर्म में अनुभव और संबंधों को बदलने की क्षमता है। विशेषाधिकार प्राप्त लोगों के लिए अफीम होने के अलावा, यह आम लोगों के लिए आवश्यक चाय है; निन्द्राजनक और ज्ञानवर्धक दोनों। धर्म उस समय आशा और अवसर प्रदान करता है जब भौतिकता मन को प्रेरित करने की कोशिश करती है और मन विरोध करने की प्रवृत्ति रखता है। दुर्खीम ने धर्म पर अपने अध्ययन से निम्नलिखित व्युत्पत्तियां प्रदान की हैं :

1. वैचारिक,
2. अनुष्ठान के आधार,

3. सांप्रदायिक पहचान,

4. मानक एकीकरण।

धर्म पर दुर्खीम द्वारा विशेषज्ञ–निष्कर्ष इसके पूरे विस्तार को तरीके, साधन, उद्देश्य, उपयोगिता और परिणाम प्रदान करते हैं। धर्म पहचान बनाता है, विचारधारा विकसित करता है। यदि पवित्रता के साथ अभ्यास किया जाए तो इसके अनुष्ठान के आधार पर विश्व समुदाय में एकरूपता आ सकती है जिससे सार्वभौमिक मानदंड एकीकृत होते हैं। क्रिया–विधानों में संस्कार और स्थान दोनों होते हैं जो एक भावना में ऊर्जा और एकता की भावना पैदा करने के लिए सामूहिक उत्तेतजना का अनुभव पैदा करते हैं। इसलिए, सामूहिक अनुष्ठान मानवाधिकार विमर्श और सांस्कृतिक परिवर्तन के लिए सबसे बड़ा अवसर हैं। अलौकिक का क्षेत्र दिलों और दिमागों में एक निरपेक्ष इकाई है जिसकी धर्म इच्छा रखता है। धर्म व्यक्तिगत जीवन, सोच साँचा, विवेक, पसंद और निर्णयों को सुगम और नियंत्रित करता है। धर्म न केवल दूरदर्शी मूल्यों की उत्पत्ति है बल्कि बोधात्मक मूल्य भी प्रदान करता है जो प्रथागत कानूनों, नैतिकता, गुणों और फिर नैतिकता में परिवर्तित हो जाते हैं। धर्म नैतिक संयम लगाता है और ईसाईयत निश्चित रूप से ऐसा करती है। वैज्ञानिक और धार्मिक क्षेत्रों के विशेषज्ञों, चिकित्सकों और अनुयायियों ने निष्कर्ष निकाला है कि मनुष्य शरीर, मन, भावना और आत्मा का एक संयोजन है। धार्मिक विश्वास प्रणाली में संज्ञानात्मक प्रभाव और मनोवैज्ञानिक नियंत्रण होता है। दुर्खीम ने विश्लेषण किया कि नैतिक प्रवर्तन के माध्यम से सांस्कृतिक परिवर्तन लाने में धार्मिक जालतंत्र की बड़ी भूमिका होती है क्योंकि उनके पास संरचना और तर्कशास्त्र में सापेक्ष अधिकार है।

प्रतिवादी (प्रोटेस्टेंट) विश्वास ने पूंजीवाद को सशक्त बनाया और अमेरिकी पहचान का निर्माण किया। थॉमस पाइन ने देखा कि प्रोटेस्टेंट विश्वास ने सार्वजनिक बहस और जनमत को प्रेरित किया जिसके परिणामस्वरूप ज्ञान के नए निकाय और प्रवचन के दौरान विकसित हुए। धर्म विचार करने के लिए आम दिमाग के लिए दिलचस्प विषयों को प्रस्तुत करता है। धर्म जन समर्थन के लिए सामान्य हितों को प्राप्त करता है। यह दुनिया में कहीं भी स्पष्ट है कि धर्म ने राज्य के पक्ष में सार्वजनिक विश्वास प्रणाली की याचना करके राजाओं और साम्राज्य निर्माताओं को सशक्त बनाया। पादरियों ने भगवान

के दूत की भूमिका निभाई। मार्कस ऑरेलियस से लेकर बारब्रोसा से लेकर एलिजाबेथ और सुलेमान तक ये सभी राजनेता गहरे धार्मिक रहे हैं। जब विश्वास प्रणाली आस्था और मूल्यों के साथ बरकरार है तो अनैतिकता के लिए कम जगह है। प्रमुख धर्म आम सांस्कृतिक को प्रभावित करता है जो बदले में सांस्कृतिक परिसर को नियंत्रित करता है। इसलिए, धार्मिक प्रवचन मानवाधिकार दर्शन का अपरिहार्य विषय है क्योंकि यह सामान्य संस्कृति और इसकी जटिलता दोनों से संबंधित है।

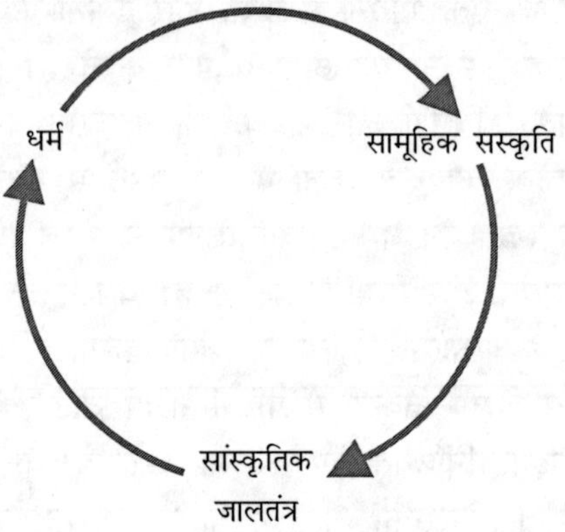

चित्र 4.1 : धर्म और संस्कृति के बीच संबंध।

विश्व ख्याति के विचारक, दार्शनिक, वैज्ञानिक और शिक्षाविद अपनी धार्मिक प्रतिबद्धताओं और दायित्वों के उत्साही अनुयायी रहे हैं। धर्म कानून से लेकर आजीविका तक जीवन के सभी क्षेत्रों को छूता है। कानून अपना अधिकार कहाँ से प्राप्त करता है? यह धर्म पर आधारित 'सामान्य संस्कृति' है जिसके तहत लोग शासित होना चाहते हैं। इसके निर्माण में कानून संस्कृति के लिए गौण है जोकि प्रथा और शाश्वत सत्य है। धर्म केवल एक सांस्कृतिक हठधर्मिता नहीं है बल्कि अस्तित्व का सबसे महत्वपूर्ण कारण है। राजाओं और जागीरदारों ने समान रूप से स्वयं को अपने धर्म के सिद्धांतों और निर्देशों के अधीन किया ।

रोमन साम्राज्य का इतिहास तथ्य और वास्तविकता की पुष्टि करता है। राज्य ने अपने अधिकार का प्रयोग करने के लिए धर्म को यंत्रीकृत किया। बुराई और अच्छाई दोनों के रूप में, एकता या दलबदल पैदा करने के लिए

धर्म को विभिन्न रूप से प्रकट किया गया है। भगवान के नाम पर एकजुट हुए अमेरिकियों ने विपरीत उपलब्धि हासिल की। अमेरिकी संदर्भ में, किंग जॉर्ज ने अपने अमेरिकी विषयों के विचार सुधारों के लिए जर्मन मिशनरियों (जो वास्तव में भाड़े के सैनिक थे) को काम पर रखा था। दृष्टिकोण विपरीत हो गया। अमेरिका में स्वतंत्रता और एकता की खोज को बल मिला। दूसरी ओर, धर्म ने साम्राज्यों को विभाजित किया। टॉलस्टॉय ने कहा : किसी भी राज्य को नष्ट करने के लिए लोगों को धार्मिक आधार पर विभाजित करें। यह प्रस्ताव मध्य पूर्व के एकल इस्लामी धर्म के शिया-सुन्नी विभाजन से स्पष्ट है। धर्म के दायरे में, राजनेताओं के लिए शासन करना और आम आदमी के लिए अपनी लोकप्रिय इच्छा का प्रयोग करना आसान हो गया है। ऊपर से नीचे तक की कड़ी को पाटने में धार्मिक साधकों की भूमिका महत्वपूर्ण रही है। जॉन वैन एंगेन के विचारों में जो कि नॉट्रे डेम विश्वविद्यालय में इतिहास के प्रोफेसर हैं :

> "पादरी अक्सर सामाजिक वर्चस्व के रूपों को आध्यात्मिक गुणों में बदल देते थे, जिसमें किसानों को उनके काम के लिए छुड़ाए गए लोगों के रूप में चित्रित किया जाता था और उनके प्रभुत्व को प्रस्तुत किया जाता था। [...] और जिन स्वामियों ने उन शक्ति का प्रयोग किया, उन्हें 'भगवान के मंत्री' के रूप में अपनी स्वतंत्रता का प्रयोग करने के लिए प्रेरित किया गया।"[8]

यह राजा के दैवीय अधिकारों के उस भव्य सिद्धांत की व्याख्या है जिस पर कुलीनों (पादरियों और राज्य) ने शासन किया और अपनी जनता को मूर्ख बनाया। धर्म के साथ छेड़छाड़ और इतिहास के साथ खिलवाड़ करते हुए राजाओं और रानियों ने भविष्य में सुधार के लिए एक दृष्टि दिखाकर लोगों की तर्क क्षमता को नियंत्रित करने के लिए संवैधानिक खेल बनाए।[9] ये प्रभाव राज्य और सामाजिक मामलों की सभी अभिकर्तृत्वों से आगे निकल जाता है। शासन प्रणाली मानव जाति के लिए स्थापित संस्थाओं पर हावी है। मानवाधिकार संस्थाओं के संबंध में अपने कानून को क्रियान्वित करने में सफलता या विफलता की संभावना होती है :

1. राजनेताओं का पदानुक्रम, शक्ति और अभिविन्यास,
2. आम आदमी की पहुंच और गम्यता,
3. आपसी क्षमता और समाज के सदस्यों की इच्छा।

उपरोक्त सभी मानदंड धर्म के क्षेत्र के प्रभाव में आते हैं। धर्म मानव प्रगति, विकास और वृद्धि की आरोही सीढ़ी और प्रकाशस्तंभ है। कोई विकल्प हो या न हो, धर्म हमेशा मानवीय मामलों का आधार बना रहेगा। विश्व के प्रमुख धर्मों के संबंध में मानवाधिकारों को समझे बिना मानवाधिकारों का सार अस्पष्ट रहेगा। विश्व के सभी प्रमुख धर्म मानवाधिकारों के लिए आवश्यक नैतिकता और सद्गुणों के प्राथमिक स्रोत हैं।

4.2 हिंदू धर्म

मैं आप में विद्यमान परमात्मा को नमन करता हूं, मेरी आत्मा आपकी आत्मा का सम्मान करती है : नमस्कार[10]। भारत में अभिवादन का यह तरीका दूसरे में देवत्व के लिए स्वयं को आत्मसमर्पण करना है। एक दूसरे में आत्माओं की स्वीकृति के अलावा सहानुभूति और सम्मान की संस्कृति के निर्माण के लिए और क्या आवश्यक है? भारत में सभी स्तरों पर गहरी सांस्कृतिक पैठ के साथ एक समृद्ध पौराणिक परंपरा है। भारत के मानवाधिकारों के मूल्यों को समझने के लिए परंपरा सही शुरुआती बिंदु है। भारत के प्रमुख धर्म यानी हिंदू धर्म से संबंधित वेद, उपनिषद और प्राचीन पौराणिक उपाख्यान ऐसे सांस्कृतिक कारक हैं जो लोगों के दिल और दिमाग में गहराई से समाए हुए हैं और ये यहाँ के लोगों को दुनिया के सार्वभौमिक दृष्टिकोण के समक्ष अपने एकतरफा संस्करण के साथ उत्सुक और उत्साही बनाते हैं। मूल्यों से भरे भारतीय समाज में अभिलाषा और परिग्रह की संस्कृति, मानवाधिकारों की पालना करने की मनोदशा और सार्वभौमिक इच्छा एक कठिन प्रयास प्रतीत होती है। फिर भी, धर्म सिकुड़ती मानसिकता पर व्यापक प्रभाव के सभी रास्ते प्रदान करता है। वर्तमान समय ऐसा है कि धर्म के मुख्य विचार की पूरी तरह से गलत व्याख्या की गई है जो आगे दिए विवरण में हिंदू धर्म के मूल मूल्यों से स्पष्ट होगी। हिंदू धर्म का दर्शन प्राचीन साहित्य की पौराणिक कथाओं जैसे रामायण, महाभारत, पुराण, वेद और उपनिषद आदि से गहराई में और विविधतापूर्ण ढंग से प्रेरित है। यह तपस्या, आंतरिक शांति और मोक्ष को बढ़ावा देता है जो हिंदुओं का मूल लक्ष्य बना हुआ है–जन्म-मृत्यु चक्र से मुक्ति या मोक्ष की प्राप्ति। कर्म यहाँ धार्मिक चर्चा और व्याख्याओं के केंद्र में है कि कर्म ही भाग्य का फैसला करते हैं। कर्म का सिद्धांत हिंदू धर्म की

एक गंभीर रूप से अनदेखी, छूटी हुई और अनसुनी प्रथा है। यदि प्रतिशोध कर्म/कार्य के समान है तो लोगों का आचरण अपराध, भ्रष्टाचार और हिंसा के कुकृत्यों की ओर क्योंकर जाएगा? देहधारी भगवान कृष्ण द्वारा गीता के दिव्य गीत का केंद्रीय सिद्धांत कर्तव्य परायणता के कार्यों की वकालत करता है कि बिना किसी विचार, केवल कर्म के परिणाम की चिंता बिना कर्म से मुक्ति मिलेगी। एक दर्शन या धर्म के रूप में हिंदू धर्म पर चर्चा में परिणति का कोई मतलब नहीं है। हालांकि, मैं कुछ ऐसे आधारशिलाओं को उजागर करने का प्रयास करूंगा जो अधिकारों और कर्तव्य के विवादास्पद विचार पर जोर देते हैं। गीता का प्राचीन दिव्य गान आचरण, कर्तव्य और धार्मिक प्रथाओं को परिणाम की परवाह किए बिना पूरा करने का निर्देश देता है क्योंकि मुक्ति कर्मों में निहित है न कि परिणामों की लालसा में। स्वर्ग और नरक के विचारों की अवधारणा हिंदुओं को उनके कर्मों में सद्गुण के साथ अच्छाई करने के लिए प्रेरित करती है। यहाँ अच्छे कर्म के लिए स्वर्ग और बुरी सोच के लिए नरक निश्चित है। निम्न चित्र नरक को दर्शाता है जिसमें पापपूर्ण आचरण के संबंध में दंड को दर्शाया गया है :

चित्र 4.2 : हिंदू धर्म में नरक की अवधारणा।

प्रस्तुत चित्रण से यह समझ में आता है कि दंड की गंभीरता का निर्णय भगवान के न्यायकर्ताओं द्वारा पापों के स्तर के अनुपात में किया जाता है। हिंदू समाज एक ईश्वर से डरने वाला समाज है जिसमें संस्कारों का मूल्य बहुत अधिक है। ये संस्कार वास्तव में जानबूझकर अवचेतन या अनजाने में किए गए गलत आचरण के परिणामों को कम करने या समाप्त करने के लिए संपन्न किए जाते हैं। ईश्वर के भय और कार्यों के प्रतिशोध के बावजूद, जैसा कि धर्म कायम रखता है, अपराध की गंभीरता और दर में वृद्धि हुई है। कुछ अपराधों विशेष रूप से युवतियों के बलात्कार और हत्या के मामलों में अत्यधिक वृद्धि हो गई है जिसने पूरे देश को झकझोर दिया था। धर्म के प्रचारक मोक्ष, निर्वाण, मुक्ति के माध्यम से छोटी-छोटी बातों से ऊपर उठकर मानव उत्थान को बढ़ावा देते हैं। संतों और साधुओं द्वारा अनादि काल से समानता, स्वतंत्रता, सांप्रदायिक सद्भाव और सार्वभौमिक सहिष्णुता का उपदेश दिया गया। फिर भी, भारतीय समाज में विभाजनकारी गुटों, भिन्न प्रथाओं, विभिन्न पंथ/जाति/धार्मिक प्रणालियों, अंधविश्वासों, रूढ़िवादिता, हठधर्मिता, अतार्किक औपचारिक और धार्मिक प्रथाओं के रूप में सार्वभौमिक मूल्यों के साथ-साथ व्यापक विरोधाभास मौजूद हैं।

आइए, अब हिंदू धर्म से कुछ सार्वभौमिक अनुमार्गों पर चर्चा करें जो मानवाधिकारों के लिए एक मार्गदर्शक के रूप में काम करते हैं। तपस्या, संयम, पूर्वस्वनिरीक्षण, स्वयं के साथ अन्य की एकता, जीवन के विभिन्न चरणों के तहत नैतिक जिम्मेदारियां और सहिष्णुता हिंदू धर्म के दर्शन में कुछ बुनियादी सिद्धांत हैं जो भारतीय संदर्भ में मानवाधिकारों के विकास का मार्ग प्रशस्त करते हैं। खुली सोच के साथ व्यापक मानसिकता, पारस्परिकता अन्य मूल्य हैं जो साबित करते हैं कि हिंदू धर्म ने अन्य धर्मों के प्रति स्वीकार्यता और अनुकूलन क्षमता का सर्वोत्तम स्तर दिखाया है। हिंदू धर्म हमेशा विभिन्न संस्कृतियों और मान्यताओं के प्रति ग्राह्य और स्वीकार्य रहा है जिसमें सिख, अरबी, मुगल, ईसाई धर्म, इस्लाम, पारसी, बौद्ध, यहूदी और पारसी धर्म आदि शामिल हैं। इस तरह की विविधता के बावजूद भारत ने अपनी सद्भाव, व्यवस्था और एकता बनाए रखी है जो मानवाधिकारों द्वारा स्थापित होती है। संघर्ष के बजाय, भारत विविध सभ्यताओं का समामेलन रहा है। दुनिया भर के विद्वानों द्वारा इस पर शोध अध्ययन किए गए हैं :

मुगल आक्रमणों के दौरान भारत को इस्लामी गणराज्य में परिवर्तित क्यों नहीं किया जा सका?

या

अंग्रेज भारत को ईसाई गणराज्य क्यों नहीं बना सके?

क्योंकि हिंदू बाहरी लोगों को भगवान और भगवान की इच्छा के रूप में मेहमानों के रूप में सम्मान और स्वीकार करते हैं। संस्कृत में 'अतिथि देवो भव' यानी अतिथि भगवान होता है, भारतीय समाज में और यहां तक कि इसकी उप-संस्कृति में भी एक प्रचलित धारणा है। साहित्य में नोबेल पुरस्कार विजेता रवींद्रनाथ टैगोर ने भारतीय संस्कृति पर कहा कि :

"शाका, हूण, पठान और मुगल सभी एक तत्व में विलीन हो गए हैं।"[11]

आइए हिंदू धर्म के कुछ प्रमुख दर्शन देखें जो अपने अर्थ, उद्देश्य और उपयोगिता में सार्वभौमिक हैं।

4.2.1 निर्वाण

निर्वाण के प्रभाव का उल्लेख हिंदू धर्म और बौद्ध धर्म दोनों में मिलता है। जैसा कि संस्कृत शब्दकोष में है, यह दर्शन मुख्य रूप से भारतीय पौराणिक कथाओं से प्रेरित है। निर्वाण का अर्थ है मोक्ष या मुक्ति। इस संसार को दुख का स्थान घोषित किया जाता है जहां जीवों को उनके पिछले जन्म में अच्छे और बुरे कर्मों के हिसाब से पीड़ित होने के लिए भेजा जाता है। निर्वाण जन्म-मृत्यु जीवन चक्र को हटाकर निरपेक्ष के धाम में वापस जाना है। निर्वाण एक ऐसा मार्ग या प्रक्रिया है जिसका किसी की शरण के बिना स्वयं के माध्यम से पालन करने की आवश्यकता है।[12] निर्वाण का दर्शन धार्मिकता का आचरण सिखाता है क्योंकि अस्थायी दुनिया में दुख की अवधि हमारे कार्यों और उनके परिणामों के अनुपात में होगी।

4.2.2 वसुधैव कुटुम्बकम

मानवाधिकारों पर चर्चा में 'वसुधैव कुटुम्बकम' से बेहतर वाक्यांश और क्या हो सकता है कि 'दुनिया एक परिवार है' और यदि दुनिया भर के समुदायों में परिवार-पन की भावना पैदा हो जाए इस बड़े परिवार में और क्या समायोजित

करने के लिए शेष बचता है। महा–उपनिषद का साहित्य विश्व समुदाय की भावना के लिए समाज में उदारता चाहता है[13]:

यह संसार एक परिवार है।
एक रिश्तेदार है तो कोई दूसरा अजनबी,
छोटी सोच वालों से कहो।
पूरा विश्व एक परिवार है,
उदार बने रहते हैं।
तटस्थ होकर भी,
उदार बनो,
अपनी सोच को ऊपर उठाएं, आनंद लें,
यह ब्राह्मांड की स्वतंत्रता का फल है।

ऊपर एक सबसे आदर्श अवधारणा और एक सार्वभौमिक आकांक्षा है जिसे भारतीय दर्शन द्वारा मानवाधिकारों के मूल्यों के लिए प्रमुख स्वीकारोक्ति के रूप में पेश किया गया है। यह दुनिया में शांति, एकता, उदारता और सद्भाव को प्रोत्साहित करता है। परिवार समाज की मूल आधारभूत इकाई है इसलिए पूरे विश्व को एक बुनियादी इकाई माना जाता है जिसमें सभी एक ही सार्वभौमिक समुदाय से संबंधित हैं।

इस दर्शन के माध्यम से, भारत अपनी मजबूत पारिवारिक मूल्य प्रणाली को पेश करता है, जो समय की कसौटी पर खरा उतरा है। भारतीय समुदायों में पारिवारिक मूल्य सामूहिकता को प्रोत्साहित करते हैं जो मानवता का अंतर्निहित सारतत्व है।[15]

4.2.3 सर्वधर्म संभाव

संस्कृत में इस वाक्यांश का अर्थ है सभी धर्म एक ही गंतव्य की ओर ले जाते हैं। सभी धर्म समान प्रकृति के हैं और यह दर्शन धर्मनिरपेक्षता को बढ़ावा देता है। सभी धर्मों के मूल में आध्यात्मिक उत्थान के लिए नैतिक आचरण है। सर्वधर्म संभाव सांप्रदायिक और विभाजनकारी दृष्टिकोणों की अनदेखी करके विभिन्न धर्मों के लोगों के प्रति सहिष्णुता और सहिष्णुता की भावना

को प्रोत्साहित और बढ़ावा देता है। विभिन्न क्षेत्रीय परिसरों के बीच वर्तमान परिदृश्य पर डेविड फ्रॉली ने संघर्ष के वास्तविक मूल कारण की पहचान की :

"... धर्मों के मूल शिक्षकों ने जो सिखाया वह एक ही था लेकिन उनके अनुयायियों ने बाद में शिक्षाओं को गलत समझा या विकृत किया, उदाहरण के लिए कि यीशु, मोहम्मद और कृष्ण ने मूल रूप से जो सिखाया वह (ज्ञान) एक ही था।"[16]

स्वर्ग और नरक की अवधारणा के माध्यम से नैतिकता और आध्यात्मिकता, वरदान और अभिशाप, चेतना और बोध, भ्रम और वास्तविकता, मोक्ष और निर्वाण सभी धर्मों से निकलने वाला सत्य एक ही है। शब्द और वाक्य हालांकि भिन्न हो सकते हैं। धर्म समाज के उपक्रम हैं। धार्मिक मण्डली का यह भारतीय दर्शन इसे सांप्रदायिक सद्भाव पैदा करने के लिए अनुकूल बनाता है।

4.2.4 सर्वे भवन्तु सुखिनः

पूरा श्लोक अपने अर्थ और प्रभाव से चरितार्थ है :

"सर्वे भवन्तु सुखिनः,
सर्वे सन्तु निरामया,
सर्वे भद्राणि पश्यन्तु,
मा कश्चिद् दुख भाग भवेत।
अर्थात
हे भगवान!
सभी प्राणी सुखी और स्वस्थ रहें।
मैं सभी के कल्याण की कामना करता हूं।
किसी को कोई कष्ट न हो।"

यह भारत के राष्ट्रीय मानवाधिकार आयोग का आदर्श वाक्य भी है।[17] जब लोग सुखी और स्वस्थ हैं, दुख से मुक्त हैं तो मानवाधिकारों का अनुसरण एक पहल और संभावना बन सकता है। बीमारी और दुख–दर्द से त्रस्त दुनिया अधिकारों की प्राथमिकता के रूप में कल्पना नहीं कर सकती है जब खराब स्वास्थ्य, गरीबी और बौद्धिक विकास की कमी ने मानव जाति को घेर लिया

है। सभी के लिए एक प्रार्थना, सर्वे भवन्तु सुखिनः ..., एक मानसिकता और दृष्टिकोण के रूप में अगर इसे विकसित और संवर्धित किया जाए तो यह विभिन्न क्षेत्रों के विभिन्न लोगों को एक ही छत के नीचे सोचने और दूसरे की खुशी और स्वास्थ्य के लिए काम करने के लिए अद्‌भुत भूमिका निभा सकता है। समृद्धि की पारस्परिक प्रशंसा अधिकारों के दर्शन में अपेक्षित अंतिम परिणाम है और सामाजिक व्यवस्था में रहने का एक तरीका है।

4.3 इस्लाम

पैगंबर मोहम्मद के नाम पर धर्म की एक संस्थापना है, जिसकी शिक्षा ने पवित्र कुरान का रूप लिया, जिसमें मानवाधिकारों के कुछ प्रमुख मूल्यों जैसे मानवता, समानता, दया, सहिष्णुता, प्रेम और अन्य मनुष्यों के लिए स्नेह का उल्लेख है। मोक्ष के लिए सभी धर्मों में 'दूसरे' का विचारशील भाव केन्द्रीय बिन्दु है। यह उच्चतर– स्व प्राप्त करने का मूल तरीका है। पैगंबर खुद इन सभी गुणों के पहले अभ्यासी थे, उन्होंने अपने अनुयायियों को दैनिक जीवन में इसी तरह के आचरण के लिए प्रेरित किया और उच्च उत्थान के लिए आत्म–साक्षात्कार पर जोर दिया। मानवाधिकारों से संबंधित उनके विचारों के विशिष्ट संज्ञान के लिए, 632 ईस्वी. में मक्का में उनका विदाई उपदेश मानव के बीच समानता के उनके आदर्शों को प्रतिध्वनित करता है :

> "हे मानव जाति, अरब गैर अरब से श्रेष्ठ नहीं है, न ही इसके विपरीत; गोरे की काले पर कोई श्रेष्ठता नहीं है और न ही इसके विपरीत; और अमीरों की गरीबों पर कोई श्रेष्ठता नहीं है। तुम सब आदम की सन्तान हो और आदम पृथ्वी से बना था।"

अतः इस्लाम की दृष्टि में सभी समान हैं और श्रेष्ठता की अवधारणा की निंदा और निरर्थक है। पैगंबर ने सहानुभूति के साथ अल्पसंख्यकों की रक्षा की और उनसे प्यार किया। उन्होंने क्रूरता और नफरत के खिलाफ चेतावनी जारी की। उनका विचार था कि अल्पसंख्यकों के अधिकारों की रक्षा की जानी चाहिए और यह बात बहुसंख्यकों द्वारा उनके कर्तव्य के रूप में प्रचारित की जानी चाहिए। उन्होंने जनता के बीच स्वतंत्र–इच्छा की वकालत की लेकिन यह दूसरों पर कोई बोझ नहीं सख्त सहनशीलता की बात है। उन्होंने

यह सुनिश्चित किया कि नफरत और द्वेष से ग्रस्त लोगों को गैर-मुसलमानों पर उनकी क्रूरता और कठोरता के फैसले के बारे में आश्वस्त किया जाए।

उन्होंने सभी धर्मों के लोगों के शांतिपूर्ण सह-अस्तित्व का उपदेश दिया, जोकि अल्लाह की ओर से हस्ताक्षरित उवाच से स्पष्ट है, जो दुनिया भर के मुसलमानों के लिए एक संदेश है। ईसाई भाइयों को समर्पित उनके एक उवाच के अंश

> "यह मुहम्मद इब्न अब्दुलह का एक संदेश है ..... भगवान द्वारा मैं किसी भी चीज के खिलाफ हूं जो उन्हें [ईसाइयों] को नापसंद करता है।"[18]

उवाच मुसलमानों को इस दुनिया के अंत तक ईसाइयों की चिंता करने का कर्तव्य सौंपता है।[19] मोहम्मद मानवता के लिए एक धर्मयुद्ध थे जिन्होंने संस्कारों पर विश्व शांति के लिए समर्पित संदेश दिया था:

> "क्या मैं तुम्हें उपवास, भिक्षा और प्रार्थना से बेहतर कार्य की सूचना नहीं दूंगा? एक दूसरे के बीच शांति बनाना, शत्रुता और द्वेष स्वर्गीय प्रतिफल को जड़ से फाड़ देते हैं।"

उन्होंने शांति के लिए, प्रेम के लिए, शत्रुता और द्वेष की निंदा की। मानवाधिकारों को संजोने के लिए शांति एक संपत्ति है और इनका सबसे महत्वपूर्ण घटक भी है। शांति के बिना शांति के गुण व्यर्थ हैं। शांति के लिए मानवाधिकारों का मंच और गति प्राप्त करता है। सार्वभौमिक शांति संपूर्ण मानव सभ्यता की प्रगति को तेज करती है। उपवास, इस्लाम और अन्य धर्मों में एक महत्वपूर्ण मूल्य है। रमजान के महीने के दौरान उपवास विशेष रूप से अनुयायियों को सहिष्णुता, संयम और कठोर अनुशासन के साथ एक धर्मी जीवन जीने के लिए अपना संदेश समर्पित करता है। रमजान एक धर्मनिष्ठ मुसलमान होने का संदेश देता है जो उच्च भावना पर केंद्रित मन के साथ भौतिक सुखों में लिप्त होने से बचता है। रमजान का उपवास जिसे कुरान सभी मुसलमानों के लिए अनिवार्य बनाता है, मूल रूप से 'आत्मसंयम का सबक' है। यह सभी मनुष्यों में मानवता की भावना को जागृत करता है। यह व्यक्ति को आत्म-अनुशासन की कला में महारत हासिल करना और करुणा, शांति, दया, समभाव जैसे मानवीय गुणों को विकसित करना सिखाता है। एक अल्पकालिक शब्द में, यह प्रशिक्षण की एक राह प्रदान करता है जो

एक धर्मनिष्ठ मुस्लिम को एक धर्मी जीवन जीने में सक्षम बनाता है। इस्लाम भाईचारे का उपदेश देता है जो मुख्यधारा में सद्भाव और व्यवस्था लाता है। दुनिया भर में मुसलमानों और अन्य लोगों द्वारा मनाए जाने वाले ईद के त्यौहार का मुख्य संदेश भाईचारा ही है। विभिन्न संतों द्वारा प्रचलित सूफी परंपराओं और कलंदरों ने प्रेम, सद्भाव और शांति का संदेश दिया। सूफियों की दैनिक दिनचर्या में समानता और एकता प्रमुख प्रथाएं थीं क्योंकि वे समानों में से एक थे और सभी उनके समान थे। सूफी विभिन्न प्राथमिकताओं और संवेदना वाले लोगों के मेलमिलाप करने वालों के प्रतीक थे। कोई नहीं जानता कि कबीर या साई बाबा मुसलमान थे या हिंदू और सभी क्षेत्रों में उनके अनुयायी हैं। इस्लाम का अर्थ वैध आचरण के माध्यम से ईश्वर को प्रस्तुत करना है जो कुरान और सुन्ना में रहस्योद्घाटन द्वारा प्रदान किया गया मार्ग है।[20] इस्लामिक प्राकृतिक कानून जिसे शरिया कहा जाता है, मानवाधिकार क्षेत्र के लिए आवश्यक पांच सिद्धांत प्रदान करता है :

1. धर्म की रक्षा करें,
2. धार्मिक स्वतंत्रता को प्रोत्साहित करें,
3. जीवन, संपत्ति, संतान की रक्षा करें,
4. कारण/तर्क।[21]

4.3.1 मतुरिदी मत[22]

अल–मतुरिदी के द्वारा स्थापित इस विचारधारा के मतों ने मानवता के खिलाफ बुराइयों की पहचान की : चोरी, हत्या, व्यभिचार और शराब पीना ऐसी प्रमुख बुराइयाँ हैं जिनसे मनुष्यों को बचना चाहिए।

4.3.2 इस्तिस्लाह की अवधारणा

यह अवधारणा लचीलेपन और बाधा के मानदंड पर इस्लामी कानूनी तर्क और मानवीय निर्णय के बीच संबंधों पर चर्चा करती है।[23] इसने मानव निर्णय में निम्नलिखित प्रमुख चरों की पहचान की :

1. व्यक्तिगत मूल्य,
2. व्यक्तिगत झुकाव,

3. पेशेवर दायित्व,
4. व्यक्तिगत पसंद,
5. व्यक्तिगत प्रयास।

ऊपर वे मानदंड हैं जो मानवीय निर्णय या कानूनी न्यायशास्त्र में विफल या सफल होते हैं। इसमें शामिल जोखिम और संदर्भ अन्य मानदंड हैं जो शासी कानूनी प्रणाली के प्रति मानव स्वभाव को प्रभावित करते हैं। इसके अलावा, कानून को लागू करने का इरादा धर्म, जीवन, कारण, संतान और संपत्ति से संबंधित हितों की रक्षा के लिए सर्वोत्कृष्ट है। मानवाधिकार न्याय निर्माता के इरादे के विवेक पर निर्भर करते हैं। इस्तिस्ला इरादे के कार्यान्वयन के लिए स्व-सुधारात्मक उपायों के लिए निर्देश नियम प्रदान करता है। इरादे को जांचने और संतुलित करने के लिए हमें यह जानना चाहिए कि जिस तरीके से कानून लगाया गया था वह आवश्यक, निश्चित और सार्वभौमिक था।[26] कानून के कार्यान्वयन को निश्चित रूप से न्यायसंगत बनाने के लिए इरादे और कानून दोनों में सार्वभौमिकता को आत्मसात करना होगा। तर्कसंगत इरादा न केवल आवश्यकताओं के अनुसार बल्कि जीवन के एक तरीके के रूप में प्राप्त होता है। कानून जीवन का एक तरीका है। यह अनिवार्य आवश्यकता, सुविधा या उपयोगिता नहीं है। आवश्यकता के अनुसार जो परिवर्तन होता है वह एक सार्वभौमिक नियम नहीं है। हालाँकि, संदर्भ और समय की मांग हो सकती है। प्राथमिकताएं स्पष्ट करने की जरूरत है।

4.4 ईसाई धर्म

यह फिर से एक विशाल विषय है और इस सिद्धांत पर जोर देने के लिए यहां केवल कुछ बुनियादी धारणाएं प्रस्तुत की जाएंगी कि ईसाई धर्म एक धार्मिक क्षेत्र के रूप में दूरसंचार निर्देश प्रदान करता है जो मानवाधिकारों के मूल मूल्यों/गुणों में परिवर्तित हो जाते हैं। धार्मिक दार्शनिकों ने बाइबल द्वारा निर्धारित नैतिक मानकों के आधार पर महत्वपूर्ण भूमिका निभाई। मैंने पहले ही प्राकृतिक कानून पर इस धारणा के साथ विचार प्रस्तुत किया है कि ईश्वरीय कानून प्राकृतिक कानून को अस्तित्व में लाता है। यहां दुनिया के इस प्रमुख धर्म के कुछ मील के पत्थर को सामान्य रूप से मानवाधिकारों के संबंध में इसके मूल मूल्यों को उजागर करने के लिए चित्रित किया जाएगा। ईसाई

धर्म में समानता/सामुदायिक भावना, कर्तव्य, समानता और मानवता बुनियादी और मूल मूल्य हैं। ईसाई सार्वभौमिक, समतावादी, विकेन्द्रीकृत और सभ्य होने में विश्वास करते हैं।[27] प्राथमिकता पर सार्वभौमिक दृष्टिकोण के साथ, मिशनरियों ने दुनिया भर में बाइबिल के संदेश को वास्तव में सार्वभौमिक और विकेन्द्रीकृत तरीके से फैलाया। ईसाई मानते हैं कि यीशु वास्तव में मानव थे और वास्तव में दिव्य थे।[28] मानवता अपने आप में एक व्यापक विषय है।

> "भगवान जानता है कि मानवीय भेद्यता और परिमितता के साथ मानव होने का क्या अर्थ है।"[29]

मानवता में एकता की भावना की समानता पर, स्मृति लेख 4:25 में उल्लेखित है कि सदस्य एक दूसरे के होते हैं और गिरिजाघर एक आत्मा को एकजुट करने के लिए एक शरीर है।[30] सामुदायिक भावना केंद्र स्तर पर है और बाइबिल शिक्षाओं में मुख्य स्तंभों में से एक है।

> "... ईसाइयों ने निस्संदेह 'समुदाय' की मांग की..."[31]

'परमेश्वर के जन'(1 पतरस 5:1-11), 'परमेश्वर की सन्तान'(रोमियों 8:1-17), 'परमेश्वर के परिवार'(स्मृतिलेख 2:19) और 'अंतिम भोज' का उल्लेख समुदाय और आसपास के साथी लोगों के लिए समर्पित भावना को सशक्त रूप से प्रतिध्वनित करते हैं।

चित्र 4.3 : लियोनार्डो दा विंची द्वारा चित्रित- अंतिम भोज।

यीशु द्वारा अपने प्रेरितों के लिए आयोजित अंतिम भोज ने सामुदायिक भोजन की प्रवृत्ति को एक संस्कार के रूप में स्थापित किया जिसे यूचरिस्ट के रूप में जाना जाता है। यह परिवार की भावना और समुदाय की भावना को प्रोत्साहित करता है। यदि समुदाय को परिवार के रूप में माना जाता है तो शांति स्थायी हो सकती है क्योंकि संघर्ष और असामंजस्य स्वतः ही देखभाल और सम्मान के समाज में परिवर्तित हो जाएगा। उत्पत्ति 2:18 में ठीक ही सुझाव दिया कि 'मनुष्य का अकेला रहना अच्छा नहीं है'। अकेलापन रूढ़िवादी दृष्टिकोण, दोषिता, अपराध, घृणा और स्वार्थ को जन्म देता है। सामाजिक व्यवस्था में चरित्र विकसित होता है और परखा जाता है। लंबे समय तक अकेलापन एक जानवर के समान व्यवहार ला सकता है। सभ्य जीवन के लिए सामुदायिक भावना प्रदर्शित करने और पालन करने की कसौटी है।

भगवान ने सभी मनुष्यों को मानवीय गरिमा और मूल्यों से सृजित किया है और जरूरतमंद लोगों को अपने लिए स्वतंत्रता और खुशी प्राप्त करने की आधिकारिक शक्ति और स्वाधीनता प्रदान की है।[32] जरूरतमंद लोगों की मदद करना समुदाय की सेवा के लिए एक ईसाई के समर्पण और उसके विश्वास का प्रतिबिंब है। परमेश्वर भगवान जरूरतमंदों की मदद के लिए लोगों की तलाश करते हैं। ईसाई धर्म कुछ विशिष्ट और सामान्य, दूरसंचरित और सद्‌गुणों के मूल्य लेकर आया जो प्रथागत क़ानून और उसके न्यायशास्त्र का स्रोत बन गये :

1. विवेक, न्याय, संयम और धैर्य कुछ बुनियादी सद्‌गुणों के मूल्य हैं।
2. विश्वास, आशा और दान सामान्य दूरसंचार मूल्य हैं। [33]

ईश्वर की आज्ञा का पालन करने का उल्लेख किया गया है। भगवान की संगति के लिए धन्यवादी रहना जिसके लिए सदाचारी आचरण, न्याय, सर्वशक्तिमान की आज्ञाओं का पालन करना ईश्वरीय आज्ञाओं के स्वरूप बाइबिल में निर्दिष्ट किया गया है :

> "क्योंकि यदि तुम अपने चालचलन और अपने कामों को सच में सुधारो, यदि तुम एक दूसरे के साथ न्यायपूर्ण व्यवहार करते हो, यदि तुम परदेशी, अनाथ और विधवा पर अन्धेर नहीं करते, या इस स्थान में निर्दोष का खून नहीं बहाते ...मैं तुम्हारे साथ इस स्थान पर निवास करूंगा ..."(जेर. 7:5-7)।

साथी के प्रति देखभाल और न्यायपूर्ण आचरण से पता चलता है कि संलग्न होने की भावना और समुदाय की सेवा सक्रिय ईसाई मूल्य हैं। ये मूल्य ईसाइयों के लिए दुनिया को एक वैश्विक परिवार के रूप में देखने के लिए एक आदर्श स्थापित करते हैं जैसा कि नए नियम के अच्छे धार्मिक दृष्टांत (लूका 10:25–37) में उल्लेख किया गया है :

> ...मेरा क्या है तुम्हारा है... आप प्यार करेंगे... अपने पड़ोसी को अपने जैसा... तुम जीवित रहोगे...

दूसरे की देखभाल करने की इस आज्ञा का पालन करने वाले किसी भी दर्द पर यीशु निर्देश देते हैं : जाओ और इसी तरह करो। वसीयतनामा में यीशु के आश्वासन के साथ इस तरह की आज्ञा निस्वार्थ आचरण के उच्च नैतिक मानकों को स्थापित करती है जो एक समाज की नींव को मजबूत बनाती है और मानवाधिकारों को फलती-फूलाती है। भगवान ने ईसाइयों को दूसरों की देखभाल करने और उनकी सेवा करने के लिए भी स्वतंत्र किया है क्योंकि मोक्ष का आश्वासन दिया गया है और अनंत जीवन का वादा किया गया है।[34] यह आश्वासन ईसाइयों को बिना किसी परेशानी के मानव जाति की सेवा करने के लिए अपने कर्मों को समर्पित करने के लिए छोड़ देता है। निश्चिंत रहें वादा भगवान द्वारा किया गया है। परमेश्वर की आज्ञाओं में विश्वास अटल होना चाहिए। इसलिए, धर्मों की अन्य प्रणालियों के विपरीत, समारोहों और संस्कारों पर कर्तव्य ईसाई की सर्वोच्च प्राथमिकता बनी हुई है। धर्म में प्राथमिकता धार्मिकता का आचरण है : "ईसाई सही करता है और सफलता ईश्वर पर छोड़ देता है।"[35] ईसाई ईश्वर की रचना में अपने अस्तित्व के प्रति कर्तव्य और सेवा के बदले न्याय की तलाश करते हैं। भण्डारीपन या सेवक नेतृत्व को कर्तव्य और सेवा की भावना के मूल्य के रूप में आत्मसात किया जाता है।

> "जो कोई तुम में बड़ा होना चाहे, वह तुम्हारा दास बने, और जो प्रथम होना चाहे, वह सब का दास बने"– मार्क्स 10:43

ईसाई धर्म में इसलिए महानता या नेतृत्व की आकांक्षा के लिए, सेवा पहला मूलभूत मानदंड है। सेवक के हृदय से हम नेता बन जाते हैं। हो सकता है कि मार्क जो ऊपर कहता है उसकी सही व्याख्या कुछ और हो सकती

है। बाइबिल नस्ल, लिंग या धर्म के आधार पर भेदभाव की निंदा करती है जो ईसाइयों को एक समतावादी समुदाय बनाता है।

"न यहूदी, न अन्यजाति, न दास, न स्वतन्त्र, न नर और नारी, क्योंकि तुम सब मसीह यीशु में एक हो"– गैलटियांस 3:28

उपरोक्त वाक्यांश मानवीय गरिमा के लिए बहुत ऊंचा मानक मानदंड निर्धारित करता है। ईसाई धर्म में यदि हम पाप करते हैं तो हम मोक्ष और अनंत काल के अवसर खो देते हैं। पाप मुक्ति की स्वतंत्रता पर प्रतिबंध है और ईसाई धर्म पापों की चेतावनी देता है जिसका अर्थ है कि आचरण के खिलाफ जाना जो भगवान ने अपनी संरचना में बनाया है। आपको मोक्ष प्राप्त करने के लिए स्वतंत्र होना होगा और मुक्त होने का अर्थ है पाप रहित होना तथा आचरण और ईश्वर द्वारा बनाए गए मार्ग का पालन करना।[36]

अल्बर्ट कैमस : स्वतंत्रता और कुछ नहीं बल्कि बेहतर होने का मौका है। स्वतंत्र होने के द्वारा निरंतर बेहतर होने के इस अवसर पर, गॉस्पल मैथ्यू (6:33, 34) कहता है–

"परन्तु पहले उसके राज्य और धर्म की खोज में रहो"।

अपने राज्य के लिए परमेश्वर के आशीष के लिए आचरण अनिवार्य रूप से धार्मिकता होना चाहिए।

4.4.1 एंग्लिकनवाद

जीना, सीखना, वृद्धि करना, ईश्वर की पूजा करना और एक व्यवस्थित समाज में रहना एंग्लिकनवाद के पांच मूल सिद्धांत हैं।[37] पुण्य आचरण का उद्देश्य समाज में सद्भाव और व्यवस्था लाना है। ईसाई धर्म के एंग्लिकन रूप के मूल्य तुलनात्मक रूप से उदार थे जिन्होंने अपने अनुयायियों में कार्य करने और निर्णय लेने की तर्कसंगत क्षमता विकसित करके आत्मनिर्णय के विचार को बढ़ावा दिया।

4.4.2 थॉमस एक्विनास का प्रभाव

ईसाई धर्म में एक्विनास की भूमिका धार्मिक उपदेशों के माध्यम से तर्कसंगतता लाने में विशिष्ट और गहन है। एक्विनास ने कुछ बुराइयों, अप्राकृतिक दोषों,

भ्रष्ट आदतों और शातिर रीति-रिवाजों से बचने के लिए मनुष्यों के लिए उपदेशों के साथ तर्क की पेशकश की।[38] एक्विनास ने अपने सर्वोत्तम ग्रंथ 'सम्मा थियोलॉजिका' में नैतिक प्रगति का मार्ग दिखाया। एक्विनास द्वारा उजागर किए गए कुछ दोष हैं जो मानवीय तर्क को खराब करते हैं इनमें चोरी और अन्य दोष प्रमुख हैं। मानवाधिकार के क्षेत्र में उनका प्रभाव विशेष था। उन्होंने अन्य धर्मों के मूल्यों को बढ़ावा दिया और उन्हें मुख्यधारा में शामिल किया। एक्विनास की सामान्य और प्रमुख अवधारणा थी :

"अच्छाई की तलाश की जानी चाहिए और बुराई से बचा जाना चाहिए।"[39]

एक्विनास ने तर्क द्वारा सद्गुणों और दूरसंचारी मूल्यों की पहचान की थी। इन सभी मूल्यों का समग्र रूप से अभ्यास किया जाना चाहिए। एक की कमी दूसरे के गुण को कम कर देगी।[40] नैतिक प्रगति पर, नैतिकता के मार्ग पर चलने और नेतृत्व करने के लिए इच्छा/चाह की आवश्यकता होती है। नैतिकता केवल धारणा या विचार नहीं है। यह नैतिकता के लिए प्रगति को संभव बनाने के लिए नैतिक रूप से कार्य करने की इच्छा है। इसके लिए, एक्विनास प्रतिपादित करता है[42]:

1. पुण्य प्राप्ति का सिद्धांत,
2. विवेक का अधिग्रहण।

कार्रवाई और इच्छा में अच्छाई के अलावा, एक्विनास मानव आचरण और सामाजिक मामलों में ज्ञानवर्धक आयाम जोड़ता है : विवेक, विवेकपूर्ण तर्क और सुव्यवस्थित आवेश।[43] विवेक से, एक्विनास का अर्थ सावधानी, बुद्धि, दूरदर्शिता, कारण, चौकसता और एकांत जैसी क्षमताएं हैं।[44] विवेक को अनुभव और वास्तविकता पर पूर्वआत्मनिरीक्षण की आवश्यकता होती है जो समय और पीढ़ियों के साथ आती है। यह एक आसान गुण नहीं है बल्कि अन्य मूल्यों से श्रेष्ठ और संचयी गुण है क्योंकि इसमें मानवाधिकार दर्शन के सभी प्रमुख अवयवों का उल्लेख है। मनुष्य के सीमित जीवनकाल को ध्यान में रखते हुए एक्विनास आशंकित है कि मनुष्य अपने जीवनकाल के कार्यों से बहुत कुछ नहीं प्राप्त कर सकता है। जीवन के दौरान मानव रहने की 'इच्छा' जीवन के उद्देश्य के लिए पर्याप्त होगी, इसका उद्देश्य खुशी है।[45] मानव होने के लिए मानवाधिकारों के लिए इच्छा की आवश्यकता है।

4.5 प्रतिवादी (प्रोटेस्टेंट) सुधार

प्रतिवादी सुधार व्यक्तिगत पुनरुद्धार थे जिसने पूरे समाज को सम्पूर्ण रूप में लाभान्वित किया। मैक्स वेबर के संदर्भ में, यह स्वयं का सशक्तिकरण था।[46] मानवाधिकार एक व्यक्ति के अविभाज्य अधिकार हैं। किसी व्यक्ति में स्वयं के विकास को समझना जरूरी है। वास्तव में धर्म की शिक्षाओं से उपयोगितावादी अर्थों में लाभ के लिए अपनी तर्कसंगतता पर ध्यान केंद्रित करके, मनुष्य ने धर्म में संस्कारों की अमूर्तता को त्यागना शुरू कर दिया। वेबर के मन में अद्वितीयता (स्वयं का सशक्तिकरण), करिश्माई शिक्षा और करिश्माई नेतृत्व पर उनका रचनात्मक विचार था।[47] प्रतिवादी सुधार ने युक्तिकरण/तर्क/तर्कसंगतता के माध्यम से पश्चिमी सभ्यता को एक आदर्श पथप्रदर्शक प्रदान किया। व्यक्तियों ने समय की आवश्यकता, प्राथमिकताओं और उस समय भविष्य की आवश्यकताओं को पूरा करने के साधनों को समझना सीखा। चर्च के औपचारिक कामों से संक्रमण द्वारा पेश किए गए आराम ने मनुष्य को सोचने और कुछ नया करने की इच्छा, परिस्थितियों में महारत हासिल करने और प्रतिरोध को दूर करने के लिए सुसज्जित किया।

जीवन शैली में रचनात्मकता और नवीनता मुख्य रूप से सशक्त स्वयं के बीच विमर्श के कारण थे।[48]

'सशक्त स्व' उस समय की राजनीति और समाज को काफी हद तक लाभान्वित कर रहा था जिसके परिणामस्वरूप संस्थागत परिवर्तन होना तय था। तर्कसंगत विचारों वाले नौसिखियों के लिए राजनीतिक और सामाजिक प्रतिरोध को दूर करना आसान काम नहीं था। इसके लिए इच्छा में धीरज और शक्ति की मांग की गई जैसा कि वेबर ने कहा :

> "शक्ति एक सामाजिक संदर्भ में अपनी इच्छा को थोपने का मौका है, भले ही उस मौके की अखंडता की परवाह किए बिना इसका विरोध किया जाए।"

इस प्रकार उन्होंने प्रतिरोध के विरुद्ध इच्छा थोपने की शक्ति को परिभाषित किया। सुधारवादी धर्म की रूढ़िवादी प्रणाली द्वारा लादे गए सम्मेलनों की निंदा कर रहे थे जो कि गलत हो सकते हैं। सकारात्मक कथन पर, समुदाय ने प्रतिवादी नैतिक मूल्यों को पनपाना शुरू कर दिया क्योंकि यह उस व्यक्ति की उद्यमशीलता की भावना के लिए सुखद था जिसने बेहतर विकल्प पेश किए।

सशक्त व्यक्तियों को समाज में एक पावती और मुख्यधारा में स्थान मिला। अब, मनुष्य के पास घृणा के लिए बहुत कम समय था और सद्भाव एक शाश्वत तरीके से घटित होता था जिसने सामाजिक गतिशीलता को काफी हद तक बदल दिया। इसके अलावा, स्वयं से ऊपर लोगों का विश्वास बरकरार था। वेबर के लिए, यथास्थिति का सामना करने की आंतरिक शक्ति, ईश्वर के नाम पर युद्ध और युद्ध के मैदानों के समान थी।[49] वेबर ने तर्क को धर्म से विचलन के रूप में नहीं देखा बल्कि उच्च-आत्म में विश्वास और विश्वास को दृढ़ करने के लिए उत्प्रेरक के रूप में देखा। प्रतिवादी नैतिक सुधार ने आध्यात्मिक अनुशासन को मजबूत किया।[50] सशक्त धार्मिक और आध्यात्मिक अनुशासन के साथ मनुष्य ने अपनी स्वतंत्र इच्छा का प्रयोग करने के लिए स्वायत्तता प्राप्त की जो मानव जाति के अधिकारों के संदर्भ में आवश्यक है कि वह अपनी आकांक्षाओं को आगे बढ़ाने के लिए स्वतंत्र है जिसके लिए आत्मनिर्णय का विचार आत्म-साक्षात्कार है। अनुशासन के बढ़े हुए स्तर ने समाज में मूल्य प्रणाली और मानदंडों के सम्मान को और मजबूत किया। भाईचारा और एकता की भावना का उत्थान हुआ। अनुशासित मनुष्य ने एक नया व्यक्तित्व प्राप्त किया जिसने उसके दृष्टिकोण में करिश्माई शैली को जोड़ा और मानव स्वयं और समाज के प्रति अधिक संवेदनशील हो गया। प्रशासन, शासन और सामाजिक व्यवस्था की दिनचर्या में बदलाव किसी के भी देखने के लिए स्पष्ट था। ऐसा विरोध का युग था जिसने सुधार का नेतृत्व किया।

विभिन्न धार्मिक दृष्टिकोणों या विचार के मतों से धर्म और मानवाधिकारों के बीच के संबंध का निष्कर्ष निकाल लेने पर ऐसा प्रतीत होता है कि धर्म की भूमिका मुख्य रूप से समाज को शांति, स्थिरता और विश्व में शांति में लाने की रही है। दूसरी ओर, धर्म कट्टरपंथी सत्ता चाहने वालों के हाथों में सबसे आसान हथियार है जो अनिवार्य रूप से मनुष्यों के मन में आतंक का चीरा लगाकर कलह और परेशानी लाता है।[51] गलत व्याख्या और गलत मान्यता जहरीली विचारधारा को बढ़ावा देती है।[52] दुनिया के पास इसके सबूत और गवाह हैं। मैं ईश्वरीय हस्तक्षेप के बारे में निश्चित नहीं हूँ लेकिन आप हमेशा सैन्य-नागरिक की सीमा में होते हैं। धर्म शांति के लिए है। गलत नजरिया कुत्सित दृष्टि या विभाजन को आगे बढ़ा सकता है। विवेक केवल सावधानी ही नहीं है बल्कि जब शांति को जगाया जाता है तो सावधानी बरती जाती

है। धर्म परिवर्तन का अर्थ है– दूर और निकट परिणाम। आधुनिक राज्य, इसकी प्रणाली, धर्म के वैचारिक उत्थान की शक्ति और शासक अभिजात वर्ग के आसन्न नैतिकता पर अपने अधिकार द्वारा प्रामाणिक शांति के माध्यम से अस्तित्व में आए।[54] धर्म हमेशा मानव मामलों, मानवाधिकार संस्कृति या अन्यथा महत्वपूर्ण यंत्र है और महत्वपूर्ण ही रहेगा।

टिप्पणियाँ

1. मैक्सिमिलियन रोबेस्पियरे (6 मई1758–28 जुलाई 1794), फ्रांसीसी राजनेता और वकील वे समझते थे कि सभ्य समाज को व्यवस्थित करने के लिए धार्मिक विश्वास अनिवार्य था। वह फ्रांसीसी क्रांति के सबसे प्रसिद्ध और सबसे प्रभावशाली शख्सियतों में से एक थे। उनकी मुख्य जिम्मेदारियों में से एक 'सार्वजनिक सुरक्षा' रही है। स्रोत : विकिपीडिया
2. हिल, चौपल, *फारसी युद्धों में हेरोडोटस और धर्म*। लंदन : यूनिवर्सिटी ऑफ नॉर्थ कैरोलिना प्रेस, 2003
3. बिटेनहोल्ज, पीटर जी. *हिस्टोरिया और फैबुला : मिथ्स एंड लीजेंड्स इन हिस्टोरिकल थॉट फ्रॉम एंटिकिटी* टू द मॉडर्न एज। *ब्रिल्स स्टडीज इन इंटेलेक्चुअल हिस्ट्री*, खंड, 59. अक्षांश। लाइडेन : ई.जे. ब्रिल, 1994. पृ. 26
4. गुट्जके, मैनफोर्ड जॉर्ज, *जॉन डेवी का विचार और ईसाई शिक्षा के लिए इसके निहितार्थ*, कोलंबिया यूनिवर्सिटी प्रेस, 1956. पृ. 29
5. हॉल, जॉन ए, और श्रोडर, राल्फ, *एन एनाटॉमी ऑफ पावर : द सोशल थ्योरी ऑफ माइकल मान*, कैम्ब्रिज, यूके : कैम्ब्रिज यूनिवर्सिटी प्रेस, 2006. पृ. 92
6. उक्त, पृ. 126
7. बिएटेनहोल्ज, पीटर जी. *हिस्टोरिया और फैबुला : मिथ्स एंड लेजेंड्स इन हिस्टोरिकल थॉट फ्रॉम एंटिकिटी* टू द *मॉडर्न एज*, ब्रिल्स स्टडीज इन इंटेलेक्चुअल हिस्ट्री, खंड 59. अक्षांश। लाइडेन : ई.जे. ब्रिल, 1994. पृ. 62
8. मिंट्ज और स्टॉफर, द *प्रॉब्लम ऑफ एविल*, द *एन्सिएंट एंड मिडीवल ऑरिजिंस ऑफ फ्रीडम*, पृ. 54
9. ओटेन, विलेमियन, व अन्य। *पश्चिम कैसे जीता गया : साहित्यिक कल्पना पर निबंध, कैनन, और ईसाई मध्य युग बुर्च प्रेंजर के लिए*, ब्रिल पब्लिशर्स, 2010. पृ. 81
10. आम बोलचाल में नमस्ते
11. भारतीय सांस्कृतिक मूल्य और मानवाधिकारों का प्रचार यहां उपलब्ध है : https://www.hurights.or.jp/archives/focus/section2/1997/06/indian-cultural-values-and-the-promotion-of-मानव–अधिकार.html

12. बुद्ध ने क्या सिखाया? https://web.ics.purdue.edu/~buddhism/docs/Bhante_Walpola_Rahula-What_the_Buddha_Taught.pdf
13. महाउपनिषद 6.71–75 : जेफरी मॉस, *एकता*, रैंडम पब्लिशिंग हाउस (2002), पृ. 12
14. 'वसुधैव कुटुम्बकम' भारतीय परिवार प्रणाली के लिए मार्गदर्शक प्रकाश रहा है– भारत के उपराष्ट्रपति https://pib.gov.in/newsite/PrintRelease.aspx?relid=194493
15. उक्त।
16. सर्व धर्म समभाव या सर्व धर्म सम्भ्रम? https://web.archive.orgweb/20160220075508/http://bharatvani.org/books/tfst/chiii1.htm; फ्रॉली, डेविड, *उठो अर्जुन : हिंदू धर्म और आधुनिक दुनिया*, वॉयस ऑफ इंडिया, 1995
17. यूनिवर्सल पीरियोडिक रिव्यू के लिए इंडिया पेपर,https://lib.ohchr.orgHRBodies/UPR/Documents/Session1/IN/NHRC_IND_UPR_S1_2008NationalHumanRightsCommisison_uprsubmission.pdf
18. ईसाई और मुसलमान पहले भी शांति से सह–अस्तित्व में रहे हैं और उन्हें फिर से ऐसा करना चाहिए : फुआद नाहदी, https://www.theguardian.com/commentisfree/belief/2014/nov/18/christians-muslims-co-existed-general-धर्मसभा–धर्म–सहयोगी
19. उक्त।
20. जॉन मकदिसी, डीन और कानून के प्रोफेसर, तुलसा विश्वविद्यालय, लॉ कॉलेज
21. इस्लामी प्राकृतिक कानून। https://en.wikipedia.org/wiki/Natural_law
22. उक्त।
23. जॉन मैकडिसी द्वारा हार्ड केस एंड ह्यूमन जजमेंट इन इस्लामिक एंड कॉमन लॉ, फाइल : ///Users/parshantatkaan/Downloads/17378-Article%20Text-24528-1-10-20140731.pdf
24. उक्त, पृ. 2
25. उक्त, पृ. 13
26. उक्त, पृ. 14
27. हॉल, जॉन ए, और श्रोडर, राल्फ, *एन एनाटॉमी ऑफ पावर : द सोशल थ्योरी ऑफ माइकल मान,* कैम्ब्रिज, यूके : कैम्ब्रिज यूनिवर्सिटी प्रेस, 2006. पृ. 92
28. ईसाई धर्म और मूल्य, पृ.। 13, https://www.globethics.net/documents/4289936/15984460/China_Christian_1_web_final.pdf/b633f38e-3304-4adf-93c0-e18d34cb2a21
29. उक्त, पृ. 16
30. मिंट्ज और स्टॉफर, द *प्रॉब्लम ऑफ एविल,* द *एन्सिएंट एंड मिडीवल ऑरिजिंस ऑफ फ्रीडम*।

31. हॉल, जॉन ए, और श्रोडर, राल्फ, *एन एनाटॉमी ऑफ पावर : द सोशल थ्योरी ऑफ माइकल मान,* कैम्ब्रिज, यूके : कैम्ब्रिज यूनिवर्सिटी प्रेस, 2006. पृ. 92

32. ईसाई धर्म और मूल्य, पृ.10, https://www.globethics.net/documents/4289936/15984460/China_Christian_1_web_final.pdf/b633f38e-3304-4adf-93c0-e18d34cb2a21

33. मिंट्ज और स्टॉफर, द *प्रॉब्लम ऑफ एविल,* द *एन्सिएंट एंड मिडीवल ऑरिजिंस ऑफ फ्रीडम*।

34. ईसाई धर्म और मूल्य, पृ. 25, https://www.globethics.net/documents/4289936/15984460/China_Christian_1_web_final.pdf/b633f38e-3304-4adf-93c0-e18d34cb2a21

35. हैबरमास, जुर्गन, *संचारी कार्रवाई का सिद्धांत : कारण और समाज का युक्तिकरण,* खंड 1, बोस्टन : बीकन प्रेस, 1984. पृ. 231

36. उक्त, पृ. 29

37. ईसाई धर्म, https://en.wikipedia.org/wiki/Natural_law

38. उक्त।

39. उक्त।

40. उक्त।

41. थॉमस, सुम्मा *थियोलॉजिका,* पांच खंडों में पूर्ण अंग्रेजी संस्करण। वेस्टमिंस्टर, एमडी : क्रिश्चियन क्लासिक्स, 1981. चौ. 7. पृ. 131

42. उक्त।

43. उक्त, पृ. 133-35

44. उक्त, पृ. 144

45. उक्त, पृ. 132

46. लेहमान, हर्टमट, और रोत, गेंथर, *वेबर की "प्रोटेस्टेंट एथिक" उत्पत्ति, साक्ष्य, संदर्भ*। 1993. जर्मन ऐतिहासिक संस्थान का प्रकाशन। अक्षांश. अध्याय 7. पृ. 161

47. उक्त।

48. उक्त, पृ. 162

49. उक्त, पृ. 165

50. उक्त, पृ. 167

51. इस्राएल, योनातान, *मन की क्रांति,* प्रिंसटन यूनिवर्सिटी प्रेस, 2010. पृ. 187

52. हॉल, जॉन ए, और श्रोडर, राल्फ, *एन एनाटॉमी ऑफ पावर : द सोशल थ्योरी ऑफ माइकल मान,* कैम्ब्रिज, यूके : कैम्ब्रिज यूनिवर्सिटी प्रेस, 2006. पृ. 127

53. उक्त।

54. उक्त, पृ. 116

5
विचारक और मूल्य

मानवाधिकारों का सिद्धांत इस पुष्टि पर आधारित है कि मानव व्यक्ति, जानवरों और विषय-वस्तुओं के विपरीत, दूसरों के वर्चस्व के अधीन नहीं हो सकता है। —गॉसपल ऑफ लाइफ (*इवेंजेलियम विटे*[1])

जीवन के खिलाफ हर अपराध शांति पर हमला है, खासकर अगर यह लोगों के नैतिक आचरण पर हमला करता है ... —पॉल VI[2]

मैंने एक बार मनुष्य की स्वतंत्र इच्छा के लिए कड़ी मेहनत की थी।
—सेंट ऑगस्टाइन

आप जितना चाहें बहस करें, लेकिन आज्ञा मानें।
—फ्रेडरिक द ग्रेट (प्रशिया का राजा 1740-86)

... किस तरह का व्यक्ति बनना है, किस तरह का स्वयं बनना है, किस तरह की दुनिया बन रही है। —जॉन डेवी

प्रस्तुत अध्याय विचारकों और उनके मूल्यों पर केंद्रित है जो मानवाधिकार सम्मेलनों का महत्वपूर्ण हिस्सा हैं। स्वतंत्र इच्छा के विचार, लोगों के साथ मानवीय व्यवहार और नैतिक आचरण स्वयं में शब्द और अवधारणाएं हैं। मानवाधिकारों का उद्देश्य समाज में स्थायी शांति है जो तब संभव है जब मानवाधिकारों को सार्वजनिक रूप से स्वीकार, बचाव, पहचान और मान्यता दी जाए जिसके लिए अपराध मुक्त मानवता की पारिस्थितिकी की आवश्यकता है। सेंट ऑगस्टाइन ने लोगों की स्वतंत्र इच्छा की वकालत की जो भेदभाव

मुक्त वातावरण में ही संभव है। स्वतंत्र इच्छा के साथ कानून का सम्मान करना होगा। ऊपर जॉन डेवी का उद्धरण मानवाधिकारों के संचालन के माहौल में मूल इकाई की पहचान करता है यानी 'स्व' जो कि एक प्रश्न और उस तरह की दुनिया का उत्तर भी है जिसकी हम आकांक्षा करते हैं।

5.1 विचारक

विचारकों और उनके द्वारा प्रस्तुत मूल्य प्रस्तावों को समझने से मानवाधिकारों के लिए नैतिक आह्वान की अंतरात्मा को मजबूत करने में मदद मिलती है। अध्याय दो और तीन में प्रसिद्ध विचारकों और प्रचारक-विद्वानों के कुछ मुख्य मूल्यों को छुआ गया है। इस अध्याय में मानवाधिकार सिद्धांत और व्यवहार को आकार देने वाले और पृष्ठभूमि संदर्भ को समझने के उद्देश्य से योगदानकर्ताओं, विचारकों और उनके मूल्यों का विस्तार से वर्णन किया गया है। ये विचारक स्रोत और प्रेरणा दोनों रहे हैं। नीचे बताए गए कुछ विचारकों ने राज्य नेतृत्व या राज्य की जवाबदेही की तलाश में महत्वपूर्ण भूमिका निभाई है। वे मानव जाति के मूल और प्राकृतिक अधिकारों के अनुपयुक्त अधिकारियों को चुनौती देकर मनुष्य के अधिकारों की शुरुआत करने में अग्रणी रहे हैं।

5.1.1 हिप्पो के सेंट ऑगस्टाइन

वह पहले आम लोगों का प्रतिनिधित्व करने वाला इंसान था, बाद में संत। वह एक कर्तव्यपरायण शिक्षाविद थे जो लोगों की स्वतंत्र इच्छा और अनुग्रह के मूल्यों का प्रचार करने के लिए समर्पित थे। उनकी कृति *ग्रेस एंड फ्री विल* मानव गरिमा की अवधारणा पर मानवाधिकारों के लिए एक धार्मिक लेखा और ज्ञानवाद संबंधी योगदान दोनों है। मानवाधिकार केवल स्वतंत्र इच्छा के वातावरण में ही संभव है जिसका अर्थ है दूसरों से बाधा के बिना अपने स्वयं के निर्णय को लेने की क्षमता, जबरदस्ती और उत्पीड़न से स्वतंत्रता यानी पसंद की स्वतंत्रता या ऑगस्टाइन के शब्दों में 'डी लिबेरो आर्बिट्रो'। अनुग्रह से ऑगस्टाइन का मतलब था किसी भी पापपूर्ण कार्य से बचने के लिए पवित्र आचरण के अनुरूप कार्य करना। ऑगस्टाइन अपने युग के लोगों की स्वतंत्र इच्छा की अवधारणा को विकसित करने के लिए एक अग्रदूत और अपने समय के प्रतीक थे। उन्होंने विश्वास को तर्क के साथ और मानवीय

समझ के विकास से जोड़ा और मनुष्य के इस विश्वास की याचना की कि "विश्वास करें कि आप समझ सकते हैं– ऑगस्टिनियन सिद्धांत"।[4]

चित्र 5.1 : हिप्पो के सेंट ऑगस्टाइन जिज्ञासु मनोवस्था में।[5]

उन्होंने कहा कि स्वतंत्र इच्छा विश्वास के साथ हावी है और स्वतंत्र दृढ़ संकल्प और अच्छे कार्यों से परे मनुष्य का एकमात्र सहारा और सुरक्षा है। उन्होंने कहा कि स्वतंत्र इच्छा पर हावी होने वाले विश्वास से ज्यादा मुक्ति मानव जाति के लिए मुक्ति का एक तरीका है। स्वतंत्र इच्छा को वफादार आचरण के साथ बांधा जाना चाहिए ताकि मनुष्य उसे अपनी स्वतंत्रता के लिए निर्देशित एक अच्छे आचरण का नेतृत्व कर सके अन्यथा वह अपने स्वयं के दोषों का कैदी बना रहता है जो कार्य करने और सोचने में सक्षम नहीं होता है। विसंगति गुण की कमी वाले आचरण का परिणाम है। आस्था की प्रणाली मनुष्य की प्रकृति और प्रवृत्ति को बांधे रखती है और परंपराओं, नैतिकता और देश के कानून की विसंगतियों से अलग करती है। जैसा कि हमने सीखा कि नैतिकता केवल एक विचार नहीं है बल्कि नैतिकता को बढ़ावा देने के लिए नैतिक आचरण और कार्यों के लिए एक इच्छा-पूर्ण प्रतिबद्धता है। ऑगस्टाइन

के इच्छा (वसीयत) पर विचार से भावार्थ स्पष्ट हो जाएगा। वह बुराई को दो रूप में परिभाषित करता है[6] :

1. नैतिक बुराई (या पाप)
2. कानून का उल्लंघन।

ऑगस्टाइन अपने समय से आगे थे। वह धार्मिक आयामों को कानूनी दर्शन से जोड़े हुए थे। इच्छा (वसीयत) का अर्थ है वैध इच्छा जो दोषपूर्ण इच्छाओं से बचती है जिसके परिणामस्वरूप तर्क/कारण इच्छाओं के प्रलोभन पर काबू पाने में विफल हो जाता है।[7] कानून अनंतकाल द्वारा निर्धारित है और प्रकृति कानून है जो उसके शब्दों में खुशी को इनाम के रूप में और दुःख को सजा के रूप में तय करता है।

अनुग्रह एक और मूल्य है जिसे ऑगस्टाइन स्वतंत्र इच्छा के साथ मिलकर बात करता है। अनुग्रह में एक शक्ति है और इसकी भूमिका ईश्वर के ज्ञान के साथ जीवन का पालन करके इच्छाओं को दूर करना है ताकि मानव आत्मा को सुधार और नवीनीकृत किया जा सके।[9] केवल अनुग्रहपूर्ण आचरण के साथ, पाप की सजा से बचा जा सकता है जो आदेश निर्धारित करता है।[10] बुद्धिमतापूर्ण ज्ञान स्वतंत्रता और स्वतंत्र इच्छा की ओर ले जाता है। अनुग्रहपूर्ण आचरण के साथ स्वतंत्र इच्छा मनुष्य को ईश्वर, उसकी बुद्धि और उसकी उपस्थिति का आकांक्षी बनाती है। अनंत काल के संबंध में इन सभी संभावनाओं के लिए स्वतंत्र इच्छा और अनुग्रह जुड़े हुए हैं।[11] मानव आचरण की पवित्रता उस अनुमान को उच्च आकांक्षाओं की संभावना में बदल देती है। अनुग्रह और स्वतंत्र इच्छा के साथ कार्य करने की उसकी प्रतिबद्धता मानवीय प्रयासों की योग्यता और क्षमता आनुपातिक रूप से बढ़ती है। उस कार्रवाई और प्रतिबद्धता के लिए मानवाधिकार आवश्यक निर्देश हैं। ऑगस्टाइन अनुग्रह के साथ स्वतंत्र इच्छा के लिए निम्नलिखित विशिष्ट अनिवार्यताओं की पहचान करता है :

1. आभार,
2. नम्रता के प्रति लगाव, स्नेहपूर्ण आचरण,
3. कारण/समझ/बौद्धिक ज्ञान,
4. रवैया/सच्चा इरादा/परिप्रेक्ष्य।

वास्तव में, इन नियामक मूल्यों का एक सहक्रियात्मक संयोजन मानवाधिकारों की मूल बनावट है। विनम्रता, समझ और न्यायसंगत इरादा मानवाधिकार सम्मेलनों के मुख्य मानदंड हैं। इन विशेषताओं को बढ़ावा देने के लिए तैयार ऑगस्टाइन कौशल 'स्मृति, समझ और इच्छा' के पेरिकोरिसिस (रिश्ते) के माध्यम से है।[13] मन इन तीन कारकों के बीच संबंधों का प्रतिनिधित्व करने के अलावा और कुछ नहीं है।[14] ऑगस्टाइन मन की आध्यात्मिक प्रकृति में विश्वास करता है हालांकि यह बुराई को समाप्त करने के लिए प्राकृतिक प्रवृत्ति के तत्व हैं। इन मुद्दों पर ऑगस्टाइन का निष्कर्ष है– "मनुष्य की इच्छा, निश्चित रूप से, अपनी स्वतंत्रता से अनुग्रह प्राप्त नहीं करती है; बल्कि यह अनुग्रह से स्वतंत्रता प्राप्त करता है और, ताकि यह दृढ़ रहे, यह एक आनंदमय स्थायित्व और एक अतुलनीय शक्ति प्राप्त कराता है।"

मानव व्यवस्था और मानवता का संरक्षण एक अजेय इच्छा के साथ स्वतंत्रता के माध्यम से होता है जो समझ के कारण के लिए प्रतिबद्ध है। अंत में, ऑगस्टाइन ने निष्कर्ष निकाला कि यदि मनुष्य परमेश्वर के संदेश पर कार्य करता है तो परमेश्वर की कृपा मनुष्य की कृपा है। ईश्वर की कृपा के लिए स्वतंत्र इच्छा की पवित्रता को बनाए रखना है अन्यथा ईश्वर की कृपा की रक्षा के लिए स्वतंत्र इच्छा से इनकार किया जाएगा।

5.1.2 इमैनुएल कांत

कांत ज्ञानोदय के युग में दार्शनिकों में से एक थे जिनका मुख्य कार्य मानव स्वायत्तता और तर्क से संबंधित था। जैसा कि मैंने पहले चर्चा की थी कि इच्छा पर विश्वास और तर्क का प्रभुत्व होना चाहिए। कांत इसमें जोड़ते हैं कि कारण/तर्क नैतिकता का विशिष्ट आधार है और इसके लिए कारण / तर्क को अपनाने और अभ्यास करने के लिए साहस की आवश्यकता होती है। उनकी शर्तों में :

जानने का साहस करो,

अपनी खुद की समझ [कारण] का उपयोग करने का साहस रखें।

उपर्युक्त नैतिक पुकार आत्मज्ञान का आदर्श वाक्य बन गयी। समझ को समृद्ध करने के लिए स्वतंत्र इच्छा की आवश्यकता होती है जिसके लिए राय की अभिव्यक्ति उदार होनी चाहिए। यही कारण है कि कांत ने तर्क का

उपयोग करने के 'साहस' के अपने सिद्धांत को फ्रेडरिक द ग्रेट की 'पसंद' से लोगों को धार्मिक स्वतंत्रता सहित सभी प्रकार की स्वतंत्रता प्रदान करने की नियत से प्राप्त किया। लेकिन, फिर उनके मतानुसार राज्य के निर्देशों का पूरी तरह से और सही अर्थों में पालन किया जाना चाहिए। कारण स्वतंत्रता के वातावरण में ही जीवित रह सकता है। स्वतंत्रता मुख्य मानवाधिकार मूल्यों में से एक है जिसे लोग अपनी तर्कसंगत पसंद और समझ के अनुसार जीवन में जीते हैं। सांप्रदायिक एकता और सामाजिक व्यवस्था स्वतंत्रता, तर्क और समझ के माहौल में ही उपजी संभावनाएं हैं। तर्कसंगत दृष्टिकोण के बिना, समाज के सदस्य पुरातन और रूढ़िवादी प्रवृत्तियों को छोड़े बिना सभ्यता प्राप्त नहीं कर सकते हैं। सार्वभौमिक कानून की स्वायत्तता का उनका सूत्र मानव जाति के अधिकारों के प्रति उत्साही लोगों के लिए अंतर्दृष्टि प्रदान करता है। स्वायत्तता मनुष्य की स्वतंत्र इच्छा का प्रयोग करने की क्षमता है जिसके बिना उसके चरित्र को सिद्ध या परीक्षण नहीं किया जा सकता है। एक बार जब उसे स्वायत्त वातावरण की पेशकश की जाती है तो मनुष्य का वास्तविक स्वभाव परिलक्षित होता है। स्वायत्तता, स्वतंत्रता और जिम्मेदारी की भावना विकसित करती है। उनके प्रभाव में स्वायत्तता, स्वतंत्रता, स्वाधीनता और उदारता विकसित होती हैं। स्वायत्तता को संजोने के लिए मनुष्य इसे लंबे समय तक खोजेगा जिसके लिए वह अपनी इच्छा को बोधगम्य, वांछित और दूसरों के लिए स्वीकार्य बनाए रखेगा। आनंद की इस लंबी अवधि की अभीप्सा के लिए मनुष्य के चरित्र को लंबे समय तक चलाने वाली सार्वभौमिक नैतिकता पर संचालित करना होगा। एक तरह से, मनुष्य का नैतिक चरित्र, स्वायत्तता का आनंद लेने की अपनी इच्छा के लिए, उसकी इच्छा से सुधारात्मक निर्देशों की तलाश करेगा। उसे अपना चरित्र विकसित करेगा और इसके विपरीत प्रभाव भी होगा। सार्वभौमिक कानून की तरह, स्वायत्तता के भी नकारात्मक और सकारात्मक दायित्व हैं। स्वायत्तता, चरित्र और इच्छा परस्पर जुड़े हुए हैं और परस्पर प्रबल हैं। पूर्ण स्वायत्तता केवल अंधेरे जंगल में बर्बर लोगों द्वारा ही प्राप्त की जा सकती है। चरित्र को अनुशासित रखने के लिए स्वायत्तता के मापदंड पर इच्छाशक्ति से संतुलन अधिनियम का पालन करना पड़ता है। अनुशासन के साथ हम स्वायत्तता के फल का अधिक और लंबे समय तक आनंद लेते हैं। यूरोपियन मध्ययुगीन युग पर बर्बर लोगों का युग एक अपमानजनक और कुख्यात धब्बा था। कोई भी बर्बर या आदिम नहीं बनना

चाहता। नैतिक सिद्धांत सभ्य जीवन के लिए याचना प्रदान करते हैं। कांत द्वारा नैतिकता पर कितना सशक्त और ज्ञानवर्धक विचार दिया गया है :

> "केवल उस कहावत के अनुसार कार्य करें जिसके द्वारा आप एक ही समय में यह चाह सकते हैं कि यह एक सार्वभौमिक कानून बन जाए।"[16]

सार्वभौमिक कानून को प्रेरित करने के लिए मानवीय कार्य नैतिक रूप से उच्च होने चाहिए। वास्तव में यह अधिकार प्राप्त लोगों द्वारा किए गए नैतिक कार्य ही थे जो मानवाधिकारों के विचार को सार्वभौमिक कानून के रूप में लाए। इसके अलावा, कांत ने सम्मान और गरिमा की प्रणाली पर विचार प्रस्तावित किए। सम्मान, कारण और मूल्य सहसंबद्ध हैं।[17] सम्मान व्यावहारिक तर्क देता है और जवाबदेही चाहता है।[18] सम्मान मानवता और आत्मगौरव की मान्यता है। यह पारस्परिक है और नैतिकता, इसलिए पारस्परिक जवाबदेही है।[19] यदि गरिमा एक पारस्परिक व्यवहार है तो सार्वभौमिकता पारस्परिकता की मांग करती है।[20] मानवाधिकार कानून एक सार्वभौमिक कानून है जो गरिमा के आधार पर पारस्परिक आचरण के समान शब्दों में दुनिया भर में लागू होता है। मनुष्य को स्वायत्तता प्रदान करने और उसकी इच्छा पर किसी भी बाधा से बचने के लिए मनुष्य को उसकी पसंद के कारण पर किसी भी प्रकार के निर्धारण प्रभाव से अछूता रखा जाना चाहिए।[21]

स्वतंत्र इच्छा की स्वायत्तता मनुष्य की तर्कसंगत सोच, नैतिक उद्देश्यों और उसकी मनोवैज्ञानिक क्षमता का मार्गदर्शन करती है और यह नैतिकता की नींव है।[22] वास्तविक तरीकों से स्वायत्तता केवल स्व-कानून के साथ ही लागू हो सकती है अर्थात स्वयं/मानव के व्यक्तिगत रूप पर लागू मानदंड है।[23] कानून बौद्धिक व्यक्तियों के विचारशील विचारों से उत्पन्न होता है। एक कानूनी दर्शन की वास्तविक वैधता वह परीक्षा है जिसे वह एक व्यापक दृष्टि-आधारित मंच पर उभरने के लिए मान्य करता है। कांत एक सार्वभौमिक कानून के निर्माण हेतु अधिकतम/मत /दर्शन के लिए दो व्यावहारिक परीक्षण प्रदान करता है :

1. यह 'कानून के रूप में कल्पित' होने में सक्षम होना चाहिए,
2. यह 'कानून के रूप में इच्छित/वसीयत' होने में सक्षम होना चाहिए।

पहला परीक्षण नैतिक मूल्य के सामान्यीकरण की मांग करता है और दूसरा जन स्वीकार्यता और आत्मसात होने को जरूरी मानता है। कांत व

अरस्तू के प्रसन्नचित्ता के विचारों से अपने प्रश्न प्राप्त करते हैं और तर्क देते हैं कि नैतिक सिद्धांतों, दर्शन या कानूनी प्रतिमानों का उद्देश्य सुख लाना है।[25] सार्वभौमिक कानून नकारात्मक और सकारात्मक दायित्वों की मांग करता है जहां नकारात्मक दूसरों के प्रति कर्तव्य होते हैं जबकि सकारात्मक हमारे कर्तव्य से लाभान्वित होते हैं और कानून के परिणामों के माध्यम से अन्य विवेकपूर्ण लाभ हैं।[26] मानवाधिकार कानून एक अचूक सार्वभौमिक कानून है जो संदर्भ, संस्कृति या स्थानीय सम्मेलनों के अधीन नहीं है। आवश्यकताओं या जरूरतों को एक आम संस्कृति की सामान्य इच्छा के अनुसार कानून को अनुकूलित रूप में नहीं अपनाया जा सकता है। कांत ने चेतावनी दी कि आवश्यकता का कोई कानून नहीं है और सार्वभौमिक कानून में आवश्यकता के प्रावधानों की स्वीकृति नैतिकता की भावना का उल्लंघन करेगी क्योंकि नैतिकता उनकी प्रवृति और प्रकृति में सार्वभौमिक हैं।[27] देखभाल, गरिमा, मानवता और जीवन के संबंध सार्वभौमिक मूल्य हैं जिनके मानदंड और मानक सभी पर समान रूप से लागू होते हैं।

5.1.3 वोल्टेयर

एक आदमी के रूप में अपनी गरिमा को याद रखें।[28] वोल्टेयर ने अपने दार्शनिक कार्यों में मानव स्वभाव की गहन खोज की है। उन्हें अपने जमाने का 'मानवता का न्यायाधीश' कहा जाता है। वोल्टेयर मनुष्य में निहित दुष्टता के विचार को खारिज करते हैं क्योंकि वह सभी पुरुषों को अच्छे पैदा होते देखता है।[29] सामाजिक परिसर में मनुष्य का दिमाग अस्थिर हो जाता है। वोल्टेयर का दावा है कि मानव जाति के साथ एक व्यक्ति की तरह व्यवहार किया जाना चाहिए।[30]

हमें लगातार एक–दूसरे को और सभी को अपनी शैतानी प्रकृति और उन चीजों के बारे में याद दिलाने की जरूरत है जो हमारी गरिमा को ठेस पहुंचाती हैं। वोल्टेयर मानव में निर्दोष प्रकृति के प्रति दृढ़ विश्वास रखते हैं जो मनुष्य में एक साथ रहने के लिए एक साथ आने की आंतरिक इच्छा से परिलक्षित होता है। एकजुटता मनुष्य की आंतरिक इच्छा की परीक्षा है : उनकी सरलता, नम्रता और डर को देखने के लिए सभी को एक साथ लाएं।[31] लेकिन, मनुष्य एक दुष्ट स्वभाव, अपने आप पर प्रतिबिंब की कमी और

अपनी गरिमा से समझौता कैसे करता है? दुष्टता के इस उद्भव पर कुछ सबूतों के साथ वोल्टेयर की कल्पना है :

> "ऐसा इसलिए है क्योंकि जो शासन करते हैं, व्याधि को पकड़कर, उसे दूसरों तक पहुंचाते हैं, क्योंकि कोलंबस द्वारा अमेरिका से लाई गई व्याधियों के साथ महिलाओं ने पूरे यूरोप में जहर फैला दिया है। पहले महत्वाकांक्षी व्यक्ति ने दुनिया को भ्रष्ट कर दिया था।"[32]

वोल्टेयर व्यक्तियों और मानव जाति को मनुष्य के बुरे स्वभाव को एक दूसरे से संवाद करने और बुराई का नाम फैलाने के लिए दोषी ठहराते हैं। अन्यथा कर्तव्य यह होना चाहिए था कि दुष्टों और बुराइयों को एकांत में रखा जाए ताकि अन्य लोग उस महत्वाकांक्षा से प्रभावित न हों जो दुनिया को भ्रष्ट कर सकती है। वोल्टेयर संचार/प्रवचन के माध्यम से नैतिक शुद्धता पर प्रकाश डालता है। जितना अधिक हम मनुष्य के बुरे या बुरे विचारों पर संचार फैलाते हैं, उतना ही यह सत्ता चाहने वालों (जो शासन करते हैं) द्वारा अपनी व्यक्तिगत महत्वाकांक्षाओं के लिए परिपक्व होता है। वोल्टेयर इन सत्ता चाहने वालों की पहचान कुछ राजनेताओं (जो हमेशा दुनिया को परेशान करने के लिए होंगे) और उनके आवारा लाभान्वित होने वालों, उनकी सेवा करने वालों के रूप में करता हैं।[33] सद्गुण गुणों को बढ़ाता है और उसी तरह बुराई भी कई गुना फैलाव करती है। संचार की पवित्रता को बनाए रखने के लिए नैतिक दायित्व सभी पर निहित है ताकि दुष्टता और इससे निकलने वाले विचारों को नियंत्रित किया जा सके।

5.1.4 थॉमस पाइन

18वीं शताब्दी के दौरान मानवाधिकारों को सार्वभौमिक मूल्यों के रूप में प्रस्तावित करने के लिए अपनी रचना 'मनुष्य के अधिकार' के लिए पाइन केंद्रीय विद्वानों में से एक हैं। उन्होंने नैतिकता और न्याय की नींव पर, ध्वनि सैद्धांतिक कानून पर चलने वाले लोगों के लिए, अमेरिकी स्वतंत्रता और समतावादी सरकारों को बहुत प्रेरित किया। उनको प्रेरणा आत्मज्ञान के युग और प्रकृति को नियंत्रित करने वाले कानूनों से मिली। उन्होंने सरकार को जवाबदेह बनाए रखने के लिए एक सशक्त समाज के हेतु एकता के आदर्श आधार के लिए तर्क दिया। समाज को वह एक वरदान और सरकार को एक

बुराई मानते थे क्योंकि बाद में जब तक सामाजिक व्यवस्था सामंजस्यपूर्ण और आत्म–सुधारात्मक नहीं हो जाती तब तक अत्याचार करने के लिए गहरी जड़ें एक प्राकृतिक शक्ति होती है। कानून बनाने की प्रक्रिया पर नागरिक समाज के लोकप्रिय नियंत्रण के लिए कानून में प्रतिनिधित्व आवश्यक है ताकि सरकार एक बुराई के रूप में विकसित न हो। सरकार की बुराई और समाज की खुशी स्वः–संतुलित और विपरीत अनुपात में होती है। मनुष्य के अधिकार और तर्क की आयु, मानवाधिकार कानून दर्शन और शासन के क्षेत्र में थॉमस पाइन का प्रमुख योगदान है। मानवाधिकार स्वतंत्रता के सिद्धांत हैं जिन्हें पाइन ने पहले ही स्पष्ट कर दिया है।[35] स्वतंत्रता, सभी गुणों में सबसे महत्वपूर्ण है जिसे पाइन द्वारा अपने अधिकारों के लिए मनुष्य के दर्द के लिए एक अमृत और रामबाण माना जाता है। स्वतंत्रता के लिए मनुष्य को डरना नहीं चाहिए और तर्क को अपनाना चाहिए।

> "दुनिया भर में स्वतंत्रता का शिकार किया गया था; कारण विद्रोह के रूप में माना जाता था; और दासता भय ने मनुष्यों को सोचने से डरा दिया था।"[36]

'द राइट्स ऑफ मैन' के माध्यम से पाइन मानवाधिकारों पर कुछ मूलभूत पूछताछ करते हैं और संबोधित करते हैं :

वे अधिकार क्या हैं, और उनके द्वारा मूल रूप से मनुष्य कैसे आया?[37]

पाइन का जवाब है कि मनुष्य के अधिकार प्राकृतिक अधिकार और नागरिक अधिकार हैं। पूर्व में मनुष्यों के अस्तित्व से संबंधित हैं उदाहरणार्थ–बौद्धिक अधिकार, मन के अधिकार, आराम, खुशी आदि, बाद में समाज के सदस्य के रूप में व्यक्ति की सुरक्षा और सुरक्षा के लिए ये अधिकार हैं।[38] इन अधिकारों के स्रोतों को प्राकृतिक अवस्था में मौजूद धर्म, मूल्यों और अधिकारों के दायरे में दैवीय अधिकारों का पता लगाया जा सकता है या प्रकृति द्वारा प्रदान किया गया। धार्मिक मानदंडों के अलावा, मूल्य अधिकारों के आंतरिक स्रोत हैं। मूल्यों के बिना अधिकारों को अपनाया, निष्पादित और स्वामित्व नहीं किया जा सकता है। मूल्य अधिकार के लिए आम राय को नियंत्रित और प्रोत्साहित करते हैं। मूल्य अधिकारों के अस्तित्व के साथ, नागरिक व्यवहार, चरित्र, सद्भाव और सामाजिक व्यवस्था के लिए अर्थ और निर्देश मानकों को भी प्राप्त करते हैं। मूल्य, इसलिए, अधिकारों के कारण के रूप में कार्य करते हैं। मनुष्य की शक्ति प्राकृतिक अवस्था में अधिकारों का प्रयोग करने

और आनंद लेने की मनुष्य की क्षमता और योग्यता को तय करती है यानी अधिकारों की गुणवत्ता को निर्धारित करने और नागरिक शक्ति को प्रभावित करती है।[39] कुछ अधिकार अन्य अधिकारों की उत्पत्ति हैं और विनिमय योग्य हैं। उदाहरण के लिए प्राकृतिक अधिकारों से नागरिक अधिकार। अधिकारों के स्रोत के संचालक मानक इस प्रकार हैं :–

1. धार्मिक संस्थानों और अधिकारियों जैसे पोप और बिशप द्वारा,
2. राजाओं या कुलीनों द्वारा नियंत्रित राज्य की शक्ति से,
3. समाज के सदस्य के रूप में व्यक्ति का सामान्य हित,
4. तर्क के आधार पर उत्पन्न होने वाले मूल्य[40]।

फ्रांसीसी क्रांति के सबक बताते हैं कि चर्च अत्याचार और अन्याय का स्रोत रहा है। चर्च ने खुद को धर्म से और तर्क के आधार पर उभरने वाले मूल्यों के आधार के रूप में सेवा नहीं दी थी। इसके विपरीत, पाइन इस बात की पुष्टि करते हैं कि चर्च के नियंत्रण में, अभिजात वर्ग, जनजातीयता के माध्यम से अत्याचार और अन्याय का एक तरीका था जहां पारिवारिक संबंध यानी भाई–भतीजावाद सामूहिक और भावी पीढ़ी पर जकड़न को बनाए रखता था। जब दमन सहनशीलता से परे हो तब क्रांति के माध्यम से उत्साहित जनसामान्य द्वारा स्वतंत्रता न्यायोचित मांग प्रतीत होती है। क्रांति के अलावा, राजशाही निरंकुशता के अंत का कोई विकल्प नहीं था। क्रांति ने न्याय के अधिकारों के लिए एक शर्त निर्धारित की। पाइन ने क्रांति का पक्ष लिया जब विकल्प सीमित हैं और भविष्य की आशा धूमिल है। फ्रांसीसी क्रांति ने अंतरात्मा के सार्वभौमिक अधिकार की स्थापना की,[42] यह (क्रांति) उप–क्षेत्र में मानवता के लिए एक स्पष्ट आह्वान और उससे परे विवेक मानव जाति के अधिकारों के लिए पहला और अंतिम शब्द है। अधिकारों पर पाइन का सैद्धांतिक साहित्य क्षेत्र को उजागर करने के लिए स्रोत से समग्र अंतर्दृष्टि प्रदान करता है। कानून सामान्य संस्कृति, सार्वभौमिक मूल्यों से प्रेरित स्रोतों पर नियम स्थापित करता है। राज्य लोकप्रिय जनादेश के साथ कानून लागू करने का अधिकार प्राप्त करता है। प्रवर्तन के लिए संसाधन सामान्य वस्तुओं से निकाले जाते हैं। कार्यान्वयन का तरीका राजनीतिक इच्छा पर सामान्य इच्छा के प्रभाव पर संचालित होता है जिसके लिए नागरिक क्षमता को अभिजात

वर्ग की प्रवृत्ति को निर्देशित करना होता है। एक लोकतांत्रिक और गणतंत्र में स्थापित लोक-शक्ति हैं। सामान्य इच्छा के व्युत्पन्न निम्नलिखित हैं :

1. स्रोत,
2. अधिकारों को लागू करने का अधिकार,
3. प्रवर्तन के लिए संसाधन,
4. शासन की कार्यप्रणाली।

राजनीति और सरकार अलग-अलग संस्थाएं हैं। राजनीतिक अभिजात वर्ग के निहित स्वार्थ सरकार को कार्य करना कठिन बना देते हैं और कानूनी संस्थाएं पतनशील हो जाती हैं। पाइन इसके पक्ष में कहते है :

> "सभी राजनीतिक संघों का अंत मनुष्य के प्राकृतिक और अगोचर अधिकारों का संरक्षण है"।[43]

राजनीतिक अतिक्रमण से सुरक्षा की उपस्थिति में ही मनुष्य के अधिकार जीवित रह सकते हैं जिसके लिए मानवाधिकारों की संस्थाओं और उपकरणों को राजनीतिक संघों से स्वायत्त होना चाहिए। केवल स्वायत्तता के तहत, कानून की पवित्रता बनाए रखने योग्य है। राष्ट्र का शासी कानून यानी जिस संविधान से लोगों की आकांक्षाएं और मंशा स्पष्ट होती है वह बुनियादी अधिकार प्रदान करता है। मानवाधिकार संविधान के केंद्र और संरचना में निहित हैं। मानव मूल्यों के अलावा संविधान में क्या शामिल होना चाहिए इस पर एडमंड बर्क और थॉमस पाइन के बीच बहस यह विचार प्रदान करती है कि मानवाधिकार व्यापकता-आधारित कानूनों के मानक हैं और होने चाहिए। पाइन प्रश्न करते हैं :

> "यदि सरकारें, [...], मनुष्य के अधिकारों पर आधारित नहीं हैं, [...] फलस्वरूप उन्हें किसी ऐसी चीज के अधिकार पर क्यों स्थापित किया जाना चाहिए जो मानवीय नहीं है। फिर वह क्या है?"[44]

कि कुछ ऐसा है जो मानव नहीं है और ... वह सरकार एक जानवर है।[45] सरकार की भूमिका मानव व्यक्ति और समाज के सदस्य होने की क्षमता में सभी के लिए अच्छा करना है। यही वह उद्देश्य है जिसके लिए सरकार की स्थापना की जाती है और संविधान बनाया जाता है। सरकार के

नीतिगत उद्देश्य व्यक्तिगत और सामूहिक दोनों प्रकार की वस्तुओं के मानदंड पर आधारित होने चाहिए। ऐसे उद्देश्यों की पूर्ति सरकार के साध्य और साधन का उत्तर है।[46] संविधान लोगों की सामान्य खुशी के लिए बनाया गया है यह संविधान का एकमात्र उद्देश्य है।[47] सरकार पर यह जिम्मेदारी नहीं है कि वह सब लोगों को खुशी प्रदान करे लेकिन इस कारण के लिए एक जवाबदेही है कि सरकार सभी विशेषाधिकारों और नागरिकों द्वारा बनाए गए दायरे को अवशोषित करती है और उनका आनंद लेती है।

5.1.5 जॉन डेवी

जॉन डेवी के प्रमुख विचार और सिद्धांत लोकतंत्र, शिक्षा, शक्ति और तर्कसंगत सोच के बारे में रहे हैं। मानवाधिकार शांति की विचारधारा पर आधारित हैं और यह समझना अनिवार्य है कि शांति और अशांति में अशांति का कारण क्या है। शक्ति पर डेवी का सिद्धांत मूल्यवान अंतर्दृष्टि प्रदान कर सकता है। डेवी शक्ति को कार्य करने और प्रभाव करने की क्षमता पर नियंत्रण और प्रभुत्व के रूप में देखता है।[48] उदाहरण के लिए, नियंत्रण और वर्चस्व का प्रयोग तब प्रकट होना आवश्यक है जब परंपराएं, शिक्षा, कानून और मानदंड उचित प्रभाव में विफल हो जाते हैं और सामाजिक व्यवस्था विफलता की ओर ले जाती है। शक्ति के अन्य पहलू, दूसरों पर शक्ति के विपरीत, डेवी आत्म–साक्षात्कार और शक्ति के बीच परस्पर संबंध की नवीन अवधारणा का परिचय देते हैं। वह पुष्टि करता है कि सामाजिक प्रथाओं (आदर्श रूपों) के माध्यम से चरित्र का विकास शक्ति है क्योंकि यह आत्म–साक्षात्कार की ओर ले जाता है जो मनुष्य का अंतिम उद्देश्य है।[49] अरस्तू, वोल्टेयर और रूसो के विचारों पर चर्चा की जाती है, प्रसन्नचित्ता मनुष्य का अंतिम उद्देश्य है। आत्म–साक्षात्कार सुख की अंतिम अवस्था है। प्रसन्नता आत्म–साक्षात्कार की अंतिम अवस्था हो सकती है क्योंकि अरस्तू का कहना है कि खुशी एक प्रक्रिया है, अंत नहीं। स्वयं के एक बेहतर संस्करण के माध्यम से डेवी बेहतर दुनिया की कल्पना करता है। डेवी का अन्य कार्य जनता और उसकी समस्याओं से संबंधित है। डेवी विश्लेषण करता है कि सामाजिक समस्याएं आपसी हितों और दायित्व के साझा योगदान में बाधाओं से उत्पन्न होती हैं जिसके लिए ठोस और आशाजनक सामाजिक संपर्क की अनुपस्थिति कारण

हो सकती है। डेवी के संदर्भ में मूल्य एक सामाजिक व्यवस्था में सदस्यों के समरूप हितों के अलावा और कुछ नहीं है।[50] इस व्याख्या के साथ डेवी मूल्यों को तटस्थ वस्तुओं या मानकों के रूप में नहीं बल्कि विश्वसनीय हितों के रूप में देखते हैं जो समाज के सदस्यों को सामाजिक संपर्क में रखना चाहिए। डेवी का प्रस्ताव है कि शिक्षा (मानव बुद्धि/मानवीय कारण/वैज्ञानिक दृष्टिकोण/वैज्ञानिक जांच) उन मुद्दों को दूर करने के दुर्जेय तरीकों में से एक है जो सामाजिक संपर्क और सामाजिक सहयोग में प्रगति में बाधा डालते हैं।[51] सत्ता पर डेवी की व्याख्या से पहचाने जाने वाले अन्य कारक हैं :

1. पदानुक्रमित रूप में शक्ति संरचना,
2. संरचना/प्रणाली/स्थापना को प्रभावित करने वाली और योगदान देने वाली ताकतें,
3. सामाजिक-राजनीतिक अंतरफलक की प्रक्रिया।

उपरोक्त कारकों के आलोक में डेवी का कहना है कि सामाजिक संपर्क और सामाजिक-राजनीतिक अंतरफलक का सत्ता की संरचना पर सीधा प्रभाव पड़ता है और सार्वजनिक समस्या की वास्तविक प्रकृति को समझने के लिए ऐसी ताकतों की समझ बुनियादी है। डेवी इस धारणा में प्रबल विश्वास रखते हैं कि सार्वजनिक समस्या और सामाजिक मुद्दों को वैज्ञानिक कुशाग्रता से निपटाया जा सकता है। इसे कुछ लोग मृगतृष्णा या आदर्शवाद के रूप में मान सकते हैं लेकिन डेवी शिक्षा और वैज्ञानिक विचारों की शक्ति पर अपनी दृढ़ता बनाए रखते हैं। डेवी द्वारा उदारवादी सिद्धांत में यथार्थवाद की घोर उपेक्षा की गई है। डेवी के सिद्धांत का विचार है[53] :

1. आस्था और विश्वास की उत्प्रेरक प्रणाली का उत्साह और कारण एक रास्ता सुनिश्चित करेगा,
2. समझें कि मानवीय अनुभवों की गुणवत्ता में सुधार के लिए सामूहिक मानवीय भावना की आवश्यकता है।

डेवी ने स्थापित किया कि शक्ति का उद्देश्य क्षमता को प्रोत्साहित करना या समाज में योगदान करने के लिए और अधिक शक्ति विकसित करना है। सामान्य वस्तुओं में योगदान के साथ, शक्ति नैतिक और न्यायसंगत है। उनकी शर्तों में :

"सामाजिक जीवन में प्रभावी रूप से साझा करने की शक्ति विकसित करने वाली सभी शिक्षा नैतिक है।"

शक्ति, नियंत्रण और प्रभुत्व के अलावा, समझ और भावना को प्रभावी ढंग से साझा करके आत्मसात करने की क्षमता है। कानून और नीति के माध्यम से प्रभावी ढंग से 'साझा' करने की भावना को प्रोत्साहित करना राजनेताओं का प्रमुख काम है। शिक्षा का उद्देश्य साझा करने की क्षमता प्रदान करना है क्योंकि डेवी कहते हैं कि शिक्षा एक अवधारणा नहीं है बल्कि अनुशासित जीवन की प्रक्रिया है। सामाजिक संदर्भ में इसका अर्थ अनुशासन को स्वीकार करना, समायोजित करना और समझौता करना है। शिक्षा मानव चेतना को विकास की ओर ले जाती है और डेवी स्वीकार करते हैं कि चेतना सामान्य रूप से समायोजन की एक प्रक्रिया है। यहां अनुशासन का अर्थ है आत्म-अनुशासन जो आत्म-नियंत्रण के लिए स्वयं पर एक दायित्व है। डेवी सार्वभौमिक-स्व के विचार का परिचय देते हैं क्योंकि वे स्वयं को व्यापक समग्रता के एक हिस्से के रूप में देखते हैं और समायोजन से उनका मतलब मनुष्यों और उनकी प्रक्रियाओं की एकता के लिए सार्वभौमिक चेतना को नियोजित करना है।[56] प्रक्रियाएं मनुष्यों द्वारा सामान्य वस्तुओं को साझा करने की प्रथाएं हैं जो आत्म-साक्षात्कार के लिए साझा की जाती हैं और सांझा प्रथाएं नैतिक आदर्श हैं।[57] नैतिक आदर्श समाज में मनुष्य के अपने अस्तित्व और संरक्षण के लिए हैं। सामाजिक प्रथाएं मनुष्य के चरित्र और सामान्य कारण/अच्छे के प्रति उसकी भावना की जांच और विकास करती हैं।[58] देखभाल करना और साझा करना आत्म-साक्षात्कार का मार्ग है। इसलिए, मनुष्य को अपने लाभ हेतु दूसरों के साथ अपने तरीके और साधनों को साझा करना चाहिए। आत्म-विकास का आदर्श व्यक्तिगत सुख और दूसरों के बीच तालमेल और एकता स्थापित करता है। सामाजिक कल्याण में सभी का सुख विवादास्पद विचार है, वास्तव में सार्वभौमिक सुख ही सामाजिक कल्याण है।[59] डेवी के सिद्धांत में मानवाधिकारों के विद्वानों के लिए अनुभवात्मक और व्यावहारिक अंतर्दृष्टि है।

5.1.6 जॉन लॉके

ये प्राकृतिक अधिकारों के जनक कहे जाते है जिन्होंने जीवन, स्वतंत्रता और संपत्ति पर अंतर्दृष्टि प्रदान की। उनका इन धरणाओं पर विश्वास दृढ़ था।

एक सामाजिक व्यवस्था में ये आवश्यक मौलिक अधिकार हैं जिन्होंने यूरोप, अमेरिका और उससे आगे के संविधान निर्माताओं को प्रेरित किया। उनकी अग्रणी भूमिका पश्चिम यूरोप में क्रांतियों, विशेष रूप से फ्रांसीसी क्रांति को बढ़ावा देने के लिए ज्ञानोदय की प्रक्रिया में थी। जीवन, स्वतंत्रता और संपत्ति के प्राकृतिक अधिकारों के उनके विचारों ने जनता को अपने जीवन की कीमत पर विशाल करों के माध्यम से, कुलीनों के योगदान के बावजूद उनकी सुरक्षा, प्रगति और समृद्धि पर ध्यान नहीं देने के लिए अत्याचारी शासन को उखाड़ फेंकने के लिए प्रेरित किया। लोगों को भुखमरी और आकाल की स्थिति में भी नियमित करों का भुगतान करने के लिए मजबूर किया गया था ताकि शासकों और कुलीनों को अपने लोगों के दुख की कीमत पर अपने लाभों, विशेषाधिकारों और विलासितापूर्ण जीवन का आनंद लिया जाता रहा। लुइस सोलहवें और मैरी एंटोनेट के उदाहरण दृश्यावलोकन में आते हैं। लॉके ने स्वतंत्रता की तुलना स्वाधीनता से की और कहा कि कानून का अंत स्वतंत्रता को समाप्त करना या रोकना नहीं है बल्कि स्वतंत्रता को संरक्षित और विस्तारित करना है। यह प्रस्ताव संवैधानिक लोकतंत्र में इसकी उपयोगिता के अर्थ में काफी महत्वपूर्ण है। चूंकि लोकतंत्र के लिए कानून की आवश्यकता होती है जो लोगों की स्वतंत्रता और स्वतंत्रता पर आधारित होता है। लॉके अपने अवलोकन में सही है कि जहां कोई कानून नहीं है, वहां कोई स्वतंत्रता नहीं है।

5.1.7 थॉमस हॉब्स

उन्होंने अपने अग्रणी ग्रंथों 'लेविथान' और 'डी सिव' के माध्यम से प्राकृतिक कानून और मानव जाति के अधिकारों पर विचार प्रतिपादित किए। वह राज्य की संप्रभुता में दृढ़ विश्वास रखते थे और राज्य के हितों से समझौता न करने पर जोर देते थे क्योंकि यह केवल राज्य ही है जो मनुष्य के प्राकृतिक अधिकारों को सुरक्षित कर सकता है। इसलिए, मनुष्य के लिए अपने स्वयं के संरक्षण और समृद्धि के लिए राज्य की अधीनता को स्वीकार करना स्वाभाविक होना चाहिए। कानून और राज्य व्यवस्था के सम्मान की धारणा थॉमस हॉब्स के विचारों से ही उभरती है। उन्होंने कानूनी प्रत्यक्षवाद, प्राकृतिक कानून, मनुष्य की तर्कसंगतता और नैतिकता पर भी विचार प्रस्तुत किए हैं। उल्लेख करने

के लिए, सामाजिक व्यवस्था में सामंजस्य के लिए मानव स्वभाव पर विचार करने का उनका सुनहरा नियम प्रसिद्ध है :

"दूसरे के साथ ऐसा मत करो जो तुमने अपने साथ नहीं किया हो[60]।"

इसलिए हॉब्स मनुष्य को उस अधिकार का आनंद लेने के लिए अपने आचरण पर पूर्व-निरीक्षण के लिए मार्गदर्शन करते हैं जो उसे दूसरों को सुविधा प्रदान करते हैं।

5.1.8 जीन-जैक रूसो

बहुसंख्यकों की इच्छा लोगों की रुचि की अभिव्यक्ति है जिसे प्रबुद्धता के युग में रूसो की भूमिका द्वारा बढ़ावा दिया गया था। उन्होंने कानून को अपने प्रतिनिधियों के माध्यम से कानून की प्रक्रिया में भाग लेने के लिए लोगों की इच्छा के रूप में माना जो संवैधानिक लोकतंत्र का मूलभूत सिद्धांत है। उन्होंने लोगों को अपने अधिकारों के लिए सशक्त बनाने के लिए प्रत्यक्ष भागीदारी और विधायी प्रतिनिधित्व की वकालत की और उस पर जोर दिया। उन्होंने कानूनी अधिकारों के रूप में समानता और गरिमा के लिए दृढ़ता से तर्क दिया कि यह बिना किसी भेदभाव के योग्यता, गुण और प्रतिभा के अनुसार सभी के लिए (कानून) समान होना चाहिए। रूसो देखता है कि नैतिकता न्याय के उद्देश्य और अवधारणा के साथ कानून की एक सार्वभौमिक प्रणाली है।[61] रूसो को उदार मूल्यों में विश्वास था और उसने प्रबुद्धता के लिए कट्टरपंथी परियोजनाओं को खारिज कर दिया था।[62] उनका तर्क है कि नैतिकता प्राकृतिक मूल्य हैं और यह (कट्टरपंथ) प्रकृति का विरोध करने का आवेग है जो मनुष्य की अखंडता के लिए खतरा है।[63] हालांकि, रूसो नैतिकता और कारण के बीच संतुलन की अनदेखी नहीं करता है लेकिन तर्कसंगतता या तर्क पूर्ण अर्थों में यह रूसो द्वारा ही मर्यादित किया गया है।

5.1.9 अरस्तू

द *निकोमैचियन एथिक्स* में अरस्तू खुशी के विचार को मानवीय भलाई के रूप में पेश करता है। मानवाधिकारों के आलोक में खुशी पर बात करना अनिवार्य है। मानवाधिकारों का विचार भी समाज को सामंजस्यपूर्ण या खुश रखने के लिए समान है। अरस्तू कहते हैं :

"खुशी जीवन का अर्थ और उद्देश्य है, मानव जीवन के अस्तित्व का संपूर्ण उद्देश्य और अंत है।"

सरल शब्दों में अरस्तू ने सुख को सद्गुण और तर्क के नेतृत्व में अच्छी गतिविधि के रूप में परिभाषित किया है।[64] सुखी जीवन जीने के लिए, मनुष्य को अपने कार्यों और बुद्धि के माध्यम से क्रमश: शारीरिक और मानसिक प्रयास करने की आवश्यकता होती है। उनका कहना है कि सदाचार से ही सुखी जीवन संभव है और सदाचार के लिए परिश्रम की आवश्यकता होती है।[65] प्रसन्नचित्ता क्षणभंगुर तृष्णा से भिन्न है, सुख शाश्वत है जबकि वासना अपने प्रभाव में अल्पकालिक है। इसलिए, अरस्तू शारीरिक या कामुक सुखों जैसे मौलिक सुखों के लिए पशु प्रवृत्ति पर बुद्धि, गुण और पुण्य कार्यों के माध्यम से जीवन की लंबी अवधि की खोज पर जोर देता है। उनका कहना है कि खुशी एक गतिविधि है, एक साधन है, एक प्रक्रिया है जो अपने आप में अंत नहीं है।[66] एक सदाचारी आचरण स्वाद/मजा नहीं दे सकता है लेकिन खुशी के लिए खुशी कोई मनोरंजन नहीं है।[67] जो चीज जीवन को सबसे ज्यादा खुशहाल बनाती है वह है चिंतन और चिंतनशील जीवन इसलिए अरस्तू ने सबसे ज्यादा शाश्वत सुख होने का तर्क दिया।[68] चिंतन को सर्वोच्च गुण पर होना चाहिए, कुछ दिव्य, महान और सत्य।[69] सत्य को वह प्रकृति और उसके उद्देश्य के रूप में पहचानता है जो समय के साथ नहीं बदलते हैं। संयम के साथ कम निर्णायक होना सच्चे व्यक्ति का गुण है जिसके पास कुछ भी दांव पर नहीं है।[70] अरस्तू इसलिए सुखी जीवन, नैतिक गुण, कारण, सत्यता और पुण्य कार्यों पर अपने विचारों के साथ मानवाधिकारों के ज्ञान को मजबूत करता है। कार्यों और चिंतन, वह नैतिक आचरण के लिए बुनियादी अंतर्निहित मानदंड होने पर जोर देते हैं। आचरण को क्रियाओं से आंका जाता है और स्वभाव चरित्र को दर्शाता है। सामाजिक व्यवस्था में व्यक्ति के मन की अंतर्निहित गुणवत्ता का विरोध किया जाता है।

5.2 मूल्य

नैतिकता वे मूल्य हैं जो मानवाधिकारों के क्षेत्र और कार्यक्षेत्र का निर्माण करते हैं। नैतिकता या मूल्यों को नाममात्र, वैचारिक या वास्तविक अर्थों में समझना चुनौतीपूर्ण कार्य है। क्या पश्चिमी नैतिकता या मूल्य अरबी दुनिया में पालन

किए जाने वाली परंपराओं पर लागू होता है? उत्तर स्पष्ट रूप से है : नहीं। फिर सार्वभौमिक मूल्यों में क्या शामिल है। एक संदर्भ में सार्वभौमिक मूल्यों का सामान्यीकरण करना कठिन और समझ से बाहर है क्योंकि मूल्यों के मानदंड आधार, समय और स्थान के अनुसार बदल जाते हैं। इसलिए मानवाधिकारों को सार्वभौमिक मूल्य प्रणाली के रूप में देखते हुए, हम केवल उन नैतिकता या मूल्यों के बारे में टिप्पणी या विचार कर सकते हैं जो तटस्थ हैं या एक आम संस्कृति के व्यापक-आधारित हित को प्रभावित नहीं करते हैं या कम से कम बिल्कुल आदिम, शैतानी और उप-सांस्कृतिक नहीं है। नीचे चर्चा किए गए मूल्य तटस्थता के मानदंड पर विवाद के लिए प्रवण संभाव्य हैं। डेवी के सुझाव के अनुसार सामाजिक समरसता में अंतराल पैदा करने वाली समस्याओं के वैकल्पिक बौद्धिककरण द्वारा चर्चा और तर्कसंगत पूछताछ की प्रक्रिया के माध्यम से प्रतियोगिताओं को हल किया जा सकता है।

5.2.1 लोकतंत्र और समानता

समानता और समता के आदर्शों के बिना मानवाधिकारों का कोई अर्थ नहीं है। ये मजबूत नैतिक मूल्य हैं जिन पर मानवाधिकार आधारित हैं। यह वह समानता है जिसके साथ लोकतंत्र की अवधारणा फलती-फूलती है जिसमें मानवाधिकार मौजूद हैं, जीवित रहते हैं और बढ़ते हैं। लोकतंत्र और समानता मानवाधिकारों के लिए आवश्यक नीतिगत बारीकियों की पेशकश करते हैं[71] :

1. सामान्य वस्तुओं और शक्ति में समान/आनुपातिक हिस्सेदारी,
2. अपनी मर्जी से अपना जीवन जीने की आजादी,
3. नागरिकों को गोपनीयता के क्षेत्र को बनाए रखने और अपनी पसंद का जीवन जीने की स्वतंत्रता।

अरस्तू ने लोकतंत्र में एक चेतावनी दी जहां लोग बिना शर्त समानता, स्वतंत्रता और स्वतंत्रता का आनंद लेना चाहते हैं :

> "बाधा में रहना, और जो अच्छा लगता है उसे करने में सक्षम न होना फायदेमंद है, क्योंकि जो कुछ भी पसंद है उसे करने की आजादी हर इंसान को उसमें मौजूद बुरी चीजों के खिलाफ रक्षाहीन कर देती है।"

देश के कानून को मजबूत करने के लिए लोगों को अच्छी तरह से सूचित और शिक्षित राजनीतिक इच्छाशक्ति के साथ अच्छा नागरिक बनने की जरूरत है ताकि लोग लोकतंत्र में इन आदर्शों का आनंद लें। लोकतांत्रिक संदर्भ में बिल्कुल विपरीत तर्क यह है कि लोकतंत्र को अंत के रूप में नैतिक कानून के अधीन नहीं किया जाना चाहिए। यदि लोकतंत्र को अंत तक अक्षुण्ण रखना है तो कानून का एक पूर्ण, औपचारिक और कानूनी इकाई के रूप में पालन करना होगा। मानवाधिकार मूल्यों के उपचार का विकल्प बहुमत की इच्छा पर छोड़ा जाना है। यदि लोकतंत्र को मानवाधिकारों के साधन के रूप में एक अंत के रूप में माना जाता है तो तर्क का संस्करण अलग है क्योंकि नैतिक कानून के प्रावधान नागरिक कानून का स्थान लेते हैं। सर्वसम्मति से विवेक प्रबल होता है। इस तर्क के आधार पर कि मानवाधिकार अहिंसक हैं और लोकतंत्र को नियंत्रित करने वाले सर्वोच्च कानून यानी संविधान में निहित अधिकार हैं फिर नैतिक मामले निश्चितः कानून का मार्गदर्शक सिद्धांत है। यदि समानता और लोकतंत्र बुनियादी ढांचा है तो कानून अपने रूप में और कार्यप्रणाली में अंतर व्यवहार के प्रावधानों के संदर्भ में व्यवहारिकता के अनुकूल होना चाहिए। समानता, विविधता, भागीदारी और प्रतिनिधित्व की अंतर्निहित विशेषताओं के कारण प्रकृति और दायरे से लोकतंत्र अनंतिम और परिवर्तनशील है। समानता वही लाभ है जो एक व्यक्ति को समाज के एक सदस्य के रूप में उसके कार्य या योगदान के लिए होता है जैसा कि दूसरों को बिना किसी भेदभाव या बाधा के होता है। समानता और समता अलग-अलग धारणाएं हैं। एक समान स्तर (समानता) के बिना, मेरा तर्क है कि समता प्राप्त करने योग्य नहीं है। समानता के सिद्धांत ने ज्ञानोदय के युग के दौरान कर्षण प्राप्त करना शुरू कर दिया जब विचारकों ने मनुष्य की भावना और इच्छा पर चर्च या राज्य के मनमाने नियंत्रण को समाप्त करने पर जोर दिया। समानता सांस्कृतिक, आर्थिक, नैतिक, सामाजिक और राजनीतिक मूल्य है। मानवाधिकारों के संबंध में सामाजिक मानदंड सबसे महत्वपूर्ण हैं जबकि अन्य उपक्रम जैसे कि सामान्य वस्तुओं में हिस्सेदारी के वितरण के माध्यम से आर्थिक समानता और वितरण के लिए राजनीतिक समानता और सत्ता में प्रतिनिधित्व राजनीतिक और सामाजिक व्यवस्था में पदानुक्रमित व्यवस्था में महत्वपूर्ण भूमिका निभाते हैं। संतुलन तब तक बना रहता है जब तक समानता के सभी तत्व क्रम और स्थिरता के अनुपात में हों। एक घटक में गड़बड़ी

बाकी अन्य मापदंडों में अपने हिस्से की मांग करेगी। संदर्भ और परंपराएं अनुकूल मापदंडों को प्राथमिकता दे सकती हैं जैसे पूंजीवादी समाज आर्थिक समानता चाहता है जबकि रूढ़िवादी संस्कृति या शक्ति उन्मुख हो सकता है। मेरे विचार में, राजनीतिक समानता सबसे ऊपर है और अन्य समानताओं के मानदंड तय करती है। राजनीतिक समानता के केंद्र में शक्ति होती है जो समानता के सांस्कृतिक, आर्थिक और सामाजिक गुणों, यहां तक कि नैतिक रूपरेखा को बदलने में निर्णायक भूमिका निभाती है। अपने स्वयं के अर्थ और प्रकृति से शक्ति अपने परिणाम में संतुलन बनाए रखना नहीं है। एक इकाई में शक्ति का स्तर जितना अधिक होता है, उतनी ही अधिक अशांति पैदा होती है। यह मुख्यधारा में एकता के लिए राजनीतिक के अलावा अन्य समानता की आवश्यकता है। अन्य मापदंडों के बिना, यहां तक कि अकेले राजनीतिक समानता का भी कोई अर्थ नहीं है।

समानता की जाँच पारस्परिकता के पैमाने पर की जाती है कि सभी एक दूसरे से लाभ उठाने में सक्षम हैं और उत्थान और संचयी शक्ति संयुक्त रूप से एक दूसरे का समर्थन करते हैं। यदि समानता के अन्य रूपों को वैचारिक और वास्तविक अर्थों में स्थापित किया जाए तो यह समानता में शक्ति के रूप में भाजक होता है जो सभी के लिए समान रहता है। लोकतांत्रिक व्यवस्था में विभिन्न समानताओं के बीच संतुलन अंतर्निहित है। कभी-कभी आर्थिक समानता राजनीतिक समानता को चुनौती दे सकती है या इसके विपरीत या सामाजिक समानता आर्थिक समानता के लिए खतरा हो सकती है। लोकतंत्र इन सभी रूपों के संतुलन में आगे बढ़ता है। लोकतंत्र और समानता परस्पर अंतर-क्रियात्मक हैं और सुदृढ़ीकरण कर रहे हैं। जैसे समानता एक व्यक्तिगत विशेषता है और मूल्य लोकतंत्र है। डेवी के संदर्भ में, लोकतंत्र और व्यक्तित्व निकटता से संबंधित हैं और लोकतांत्रिक व्यक्ति एक वस्तुनिष्ठ अवधारणा है :

> "लोकतंत्र व्यक्ति के जीवन का एक व्यक्तिगत तरीका है। [...]। यह जीवन के सभी संबंधों में व्यक्तिगत चरित्र बनाने और इच्छा और उद्देश्य को निर्धारित करने के लिए कुछ दृष्टिकोणों के कब्जे और निरंतर उपयोग का प्रतीक है।"[72]

उपरोक्त सिद्धांत से यह निष्कर्ष निकलता है कि समानता लोकतंत्र में ही संभव है। चरित्र, इच्छा, उद्देश्य और संबंध तब विकसित होते हैं जब समानता मौजूद होती है जब लोगों को उनके लिए शासन का एक तरीका तय करके,

जीवन का दावा करने का अधिकार होता है। व्यक्ति लोकतंत्र में व्याप्त असमानता में योगदान करने वाले कारकों के नियंत्रण पर और बहस कर सकते हैं क्योंकि, यदि लोकतंत्र मौजूद है तो उनके पास सही तंत्र और साधन हैं।

5.2.2 गरिमा

गरिमा व्यक्ति की आत्मिक-छवि की स्वीकृति, व्यक्ति के चरित्र और व्यक्तित्व को दिया गया सम्मान है। यह मानवीय व्यक्तित्व होने के नाते एक व्यक्ति के चरित्र की पवित्रता बनाए रखने की प्रतिबद्धता है।

यूडीएचआर अनुच्छेद-1 के अनुसार :

> "सभी मनुष्य स्वतंत्र और समान गरिमा और अधिकारों में पैदा हुए हैं। वे तर्क और विवेक से संपन्न हैं और उन्हें भाईचारे की भावना से एक दूसरे के प्रति कार्य करना चाहिए।"

नागरिक और राजनीतिक अधिकारों पर अंतर्राष्ट्रीय सम्मेलन की ध्यान देने योग्य प्रस्तावना जो 1966 में बनाई गई अधिकारों पर पहला सम्मेलन कहती है :

> '...ये अधिकार मानव व्यक्ति की अंतर्निहित गरिमा से प्राप्त होते हैं।'

गरिमा जिसे एक शांत और गंभीर तरीके के रूप में परिभाषित किया गया है– जो सम्मान के योग्य है, आदर योग्य, सम्मानीय, या आदरणीय होने की गुणवत्ता रखे है या उसे पाने की स्थिति में है जैसे एक व्यक्ति द्वारा दूसरे को सौंपे गए उच्च पद या कार्यालय या पद इत्यादि। मानवाधिकार मानवता के मूलभूत मानकों में से एक होने के नाते गरिमा के व्युत्पन्न हैं। गरिमा के बिना मानवाधिकारों की अवधारणा असंभव और उसके दृष्टिकोण में यांत्रिक है। गरिमा का सिद्धांत अधिकारों के सिद्धांत से जुड़ रहा है।[75] यह तर्क दिया जाता है कि यह नैतिकता का सिद्धांत है, निश्चित रूप से कानून का सिद्धांत, सर्वोच्च महत्व का सिद्धांत है।[76] गरिमा नैतिक विचारों और अन्य मूलभूत, व्यख्यात्मक, रचनात्मक कार्य को समझाती है। जब अधिकार के लिए मानक स्थापित करने के उद्देश्य से गरिमा की उपयोगिता की बात आती है तो सब व्यापार कानून और नैतिकता के बीच ही होता है। वाल्ड्रॉन का मानना है कि अधिकारों को समझने का सबसे अच्छा तरीका नैतिक विचारों से शुरू करना है और फिर अधिकारों पर कानून के प्रभाव का निरीक्षण करना है।

अस्पृश्य और व्यक्तिपरक धारणाएं नहीं रहतीं। सबसे सरल उपायों में से एक यह प्रस्ताव हो सकता है कि यदि गरिमा का कोई कानूनी महत्व नहीं है तो क्या मानवाधिकारों पर कानून लाभार्थी को कोई सहारा प्रदान कर सकता है? इसका उत्तर संभवतः नहीं है जिसका अर्थ है कि गरिमा के लिए न्यायशास्त्र में कानून के मानकों में त्रुटिहीन स्थिति है, न कि केवल पर्याप्त तर्क के लिए अपितु यह वास्तविक स्थिति है। गरिमा की अवधारणा पर वाल्ड्रॉन द्वारा प्रस्तुत अन्य बहसें स्थिति, पक्ष और समतावादी सेवा के संबंध में इसके मूल्यांकन पर आधारित हैं। प्रथम दृष्टया, इसे अधिकारों के लिए एक उल्लंघन योग्य कटौती के रूप में स्वीकार किया जाता है। गरिमा पूर्व-प्रतिष्ठित मानदंड बनी हुई है क्योंकि मानव गरिमा मानवाधिकारों की नींव और वैधता को मजबूत करती है।[78] पुरुष और जानवर समान रूप से, सभी सम्मान के पात्र हैं और जो लायक नहीं हैं क्योंकि उनके पास खुद को मानकों तक बढ़ाने के लिए स्थिति और पद का लाभ है। लेकिन यह निम्न है जिसके लिए गरिमा एक विलासिता बनी हुई है जो दुनिया में कहीं भी सच है कि गरीबों के साथ गलत व्यवहार किया जाता है क्योंकि उनके साधनों और तरीकों में पद और अन्य मानकों का अभाव है। मैं व्यक्तिगत रूप से केवल पदों और मानकों की निरंतरता पर सम्मान के पक्ष में नहीं हूं, यह सभी के लिए है। सभी की गरिमा के लिए समान व्यवहार मानवाधिकारों को शाश्वत बनाता है। गरिमा के नैतिक दर्शन को आत्मसात करने के लिए यह आध्यात्मिक परिवर्तन की मांग करता है जहां भेदभाव के लिए कोई जगह नहीं है।[79] समान व्यक्तिगत गरिमा मौलिक इच्छा है।[80] समानता हेतु मानवाधिकारों के सर्वोत्तम निर्धारकों में से जो एक है वह है– गरिमा। इसके प्रयोजनार्थ अलग-अलग कानून हैं और उनकी मुख्य भूमिका किसी व्यक्ति की स्वयं/स्व-छवि को नुकसान से बचाना है। यदि किसी व्यक्ति की गरिमा को कलंकित किया जाता है तो सम्मेलनों या कानून के तहत उपलब्ध असाधारण प्रावधानों को लागू करना होगा। आधुनिक लोकतंत्र के संवैधानिक कानूनों के तहत व्यक्तियों के अधिकारों का सम्मान करने और निजी आत्म-छवियों यानी गरिमा की रक्षा करने की प्रतिबद्धता निर्धारित है। स्वतंत्रता के लिए व्यक्तियों पर भी दायित्व है और लोकतांत्रिक व्यवस्था में स्वतंत्रता बिल्कुल दूसरों की गरिमा की कीमत पर नहीं है अन्यथा वे स्वयं अपने अधिकारों और पात्रता का त्याग करते हैं। गरिमा के अधिकार के रूप में व्यक्ति अपनी छवि बनाने और स्थापित करने की क्षमता प्राप्त

करते हैं जो आधुनिक नागरिक समाज में संबंधों की पवित्रता और व्यवस्था की पूर्वापेक्षा है। इसलिए, गरिमा के अधिकार का विचार लोगों को उस तंत्र तक पहुंच प्रदान करना है जो उनकी विशिष्ट छवि और इसकी अखंडता की रक्षा करता है। गरिमामय जीवन के माध्यम से मनुष्य अपनी स्वतंत्र इच्छा का प्रयोग कर सकता है जैसा कि हमने ग्रेस के सिद्धांत और ऑगस्टाइन की स्वतंत्र इच्छा से सीखा, आत्म-सम्मान के माध्यम से आत्म-साक्षात्कार का यह एक तरीका है।

5.2.3 न्याय

जॉन रॉल्स का न्याय का सिद्धांत न्याय की आधुनिक अवधारणा के मुख्य विचार पर प्रकाश डालता है और सारांशित करता है। न्याय की अवधारणा के निर्माण के लिए उन्होंने जिन कुछ चरों की पहचान की वे हैं :

1. समानता,
2. सहयोग,
3. मूल समझौता यानी सामाजिक अनुबंध,
4. सबकी भलाई, निष्पक्षता, स्वतंत्रता।

उपरोक्त कारकों के साथ, न्याय को लागू करने के लिए कुछ उपकरण भी पहचाने जाते हैं जो संस्कृति, संविदात्मक स्थिति, कानून, विधायिका, संविधान, मूल स्थिति की समझ, सहयोग की योजना और निष्पक्षता की व्याख्या, परंपरा आदि हैं। मानक के अनुसार, रॉल्स ने तर्क दिया कि निष्पक्षता पर आधारित न्याय वस्तुओं पर अधिकारों को प्राथमिकता देता है। न्याय के कई सिद्धांत हैं जिन्हें स्वीकार या अस्वीकार किया जा सकता है। कुछ मौलिक मानदंड और चर हैं क्योंकि रॉल्स उदाहरण के लिए प्रारंभिक संविदात्मक स्थिति की अवधारणा को बनाए रखता है जो उचित लग सकता है, हालांकि व्यक्तिपरकता के विशेष सिद्धांतों को अस्वीकार करने का प्रस्ताव है। न्याय के परिप्रेक्ष्य में संतुलन के लिए अनुबंध और संदर्भ निर्णायक कारक हैं। उनका तर्क विभिन्न चर और उपकरणों को जोड़ता है जो एक प्रतिबिंब है कि न्याय का सिद्धांत मुख्य रूप से आर्थिक न्याय से प्रेरित है[82]:

"... प्रारंभिक स्थिति में व्यक्ति दो/बल्कि भिन्न सिद्धांतों को चुनेंगे।"

1. मूल अधिकारों और कर्तव्यों के समनुदेशन में समानता,
2. सामाजिक और आर्थिक समानताएं,
3. धन और अधिकार की समानता,
4. सभी के लिए लाभ,
5. विशेष रूप से समाज के सबसे कम सुविधा प्राप्त सदस्यों के लिए।

न्याय के मापदंडों का विश्लेषण मोटे तौर पर अधिकारों और कर्तव्यों के लिए आवश्यक न्याय के मानदंडों के रूप में आर्थिक समानता को छूता है। इसी तरह, दृष्टिकोण कई हैं लेकिन बुनियादी प्राथमिकता पर आर्थिक न्याय रहता है। प्राकृतिक बंदोबस्ती के अभाव में, न्यायसंगत न्याय के लिए सामाजिक परिस्थितियों में आर्थिक लाभ/समानता के लिए राजनीतिक और विभेदक व्यवहार पूर्वापेक्षाएँ हैं। उद्देश्य, उपयोगिता, उपयोगितावाद और नैतिकता के आधार पर न्याय की विभिन्न अवधारणाओं का निर्माण किया जा सकता है। उपयोगितावादी अर्थ में, न्याय का उद्देश्य समुदाय के सभी सदस्यों के लिए व्यक्तिगत समृद्धि और सामाजिक सद्भाव लाना होना चाहिए।

न्याय के इरादे के लिए वैधता जांच बिंदु प्रकृति, सामान्य हित, अनुमान, आकस्मिकता, व्यावहारिकता, विवेकशीलता, तर्कसंगतता, पदार्थ और परंपरा हैं। उदाहरण के लिए, सामान्य हित, सामाजिक न्याय के रूप में इसके उचित वितरण के लिए अक्सर कानून के तहत दावा किया जाने वाला मानदंड है। कानून की प्राथमिक भूमिका उस संदर्भ में समस्या को समझने के आधार पर न्याय प्रदान करने की होनी चाहिए जो औपचारिक कानून में व्यक्तिपरकता की मांग कर सकती है। न्याय क्रमशः मूल्यों और दंडात्मक उपायों को बढ़ावा देकर सुविधाजनक और नियामक दोनों भूमिका निभाता है। कभी-कभी नरम दृष्टिकोण के नाम पर दंडात्मक उपाय उस सजा के बराबर नहीं किए जाते हैं जो अपराधी को प्रेरित करता है। न्याय तभी मिल सकता है जब अपराध के कारण उत्पन्न अव्यवस्था को कम किया जाए और पीड़ित को सुविधा और सुरक्षा दोनों प्रदान की जाए। सजा एक महत्वपूर्ण भूमिका निभाती है। न्याय के उद्देश्य से ऊपर और अधिक महत्वपूर्ण है भूमि के कानून को व्यवस्था और सद्भाव दोनों के साथ स्थापित करना है जो अधिकारों और दर्शन को बढ़ावा देने के लिए आवश्यक है।

5.2.4 कानून

वेबर कानून को मानते हैं :[83]

1. जीवन का एक क्रम,
2. जीवन के व्यवस्थित आचरण के लिए,
3. मूल्यों के मानक क्षेत्र को आत्मसात करता है,
4. युक्तिसंगत आचरण के लिए स्वरूप निर्धारित करता है,
5. उद्देश्यपूर्ण-तर्कसंगत कार्रवाई के माध्यम से,
6. सामाजिक क्षेत्र में।

कानून अपने तौर-तरीकों में औपचारिक हो सकता है, एक सकारात्मक और कानूनी प्रथा, लेकिन इसके मूल में औचित्य का मानक है[84] जोकि प्रगतिशील परंपरा के लिए अनुसरणीय है। यह प्रामाणिक और तर्कसंगत दोनों है। सन्तुलन इसे सन्दर्भ में प्रभावी बनाता है। इसके मानदंड नैतिकता हैं और नैतिक दायित्व के लिए नैतिक चेतना आवश्यक है जिसके लिए कानून का मतलब सार्थक होता है। कानून नागरिक और नैतिक कानून के रूप में मानवाधिकारों के साध्य और साधन दोनों के रूप में कार्य करता है जो कि प्रकृति में प्राथमिक रूप से संधि आधारित प्रथागत कानून है वहीं मानवाधिकार कानून दुनिया को प्रभावित करने वाली प्रमुख घटनाओं के अनुभवों और प्रथाओं से इसकी व्युत्पत्ति करता है। कुछ घटनाओं का उल्लेख पिछले अध्यायों में ज्ञानोदय और क्रांति के रूप में किया गया है। चूंकि इस पुस्तक का झुकाव दार्शनिक पक्ष पर है, इसलिए मानवाधिकारों के मूल्य के रूप में कानून के दर्शन पर चर्चा करना उचित है। मानवाधिकार कानून का वास्तविक उद्देश्य राज्य और इसकी संस्थाओं में लोगों द्वारा दिए गए अधिकार के आधार पर मानव जाति के मौलिक अधिकारों को संरक्षित और विस्तारित करना है। अंतर्राष्ट्रीय मानवाधिकार कानून का एक उदाहरण लें जिसके लिए अध्याय छह में उल्लिखित सम्मेलन और संधियों के माध्यम से अधिकारों को बढ़ावा देने और उनकी रक्षा करने के लिए विभिन्न अंतर्राष्ट्रीय निकाय बनाए गए हैं। निष्पादन अंतराल के संदर्भ में कानूनी व्यवस्था की प्रभावकारिता और दक्षता की जांच अध्याय सात में की गई है। मैं कानून को नैतिक और दार्शनिक इकाई मानने वाले कानून के मूल्य पक्ष पर चर्चा तक सीमित रहूंगा। मानवाधिकार कानून एक नैतिक कानून

है जिसे निरपेक्ष या प्रत्यक्षवादी अर्थों में प्रयोग या लागू नहीं किया जा सकता है। कानून के औपचारिक और कानूनी रूप अभी भी अंतिम उपाय हैं। कानून को सार्वजनिक अधिकारियों द्वारा लोगों के लिए मान्यता और आश्वासन दिया गया है। एक मूल्य प्रस्ताव के रूप में, कानून को मान्यता और आश्वासन के पहलुओं के अलावा स्वीकृति, स्वीकारोक्ति, समन्वय, रक्षा और पदोन्नति की आवश्यकता होती है। संस्कृति, परंपरा, राज्य की आकांक्षाओं और बहुमत के साथ कानून का अनुपालन उसे मजबूत बनाएगा। कानून का उदार रूप सबसे प्रभावी है। यह आत्म–सुधार का विकल्प देता है, लेक़िन यह कुशल नहीं हो सकता है। जनसांख्यिकीय मापदंडों में विविधता की व्याख्या करना और निष्पादित करना समान रूप से कठिन है। परस्पर विरोधी व्यवस्था और स्थितियों में कानून को प्रभावित करने के लिए प्रक्रिया और कानून के सार में हमेशा टकराव होता है। अध्याय सात में विभिन्न कारकों का विश्लेषण किया गया है जो उल्लंघन के सरल रूपों से निपटने के लिए कानून को अक्षम बनाते हैं। अधिकार, कारण और मूल्य प्रस्ताव एक विशेष संदर्भ में उल्लंघन में आते हैं कि अच्छी तरह से प्रलेखित और संस्थागत कानून के अधिकार क्षेत्र में अन्याय होता है। प्रकृति और कार्यक्षेत्र अनुभवजन्य संदर्भ में कानून का अभ्यास करने के लिए कुछ व्यावहारिक उपकरण प्रदान कर सकते हैं।

> "मनुष्य द्वारा बनाए गए प्रत्येक कानून को एक कानून कहा जा सकता है क्योंकि यह प्राकृतिक कानून से चलता है। लेकिन अगर यह किसी तरह प्राकृतिक कानून का विरोध करता है तो यह वास्तव में कानून नहीं बल्कि कानून का भ्रष्टाचार है।"[85]

कानून का भ्रष्टाचार तब होता है जब वह सद्‌भाव के साथ व्यवस्था को बढ़ावा देने के लिए अपनी स्वाभाविकता खो देता है। जॉन लॉके और हॉब्स का तर्क है कि प्राकृतिक कानून मूल्य के अर्थ में कानून को इसके उद्देश्य और उपयोगिता को प्रतिबिंबित करने के साधन और तरीके प्रदान करता है। मानवाधिकार कानून पर समकालीन शासन राजनीतिक संस्थाएं हैं, इसलिए, मूल्य प्रस्ताव के रूप में कानून को संस्थाओं की अंतरात्मा की आवश्यकता होती है और सत्ता और निहित स्वार्थों के खिलाफ हेरफेर से बचाव होता है। कानूनी मूल्य का उद्देश्य सामान्य हित की सेवा करना है जिसके लिए निम्नतम स्तर के अंतिम लाभार्थी के प्रति बिना शर्त प्रतिबद्धता की आवश्यकता होती

है। मानवाधिकार कानून केवल उसी उद्देश्य के लिए बनाया गया है ताकि एक व्यक्ति के स्तर तक पहुंच सके। मानवाधिकार एक व्यक्ति के अधिकार हैं।

5.2.5 स्वतंत्रता और स्वाधीनता

लोकतंत्र और समानता के बीच संबंधों की पहले ही जांच की जा चुकी है। समानता को जोड़ने वाला अन्य मानदंड स्वाधीनता है क्योंकि स्वाधीनता के बिना समानता लोकतंत्र में अर्थहीन है। ये सभी अवयव परस्पर लागू क्रियान्वित होते हैं। समानता और स्वाधीनता लोकतांत्रिक आदर्शों को मजबूत करती है। स्वाधीनता स्वतंत्रता के विपरीत तुलनात्मक और संबंधपरक मूल्य है। स्वाधीनता सकारात्मक स्वतंत्रता है जिसका अर्थ है कि यह दूसरों की स्वतंत्रता या स्वाधीनता पर प्रभाव का अतिक्रमण या दमन नहीं करती है। स्वतंत्रता शून्य-राशि का खेल है जबकि स्वाधीनता नहीं है। सभी एक ही समय में स्वाधीन हो सकते हैं जबकि एक की स्वतंत्रता दूसरे की स्वतंत्रता की सीमा है। यह अपने भाग्य या भविष्य की आकांक्षा को स्वयं निर्धारित करने की शक्ति है। एक स्वाधीन व्यक्ति दूसरे के प्रभाव या उत्पीड़न से मुक्त होता है। लेकिन और मूलभूत, व्यख्यात्मक और है रचनात्मक प्रयास की जरूरत है। सभी को स्वाधीनता की आवश्यकता है लेकिन विशिष्ट दृष्टिकोण से समानता और स्वाधीनता मिलकर काम करती है। समानता की तरह, स्वाधीनता का संबंध समाज के दलितों या अल्पसंख्यकों या वंचित वर्गों की चिंताओं से है। ऐसे अप्रत्यक्ष कारक हैं जो उत्पीड़न की राशि हैं। गरीबी इस तरह के उत्पीड़न का प्रमुख कारण है क्योंकि एक गरीब आदमी हमेशा परिस्थितियों का गुलाम होता है। गरीबी अधिकारों के दर्शन के लिए प्रमुख बाधाओं में से एक है क्योंकि यह आधुनिक समाज को अस्थिर रखती है।[86] कल्याणकारी वस्तुएं स्वाधीनता के साधन हैं और मुख्य जिम्मेदारी राज्य और उसकी संस्थाओं के पास है।

समानता और स्वाधीनता के बीच संतुलन से ही सहयोग संभव हो सकता है। सहयोग के बिना कोई आदेश नहीं है। स्वाधीनता स्थिरता से जुड़ती है। क्रांतियाँ मुख्यत: दमन के कारण हुई हैं। स्वाधीनता एकता में परिणत होती है क्योंकि जो लोग स्वाधीन होते हैं वे मतभेदों को दूर करने और सभी के लिए स्वीकार्य मूल्यों की प्रणाली में शामिल हो सकते हैं। स्वाधीनता, इसलिए,

प्राथमिकता या प्राथमिकताओं के मूल्यों को संकेत या आलोकित करती है जो मूल्यवान नहीं हैं। दूसरी ओर, स्वैच्छिकता लोगों के स्वाधीन मूल्य की एक और परीक्षा है। सामान्य उद्देश्य/वस्तुओं में योगदान यदि मूर्त या अमूर्त साधनों में स्वैच्छिक बना दिया जाता है तो लोगों को उनके स्वाधीन मूल्यों और स्वाधीनता के उनके दावे के आत्म-परीक्षण में डाल दिया जाएगा। स्वाधीनता एक सम्पूर्ण स्वाधीनता नहीं है क्योंकि यह अनुशासित आत्म-विकास चाहती है जो दूसरों के लिए विकास की संभावनाओं को विकसित करके ही संभव है। स्वतंत्रता स्वाधीनता के लिए एक समझौता हो सकती है। यदि आपसी विकास और विकास के लिए नैतिक आदर्शों का पालन किया जाए तो स्वाधीनता स्वतंत्रता को बढ़ाती है। मूल्य अपनी विशेषता में संबंधपरक होते हैं और परस्पर जुड़े होते हैं। पूर्ण अर्थों में एक मूल्य अराजक हो सकता है। एक पूरी तरह से स्वाधीन जनसमूह अराजकता की स्थिति लाएगा जिसे केवल कर्तव्य के रूप में सौंपे गए नकारात्मक दायित्वों के माध्यम से कम किया जा सकता है। मनुष्य के पास बहुमत से इनकार करने या समाज या देश के कानून द्वारा निर्धारित सम्मेलनों में शामिल होने के जोखिम में पूरी तरह से स्वाधीन होने का विकल्प है। समझौता एक या दूसरे तरीके से स्वाधीनता का आनंद लेने में मदद करता है क्योंकि यह मनुष्य को प्रतिगामी लोकप्रिय प्रवृत्तियों में मनमाने ढंग से लिप्त होने से बचाता है जो अराजक भ्रम के दुष्चक्र में फंस सकता है। समझौता स्वाधीनता का एक और आवश्यक घटक है। मनुष्य ने अपनी सुरक्षा (जीवन और संपत्ति) के लिए लेविथान (राज्य) के सामने आत्मसमर्पण कर दिया और सुरक्षा के बिना मनुष्य स्वाधीनता (अस्तित्व और विकास) के फल को कैसे संजो सकता है। स्वाधीनता के भविष्य के परिणाम तभी शुभ होते हैं जब वह एक संतुलनकारी कार्य करती है और इसके द्वारा विवेक को प्रोत्साहित किया जाता है।

5.2.6 मानवीय सुरक्षा

मानवाधिकारों के आदर्शों को संजोने के लिए सुरक्षा और संरक्षा की आवश्यकता है। प्रत्येक देश अपने नागरिकों को उनके जीवन के संबंध में कुछ न्यूनतम सुरक्षा उपाय प्रदान करता है, विशेष रूप से समाज के कमजोर वर्गों के लिए जो वर्ग, जाति, धर्म, लिंग या नस्ल आदि के आधार पर भेदभाव के कारण

हिंसा और शत्रुता के कगार पर हैं। इस विभेदक उपचार के तहत कानून के प्रावधान न केवल कमजोर लोगों के हितों की रक्षा के लिए हैं बल्कि उन्हें उनकी स्वायत्तता, विकास, पहचान और आत्मनिर्णय की रक्षा करने में मदद करते हैं। इन प्रावधानों के साथ, एक अनुकूल पारिस्थितिकी का निर्माण इस उद्देश्य के लिए किया जाता है कि समाज का प्रत्येक सदस्य एक नागरिक के रूप में अपनी जिम्मेदारी निभाए और सामान्य भलाई के लिए कार्य करे। प्रतिनिधित्व मानव सुरक्षा सुनिश्चित करने का एक अन्य कानूनी तरीका है। कुछ देशों में रोजगार, कानून और राजनीतिक नामांकन में विभिन्न वर्गों के प्रतिनिधित्व के लिए अनिवार्य कानून हैं। संसद में महिलाओं का प्रतिनिधित्व महिलाओं के मानवाधिकारों को सुरक्षित करने का एक उदाहरण है। ये सुविधाजनक उपायों के उदाहरण हैं। अन्य तरीके मानव सुरक्षा के लिए कानून के तहत नियामक उपाय हो सकते हैं। जब कोई असफल हो जाता है तो एक दूसरे के पूरक के रूप में सुविधाजनक और नियामक उपाय दोनों अलग-अलग परिस्थितियों में भूमिका निभाते हैं। कुल मिलाकर, मानव सुरक्षा एक व्यक्ति के लिए जीवन का अधिकार है।

5.2.7 सार्वभौमिकता

सार्वभौमिकता का एक अर्थ वैश्विक स्तर पर राजनीतिक लोकतंत्रीकरण की प्रक्रिया है। मानवाधिकार सार्वभौमिक मूल्यों के साथ अंतर्राष्ट्रीय मानदंड हैं। कुछ विचार और दर्शन अपने दायरे में सार्वभौमिक रहते हैं जो सार्वभौमिकता की एक और परिभाषा हो सकती है। इमैनुएल कांत की अंतर्दृष्टि और सार्वभौमिकता पर मीड की अवधारणा मनुष्य के लिए सार्वभौमिक मानव भावना को समझने के लिए मूल्यवान है। समाज और समुदाय सार्वभौमिक घटना है। निरपेक्ष अर्थों में समाजीकरण सार्वभौमीकरण की ओर ले जाता है और यदि सार्वभौमिक मूल्य प्रणाली को समाज में जमीनी स्तर पर समन्वित किया जाता है तो यह पहचान-आधारित संघर्षों के बिना मानवाधिकारों की संस्कृति की ओर ले जाता है जहां सभी आत्मनिर्णय और आत्म-प्राप्ति के लिए स्वतंत्र हैं। इस प्रकार, सार्वभौमिकता की प्रक्रिया जड़ से ब्रह्मांड और वापस जड़ों तक पारस्परिक है। सार्वभौमिक स्तर पर प्राप्त स्थान सीखने का अवसर प्रदान करता है और अभ्यास के लिए जमीनी स्तर पर मंच प्रदान करता है।

मूल्यों की सार्वभौमिक प्रणाली को विकसित करके सामाजिक परिवर्तन का यह संभावनमूलक तरीका है। जो मूल्य अपने गुणों में सार्वभौमिक हैं और सार्वभौमिक रूप से अपनी स्वीकृति के लिए शक्ति रखते हैं वे अज्ञानता, आवश्यकता या अनुकूलन के अधीन नहीं हो सकते हैं। सार्वभौमिक मूल्यों में घरेलू परिदृश्य में मुखर होने और स्वीकृत होने की क्षमता होती है। यह सार्वभौमिक मानवाधिकार कानून है जो राज्यों में विभिन्न स्तरों पर मानवाधिकार संस्थानों की स्थापना करके मानवाधिकारों की रक्षा के लिए पहल करने का दबाव डालता है। इस प्रकार सार्वभौमिक संस्थाएँ राज्यों पर अधिकार करती हैं कि उनका नैतिक और नियामक दबाव बहुत अधिक है। उप-सांस्कृतिक स्तर पर भी गंभीर मुद्दों को हल करने की संभावनाएं हैं यदि उनको उच्च मानकों पर उठाया जाता है। लोकतंत्र, समानता, स्वतंत्रता और अन्य मानवाधिकार अपने चरित्र में वैश्विक/सार्वभौम हैं और मानवाधिकारों से संबंधित मुद्दों को संभालने के लिए 'दृष्टिकोण' को सार्वभौमिक प्रकृति के मानक अभ्यास को प्राप्त करना चाहिए। पिछली चर्चा में यह विश्लेषण किया गया है कि कानून जीवन का एक तरीका है; यह एक अपरिहार्य आवश्यकता नहीं है। सार्वभौमिक कानून को आवश्यकता के अनुसार अनुकूलित नहीं किया जा सकता है अन्यथा यह न्याय और इसके सार्वभौमिक मूल्य-चरित्र में वृद्धि नहीं करेगा। मानवाधिकार कानून की धार्मिकता को बनाए रखने के लिए, इसे घरेलू राजनीतिक हस्तक्षेप, जनसांख्यिकीय विविधता और उप-संस्कृति स्तर के आवेगों के उल्लंघन से सर्वोपरि रखना होगा। सार्वभौमिकता/सार्वभौमिक मूल्य कानून में पदार्थ के रूप में आधुनिक कानूनी व्यवस्था को संचालित करते हैं। दुनिया के नैतिक युक्तिकरण के बिना कानूनी चेतना के युक्तिकरण को देखते हुए यह दूर की दृष्टि है और नैतिकता और कानूनी प्रतिनिधित्व के बीच का यह अंतराल इस पूर्व शर्त की आवश्यकता है कि कानूनी संस्थाएं सार्वभौमिक बुनियादी सिद्धांतों के जनादेश को पूरा करती हैं जो जीवन-शैली के सभी पहलुओं को छूती हैं। वेबर की प्रतिवादी नैतिकता से एक अनुमान के रूप में हेबरमास द्वारा सार्वभौमिकता को व्यक्त किया गया है :

> "विश्वदृष्टि के नैतिक युक्तिकरण में कानूनी चेतना का युक्तिकरण भी शामिल है; लेकिन फिर से, आधुनिक कानूनी व्यवस्था की स्थापना के लिए उत्तर-पारंपरिक कानूनी अभ्यावेदन की उपलब्धता पर्याप्त नहीं है। यह केवल

> तर्कसंगत प्राकृतिक कानून की नींव नहीं है कि कानूनी मामलों को औपचारिक कानून की बुनियादी अवधारणाओं में इस तरह से पुनर्निर्मित किया जा सकता है कि कुछ कानूनी संस्थान बनाए जा सकते हैं जो औपचारिक रूप से संतुष्ट सार्वभौमिक सिद्धांत-सिद्धांतों के बीच वाणिज्यिक संबंधों को विनियमित करते हैं और पण्य मालिकों और पूरक गतिविधि लोक प्रशासन का भी संयोजन करें।"[88]

सार्वभौमिकता का उद्देश्य आधुनिक कानूनी प्रणाली को सशक्त बनाने के लिए कानूनी चेतना का नैतिक युक्तिकरण करना है जिसके लिए सार्वभौमिक सिद्धांतों और मूल्यों को अपनाया जाता है। सार्वभौमिक मूल्यों की प्राकृतिक कानून और आधुनिक कानूनी प्रणाली पर सार्वभौमिक संप्रभुता नैतिकता के मामले के रूप में नहीं बल्कि विवेकपूर्ण निर्णय के लिए एक तर्कसंगत विकल्प के रूप में विकसित है। सार्वभौमिकों का प्रतिनिधित्व औपचारिक कानून की चेतना और नींव की मांग करता है जो बदले में समाज और प्रशासनिक क्षमता में आर्थिक संबंधों को मजबूत बनाता है।

5.2.8 सामान्य भलाई/हित और कल्याण

मानवाधिकार साहित्य में सामान्य भलाई एक मानदंड और एक काल्पनिक मूल्य है। सामाजिक न्याय के रूप में न्याय तभी प्राप्त किया जा सकता है जब सामान्य हित आर्थिक समानता के लिए समुदाय में सद्भाव और व्यवस्था के लिए मानक उपाय के रूप में कार्य करता है। सामान्य हित का वितरण अन्य मूल्यों, विशेष रूप से समानता और राज्य की मंशा को दर्शाता है कि इसे कैसे प्रदान किया जाता है। सामान्य हित वे प्राथमिक हित हैं जिसके लिए नागरिकता के विचार को स्वयं/निहित स्वार्थों पर बढ़ावा देना होगा। सामान्य हित सख्त अर्थों में माल/वस्तु नहीं है। यह शासन के माध्यम से विकास, कानून के माध्यम से न्याय, सामान्य कल्याण या सामान्य भलाई हो सकता है। सभी सामान्य हितों की अंतर्निहित विशेषता यह है कि वे समाज के लिए हैं और समाज उनके प्रति अधिकार और दायित्व रखता है।

समानता प्राथमिक और मौलिक तरीके का प्रतिनिधित्व करती है जिसके माध्यम से अधिकारों को प्रकट किया जा सकता है। यह विवेक की पुकार है और नागरिकों की विवेकपूर्ण समझ का प्रश्न है कि वे एक ऐसी साझा संस्कृति की स्थापना करें जहां राजनीतिक इच्छा पर व्यापकता-आधारित

हित हावी होते हैं। इसलिए, नैतिकता, तर्क और कानून के प्रति सम्मान पर आधारित जनमत के रूप में सांस्कृतिक वातावरण एक पूर्वापेक्षा है। राष्ट्रीय और अंतर्राष्ट्रीय निकायों को सामान्य हित के लिए जवाबदेह रखने में जनमत की भूमिका होती है। सामान्य हित के विचार पर आधारित एकजुटता कानून के कार्यान्वयन और न्याय प्रदान करने में भी मदद करती है जिसके परिणामस्वरूप नागरिक समाज में मानवाधिकारों को संरक्षित और विस्तारित किया जाता है। एकजुटता के लिए, समाज के सदस्यों को उदासीनता और निकट दृष्टि को दूर करने के एक सूचित विकल्प के साथ व्यवहार और सामाजिक परिवर्तनों को अपनाना होगा और उनके अनुकूल होना होगा। उन्हें भारत के प्राचीन वैदिक दर्शन यानी *वसुधैव कुटुम्बकम*, जो भारत की संसद के प्रवेश द्वार पर उकेरा गया है, पर आधारित विश्व एक परिवार की भावना, के साथ एक समान तरीके से पारिवारिक मूल्यों का आदान-प्रदान करने की आवश्यकता है। यह दर्शन विश्व में शांति और सद्भाव के लिए है। पीढ़ी से पीढ़ी तक लोगों के लिए सांस्कृतिक और धार्मिक उपक्रम अंतिम मूल्य हैं। कल्याण मायने रखता है जैसा कि ठीक ही कहा गया है कि खाली पेट कोई नैतिकता नहीं मानता है। ऑक्सफोर्ड विद्वान, जेम्स ग्रिफिन के तकनीकी शब्दों में : जब आप भूखे होते हैं तो आप नियामक संस्था का प्रयोग नहीं कर सकते हैं।[90] ग्रिफिन ने पुष्टि की है कि कल्याण उच्चतम स्तर के मानवाधिकारों में से एक है जिसे कल्याणकारी अधिकारों के रूप में गढ़ा गया है जो सीधे जीवन के अधिकार से संबंधित है– एक व्यावहारिक भावना है। कल्याण को विभिन्न रूपों में लागू किया जा सकता है जैसे नीतिगत पहल, परोपकारिता, निगमित सामाजिक जिम्मेदारी, दान, परोपकार और सामाजिक कार्य। यहां बड़ा सवाल यह है कि मानवाधिकारों के संदर्भ में यह क्यों मायने रखता है? कल्याण व्यक्ति के रूप में और समाज के सदस्य के रूप में सभी के विकास और प्रगति के लिए सहयोग के लिए विवेक है।

5.2.9 धर्म और आध्यात्मिकता

क्या धर्म या आध्यात्मिकता मानवाधिकारों के मूल्यों के रूप में कार्य करती है? कथन से निगमनात्मक निष्कर्ष मानवाधिकारों में मानव के एवज में एक वैकल्पिक विचार प्रदान करता है।[91] मानवाधिकार मानव के एवज के माध्यम

से संभव हैं। विमर्श के उद्देश्य से, यह स्पष्ट रूप से प्रासंगिक प्रतीत होता है कि सामाजिक मामलों की आध्यात्मिक समझ के लिए मानवाधिकारों के क्षेत्र को समझने के लिए आध्यात्मिक और धार्मिक क्षेत्रों पर चर्चा की जाती है। लोकप्रिय धर्मों के कुछ संदर्भ इस विचार को अधिक स्पष्ट करेंगे। उदाहरण के लिए यहाँ इंग्लैंड में 1215 का मैग्ना कार्टा है, फ्रांस में 1801 का कॉनकॉर्डेट है जो धार्मिक सस्थाओं द्वारा धर्म का यंत्रीकरण करके उनके एक वीटो के साथ राज्य द्वारा शासन के रूप में मानवाधिकार मूल्यों में संक्रमण के प्रमाण हैं। किसी न किसी रूप में, तथ्यात्मक स्थिति अभी भी ऐसी है कि कोई भी इसे पहचान सकता है और इसकी गवाही दे सकता है, फिर चाहे वह सबसे पुराने लोकतंत्र के संदर्भ में हो या दुनिया के सबसे बडे लोकतंत्र संदर्भ में। धर्म सांस्कृतिक और सामाजिक परिसर में वीटो रखता है जो धर्मनिरपेक्षता और सांस्कृतिक अधिकारों को बढ़ावा देने के लिए राज्य की बनावट और विधान में मौजूद है।

धर्म और आध्यात्मिकता मानवाधिकारों के कुछ प्रमुख मूल्यों की उत्पत्ति है। धर्मपरायणता, गरिमा, देखभाल, विश्वास, आस्था, विश्वास, सम्मान, समर्पण आदि बुनियादी धार्मिक मूल्य हैं जो मानवाधिकारों के लिए आवश्यक आध्यात्मिक सार हैं। पोप जॉन पॉल–द्वितीय अपने उपदेशों के माध्यम से मानव मूल्य के रूप में गरिमा को बढ़ावा देने के प्रयासों के लिए मनुष्य की गरिमा के दावेदार रहे हैं। मानवता हेतु ईश्वर की क्षमा मानवीय गरिमा के उच्चतम स्तर के लिए एक वसीयतनामें के रूप में कार्य करती है जो बाइबिल के उपाख्यानों से प्रकट होती है।[92] मानवता के लिए भगवान का प्यार, मानव की व्यक्तिगत संभाव्य गरिमा और क्षमा के मूल्यों से जुड़ा है।[93] इसके अलावा 'गॉस्पल ऑफ लाइफ' के माध्यम से, यीशु संदेश देते हैं कि व्यक्ति के 'गौरव का सुसमाचार' और 'जीवन का सुसमाचार' एक एकल और अविभाज्य सुसमाचार है जिसका अर्थ है कि गरिमा जीवन के लिए अपरिहार्य है और व्यक्तिगत गरिमा मौलिक हित है और यह भगवान का संदेश है। मनुष्य को उस अंतरंग बंधन के आधार पर एक उदात्त प्रतिष्ठा दी गई है जो उसे उसके निर्माता के साथ जोड़ता है।[95] ये धार्मिक तर्क लोगों को मानवाधिकारों का सम्मान करने के लिए एक आध्यात्मिक आधार प्रदान करते हैं क्योंकि ये मनुष्य को मानवाधिकार प्रेषण से अधिक, बदनामी, जानबूझकर

आत्म–विनाश और अन्य अमानवीय कृत्यों को करने से रोकते हैं। धार्मिक और आध्यात्मिक क्षेत्र पारस्परिक जटिलताओं के लिए स्थान प्रदान करते हैं और सामान्य नैतिक जिम्मेदारियों को निर्धारित करते हैं। पोप फ्रांसिस ने वेनिस में ईसाई धर्म के श्रद्धेय आसन से एक धार्मिक व्यक्ति के रूप में पालना स्वरूप आध्यात्मिकता की वकालत की और दक्षिण सूडान के नेताओं से शांति के लिए आग्रह किया :

आप तीनों से, जिन्होंने शांति समझौते पर हस्ताक्षर किए हैं, संत पोप ने कहा:

मैं आपसे एक भाई के रूप में आग्रह करता हूँ– कृपया शांति से रहो।[96]

चित्र 5.2 : पोप फ्रांसिस एक बार के प्रतिद्वंद्वी दक्षिण सूडान के नेताओं के पैरों को चूमते हुए।

ऊपर की छवि व्यवहार में आध्यात्मिकता और धर्म को दर्शाती है। विचार हिंसा को रोकने के लिए था। इशारा नाटकीय था लेकिन युद्ध के विद्रोहियों

से आग्रह था कि गृहयुद्ध में वृद्धि न करने का प्रयास किया जाए।[97] पोप को नेताओं के चरणों में झुकना पड़ा जो इस तथ्य के प्रति असंवेदनशील थे कि उनके लोग युद्ध से थक चुके हैं और उनका कर्तव्य था न्याय के लिए तरस रहे अपने युवा राष्ट्र का नवनिर्माण करें।[98] पोप का यह कदम एक रणनीतिक पैंतरेबाजी नहीं था बल्कि उन लोगों की ओर से क्षमा मांगने का कार्य था जिनके अधिकारों का हनन हुआ है। यह जिम्मेदारी राजनीतिक अभिजात वर्ग पर है। इस कदम की विश्व समुदाय द्वारा सराहना की गई क्योंकि यह आध्यात्मिकता की भावनात्मक अभिव्यक्ति थी जिसने कठोर नेताओं को विचलित किया। पिछले पोप ने भी दुनिया के सभी धर्माध्यक्षों को गरीबों के मानवाधिकारों के बारे में बताया था :

> "यहाँ हमेशा दुनिया के गरीबों के बचाव में इंजिलवादी रोना है, जिन्हें धमकी दी जाती है और तिरस्कृत किया जाता है और जिनके मानवाधिकारों का उल्लंघन होता है।"

दुनिया भर के चर्च जरूरतमंदों के मानवाधिकारों को बढ़ावा देने और उनकी रक्षा करने के लिए उनके संस्कारों का पालन कर रहे हैं। इसलिए, शीर्ष चर्च आग्रह करता है :

> "भगवान के नाम पर जीवन का सम्मान, रक्षा और प्रेम करो! इसी दिशा में तुम्हें न्याय, विकास, सच्ची आजादी, शांति और खुशी मिलेगी!"[100]

मानवाधिकार संस्कृति में धार्मिक और आध्यात्मिक संलिप्त नेताओं और आम लोगों को स्थानांतरित करने के लिए प्रतीकात्मक और विवेकपूर्ण संदेश देते हैं।

5.2.10 नागरिकता

हॉब्स का सामाजिक अनुबंध सिद्धांत नागरिकता और नागरिकता की अवधारणा पर विचार प्रस्तुत करता है। राज्य की सुरक्षा और समृद्धि की जिम्मेदारी अपने नागरिकों पर है क्योंकि उन्होंने राज्य में अपनी शक्ति सौंपी है। राज्य अपने नागरिकों के अधिकारों को स्वीकार करने के लिए कर्तव्यबद्ध है और यह सुनिश्चित करने की आवश्यकता है कि अधिकारों को बढ़ावा दिया जाए और उनकी रक्षा की जाए। समान रूप से समानुपातिक रूप से नागरिकों का कर्तव्य है कि वे आम नागरिकों के रूप में कानूनों का पालन करें ताकि

इन अधिकारों का आनंद उठा सकें। इन अधिकारों का लाभ उठाने के लिए एकजुटता, सामान्य हित और मौलिक कर्तव्य बुनियादी मानदंड हैं। राज्य की संप्रभुता और नागरिकों की आजीविका के लिए नागरिक सह-अस्तित्व और सामाजिक सद्भाव का हित सर्वोपरि है। विचलन का बिंदु मानवाधिकार कानून को नागरिक कानून या नैतिक कानून के रूप में मानने से संबंधित है। नागरिक कानून अपने अंतर्निहित प्रक्रियात्मक तंत्र के कारण लागू करने योग्य है जो सकारात्मक, औपचारिक और कानूनी है। नैतिक कानून एक महत्वपूर्ण कानून होने के बावजूद अनुशासनात्मक प्रवर्तन का अभाव रखता है जिसका अर्थ है कि राज्य नैतिक मानकों पर नागरिकों को अनुशासित नहीं कर सकता है। इसलिए, इन नैतिक मानकों की स्वीकृति का विकल्प नागरिकों पर है। कानून में नैतिकता के वर्गीकरण पर आधारित मानवाधिकार के मुद्दों को कड़ी चुनौती है। राज्य नागरिकों के कर्तव्य पर सवाल उठा सकता है लेकिन नैतिकता पर नहीं जो निजी क्षेत्र में है और राज्य स्वतंत्रता और स्वतंत्रता के रूप में निजता का अधिकार प्रदान करता है।

संबंधित मुद्दों पर विवाद का दूसरा पहलू बहुमत की इच्छा है। कानून बहुमत के परिणाम के रूप में अस्तित्व में आता है जबकि मानवाधिकार कमजोर अल्पसंख्यक को इसकी संरचना के मूल में संबोधित करता है। सवाल उठता है :

> क्या बहुसंख्यक नागरिक नैतिक कानून के आधार पर अल्पसंख्यकों के हितों को मानते हैं?

मानवाधिकार कानून अल्पसंख्यक और विशेष रूप से 'व्यक्ति' के हितों को प्राथमिकता देता है। यह केवल एक प्रश्न नहीं है बल्कि मानवाधिकारों के कार्यान्वयन से संबंधित मुद्दों की जड़ है। यदि हां, तो मानवाधिकार अनुलंघनीय हैं और नागरिकों द्वारा कानून के रूप में उनका सम्मान किया जाता है। दूसरी ओर नागरिकों पर पारस्परिक जवाबदेही और दायित्व को वहन करने का दायित्व है। एक अवधारणा के रूप में नागरिकता न केवल एक मूल्य प्रस्ताव है बल्कि एक दुर्जेय समाधान है। पुष्टि करने के लिए, मैं वोल्टेयर का उल्लेख करूंगा :

> "आप जो कहते हैं, मैं उसे अस्वीकार करता हूं, लेकिन मैं आपके कहने के अधिकार की मृत्यु तक रक्षा करूंगा।"

उपरोक्त कथन एक व्यक्ति की दूसरे के लिए भावना की परीक्षा है। सामाजिक व्यवस्था और सह–अस्तित्व के लिए अल्पसंख्यकों के मानवाधिकारों की रक्षा के लिए बहुसंख्यकों की प्रतिबद्धता है जो कि लोकतांत्रिक संस्कृति में आवश्यक है। बहुमत की इच्छा में अल्पसंख्यक की अंतरात्मा के लिए अनिवार्य स्थान होना चाहिए। इसलिए नैतिक मूल्यों पर आधारित विवेकपूर्ण आपत्तियां प्रक्रियात्मक और प्रथागत कानून में समान रूप से मान्य हैं जो कि राज्य संस्थानों का अभ्यास होना चाहिए। सार्वजनिक आचरण को अनुशासित करने के लिए इन आपत्तियों को न्याय के साथ पूरा किया जाना चाहिए। लोकतंत्र, समानता और स्वतंत्रता पर चर्चा व्यक्ति की स्वयं को नियंत्रित करने की क्षमता पर अंतर्दृष्टि प्रदान करती है। नागरिकता का विवादास्पद विचार नागरिक समाज और राष्ट्र को समान क्षमता प्रदान करता है। राज्य को अपने नागरिकों की ओर से संप्रभुता प्राप्त है।

5.2.11 सभ्यता और नागरिक समाज

सभ्यता एक अनुशासित आचरण है जो नागरिक समाज में परंपराओं और देश के तयशुदा कानून पर आधारित होता है। जनसांख्यिकी या उम्र, लिंग, धर्म, नस्ल या पंथ के अन्य मापदंडों के किसी भी निर्णय के बावजूद दूसरों के प्रति दयालु और विनम्र होना सभ्य होने का सच्चा अर्थ है। नागरिक समाज सभ्यता या नागरिक आचरण को दर्शाता है और उसका पालन चाहता है। स्थानीय स्वशासन के रूप में नागरिक समाज की राज्य से अपनी स्वायत्तता होती है जोकि नगर पालिकाओं, महानगरीय समाजों या सामाजिक कारणों के लिए समर्पित अन्य संस्थाओं के माध्यम से प्रकट होती है। जैसा कि पहले चर्चा की गई है, सामाजिक व्यवस्था में मनुष्य के चरित्र की जाँच की जाती है और उसे संतुलित किया जाता है। इस जांच की कसौटी *मानव पहचान/मानव जीव और सामाजिक आयाम/सामाजिक संगठन* के बीच संतुलन है।[101], [102] यहाँ पहला पक्ष तब तक अर्थहीन है जब तक कि बाद वाले पक्ष के साथ वह संतुलित न हो। यह स्वयं की पहचान सामाजिक–पहचान के साथ सहक्रियात्मक सहजीवन में खिलती है। यह नागरिक संगठन पर भी है कि वह जीवों की विशिष्ट समस्याओं को संभालने के लिए एक मंच प्रदान करे।[103] अब, यह समझना पूर्वापेक्षा है कि एक नागरिक समाज क्या बनाता है और निवासियों

से इसकी क्या अपेक्षाएँ हैं और इसकी प्रगति के लिए एक व्यक्ति की क्या भूमिका है। नागरिक समाज एक मानव क्षेत्र/स्थान है जहां मानव साझा करने के लिए बातचीत करता है।[104]:

1. समझ,
2. सामान्य बौद्धिक विमर्श के माध्यम से,
3. सामाजिक-स्व या सामाजिक पहचान के आधार पर,
4. देखभाल और आपसी जिम्मेदारी की भावनात्मक भावना के लिए।

नागरिक समाज सामाजिक-स्व की धारणा को अन्य मामलों/मामलों से श्रेष्ठता पर रखता है। सामाजिक पहचान पारस्परिक जीवन शैली से परे एक दूसरे के प्रति नैतिक दायित्व की भावना को दर्शाती है। बौद्धिक विमर्श की प्रणाली मूल्यों के प्रति सम्मान और सम्मान की भावना पैदा करती है। भावनात्मक भावना बौद्धिक वातावरण में समृद्ध होती है जहां विमर्श संदेह को दूर करने का एक अभ्यास है। प्रगतिशील नागरिक समाज प्रगतिशील राष्ट्र बनाते हैं और प्रगतिशील राष्ट्र विश्व-व्यवस्था को परस्पर संवादात्मक, स्थिर और उद्यमशील रखते हैं। दुनिया में कहीं भी जमीनी स्तर पर इसकी विफलता के वैश्विक परिणाम होते हैं। हम सोशल मीडिया के युग में जी रहे हैं। तितली-प्रभाव या लोरेंज-वक्र प्रसिद्ध सिद्धांत हो सकते हैं लेकिन अब अरब–विद्रोह या गुलाबी–क्रांति प्रत्यक्ष साक्ष्यात्मक उपाख्यान हैं। आभासी प्रौद्योगिकियों के वर्चस्व वाले और साइबर स्पेस द्वारा संचालित किए गए अगले स्तर के वैश्वीकरण में नागरिक समाज की प्रकृति को समझना महत्वपूर्ण है। हेगेल की *फिलॉसफी ऑफ माइंड* का विचार इस मामले से संबंधित कुछ अंतर्दृष्टि प्रदान करता है। हेगेल का कहना है कि नागरिक समाज एक ऐसा स्थान है जहां लोग बातचीत करते हैं और उनकी बातचीत अवसर और चुनौती दोनों प्रदान करती है। यदि ये बातचीत सार्थक हैं तो नागरिक समाज समृद्ध होता है अन्यथा राज्य चुनौतियों/परिणामों का सामना करता है। परिवार, नागरिक समाज की एक बुनियादी इकाई के रूप में नागरिक समाज को व्यक्ति के एकीकरण और संबंधों को नियंत्रित करने के लिए मौलिक जिम्मेदारियां देता है और इसलिए परिवार प्रणाली नागरिक समाज की पवित्रता को उसकी पर्याप्तता और राष्ट्र-राज्य की समृद्धि के लिए संरक्षित करती है। अशांत पारिवारिक मूल्य

प्रणाली नागरिक समाज के लिए बोझ और राष्ट्र-राज्य के लिए नुकसान है। *ब्रेव न्यू वर्ल्ड* में एक अंग्रेजी दार्शनिक और लेखक एल्डस हक्सले ने अपनी चिंताओं को व्यक्त किया :

> "सामाजिक स्थिरता के बिना कोई सभ्यता नहीं। व्यक्तिगत स्थिरता के बिना कोई सामाजिक स्थिरता नहीं।"

व्यक्तिगत स्थिरता का दायित्व मुख्य रूप से दोनों संस्थाओं पर है : परिवार और नागरिक समाज। बाद के चरण में राज्य के हस्तक्षेप की आवश्यकता होती है और यह गौण है। हक्सले अपनी विक्षुब्ध कल्पना पर गलत नहीं है कि अधिकांश मनुष्यों के पास चीजों को लेने के लिए एक पूर्ण और अनंत क्षमता है। परिवार, नागरिक समाज और राज्य को अपनाए जाने के लिए सुधारात्मक उपायों की आवश्यकता है, ताकि उनका उल्लेख किया जा सके। परिवार मूल्य प्रदान करता है, नागरिक समाज को समझने के लिए वातावरण और अभ्यास के लिए स्थान बताता है। ये दोनों मिलकर विश्व स्तर पर मानवाधिकारों का संश्लेषण तैयार करते हैं। राज्य की प्रमुख भूमिका परिवार इकाई स्तर पर पहुंचना है ताकि नागरिक समाज बना रहे और राज्य समृद्ध हो। जनता और इसकी समस्याओं में डेवी जांच करता है :

> "लोकतंत्र की शुरुआत घर से होनी चाहिए, और उसका घर पड़ोसी समुदाय है।"

राज्य को राज्य और गैर-राज्य संस्थानों के माध्यम से घरेलू स्तर पर अपने संसाधनों को जुटाने और उन तक पहुंचने में सक्षम होना चाहिए। पहुंच के इस स्तर के साथ, सांस्कृतिक विविधता एक सभ्य समाज में सांस्कृतिक गुणों में परिवर्तित हो सकती है। सामाजिक संस्थाओं को नागरिक समाज में सौहार्द के स्तर को समझने की आवश्यकता है जिसे उन्हें अपने मामलों की बेहतर योजना के लिए नीति-निर्माताओं को सूचित करने की आवश्यकता है। इनमें से प्रत्येक स्तर पर विकास के बेहतर स्तर के लिए व्यक्तियों, परिवार, नागरिक समाज, सामाजिक संस्थानों, राष्ट्रों या राष्ट्रों के संघ के बीच बातचीत की प्रकृति और संबंधों की निगरानी की जानी चाहिए।किसी भी संस्था या किसी भी स्तर पर शिथिलता या खराबी के वैश्विक परिणाम होते हैं। मानवाधिकार एक वैश्विक वृतांत है।

5.2.12 विचार-विमर्श, भागीदारी और प्रतिनिधित्व

यह पुस्तक मानवाधिकारों के दर्शन पर एक 'विमर्श' है। बातचीत की प्रक्रिया के माध्यम से ज्ञान के निर्माण में बोली/भाषा और विमर्श सबसे पहला कदम है। फॉरेस्ट डेविड मैथ्यूज, 11वें संयुक्त राज्य अमेरिका के स्वास्थ्य, शिक्षा और कल्याण सचिव ने कहा:

> "सार्वजनिक विचार-विमर्श एक ऐसा माध्यम है जिसके द्वारा नागरिक अपने समुदायों और अपने देश के लिए बुनियादी उद्देश्यों और दिशाओं के बारे में कठिन चुनाव करते हैं।"

विचार-विमर्श नागरिकों और निर्णय लेने वालों के बीच बातचीत है।[105] जब विमर्श किसी उद्देश्यपूर्ण पहल में परिवर्तित हो जाता है तो विचार-विमर्श होता है और तब रुचियां, कौशल और मूल्य सामने आते हैं। पूर्व में मानव ने जीवन के सामान्य कारणों पर विचार-विमर्श की प्रक्रिया के माध्यम से ही गुफा से मानव जीवन शैली अपनाकर नागरिक जीवन प्राप्त किया। विचार-विमर्श प्राथमिकताओं की पहचान करने और भावी पीढ़ी के लिए निर्णय लेने में मदद करता है। विचार-विमर्श के माध्यम से, एक नागरिक अधिकार कार्यकर्ता जेसी जैक्सन ने टिप्पणी की, लोकतंत्र की आत्मा को उभारा है। विचार-विमर्श की मुख्य उपयोगिता समस्याओं को संरचित करते हुए हल करने के लिए आवश्यक दबाव वाले प्रश्नों की पहचान करना है। विचार-विमर्श लोगों को विचारों और प्रतिवादों के साथ एकजुट करता है जो दृष्टिकोण प्राप्त करने का एक तरीका है। एक सामान्य आधार के अर्थ में एकता विविध विचारों वाले लोगों के लिए एक सामान्य स्थान बनाकर विचार-विमर्श का लक्ष्य है :

> "ऐसे कार्य या नीतियां जो एक ऐसे समूह के लिए स्वीकार्य हैं जिनके व्यक्तिगत सदस्य अभी भी अलग-अलग मूल्यों को संजोते हैं और अलग-अलग राय रखते हैं, लेकिन संदर्भ या दिशा की भावना का एक साझा ढांचा है– व्यावहारिक मामले के रूप में, आगे बढ़ने के लिए पर्याप्त सामान्य आधार की पहचान करना आवश्यक है।"[106]

विचार-विमर्श है :

1. संदर्भ का साझा ढांचा,
2. दिशा की भावना के लिए,

3. साझा करने के लिए साझा वर्तमान और भविष्य,

4. नियति का फैसला होना,

5. एक कठिन विकल्प/निर्णय।

विचार-विमर्श के माध्यम से चुने गए कठिन विकल्प विपरीत परिस्थितियों के कठिन समय को स्पष्ट करते हैं। मानवाधिकारों पर विमर्श की तुलना में इस विचार को प्रतिबिंबित करने के लिए क्यूबा संकट एक बाहरी मामला होगा। बाइबिल विचार-विमर्श था, यह केवल एक उपदेश के द्वारा नहीं था। यह ईश्वर द्वारा बनाया गया था जिसे उनके पुत्र (मसीह) ने अपने दोस्तों (प्रेरितों) के साथ विचार-विमर्श किया था। जब विशिष्ट दृष्टिकोण का पालन किया जाता है तो विकल्प या समाधान की पहचान करना आसान हो जाता है। विचार-विमर्श दृष्टिकोण में विशिष्टता की ओर ले जाता है और विशिष्ट दृष्टिकोण सर्वोत्तम अभ्यास की ओर ले जाता है जो मानकों के विकास में मदद करता है, उद्देश्य मानदंड जो सार्वभौमिक रूप से स्वीकृत हो जाते हैं। सर्वोत्तम मानक सभी को स्वीकार्य होते हैं।

भागीदारी सभी हितधारकों और समाज के सदस्यों के विचार-विमर्श की पूर्व शर्त है। प्रासंगिक हितधारकों की भागीदारी के बिना, गठित राय को जांच के लिए नहीं रखा जा सकता है और विचार-विमर्श की पूरी प्रक्रिया भागीदारी की आवश्यकता के मूल कारण के मानदंडों पर व्यर्थ होगी। भागीदारी स्वाभाविक मानवीय प्रवृत्ति है। संचार स्थापित करना होगा। मनुष्य की प्रकृति पर डेवी के शब्दों में :

> "सभी मामलों में, संचार सबसे अद्‌भुत है। यहाँ चीजें बाहरी आकर्षण और विकर्षण के स्तर से मनुष्य के सामने खुद को प्रकट करने के लिए, और इस तरह खुद को पारित करने में सक्षम होनी चाहिए; और यह भी कि संचार का फल भागीदारी होना चाहिए, साझा करना, एक अद्‌भुत आश्चर्य है जिसके किनारे पर परिवर्तन फीका पड़ जाता है।"[107]

भागीदारी वह संचार है जो मनुष्य द्वारा प्रेरित और परिकल्पित संचार के फलों को प्रकट करने और साझा करने के उद्देश्य से स्थापित किया गया है। हालाँकि, यहाँ आकर्षण और विकर्षण भी भागीदारी की प्रक्रिया में निहित है। भागीदारी से संबंध बनते हैं और संबंध रिश्तों का विकास करते हैं। संबंधों को

मजबूत करें, नागरिक समाज में स्थिरता को मजबूत करें। भागीदारी सार्थक सहयोग और सहकारी भावना की ओर ले जाती है। वर्तमान संदर्भ में प्रचलित मुद्दों के प्रति तटस्थ रहना भागीदारी को हतोत्साहित करता है। अलगाव या आलोचना के डर से, भागीदारी को हतोत्साहित नहीं किया जाना चाहिए। एक खुली भागीदारी परिणाम-उन्मुख विशेषज्ञता के साथ सर्वोत्तम परिणाम लाती है। इसलिए, मानवाधिकार विचार-विमर्श को सभी के लिए सुलभ और खुला बनाया जाना चाहिए। मानवाधिकार निर्णय निर्माताओं को व्यक्तिगत स्तर पर पहुंचना चाहिए और व्यक्तियों को अधिकांश स्तरों पर नीति-निर्माताओं के साथ बातचीत करने का अवसर मिलना चाहिए। भागीदारी को केवल एक कर्तव्य नहीं माना जाना चाहिए, बल्कि नैतिक निर्णय को परिष्कृत करने का अभ्यास माना जाना चाहिए। ये ठीक है कि नैतिक निर्णय को भी सांप्रदायिक बातचीत के सह-उत्पाद के रूप में समझा जाना चाहिए।[108] सांप्रदायिक सद्भाव और व्यवस्था भागीदारी की प्रक्रिया में साझा अनुभव के माध्यम से नैतिक निर्णय के योगदान के प्रतिबिंब हैं। स्वीकृत नैतिक निर्णय मानक कार्यों के लिए निर्देश निर्धारित करते हैं। मानवाधिकारों में विश्वास सांप्रदायिक शिक्षा और सामुदायिक भावना को देखने वाले नैतिक निर्णयों पर संचित व्यक्तिगत अनुभव के माध्यम से मजबूत होता है। समुदाय मानवाधिकारों में मूल सार का स्रोत है जिसे सहभागी होना चाहिए। भागीदारी का बढ़ा हुआ स्तर समाज में मानवाधिकारों के मानदंडों की सराहना, संज्ञान और इच्छा को दर्शाता है। जिनके पास समाज में भागीदारी को बढ़ावा देने की जिम्मेदारी और इच्छा है, वे मानवाधिकारों के अग्रदूत हैं और उन्हें पर्याप्त रूप से सुविधा और मान्यता दी जानी चाहिए।

प्रतिनिधित्व मानवाधिकारों के लाभार्थियों को समान अवसर प्रदान करने के लिए है जो समुदाय के दलित, वंचित या हाशिए पर रहने वाले वर्गों के हो सकते हैं। प्रतिनिधित्व, विशेष रूप से राज्य के कानून, राज्य सस्थाओं और इसकी संस्थाओं में राज्य की कार्यसूची की को स्वीकार्यता और वैधता प्रदान करता है। मानवाधिकार सार्वभौमिक कानून हैं और इसलिए, उनकी स्थापना और प्रचार के लिए राष्ट्र-राज्यों के प्रतिनिधित्व के साथ सार्वभौमिक सर्वश्रेष्ठ स्तर के राष्ट्रीय प्राधिकरण का दर्जा भी प्राप्त करते हैं। प्रतिनिधित्व मानदंडों के सम्मान की एक मूल्य प्रणाली का निर्माण करता है। कानून केवल

प्रवर्तन नहीं है, बल्कि उन परंपराओं की स्वीकार्यता है जो कानून और कानून व्यवस्था का सम्मान करने के लिए मनुष्य की अंतर्निहित प्रवृत्ति से निकलती हैं। कानून का प्रयोग करने वाले प्राधिकारी के लिए सम्मान की मूल्य प्रणाली के अभाव में संघर्ष होना तय है। इसलिए, प्रतिनिधित्व विद्रोह की प्रवृत्ति को मारता है क्योंकि यह शक्ति-पाई को विभाजित करता है और लोकतांत्रिक मूल्यों को टिकाऊ बनाता है। प्रतिनिधित्व जवाबदेही और दायित्व तय करता है। यह नकारात्मक दायित्व भी डालता है लेकिन इससे सकारात्मक स्वतंत्रता मिलती है। प्रतिनिधित्व लामबंदी की गुंजाइश और समाजीकरण पैदा करता है जो शासन की प्रक्रिया को विकासोन्मुख बनाता है। प्रतिनिधित्व सभी को सौदेबाजी का अवसर देता है लेकिन उन लोगों की वृत्ति के लिए खतरा हो सकता है जिनके पास अनुनय की पर्याप्त कला नहीं है। मूल्यों को राजी किया जाता है मानदंड और अनुनय मानवाधिकारों को लागू करने के लिए एक शक्तिशाली विशेषता है। चिंतनशील लोकतंत्र में केविन ओल्सन कल्याण के लिए आर्थिक समानता पर राजनीतिक समानता के पक्ष में एक तर्क प्रदान करते हैं। राजनीतिक समानता नहीं तो राजनीतिक स्वायत्तता की दिशा में प्रतिनिधित्व प्रमुख कदमों में से एक है। स्वायत्तता सुरक्षा की भावना लाती है।

टिप्पणियाँ

1. इवेंजेलियम विटे, यहां उपलब्ध है : http://w2.vatican.va/content/john-paul-ii/en/encyclicals/documents/hf_jp-ii_enc_25031995_evangelium-vitae.html
2. उक्त।
3. ऑगस्टाइन, रसेल, रॉबर्ट पृ. द *टीचर*, द *फ्री चॉइस ऑफ द विल*, *ग्रेस एंड फ्री विल*, कैथोलिक यूनिवर्सिटी ऑफ अमेरिका प्रेस, 1968. पृ. 65
4. उक्त, पृ. 69
5. स्रोत : विकिपीडिया
6. करफिकोवा, एल, (2012), *ऑगस्टाइन के अनुसार अनुग्रह और इच्छा*, बोस्टन : यूएसए : ब्रिल। डीओआई : https://doi.org/10.1163/9789004229211 भाग 1, अ. 2, पृ. 20
7. उक्त।
8. उक्त, पृ. 22
9. उक्त, पृ. 31
10. उक्त।

11. उक्त, पृ. 224
12. उक्त, पृ. 231
13. उक्त, पृ. 241
14. उक्त।
15. उक्त, पृ. 282
16. सुलिवन, रोजर जे. *एन इंट्रोडक्शन टू कांतस एथिक्स*, 1997. पृ. 46
17. टिममन्स, मार्क और जॉनसन, रॉबर्ट एन, *कारण, मूल्य और सम्मान : थॉमस ई, हिल, जूनियर के दर्शनशास्त्र से कांटियन थीम्स*, पहला संस्करण, 2015
18. उक्त।
19. उक्त।
20. सुलिवन, रोजर जे. *कांत की नैतिकता का एक परिचय*, 1997. पृ. 46
21. उक्त, पृ. 47
22. रीथ, एंड्रयूज, *कांत के नैतिक सिद्धांत में एजेंसी और स्वायत्तता*, क्लेरेंडन प्रेस, 2006. पृ. 121
23. उक्त।
24. उक्त, पृ. 48
25. उक्त, पृ. 49
26. उक्त, पृ. 53
27. उक्त, पृ. 58
28. इवांस, जॉर्ज एच, द *फिलॉसॉफिकल डिक्शनरी*. एम. डी वोल्टेयर के फ्रेंच से, डबलिन. पृ. 213
29. उक्त।
30. उक्त।
31. उक्त।
32. उक्त, पृ. 214
33. उक्त, पृ. 215
34. https://en.wikipedia.org/wiki/Human_rights
35. मनुष्य के अधिकार, http://www.ushistory.org/paine/rights/a1-tmtl.htm
36. उक्त।
37. http://www.ushistory.org/paine/rights/c1-013.htm
38. उक्त।
39. उक्त।
40. उक्त, ब1-014
41. उक्त, ब1-016

42. उक्त।

43. http://www.ushistory.org/paine/rights/c1-025.htm

44. http://www.ushistory.org/paine/rights/c2-04.htm

45. उक्त।

46. उक्त।

47. http://www.ushistory.org/paine/rights/c2-05.htm

48. रुगेनस्टीन, काई, *डेवी एंड पावर : ए रिन्यूइंग द डेमोक्रेटिक फेथ*, अपराध, सांस्कृतिक अध्ययन और शिक्षा; 4. 2007. पृ. 3

49. उक्त, पृ. 58. इसके अलावा, डेवी *की शक्ति का विचार : आदत के अधिग्रहण के माध्यम से आचरण करने की व्यक्ति की क्षमता [आत्म-साक्षात्कार]*, पृ. 66

50. उक्त।

51. उक्त।

52. उक्त, पृ. 4

53. उक्त, पृ. 6

54. उक्त, पृ. 30

55. डेवी द्वारा समायोजन : समायोजन वह प्रक्रिया है जिसके द्वारा स्वयं स्वयं को प्रस्तुत किए गए डेटा के साथ जोड़ता है कि यह एक संकेत बन जाता है, या प्रतीकात्मक–अपने स्वयं के नए अस्तित्व से परे किसी चीज की ओर इशारा करता है। उक्त, पृ. 48

56. उक्त, पृ. 31–32

57. उक्त, पृ. 42

58. उक्त, पृ. 56–57

59. उक्त, पृ. 55

60. हॉब्स, यहां : https://en.wikipedia.org/wiki/Natural_law

61. इजराइल, जोनाथन, *मन की क्रांति*, प्रिंसटन यूनिवर्सिटी प्रेस, 2010. पृ. 155

62. उक्त, पृ. 157

63. उक्त, पृ. 158

64. रॉस, डब्ल्यू.डी., और ब्राउन, लेस्ली, (एड्स), *निकोमैचेन एथिक्स*, संशोधित संस्करण, 2020 ऑक्सफोर्ड वर्ल्ड्स क्लासिक्स, पृ. 192–193

65. उक्त, पृ. 193

66. उक्त, पृ. 192

67. उक्त, पृ. 193

68. उक्त, पृ. 194

69. उक्त।

70. उक्त, पृ. 76–77
71. क्राउट, रिचर्ड, *यूनान डेमोक्रेसी, नॉर्थवेस्टर्न यूनिवर्सिटी*, पृ. 16
72. डेवी, जॉन, *क्रिएटिव डेमोक्रेसी : द टास्क बिफोर अस*, हैकेट पब्लिशिंग कंपनी, 1993. पृ. 241
73. *ऑक्सफोर्ड लर्नर्स डिक्शनरी*
74. *मरियम-वेबस्टर डिक्शनरी*
75. जेरेमी वाल्ड्रॉन की गरिमा, रैंक, और अधिकार, मानव मूल्यों पर टान्नर व्याख्यान 21–23 अप्रैल को कैलिफोर्निया विश्वविद्यालय, बर्कले में दिया गया
76. गरिमा, रैंक और अधिकार, यहां उपलब्ध हैं : https://tannerlectures.utah.edu/_documents/a-to-z/w/Waldron_09.pdf पृ. 209
77. उक्त, पृ. 210
78. गरिमा और मानवाधिकार, यहां उपलब्ध है : https://www.pwescr.org/PWESCR%20Dignity_Final_14-11-2011.pdf
79. उक्त, पृ. 44
80. इवेंजेलियम विटे, यहां उपलब्ध है : http://w2.vatican.va/content/john-paul-ii/en/encyclicals/documents/hf_jp-ii_enc_25031995_evangelium-vitae.html
81. जॉन रॉल्स का न्याय का सिद्धांत, यहां उपलब्ध है : https://www.csus.edu/indiv/c/chalmersk/econ184sp09/johnrawls.pdf
82. पूर्वोक्त, पृ. 210
83. हैबरमास, जुर्गन, *संचारी कार्रवाई का सिद्धांत : कारण और समाज का युक्तिकरण*, खंड 1, बोस्टन : बीकन प्रेस, 1984. पृ. 260
84. उक्त, पृ. 260
85. इवेंजेलियम विटे, यहां उपलब्ध है : http://w2.vatican.va/content/john-paul-ii/en/encyclicals/documents/hf_jp-ii_enc_25031995_evangelium-vitae.html
86. हेगेल, फिलॉसफी ऑफ राइट, पी। 278
87. हैबरमास, जुर्गन, *संचारी कार्रवाई का सिद्धांत : कारण और समाज का युक्तिकरण*, खंड 1, बोस्टन : बीकन प्रेस, 1984. पृ. 199
88. उक्त
89. अध्याय 6, 6.4–6.75 महाउपनिषद
90. ग्रिफिन, जेम्स, *ह्यूमन रिगिट्स पर*, पृ. 179–80
91. तलाल असद, 2003, *मानवाधिकार में 'मानव' को रिडीम करना, धर्मनिरपेक्ष के गठन में : ईसाई धर्म, इस्लाम, आधुनिकता*, स्टैनफोर्ड : स्टैनफोर्ड यूनिवर्सिटी प्रेस, पृ. 127–158

92. जॉन जे. कफलिन, *पोप जॉन पॉल* II *और द डिग्निटी ऑफ द ह्यूमन बीइंग*, 27 हार्व। जेएल एंड पब। पोली 65 (2003–2004), यहां उपलब्ध है : https://scholarship.law.nd.edu/cgi/viewcontent.cgi?article=1488&context=law_faculty_scholarship पृ. 73

93. उक्त।

94. इवेंजेलियम विटे, यहां उपलब्ध है : http://w2.vatican.va/content/john-paul-ii/en/encyclicals/documents/hf_jp-ii_enc_25031995_evangelium-vitae.html

95. उक्त।

96. पोप फ्रांसिस एक बार प्रतिद्वंद्वी दक्षिण सूडान के नेताओं के पैर चुंबन; https://edition.cnn.com/2019/04/12/europe/vatican-pope-francis-kisses-feet-south-sudan-leaders-scli-intl/index.html

97. पोप द्वारा दक्षिण सूडान के नेताओं के पैर चूमकर, उन्हें शांति रखने के लिए आग्रह करते हुए; https://www.reuters.com/article/us-pope-southsudan/pope-kisses-feet-of-south-sudan-leaders-urging-them-to-keep-the-peace-idUSKCN1RN27G

98. उक्त।

99. दुनिया के सभी धर्माध्यक्षों को पोप जॉन पॉल द्वितीय का एक पत्र,https://www.priestsforlife.org/library/3270-a-letter-from-pope-john-paul-ii-to-all-the-worlds-बिशप

100. इवेंजेलियम विटे, यहां उपलब्ध है : http://w2.vatican.va/content/john-paul-ii/en/encyclicals/documents/hf_jp-ii_enc_25031995_evangelium-vitae.html

101. हूपर, ई., और वेमैन, ए. द *सोशल अनकांशस*, लंदन : जेसिका किंग्सले, 2003. पृ. 45

102. उक्त।

103. पूर्वोक्त।

104. बीरन, हनी, *सरलता का साहस : डब्ल्यू आर बायोन के कार्य में आवश्यक विचार*, रूटलेज, 2015. पृ. 208

105. सार्वजनिक विचार-विमर्श, https://www.uhd.edu/academics/humanities/news-community/center-public-deliberation/Pages/uhd-cpd-what-is.aspx

106. मेलविल, विलिंगम और डेड्रिक, द *डेलीबेरेटिव डेमोक्रेसी हैंडबुक*, पृ.47

107. डेवी, जॉन, *हम कैसे सोचते हैं*, 1933. पृ. 99

108. गुट्जके, मैनफोर्ड जॉर्ज, *जॉन डेवी का विचार और ईसाई शिक्षा के लिए इसके निहितार्थ*, कोलंबिया यूनिवर्सिटी प्रेस, 1956. पृ. 86

भाग 2

6
परंपरा और परंपरागत प्रतिमान

चेतना की आधुनिक संरचनाएं मोहभंग की एक सार्वभौमिक–ऐतिहासिक प्रक्रिया का उत्पाद हैं और इस प्रकार केवल एक विशेष संस्कृति के विशिष्ट लक्षणों को प्रतिबिंबित नहीं करती हैं।
–मैक्स वेबर[1]

अंतर्राष्ट्रीय मानवाधिकार प्रवर्तन के लिए सबसे प्रभावी संस्थान सामान्य मानदंडों के प्रति पूर्व सामाजिक, वैचारिक और संस्थागत अभिसरण पर भरोसा करते हैं।
–एंड्रयू म्रावसिक[2]

एक धारणा, या सामान्य नियम, जो कारण से पता चला है, जिसके द्वारा किसी व्यक्ति को जीवन में विनाशकारी कार्य करने से मना किया जाता है, या उसे संरक्षित करने के साधन छीन लिए जाते हैं; और उसे छोड़ देना जिससे वह सोचता है कि इसे सर्वोत्तम रूप से संरक्षित किया जा सकता है।
–थॉमस हॉब्स ने अपने ग्रंथ *लेविथान और डी सिव* में[3]

ज्ञानोदय युग के विचारकों में से एक इमैनुएल कांत ने परिकल्पना की थी कि सभ्यता शाश्वत शांति के वातावरण में आगे बढ़ेगी जिसके लिए राज्यों को एक आम वैश्विक मंच पर एक साथ आने वाली चुनौतियों पर चर्चा करने, उनका समाधान करने और विवादों को कम करने के लिए एक साथ आना होगा।[4] कांत मानव प्रगति के लक्ष्य को परिभाषित करता है कि नैतिक समझ की क्षमता के सशक्तिकरण की शर्त के रूप में दुनिया भर में मानव मामलों को नियंत्रित करने की शक्तियों के साथ अंतर्राष्ट्रीय मंचों का विकास हुआ है।[5] उस सहयोग का अंतिम उद्देश्य अधिक महत्व के मामलों को प्राथमिकता के आधार पर लेकर स्थायी शांति के लिए होना चाहिए।[6]

कांतियन दर्शन भविष्य के लिए सार्वभौमिक समाज का प्रस्ताव देने में अपने युग से आगे था जिसने वैश्विक समुदाय की गहरी भावना को प्रेरित किया :

> "भविष्य का समुदाय एक सार्वभौमिक समाज होगा और इसके सभी सदस्य पृथ्वी के संयुक्त मालिकों के रूप में खुद को अन्य सभी के सामने पेश करने के हकदार होंगे।"[7]

मानवाधिकारों को सर्वशक्तिमान बनाने के लिए सार्वभौमिक अपनेपन की भावना की आवश्यकता है। एक स्थान पर अधिकारों का हनन पूरे विश्व में इसके तंत्र की विफलता के समान है। यह जिम्मेदारी आपसी है। पारस्परिकता इन अधिकारों के सम्मेलन के लिए बुनियादी मानदंड है। इतिहास हमें अतीत के बुरे अनुभवों से सीखने का अवसर प्रदान करता है और अनुशासित आचरण के लिए परिपाटी विकसित करता है। मोहभंग की सार्वभौमिक-ऐतिहासिक प्रक्रिया पर वेबर का संदर्भ उस युग की पीढ़ी को हुई अपूरणीय क्षति के लिए विश्व नेताओं की भूमिका पर सवाल उठाता है जो विशिष्ट भूगोल के कुछ सनकी आत्मनिर्णयों के बजाय सभी की संचयी जिम्मेदारी थी। मानवाधिकार सम्मेलनों की सफलता वैश्वीकृत दुनिया के सदस्यों के रूप में सभी के कर्तव्य पर निर्भर करती है। स्थायी शांति के लिए दृष्टिकोण तैयार करने के लिए सम्मेलन आवश्यक हैं। वेबर के शब्दों में, सम्मेलन मानवाधिकार दर्शन के माध्यम से शांति की योजना बनाने की तकनीक है और विशिष्ट तकनीक के बिना शांति योजना का कोई प्रभाव नहीं है। प्रभावी तकनीक पर ही सम्मेलन की सफलता या असफलता टीकी हुई। सोलहवीं शताब्दी के अंग्रेजी लेखक, सर वाल्टर रैले ने मानव स्वभाव की जांच की और देखा कि पूरे इतिहास में मानव प्रकृति समान रहती है इसलिए मानवीय तर्क का प्रयोग करने वाले सर्वोच्च अधिकार के अधीन होना चाहिए :

> "मनुष्य के कारण उन चीजों को अच्छा करें, जिन्हें केवल अधिकार ... को पुष्टि करनी चाहिए।"[8]

रैले ने दुनिया के इतिहास की जांच की और वे मानव प्रकृति को नियंत्रित करने के लिए कारण के अधिकार की स्थापना के पक्ष में सामने आये। सम्मेलन मानव स्वभाव को अनुशासित रखने के दुर्जेय कारण पर स्थापित सर्वोच्च प्राधिकरण हैं। हालांकि, मानव स्वभाव को बदलना कठिन है क्योंकि यह इतिहास के माध्यम से नहीं बदला।[9] सम्मेलन सार्वभौमिक स्तर पर निर्देश

और अधिकारों को मानव तर्क के अनुरूप और अच्छा बनाने का प्रयास है। परंपरा कहाँ से निकलती है? क्या ईश्वर सर्वोच्च अधिकार और पूर्ण परंपरा की उत्पत्ति है? अध्याय चार में, मैंने धर्म के संदर्भ में मानवाधिकारों को समझने की कोशिश की है और पाया है कि धर्म ने कुछ ऐसे दर्शनों को प्रज्वलित किया है जो सीधे मानवाधिकारों को प्रभावित करते हैं। अध्याय दो में मैंने नैतिक दायित्व पर लिखा है जो विशुद्ध आत्म-अनुशासनात्मक आचरण से उत्पन्न होता है जो मूल पवित्रता और वीरता की मांग करता है।[10] बुराई और अच्छाई का विचार मन की अवचेतना में है। फ्रांसीसी बिशप जैक-बेनिग्ने बोसुएट ने अपनी कृति *डिस्कोर्स* (विमर्श) में ईश्वर को स्पष्ट करने का प्रयास किया और उन्होंने जोर देकर कहा कि राजनीति पवित्र-शास्त्रों के प्रत्येक शब्द से ही अपनी जड़ें खींचती है। भगवान पर बोसुएट लिखते हैं-

> "ईश्वर, जो अपनी इच्छा से कर सकता है और पुनः उसे पूर्ववत कर सकता है वह करता है, वह प्रकृति को उसके नियम देता है और फिर जब वह चाहता है, तो उन्हें उलट देता है।"[11]

मैं ईश्वर के भय या दिव्य ध्यान को प्रोत्साहित करने का प्रयास नहीं कर रहा हूँ; विचार उस तर्क में जाना है जो दार्शनिक विमर्श को प्राप्त कर रहा है। इस पुस्तक में वर्णित सभी विचारकों और दार्शनिकों का यह विचार रहा है कि मानवीय मुद्दों से संबंधित आधुनिक सम्मेलनों में भी ईश्वर/ईश्वर की धारणा एक दावा है। किसी अप्रत्याशित घटना से बेहतर उदाहरण और क्या हो सकता है? हम ईश्वरीय हस्तक्षेप पर निराश हो सकते हैं, लेकिन दैवीय प्रतिशोध पर, कुलीनों या आम लोगों में समान रूप से दैवीय उमंग को अनावश्यक रूप से न लेने की कुछ अंतर्निहित प्रवृत्ति होती है। भगवान शैतान को दंडित करते हैं :

> "एक ऐसी सजा जिसे कोई भी बेवकूफ प्राणी कभी नहीं झेल पाएगा : 'शर्म' और आतंक हमेशा तुम्हारे पीछे रहेगा।"[12]

जब कानून इसके कार्यान्वयन और प्रभाव में विफल हो जाता है तो 'नाम लेकर शर्मिंदा करना' मानवाधिकारों के सम्मेलनों को लागू करने के लिए सामरिक रणनीतियाँ हैं। शर्मसार करना आदतन अपराधियों को न्याय के कटघरे में लाने में कारगर है। जब कानून के माध्यम से तर्कसंगत जांच काम नहीं करती है तो नैतिक परंपराओं पर भरोसा करें और वापस आएं। इससे इतिहास

का दावा और वैधता, पवित्र धार्मिक अंतर्विरोध और आधुनिक सम्मेलनों पर आपसी प्रभाव अटल और स्थायी रहेगा।[13] इसलिए, गैर-पवित्र तर्कों पर मन को दूषित करने की तुलना में सम्मेलनों में विश्वास को मजबूत करना बेहतर है। मानव प्रकृति मानवाधिकारों के अध्ययन की अनिवार्य कड़ी है। आगे 'स्व' पर चर्चा इसे एक अवसर और चुनौती के रूप में परखेगी।

6.1 परंपरा के अर्थ को समझना

अगर मानव की स्वतंत्रता और इच्छा पर समझौते और प्रतिबंध लागू होंगे तो वह नैतिकता को क्यों अपनाएगा, क्यों परंपराओं का पालन करेगा और क्यों एक समुदाय में बना रहेगा? क्या परंपरा वास्तविक दुनिया में लघु या दीर्घकालिक अवस्था में कोई समाधान है? अपना स्वार्थ मानव स्वभाव की चिरस्थायी और आदिम प्रवृति है। क्या मानवाधिकारों पर पारंपरिक दर्शन या दार्शनिक सम्मेलनों के माध्यम से कोई आशा है? सम्मेलन पर चर्चा करने के उद्देश्य और उपयोगिता पर ये कुछ प्रारंभिक प्रश्न हैं। इस अध्याय के तहत यहां और नीचे प्रस्तुतीकरण पर मेरी अपनी जांच पड़ताल है। इसके बावजूद, मुझे होमर के द *इलियड* में *सर्पेडन* और उनके मित्र ग्लौकोस के बीच एक और उपयुक्त विमर्श मिला है जो संदेह और बेचैन मन के ढांचे को जीवंत करता है :

"हे मनुष्य, मान लीजिए कि आप और मैं, युद्ध से बच निकले,
तब हम हमेशा के लिए जीने में सक्षम, चिरस्थायी, अमर और अमर होंगे।
ऐसे में तो न तो मैं खुद सबसे आगे लड़ सकूँगा,
और न मैं तुझ से उस लड़ाई के लिए बिनती करूंगा, जहां मनुष्य महिमा पाए है।
पर अब,
यह देखते हुए कि मृत्यु की आत्माएं हजारों की संख्या में हमारे पास खड़ी हैं,
कोई मनुष्य न तो मुड़ सकता है और न ही उनसे बच सकता है,
आइए हम आगे बढ़ें और अपने लिए गौरव प्राप्त करें,
या इसे दूसरों को दे दो।"[14]

मैं उपरोक्त काव्य-विमर्श पर टिप्पणी करने के लिए पर्याप्त योग्य नहीं हूँ; फिर भी, मैं अमूर्त महिमा के लिए चल रहे झगड़ों को समाप्त करने के

आग्रह पर समझ पा रहा हूं कि बेहतर भविष्य के लिए एक साथ यात्रा शुरू करके, असली जीत खुद के लिए है और दूसरों के लिए गौरव देने में है। *इलियड* एक युद्ध महाकाव्य है जिसमें निरंतर लड़ाई का पूर्वाभास होता है। ऊपर प्रस्तुत महाकाव्य का संवाद होमर की कविता की सर्वोत्कृष्टता है जो आने वाली पीढ़ियों के लिए एक दुर्जेय संदेश है। दंतकथाओं में भी इतिहास की धारा को बदलने की प्रवृत्ति होती है। व्याख्या बहुत सारे अर्थों और शंकाओं को स्पष्ट करती है।

चित्र 6.1 : पेट्रोक्लस द्वारा मारे गए सरपीडन, जैसा कि यूफ्रोनियोस क्रेटर (515 ईसा पूर्व) में दर्शाया गया है।

मध्यकालीन युग के अंधकार युग के बाद ज्ञानोदय का युग आया जैसा कि अध्याय तीन में चर्चा की गई है। मनुष्य अपने बुरे अनुभव के बाद निरंतर युद्धों और क्रांतियों के कारण निरंतर अशांति से बचने के लिए अच्छा बनना चाहता है और सीखना चाहता है। किसी ने कहा कि मनुष्य विनाश की प्रक्रिया के बाद निर्माण को समझता है या दूसरे शब्दों में मनुष्य आत्म-संरक्षण के सार को सभी आत्म-विनाशकारी विकल्पों को समाप्त करके समझता है। शिक्षा का यही अर्थ है : मनुष्य के लिए अच्छे सबक के लिए बुरे इतिहास की जांच करना। सम्मेलन मानक मानदंड, मानक, कानूनी तरीके और साधन हैं जो बुरे इतिहास/अनुभव के रूप में याद किए गए बुरे अनुभवों से इन सब

अच्छे सबकों के अवलोकन के बाद तैयार किए गए हैं। इसलिए, मनुष्य को अपने लाभ और हित के लिए इन सम्मेलनों को अपनाना चाहिए। कई जगह मैंने उल्लेख किया है– प्राचीन यूनान या अन्य संदर्भों को उद्धृत किया है, धार्मिक सद्गुणों, सिद्धांतों, मध्ययुगीन यूरोपीय इतिहास, कुछ आधुनिक विचारकों के शोध से सारांश यही है कि सम्मेलन ठीक ही तलछट के समान हैं, ये प्राचीन काल से लेकर वर्तमान तक के मानदंडों की परतें हैं जो भविष्य के लिए एक दृष्टिकोण प्रस्तुत करते हैं। माइकल मान के 'भूवैज्ञानिक तलछट' के रूपक संदर्भ से :

> "... अतीत चुनिंदा और संचयी रूप से वर्तमान को आकार देता है, क्योंकि 'विभिन्न पिछले युगों से समय की परतें स्थायी संस्थानों के रूप में दफन हो जाती हैं जो नई प्रक्रियाओं और संस्थानों के साथ रहती हैं और जुड़ती हैं।"[15]

उपरोक्त समानता से मेरे विचारों के माध्यम से परंपरा भविष्य की पीढ़ियों के लिए चुनिंदा और संचयी रूप से वर्तमान को आकार देने के उद्देश्य से स्थापित सार्वभौमिक संस्थानों के माध्यम से मूल्यों को धारण करने के समझौते हैं। सम्मेलन सार्वभौमिक हैं लेकिन कार्यप्रणाली में विशिष्ट हैं। उनका दायरा व्यापक है, मानवीय मामलों और जीवन शैली पर ध्यान देने के साथ दृष्टिकोण गहन है। वे आचरण पर जांच और संतुलन कर रहे हैं। रिचर्ड रॉर्टी मानवाधिकारों/नैतिकताओं पर मनुष्य की तर्कसंगतता और भावुकता को समझने का अवसर प्रदान करता है :

> "प्रबोधन युग के बाद की यूरोपीय संस्कृति के दायरे के बाहर, अपेक्षाकृत सुरक्षित और संरक्षित लोगों का चक्र जो दो सौ वर्षों से एक दूसरे की भावनाओं में हेरफेर कर रहे हैं, ज्यादातर लोग यह समझने में असमर्थ हैं कि जैविक प्रजातियों में एक नैतिक समुदाय की सदस्यता के लिए, औपचारिक सदस्यता ही क्यों पर्याप्त मानी जाती है? ऐसा इसलिए नहीं है क्योंकि वे अपर्याप्त रूप से तर्कसंगत हैं। यह, आम तौर पर, क्योंकि वे ऐसी दुनिया में रहते हैं जिसमें किसी के नैतिक समुदाय की भावना को अपने परिवार, कबीले या जनजाति से आगे बढ़ने देना–यह बहुत जोखिम भरा होगा– वास्तव में, अक्सर बेहद खतरनाक होगा।"[16]

हम एक जटिल और जोखिम भरी दुनिया में रह रहे हैं और सम्मेलन/परंपरा इसे नैतिक समुदाय की सदस्यता के लिए मनुष्य के पास एक तर्कसंगत

विकल्प बनाती हैं ताकि भविष्य में किसी भी भयानक खतरे से बचने के लिए अपेक्षाकृत सुरक्षित और संरक्षित हो सके। इस प्रकार के सम्मेलन मनुष्य को तर्कसंगतता से जोड़ते है और उसकी नैतिकता का पूरक होते है। परंपरा वह आधार हैं जिस पर मनुष्य मौजूद है और समृद्ध होता है। बाकी तो राजा कानून ही है। यह वह कानून था जिसने राजा को मजबूत और उसके साम्राज्य को प्रचुर मात्रा में विशाल बनाया। लोग दमन के बजाय मानदंडों का पालन करना पसंद करते हैं। तो, नैतिक अनुशासन सम्मेलनों के तहत एक स्थायी वास्तविकता है। 'विचारकों और मूल्यों' पर अध्याय पांच में मैंने 'विचार' को मूल्य प्रस्ताव के रूप में विस्तार से प्रस्तुत किया है। सम्मेलन एक समुदाय में नैतिक विचार-विमर्श से निकलते हैं। ये विचार-विमर्श मूल रूप से लागत-लाभ और पीड़ा-समृद्धि विश्लेषण हैं क्योंकि मनुष्य आत्म-विनाशकारी प्रवृत्ति को प्राप्त नहीं करना चाहता है। सम्मेलनों को बनाने और लोगों को पालन करने के लिए प्रेरित करने की क्षमता आधुनिक नागरिक समाज में सांप्रदायिक एकता और एकजुटता को दर्शाती है। सांप्रदायिक एकता एक अंतहीन दर्रे की ऐतिहासिक शिक्षाओं से निर्मित एक सामान्य प्रणाली पर आधारित है और काम करती है। बीटेनहोल्ज के शब्दों में :

> "हमारी सामान्य प्रणाली की सच्ची विशिष्टता, हालांकि, एक अनंत अतीत की ओर इसकी पिछड़ी पहुंच में निहित है।"[17]

अतीत में भविष्य के लिए एक संदेश होता है। जिसका माध्यम सम्मेलन है। नैतिकता आधारित सम्मेलनों के माध्यम से मनुष्य के दृष्टिकोण को बदलने की आदत में शुरुआत से, व्यक्ति और उनके समूह द्वारा सहन करने, प्रगति करने और समृद्ध होने की एक विशिष्ट क्षमता हासिल की जाती है। सम्मेलन दूसरे शब्दों में आदत है जो कायम रहती है और स्थायी है। मानवाधिकारों पर अंतर्राष्ट्रीय कानून जो प्रथागत कानूनों और संधियों से विकसित हुआ है, न केवल एक आशा है बल्कि मानवाधिकारों के लिए एक सुरक्षा कवच है। मैं इस धारणा की व्याख्या करता हूं कि मानवाधिकारों पर आधुनिक कानून मानवाधिकारों की समस्याओं का समाधान नहीं है। सम्मेलन द्वारा सार्वभौमिक और विशेष के बीच मध्यस्थता को प्रोत्साहित किया जाना चाहिए। मध्यस्थता की प्रक्रिया अपने आप में विनम्र और स्पष्ट नहीं है। हेगेल द्वारा अपनी 'प्रणाली' में द्विभाजन की जाँच की जाती है :

"संज्ञान का उद्देश्य विशेष पर होता है न कि सार्वभौमिक पर। [...]। लेकिन अगर विशेष के माध्यम से सार्वभौमिक की और सार्वभौमिक के माध्यम से विशेष की मध्यस्थता को विशेष शुद्ध और सरल के अमूर्त सामान्य रूप में डाल दिया जाता है, तो विशेष को एक सत्तावादी तरीके से खारिज करने के बिंदु पर भुगतान करना पड़ता है ..."[18]

सम्मेलन सार्वभौमिक हैं लेकिन उनका ध्यान विशेष/जमीनी स्तर पर उन्मुख होना चाहिए और हेगेल की प्रणाली पर उपरोक्त अवलोकन चेतावनी देता है कि कमजोरों के लिए विभेदक उपचार के संज्ञान के बिना जमीनी स्तर पर सार्वभौमिक सम्मेलनों की मध्यस्थता से अनुचित हस्तक्षेप का एक सत्तावादी तरीका पैदा हो सकता है। ऐसे परिदृश्य में संप्रभु मामलों के बारे हस्तक्षेप पर बहस छिड़ जाती है। 'विशेष' के इतिहास लेखन की गहन समझ अनिवार्य प्रस्ताव है और विभेदक उपचार के उद्देश्य से है। अन्यथा, विशेष को भुगतान करना पड़ता है और एक सत्तावादी तरीके से खारिज किए जाने की बात का सामना करना पड़ता है। ठीक ही, सम्मेलन का संज्ञानात्मक केन्द्रबिन्दु वस्तुनिष्ठ होना चाहिए :

1. विशेष पर,
2. इसमें सार्वभौम की मध्यस्थता के लिए,
3. विशेष को सार्वभौमिक में आत्मसात करने के लिए,
4. अन्यथा परिणाम– बर्खास्तगी,
5. और अंततः अलगाव!

सकारात्मक विमर्शों के माध्यम से विशेष और सार्वभौमिक को आत्मसात करने की जिम्मेदारी संस्थाओं की है। मानवाधिकारों पर सम्मेलनों में सुलह और याचना प्रमुख कार्य हैं। वैश्विक वास्तविक दुनिया में सत्ता उन्मुखीकरण के वर्तमान दिनों में दलबदल और विभाजन पहले से ही कुख्यात हैं। जिस कारण से कानून और कानूनी संस्थाओं को अस्तित्व में लाया जाता है वह उन समस्याओं के निश्चित और सही उत्तर देना है जो अंतर्राष्ट्रीय संस्थानों को अपनी भूमिका द्वारा देना चाहिए। मानवाधिकारों के उल्लंघन से उत्पन्न होने वाली समस्याओं के लिए यदि ये संस्थाएं उल्लंघनकर्ताओं के प्रतितथ्यात्मक अभिव्यक्तियों का उत्तर देने में विफल रहती हैं तो कानून और कानूनी संस्थाएं मानवाधिकारों के संरक्षण और संवर्धन के साधन और साध्य हैं।

6.2 समकालीन अंतर्राष्ट्रीय मानवाधिकार कानून

संधियाँ प्रकृति में शासन करने वाले कानून/संविधि हैं जो विभिन्न निकायों, समितियों और विशेषज्ञों के माध्यम से लागू की जाती हैं जो मानवाधिकारों के उल्लंघन और कानून के अनुपालन का मूल्यांकन और निगरानी करते हैं। मानवाधिकारों पर समकालीन अंतर्राष्ट्रीय कानून में, वे संयुक्त राष्ट्र प्रणाली में स्वतंत्र निकाय हैं जो संयुक्त राष्ट्र मानवाधिकार के उच्चायुक्त (यूएनएचसीएचआर) और संयुक्त राष्ट्र मानवाधिकार केंद्र की देखरेख में काम कर रहे हैं।

> ... एक आर्थिक, सामाजिक, सांस्कृतिक, या मानवीय चरित्र की अंतर्राष्ट्रीय समस्याओं को हल करने में और नस्ल, लिंग, भाषा या धर्म के भेदभाव के बिना सभी के लिए मानवाधिकारों और मौलिक स्वतंत्रता के लिए सम्मान को बढ़ावा देने और प्रोत्साहित करने में अंतर्राष्ट्रीय सहयोग प्राप्त करना।
>
> –संयुक्त राष्ट्र घोषणापत्र का अनुच्छेद 1–3

संयुक्त राष्ट्र घोषणापत्र अंतर्राष्ट्रीय मानवाधिकार कानून का पवित्र पाठ्यक्रम (इवेंजेलियम विटे) है। मानवाधिकारों पर संयुक्त राष्ट्र घोषणा मार्गदर्शक कानून है और फिर समर्पित समितियों के साथ विभिन्न संधियाँ हैं।

संयुक्त राष्ट्र घोषणापत्र–आधारित निकाय और तंत्र[19]:

1. मानवाधिकार परिषद,
2. सार्वभौमिक नियतकालीन समीक्षा,
3. मानवाधिकार आयोग,
4. एचआरसी की शिकायत प्रक्रिया,
5. एचआरसी की विशेष प्रक्रिया।

6.2.1 मानवाधिकारों की सार्वभौम घोषणा

इसमें व्यक्तिगत स्तर पर, व्यक्तियों के बीच और समूहों के लिए पहले चर्चा किए गए सभी प्रकार के अधिकार शामिल हैं। विचार उन अधिकारों की पेशकश करना है जो अविभाज्य और अखंडनीय हैं।[20] जैसा कि चर्चा की गई है, यूडीएचआर नियम कानूनी रूप से लागू करने के लिए नहीं बने है क्योंकि

यह एक गैर-बाध्यकारी संकल्प है। यह अंतर्राष्ट्रीय और राष्ट्रीय संस्थानों द्वारा कमजोर लोगों के अधिकारों की रक्षा के लिए इसे लागू करने के लिए एक प्रथागत कानून के रूप में कार्य करता है।[21]

> ...मानव परिवार के सभी सदस्यों की अंतर्निहित गरिमा और समान और अपरिहार्य अधिकारों की मान्यता दुनिया में स्वतंत्रता, न्याय और शांति की नींव है।
>
> —मानवाधिकारों की सार्वभौम घोषणा की प्रस्तावना, 1948

यह मुद्दा उस दक्षता, प्रभावकारिता और संवेदनशीलता के स्तर तक उबलता है जिसके साथ घोषणा पर विचार किया जाता है। यह एक प्रक्रियात्मक कानून में एक मजबूत नैतिक पदार्थ है जो मानवाधिकारों के कार्य के लिए जिम्मेदार कानून की न्यायिक और अर्ध-न्यायिक सस्थाओं में लोगों के विश्वास को मजबूत बनाता है। प्रक्रियात्मक लालफीताशाही के बावजूद, यूडीएचआर सदस्य राज्यों के लिए एक समझौते से ऊपर अपर-राष्ट्रीय प्राधिकरण का स्तर रखता है।

> जहाँ यह आवश्यक हो, यदि मनुष्य को अत्याचार और उत्पीड़न के विरुद्ध विद्रोह के अंतिम उपाय के रूप में सहारा लेने के लिए मजबूर नहीं किया जाना है, तो मानवाधिकारों की रक्षा कानून के शासन द्वारा की जानी चाहिए।
>
> —मानवाधिकारों की सार्वभौम घोषणा की प्रस्तावना, 1948

6.2.2 मानवाधिकार संधियाँ

संयुक्त राष्ट्र मानवाधिकार उच्चायुक्त के कार्यालय ने विभिन्न सम्मेलनों, अनुबंधों और संलेख (प्रोटोकॉल) को वर्गीकृत किया है। विशेषज्ञों की एक स्थापित समिति के तहत नौ प्रमुख अंतर्राष्ट्रीय मानवाधिकार उपकरण संधि के प्रावधानों के कार्यान्वयन की निगरानी अपने राज्य-पक्षों के माध्यम से करते हैं। संधियों को वैकल्पिक संलेख प्रोटोकॉल द्वारा पूरक किया जाता है।[22] अत्याचार के खिलाफ सम्मेलन विशेषज्ञों की एक समिति स्थापित करता है।[23] मुख्यतः यहाँ दो संस्थाएं हैं– प्रथम नागरिक और राजनीतिक अधिकारों पर अंतर्राष्ट्रीय समझौता पत्र (ICCPR) और द्वितीय आर्थिक, सामाजिक और सांस्कृतिक अधिकारों पर अंतर्राष्ट्रीय समझौता पत्र (ICESCR), ये 1966 में अपनाये गये और 1976 में लागू किये गये। विशिष्ट संधियों के लिए विभिन्न समितियाँ इस प्रकार हैं :

1. आईसीसीपीआर के लिए मानवाधिकार समिति।

2. आईसीईएससीआर के लिए आर्थिक, सामाजिक और सांस्कृतिक अधिकारों पर समिति। यह अन्य से अद्वितीय है क्योंकि इसे आर्थिक और सामाजिक परिषद के एक प्रस्ताव के तहत स्थापित किया गया था।
3. नस्लीय भेदभाव के उन्मूलन पर समिति (सीईआरडी)।
4. न्यू यॉर्क में संयुक्त राष्ट्र मुख्यालय में महिलाओं की उन्नति के लिए विभाग के तहत सीईडीएडब्ल्यू के लिए महिला के खिलाफ भेदभाव के उन्मूलन पर समिति।
5. अत्याचार के खिलाफ समिति (सीएटी)।
6. बाल अधिकार समिति (सीआरसी)।
7. प्रवासी कामगारों की समिति (सीएमडब्ल्यू)।
8. विकलांग व्यक्तियों के अधिकारों पर समिति (सीआरपीडी)।
9. जबरदस्ती गायब होने पर समिति (सीईडी)।

इसी तरह, विभिन्न सम्मेलनों और अनुबंधों के लिए अलग-अलग संलेख और वैकल्पिक संलेख हैं।

6.2.3 संयुक्त राष्ट्र मानवाधिकार परिषद (यूएनएचआरसी)

मानवाधिकारों के उल्लंघन की जांच के लिए एक जनादेश के साथ, 2005 में विश्व शिखर सम्मेलन में UNHRC की स्थापना की गई जिसने मानवाधिकार पर संयुक्त राष्ट्र आयोग की जगह ले ली। यह जिनेवा में स्थित है और विभिन्न संधियों को सचिवालय सहायता प्रदान करता है। परिषद का उद्देश्य संयुक्त राष्ट्र घोषणापत्र की व्याख्या करना है। मूल संगठन संयुक्त राष्ट्र महासभा (यूएनजीए) है जिसे तकनीकी रूप से संयुक्त राष्ट्र की सहायक संस्था कहा जाता है जो सहक्रिया को बढ़ाने के लिए संयुक्त राष्ट्र सुरक्षा परिषद के साथ भी बातचीत करता है। यह एचआरसी और यूएनएससी के बीच इस तरह के तालमेल को प्रभावशीलता में सुधार और अंतराल और दोहराव से बचने के लिए आवश्यक है।[26] एचआरसी के बारे में दूसरी ध्यान देने योग्य तथ्य यह है कि यह यूएनएससी पर जोर दे सकता है कि वह अंतर्राष्ट्रीय आपराधिक न्यायालय को आईसीसी के जनादेश के बाहर भी उल्लंघन का संज्ञान लेने

का निर्देश दे।[27] मानवाधिकार पर उच्चायुक्त का कार्यालय अपने संधि प्रभाग से विभिन्न निकायों को सचिवालय सहायता प्रदान करता है।

उपरोक्त सार्वभौमिक प्रशासनों के अलावा, विभिन्न क्षेत्रीय समझौते भी हैं, मानवाधिकारों के लिए संस्थान जैसे अफ्रीकी संघ के तहत मानव और लोगों के अधिकारों पर अफ्रीकी आयोग; वाशिंगटन, डीसी में अमेरिकी राज्यों के लिए संगठन; यूरोप की परिषद के तहत मानवाधिकारों पर यूरोपीय सम्मेलन और यूरोपीय मानवाधिकार न्यायालय जो 1949 में स्थापित किया गया।

6.2.4 जिनेवा सम्मेलन (कन्वेंशन)

यह सम्मेलन (कन्वेंशन) मानवाधिकारों या संबंधित कानून की केवल बात नहीं करता है, अपितु मानवाधिकारों को मजबूत करने के लिए मूल्यों की आधारशिला प्रदान करता है। ये युद्धबंदियों की सुरक्षा और उनके इलाज से संबंधित एक अंतर्राष्ट्रीय कानून हैं।[28] सम्मेलन का अनुच्छेद 3 व्यक्तिगत गरिमा के अपमान पर, विशेष रूप से प्रताड़ना और अपमानजनक व्यवहार पर रोक लगाता है। यह इस बात का प्रमाण है कि मानवाधिकार कानून में गरिमा न केवल एक आदर्श है बल्कि एक अंतर्राष्ट्रीय कानून यानी जिनेवा सम्मेलन (कन्वेंशन) पर लागू एक मानक है जो प्रकृति में बहुत संवेदनशील है क्योंकि यह युद्धों और अंतर्राष्ट्रीय संघर्षों से संबंधित है। फरवरी 2019 में, भारत और पाकिस्तान के बीच संघर्ष के परिणाम स्वरूप जब पाकिस्तान की सेना द्वारा भारत के विंग-कमांडर अभिनंदन वर्धमान को पकड़ लिया गया जोकि कश्मीर में पुलवामा सीआरपीएफ ब्रिगेड पर 14 फरवरी, 2019 को पाकिस्तान सहायता प्राप्त हमले का बदला लेने के लिए सीमा दूसरी तरफ पार कर गया था तो परस्थितिवश लगभग पूर्ण पैमाने पर युद्ध के हालत हो गए थे। भारत ने अपने विंग कमांडर की रिहाई के लिए जिनेवा सम्मेलनों का हवाला दिया और पाकिस्तान को अंतर्राष्ट्रीय कानून की पालना करने पर बाध्य किया। तीसरे जिनेवा सम्मेलन में अनुच्छेद 13 हस्ताक्षरकर्ताओं को निर्देश देता है :

> "युद्ध के लोगों (पीओडब्ल्यू) से हर समय "मानवीय व्यवहार" किया जाना चाहिए। हिरासत में लिए गए युद्धबंदी के स्वास्थ्य को गंभीर रूप से खतरे में डालने या मौत का कारण बनने वाली हिरासत की शक्ति द्वारा कोई भी गैरकानूनी कार्य या चूक निषिद्ध है, और इसे वर्तमान सम्मेलन का गंभीर उल्लंघन माना जाएगा।"

हालाँकि, पाकिस्तान के प्रधानमंत्री ने संसद में रिहाई पर कहा :

"शांति की हमारी इच्छा में, मैं घोषणा करता हूं कि कल, बातचीत शुरू करने के पहले कदम के रूप में, पाकिस्तान हिरासत में लिए भारतीय वायु सेना के अधिकारी को रिहा करेगा।"[29]

भारत की ओर से, इसके विदेश मंत्रालय ने अपने वायु सेना कर्मी की नजरबंदी पर आपत्ति जताई :

" ...घायल भारतीय वायु सेना अधिकारी से "अभद्र प्रदर्शन" अंतर्राष्ट्रीय मानवीय कानून और जिनेवा सम्मेलन के सभी मानदंडों का उल्लंघन" है हम उनकी "तत्काल और सुरक्षित वापसी" की मांग करते है।"

यदि जिनेवा सम्मेलन प्रभावी नहीं होते तो संभावना थी कि दो परमाणु शक्तियों ने अपने पुराने शस्त्रागार का परीक्षण किया होता और पूरी दुनिया बचकानी लड़ाई के परिणामों को जन्म देती। अन्तर्राष्ट्रीय सम्मेलनों के उपाय इस प्रकार हैं कि मानवाधिकारों की प्रत्यक्ष और अप्रत्यक्ष रूप से रक्षा की जाती है। अभिनंदन का मामला एक अनुभवजन्य सत्यापन है।

6.2.3 एलेनोर रूजवेल्ट का योगदान

इन्होंने मानवाधिकारों की सार्वभौम घोषणा के तहत मानवाधिकार आयोग की अध्यक्ष के रूप में 'अंतर्राष्ट्रीय अधिकार विधेयक, 1947' का मसौदा तैयार करने में एक केंद्रीय महत्वपूर्ण भूमिका निभाई।[30] उन्हें दो प्रतिष्ठित विशेषज्ञों कनाडा के प्रो. जॉन हम्प्रे, एक कानून के प्रोफेसर और रेने कैसिन, एक फ्रांसीसी वकील द्वारा समर्थित किया गया था। UNDHR का एक आशुचित्र पहले से ही सचित्र है। एलेनोर द्वारा उठाया गया नैतिक प्रश्न था :

आखिर सार्वभौमिक मानवाधिकार कहाँ से शुरू होते हैं?

उत्तर के रूप में उनके पास एक प्रस्ताव था :

छोटी-छोटी जगहों में, घर के पास-इतना करीब और इतना छोटा कि दुनिया के किसी भी नक्शे पर इन्हें देखा नहीं जा सकता जैसे कि ऐसी जगह जहां हर पुरुष, महिला और बच्चा बिना भेदभाव के समान न्याय, समान अवसर, समान सम्मान चाहते हैं। जब तक इन अधिकारों का कोई अर्थ नहीं है, उनका कहीं भी कोई अर्थ नहीं है।

चित्र 6.2 : एलेनोर रूजवेल्ट मानवाधिकारों की सार्वभौम घोषणा का पहला मसौदा पकड़े हुए।

श्रीमती रूजवेल्ट मानवाधिकारों पर अंतर्राष्ट्रीय कानून की कल्पना में असाधारण थीं जो कि जनसांख्यिकी पर किसी भी दूसरे विचार के बावजूद दुनिया के सबसे दूर के स्थान पर सबसे अंतिम और दूर के व्यक्ति को संबोधित करना चाहिए। भेदभाव के बिना समान गरिमा कानून की मूल अवधारणा है। वह व्यक्तिगत रूप से संयुक्त राज्य अमेरिका के राष्ट्रपति रूजवेल्ट से प्रेरित थीं जिनसे उन्होंने अमेरिकी संविधान में बुनियादी चार स्वतंत्रताओं के बारे में सीखा जिसने यूडीएचआर को प्रेरित किया और इसका हिस्सा बन गया। गरिमा, स्वतंत्रता, समानता और भाईचारे के मूल सिद्धांतों को एक दूसरे के संबंध में व्यक्तियों और व्यक्तियों के लिए शामिल किया गया था।[31] समाज को आध्यात्मिक, सार्वजनिक, राजनीतिक, आर्थिक, सामाजिक और सांस्कृतिक अधिकार प्रदान किए गए थे।[32] ध्यान दें कि आध्यात्मिक अधिकार अंतर्राष्ट्रीय कानून का हिस्सा हैं और आध्यात्मिकता और मानवाधिकारों पर चर्चा प्रासंगिक है।

सदस्य राज्यों के समझौते से कानून को अपर-राष्ट्रीय अधिकार दिया गया था। इसमें लागू करने की प्रवर्तनीयता मानदंड का अभाव है। हालांकि, यहाँ भी किसान पेड़ों के लिए लकड़ी से चूक गए कि– इन अधिकारों की कानूनी प्रवर्तनीयता गलत थी जिसने पूरी संरचना को सबसे अधिक आवश्यकता होने पर देरी और अप्रभावी को संभाव्य बना दिया।

6.4 कार्यप्रणाली

ये शासन संधियों पर आधारित प्रथागत कानून हैं जो निर्णय के माध्यम से विभिन्न पक्षों पर लागू नहीं होते हैं। मानवाधिकारों पर कोई अंतर्राष्ट्रीय न्यायालय नहीं है और याचिका के व्यक्तिगत अधिकार के लिए कोई प्रावधान नहीं है। यूरोपीय संदर्भ एक क्षेत्रीय प्रणाली के रूप में अलग है। हालाँकि, याचिकाकर्ता के व्यक्तिगत अधिकार पर आधारित प्रणाली सबसे सफल और प्रभावी है बशर्ते कि व्यक्ति राजनीतिक और आर्थिक सुरक्षा जैसे उपायों के सशक्तिकरण व अन्य साधनों के अलावा विचारधारा को भी सांझा करें। ये शासन पश्चिमी उदार विचारों और सिद्धांतों पर संचालित होते हैं और सामंजस्य की प्रणाली पर काम करते हैं तथा बहुपक्षीय सहयोग के माध्यम से मूल्यों के प्रचार का सम्मान करते हैं। विभिन्न संस्थाओं के तहत विभिन्न निकायों ने इन व्यवस्थाओं को लागू करने के लिए अपनी कार्यप्रणाली विकसित की है।[33]

6.4.1 प्रतिबंध

प्रतिबंधों को मानवाधिकारों के सम्मान को तरजीही आर्थिक संबंधों से जोड़कर, खतरे की रणनीतियों, शक्ति संतुलन, नीतिगत साधनों, नकारात्मक व्यापार प्रतिबंधों, विकास सहायता और नाटक, हेरफेर और रंगमंच की अन्य युक्तियों का उपयोग करके स्वीकृति प्रदान की जाती है। प्रतिबंधों के संबंध में कार्रवाई करने से पहले यह सुनिश्चित किया जाना चाहिए कि इनके नकारात्मक परिणाम पूरी बहुपक्षीय प्रणाली को नुकसान न पहुंचाएं।

6.4.2 नेमिंग और शेमिंग (नाम लेकर शर्मिंदा करना)

यह उपाय विदेशी दबाव, उल्लंघनों और नैतिक अपमान को उजागर करने की रणनीतियों के माध्यम से शासन की वैधता को लागू करके मानवाधिकारों

को बढ़ावा देने के लिए एक अंतर्राष्ट्रीय और घरेलू 'राय का माहौल' बनाकर प्रयोग किया जाता है। इसे मानवाधिकार मानदंडों की विचारधारा के संबंध में सामाजिक कार्यकर्ताओं, नागरिक समाज और आम जनता के मजबूत समर्थन की आवश्यकता है।

6.4.3 सहकारिता

मानवाधिकारों के संरक्षण और विस्तार के लिए शक्ति संतुलन को स्थानांतरित करने हेतु घरेलू राज्य सस्थाओं विशेष रूप से न्यायिक और अर्ध-न्यायिक प्राधिकरणों को सह-चयन या उनमें सुधार करना भी एक उपाय है।यहाँ विभिन्न हितधारक अपनी भूमिका निभा सकते हैं जैसे कि अंतर्राष्ट्रीय निगरानीकर्ता राजनीतिक अभिजात वर्ग और नौकरशाहों को प्रभावित कर सकते हैं। घरेलू अदालतों में अंतर्राष्ट्रीय न्यायिक निकायों का हस्तक्षेप और अनुरोध मानवाधिकारों को लागू करने के लिए एक संभव उपाय है। इसके लिए ऐसे निकायों की स्वायत्तता और स्वतंत्रता की आवश्यकता है।

एक बहुपक्षीय प्रणाली में प्रवर्तन, शक्ति, दबाव आदि की रणनीति को क्रियान्वित करना मुश्किल होता है क्योंकि यहाँ प्रणाली स्वयं सदस्यों के समन्वय पर संचालित होती है। यूरोपीय परिषद द्वारा सर्बिया पर नकारात्मक आर्थिक प्रतिबंधों को लागू करना, इसके लोगों पर नकारात्मक परिणामों और असफल बहुपक्षीय प्रतिबंधों के साथ बिना किसी राजनीतिक परिणाम के प्रतिबंधों का एक अप्रभावी उपयोग देखा जाता है।[34] यदि ऐसी रणनीति लागू की जाती है तो तंत्रप्रणाली स्वयं विचलन के माध्यम से अस्तित्व के खतरे का सामना करेगी। बहुपक्षीय प्रणाली और उसके सदस्यों का तालमेल इसकी अपनी स्थिरता के लिए महत्वपूर्ण है। दूसरी तरफ राज्य अपनी संप्रभुता के आधार पर बहुपक्षीय मानदंडों से इनकार करने के लिए बहस कर सकते हैं। बातचीत, सौदेबाजी, राजनयिक समझौता, अंतर्राष्ट्रीय सहमति, विचार, पूर्णता, समीक्षा, विवरण, मानक-निर्धारण, राष्ट्रीय हित और राष्ट्रीय प्राथमिकताओं के अभिसरण के नरम दृष्टिकोण बुनियादी प्रथाएं हैं जिन्हें आजमाया जा सकता है। विशेष रूप से बहुपक्षीय प्रणाली में प्रतिबंधों के माध्यम से मानवाधिकार मानदंडों का अनुपालन और प्रवर्तन के लिए अंतर्राष्ट्रीय सहमति निर्णायक है। इसके अलावा, घरेलू समूहों, लोकप्रिय दबाव नीति और राज्य सस्थाओं

की भूमिका इन शासनों के प्रति उनके उन्मुखीकरण के संदर्भ में महत्वपूर्ण है।[36] यदि राज्य में सत्ताधारी दल के लिए घरेलू पक्ष मजबूत है तो बाहरी प्रभाव वहाँ काम नहीं कर सकता। ऊपर बताए गए तौर–तरीकों के लिए घरेलू खिलाड़ियों का विश्वास महत्वपूर्ण है। शक्ति संतुलन की समझ महत्वपूर्ण है।

> "निर्णायक कारण संबंध नागरिक समाज में निहित हैं। अंतर्राष्ट्रीय दबाव तब काम करता है जब यह स्वतंत्र और प्रभावशाली जनमत और एक स्वतंत्र न्यायपालिका के माध्यम से काम कर सकता है"।[37]

मौलिक, सामाजिक, वैचारिक स्थितियों का नागरिक समाज पर प्रभाव निर्णायक कारक हैं।[38] देश और विदेश में सम्मान, प्रतिष्ठा और वैधता के प्रति राज्य सरकार और नागरिक समाज की संवेदनशीलता नेमिंग और शैमिंग रणनीतियों को लागू करने के लिए महत्वपूर्ण घटक है।[39] लोकतंत्र और मानवाधिकार इन शासनों को सफल बनाने के लिए एक ही पृष्ठ पर होना चाहिए।[40] अलोकतांत्रिक स्थितियों में तो जनता, आम आदमी की सनक, शासकों की दीवानगी, कुलीनों और अत्याचारियों के कारण लोकतंत्र और मानवाधिकार समाप्तप्राय: स्थिति में होते हैं। यहाँ धनतंत्र, एकाधिकारवाद और भाई–भतीजावाद परिदृश्य को नियंत्रित करते हैं और ऐसी परिस्थितियों में मानवाधिकार अकल्पनीय हैं। राजनयिक तंत्रों के माध्यम से राज्य दर राज्य दबाव आशा की कुछ किरणे पेश कर सकता है जोकि राष्ट्रीय संस्थानों के रूप में निष्क्रिय होने की संभावना है और जनता की राय राजनीतिक हितों के लिए अलोकतांत्रिक तरीके से राज्य अभिकरणों द्वारा नियंत्रित होती है। निरंतरता आशा प्रदान करती है। न्याय समय और समय की कसौटी पर खरी उतरने वाली घटना की परीक्षा है।

6.5 प्राकृतिक नियम

उपरोक्त चर्चा से, मानवाधिकार कानून के अधिकार के स्रोत पर सवाल उठता है जो एक प्रथागत कानून है। अध्याय दो में पहले ही तर्क दिया जा चुका है कि मानवाधिकार कानून मनुष्य के प्राकृतिक अधिकारों के लिए एक प्राकृतिक कानून है। यहां प्राकृतिक कानून 'प्रकृति' को संदर्भित करता है जो कि एक खुले सिरे वाला विमर्श है। कई कानूनी दार्शनिकों ने तर्क दिया है कि प्रकृति से आशय है :

1. धर्म और रीति-रिवाजों के पारलौकिक स्रोत,
2. नैतिकता, अच्छाई और न्याय पर आधारित मानव स्वभाव,
3. कुछ न्यायिक और कानूनी,
4. सार्वभौमिक कानून आदि।[41]

प्रकृति का उद्देश्य स्थापना, कारण, विवेक, प्रेरणा, औचित्य और समझ का दायरा प्रदान करना है।[42] अंग्रेजी न्यायशास्त्र में प्राकृतिक कानून की विशेषताएं निम्नलिखित हैं :[43]

1. प्रकृति का नियम मनुष्य के संरक्षण और दिशा के लिए है,
2. मानव अस्तित्व और समृद्धि का लक्ष्य है,
3. यह मानव कानून/अन्य कानूनों का स्थान लेता है और यह सभी कानूनों का आधार है,
4. प्रकृति का नियम अपरिवर्तनीय है,
5. यह पूर्ववर्ती, प्रारंभिक और शासन के बाद का है।

दूसरी तरफ, प्राकृतिक अधिकारों की अवधारणा मानवाधिकार क्षेत्र को विवेक, पूर्वाग्रह, अस्पष्टता और प्रवर्तन और वैधता से संबंधित अन्य चुनौतियों से ग्रस्त छोड़ देती है।

क्या एक संप्रभु राज्य में कानूनी मानदंडों के अधिकार में नैतिकता का प्रयोग किया जा सकता है?

प्रकृति का अपने कानून में नैतिकता के आधार का कोई संदर्भ नहीं है। राज्य की संप्रभुता कानून के कार्यान्वयन में एक बाधा है। प्राकृतिक कानून व्यवस्था और स्थिरता के लिए प्रेरित करता है। मानवाधिकारों का दर्शन जनता की राय, राज्य और नागरिक समाज के व्यवहार के लिए बहुत ही व्यक्तिपरक रहता है तो न्याय का विचार प्रकृति/प्राकृतिक कानून के संदर्भ के बिना दूर की वस्तु प्रतीत होता है। प्लेटो की एक पुस्तक *तिमाईस* में यह तथ्य एक हद तक स्पष्ट हो जाता है कि हम एक व्यवस्थित ब्रह्मांड में रहते हैं और यह क्रम तर्क के प्रमुख स्रोतों में से एक के अनुरूप है। इसके अलावा अपने शास्त्रीय ग्रंथ *रिपब्लिक* में उन्होंने कहा कि आदर्श समुदाय एक शहर की मानिंद है जो प्रकृति के अनुसार स्थापित किया जाएगा।[45]

हॉब्स की राय है कि प्राकृतिक कानून को लागू करके अपने अस्तित्व के लिए मनुष्यों को राज्य की संप्रभुता को शीर्ष पर रखना चाहिए और राज्य/संप्रभु के फैसलों को नैतिकता पर आधारित होना जरूरी नहीं है।[46] यह कानून के सकारात्मक दृष्टिकोण पर एक व्युत्पत्ति है, कानूनी प्रत्यक्षवाद पर कि कानून प्रकृति में निरपेक्ष है और कानूनी संस्थाओं को परमसत्तावादी होना चाहिए।

मानवाधिकार कानून एक अंतर्राष्ट्रीय/सार्वभौमिक कानून है और सार्वभौमिक कानून प्रकृति के कानून हैं। प्राकृतिक कानून विश्व समुदाय की प्रकृति और रीति-रिवाजों को न्यायसंगत तरीके से जोड़ता है अन्यथा, प्रक्रिया के रूप में ठोस भौतिकता के अभाव में प्राकृतिक न्याय को महसूस नहीं किया जा सकता है। लेकिन, साथ ही सामाजिक तनावों को दूर करके मानवाधिकारों को बढ़ावा देने के अंतिम उद्देश्य के साथ प्राकृतिक कानून के प्रत्यक्षवाद को नैतिक दर्शन से प्रेरित करना होगा। मानवाधिकारों के नैतिक दर्शन को सामान्य बनाने के लिए कार्रवाई, आशय और परिस्थितियाँ तार्किक तर्क के मानदंड हैं। यह अच्छे और बुरे के बीच अंतर करने के लिए तर्क और तर्क को शक्ति प्रदान करने के लिए जनता की इच्छा, राज्य के रवैये और अंतरात्मा का सहक्रियात्मक समामेलन है। इन चरों की अनुपस्थिति में, इच्छा की कमी एक सीधा निष्कर्ष है और संबंधित से नैतिक द्विपक्षीयता और भ्रष्टता पर सवाल उठाया जा सकता है। एक राज्य की कानूनी परंपरा प्राकृतिक कानून के रूप में मानवाधिकारों के प्रति उसकी प्रतिबद्धता के माध्यम से परिलक्षित होती है। प्राकृतिक कानून के तहत अधिकारियों का उद्देश्य प्राकृतिक कानून को सर्वोच्च रखते हुए सामान्य हितों के वितरण के माध्यम से व्यवस्था बनाए रखना है। प्राकृतिक कानून के माध्यम से सभी संस्थाओं को अपने संबंधों में सद्भाव को बढ़ावा देने के लिए कार्य करना चाहिए।

> प्रत्येक विधायक का उद्देश्य लोगों को सद्गुणों से अवगत करना है। [...]सद्गुण ही सुख पैदा करता है।[47]

कानून का निश्चित उद्देश्य है उचित और आवश्यक चीजों को नियंत्रित करना जो विपरीत चीजों को प्रतिबंधित करते हैं।[48] कारण और परिणाम कानून पर निर्भर हैं जिसके लिए कानून का अस्तित्व और प्रकृति अनिवार्य रूप से मायने रखती है।[49]

सम्मेलनों की सफलता के लिए, प्राकृतिक कानून के लिए, चेतना को रास्ता देना उचित है। पूर्ण औपचारिक और तर्कसंगत प्राकृतिक कानून सभ्यता के लिए खतरा है :

> "जितना अधिक जोर से तर्कसंगतता के विचार को घोषित और स्वीकार किया जाता है, सभ्यता और उसकी संस्था के भीतर व्यक्ति, अहंकार के प्रति जागरूक या अचेतन आक्रोश के लोगों के दिमाग में विकास उतना ही मजबूत होता है!"[50]

इसीलिए स्वायत्तता और व्यक्तिपरकता प्राकृतिक कानून में तर्कसंगतता से उत्पन्न मुद्दों का समाधान है। इसके अलावा, मानवाधिकार प्रवचन में आदेश-सद्भाव भी एक उद्देश्य है।

6.6 लौह पिंजरा : पारंपरिक प्रतिमान का आयाम

लौह पिंजरा नौकरशाही अभिजात वर्ग पर वेबर की अवधारणा है, जिनकी राजनीतिक आकाओं तक प्रभावशाली पहुंच होती है। इन दो स्तरों (नौकरशाही और राजनीतिक) के समन्वय का निर्णयों पर नियंत्रण होता है और मानव क्षेत्र और अधिकारों पर शासन करने वाले सम्मेलनों पर भी अधिकार होता है। वेबर ने तर्क दिया कि सम्मेलनों या मानदंडों का उद्देश/अर्थ नौकरशाहों की पसंद और प्राथमिकताओं को तर्क करने की क्षमता के अनुसार होता है। वेबर नौकरशाही की तुलना 'लोहे के पिंजरे' से करते है क्योंकि यहाँ बहुत कुछ अमानवीय, निर्जीव या बेजान है। वेबर नौकरशाही को "लोहे का पिंजरा" मानते हैं जिसका नैतिक-व्यावहारिक पदार्थ सूख गया है।[51]

नौकरशाही की अवैयक्तिकता ने मनुष्य को उसके अहस्तांतरणीय अधिकारों से अलग कर दिया है। यह अलगाव मनुष्य, परिवार, समुदाय, राज्य, राज्यों के संघ से वैश्विक उत्थान से प्रेरित है। वेबर की तीखी टिप्पणी दर्शाती है कि नौकरशाही न तो नैतिक है और न ही व्यावहारिक, संदर्भ से पूरी तरह अनभिज्ञ है, जटिल कानून बनाती है और परिदृश्य को जटिल बनाती है जो यदि नैतिकता और कानून को मानव जाति के अधिकारों को प्राथमिकता दी जाती है तो काफी हद तक सरल और स्पष्ट होते है। नौकरशाही में यहाँ कोई नैतिकता नहीं, व्यावहारिकता नहीं है और कोई विवेक नहीं है, वह पूरी तरह से पागल है, और उसका का नतीजा उनके लाभार्थियों की संज्ञानात्मक

अनुरूपता पर है। नौकरशाही की निष्क्रियता के कारण नागरिक पागल/सनकी हो जाते हैं। तो, लोहे के पिंजरे का विद्युतीकरण किया जाता है और लोहे के पिंजरे को दूसरे रूप में झुलसने वाला पिंजरा बना दिया जाता है। एक बेनामी टिप्पणी है कि नौकरशाही का पहला कार्य अपने सर्कल/लोहे के पिंजरे को बरकरार रखना है जो दुनिया भर में और विशेष रूप से लूट प्रणाली में एक स्पष्ट परिदृश्य है। सार्वजनिक क्षेत्र में मानवीय मामलों को सुविधाजनक और विनियमित करने के लिए नौकरशाही के पास निम्नलिखित हैं :[52]

1. गणना,
2. तकनीक,
3. संगठन और प्रशासन,
4. प्रभुत्व और योग्यता,
5. उद्देश्यपूर्ण तर्कसंगतता की क्षमता, क्षमता और कौशल।

प्रगतिशील मानवाधिकार संस्कृति के लिए नौकरशाही की भूमिका केंद्रीय स्तर पर है। यह पूरे प्रतिष्ठान और शासन प्रणाली की रक्त शिराएं हैं। मानवाधिकार सम्मेलनों और व्यवहार की सफलता या विफलता का अनुमान सीधे नौकरशाही अभिजात वर्ग द्वारा अपनाए गए दृष्टिकोण और प्रवृत्ति से लगाया जा सकता है। वेबर इस परिदृश्य पर विलाप करते हुए नौकरशाही को लोहे का पिंजरा ही कहेंगे :

> "इस तर्क की प्राप्ति कि अठारहवीं शताब्दी के दार्शनिकों ने पृथ्वी पर ईश्वर के राज्य के रूप में कल्पना की थी, वह अब एक "लोहे का पिंजरा" बन गया है जिसमें अब हम जीने की निंदा कर रहे हैं।[53]

वर्तमान नौकरशाही अठारहवीं सदी के दार्शनिकों के आदर्शवाद का परिणाम है। राजनीति तर्क को संस्थागत बनाने की नौकरशाही की क्षमता पर ही शासन करती है। यह विडंबना ही है कि तर्क का युक्तिकरण एक निंदा साबित होता है जिसमें हम जीने को मजबूर होते हैं। निंदा की प्रक्रिया में लोहे के पिंजरे द्वारा प्रमुख भूमिका निभाई जाती है। नौकरशाही/लौह-पिंजरा इतनी प्रतिष्ठा और प्रमुखता कैसे प्राप्त करता है? रान्डेल कोलिन्स (पेंसिल्वेनिया विश्वविद्यालय में समाजशास्त्र के प्रोफेसर) का उत्तर है :

"राजस्व-निष्कर्षण तंत्र बनाकर, वर्तमान सैन्य खर्चों और पिछले ऋणों का समर्थन करने के लिए संसाधनों को निकालने के लिए राज्य संगठन बढ़ने लगा। यह नौकरशाही और केंद्रीकरण की ओर जाने वाला मार्ग था।"[54]

राज्य संगठन ने अपने आगे के शक्ति युद्धाभ्यास का समर्थन करने के लिए निष्कर्षण (शक्ति और संसाधनों) के उद्देश्य से नौकरशाही प्रशासन और संस्थानों का निर्माण किया। अपने प्रारंभिक रुप-रेखा में लोहे का पिंजरा राज्य के राजनीतिक नेतृत्व का राजस्व-निष्कर्षण तंत्र है और समाज में मानव जीवन के सभी क्षेत्रों में हस्तक्षेप करने और घुसने का एक तरीका है। नौकरशाही के माध्यम से समुदाय का हिस्सा बनकर, राज्य सामुदायिक मामलों में नियंत्रण की पकड़ मजबूत करता है। केंद्रीयकरण/केंद्रीकृत शासन व्यवस्था आर्थिक मामलों/हितों पर नियंत्रण के लिए राजनेता के उद्देश्य के अनुकूल है। लौह-पिंजरे के उदय के माध्यम से, राजनीति ने सामाजिक व्यवस्था के बहुत ही बुनियादी आर्थिक ताने-बाने को ध्वस्त कर दिया और यहां तक कि समाज की मूलभूत इकाई यानी परिवार पर भी कब्जा कर लिया। यह खेल ही है जब राजा और उनके आवारा लोगों के निहित स्वार्थ नैतिक परंपराओं के कारण हावी हो जाते हैं तो सामाजिक व्यवस्था में संघर्ष होना तय है जो न केवल मानव उद्यम और सामाजिक प्रगति पर एक अवरोध है बल्कि एक ऐसी संस्कृति का निर्माण होने की आशंका और अविश्वास की आभा पैदा होती है जो निर्धारित करती है कि इसमें पैदा होने वाले सभी व्यक्तियों की जीवन शैली को अप्रतिरोध्य शक्ति मिलती रहती है।[56]

क्या भावी पीढ़ियों के अधिकारों के सम्मेलनों के प्रति नैतिक दायित्व तय है कि उनके अपने अधिकार सुरक्षित होंगे, यह सार्वजनिक सेवा में वर्तमान योगदानकर्ताओं के दृष्टिकोण और इरादे पर निर्भर करता है। यह पूरी तरह से दोहराया गया है कि मानवाधिकार किसी एक एजेंसी, संस्था या व्यक्ति के नैतिक दायित्व या कर्तव्य के अधीन नहीं हैं क्योंकि चुनाव के लिए सभी के संचयी निर्णय और प्रयासों की आवश्यकता होती है। नीति, नियोजन, संस्थाएं तब तक अक्षम हैं जब तक व्यक्ति ये अनुकूलन क्षमताएं विकसित नहीं कर लेता:

1. प्रतिष्ठान के संरक्षण की आवश्यकताओं को समायोजित करें,
2. तंत्र की क्रियाविधि लगातार बदलना,
3. अपने स्वयं के विकास और हितों की रक्षा करें,

4. व्यापक आधार वाले सामाजिक हितों की रक्षा करना,
5. संतति के लिए नए आयाम सृजित करें।

यह नैतिक दायित्व का एक प्रारूप है जो स्व-हित और सामाजिक विस्तार/सामाजिक हित/सामाजिक-स्व के बीच एकरूपता को उजागर करता है। नौकरशाही को स्वयं और सामाजिक-स्व के अधिकार वाले मानवाधिकार क्षेत्र में पर्याप्त परिवर्तन और दृश्यमान प्रभाव बनाकर बड़ी महत्वपूर्ण भूमिका निभानी है। सौन्दर्यपूर्ण अपील के लिए नौकरशाहों के जुनून और उनकी जादुई रूप से वातानुकूलित औपचारिकता ने राजनीतिक आकाओं के लिए आवारा लोगों के कारखाने बनाए हैं जहां अंतिम उत्पाद निजीतन्त्र और भाई-भतीजावाद है। नौकरशाही पर मैक्स वेबर का विवाद शुद्ध ज्ञानमीमांसा हो सकता है, फिर भी संदर्भ और प्रत्यक्ष वास्तविकता के लिए व्यावहारिक हो सकता है। वेबर की प्रस्तुति पर, हैबरमास ने लिखा है–

> "...डर है कि नौकरशाही से सामाजिक संबंधों में सुधार होगा जो जीवन के तर्कसंगत आचरण के लिए प्रेरक प्रोत्साहन को दबा देगा।"[58]

सामाजिक संबंध जीवित मानव-व्यक्तियों के बीच जीवंत संबंध हैं। नौकरशाही सामाजिक संबंधों को उनके सुधार की ओर ले जाती है यानी उन्हें निष्क्रिय और भौतिकवादी संस्थाओं में परिवर्तित कर देती है। जब भौतिकवादी इच्छा भंग हो जाती है तो संबंधों के सुधार का कार्य सामाजिक मामलों में तर्कसंगत आचरण को बाधित करता है। नौकरशाही की योग्यता, क्षमता और उद्देश्यपूर्ण तर्कसंगतता/यंत्रीकृत तर्कसंगतता का कौशल या तो प्रतिकूल है या केवल एक उपकरण है जो स्पष्ट रूप से मानवाधिकारों के उल्लंघन का कारण बनता है और उल्लंघनकर्ताओं को खुली छूट दी जाती है। जानकार नौकरशाहों में कुशल-अज्ञान अनिवार्य रूप से तर्कसंगत आचरण को गिरफ्तार करता है और पूरे सामाजिक मामले और उसकी भावना को प्रभावित करता है जो अन्यथा आत्म-सुधारात्मक है। प्रतिलोभ स्वरूप धारणा भी वेबर के नौकरशाही के डर से एक अनुमान हो सकता है कि किताबों में सब कुछ आनंदमय, अनुकूल है और कानून शासन कर रहा है। ध्यान और धारणा को हटाने के लिए गैर-मौजूद संस्थाओं को उभरने के लिए प्रतिलोभ स्वरूप धारणा द्वारा एक कल्पित राज्य का अनुमान लगाया जाता है। शब्दों के साथ, नौकरशाह शुद्धतावादी होते हैं और परिणामों में व्यस्त रहते हैं। सही समझे

जाने वाली गतिविधियों को लागू किया जाना है और प्रमुख भूमिका नौकरशाही की है। मैं यह स्पष्ट करना चाहता हूं कि लोहे के पिंजरे का प्रयोग पूरी तरह से अपमानजनक नहीं है। कभी-कभी हमें आधुनिक लोकतांत्रिक व्यवस्था में भी, कठोर लोहे के पिंजरे की आवश्यकता हो सकती है :

इसलिए 'कसना' और 'घेरना' सकारात्मक हो सकते हैं-नीचे से सत्ता का लोकतंत्रीकरण जिससे सत्ता बाद में साझा या समझौता हो जाता है।"[59]

लोकतंत्र में संघर्ष का एक अंतर्निहित तंत्र है जिसमें सत्ता से समझौता और उसका दुरुपयोग हो जाता है। ऐसे परिदृश्य में, कसने और लोहे के पिंजरे केंद्रीकृत सत्ता के लोकतंत्रीकरण के लिए सकारात्मक साबित होते हैं। इसके अलावा, वेबर के लोहे के पिंजरे, एडोर्नो की *प्रशासित दुनिया*– दुनिया को लोहे के पिंजरे में कसने, बंदी बनाने और प्रशासित करने के तरीके पर और अंतर्दृष्टि प्रदान करती है :

> "प्रशासित दुनिया, एक सामाजिक क्षेत्र है जो पूरी तरह से समतावाद या नैतिक ज्ञान का विरोध करता है, बल्कि केवल उन लोगों द्वारा स्वरूपित कानून के प्रशासन के लिए तैयार है जिन्होंने ऐतिहासिक शक्ति प्राप्त की थी।"[60]

प्रशासकों का नैतिक दायित्व है कि वे कानून को भ्रष्ट/स्वरूपित किए बिना कानून को लागू करके सामाजिक क्षेत्र, उसके समतावादी और नैतिक मूल्यों की रक्षा करें। उन्हें अपने कार्यकाल की पर्याप्तता और स्थायित्व के साथ उन्हें प्रदान की गई ऐतिहासिक शक्ति के साथ प्रबंधन करने की आवश्यकता है। नैतिक ज्ञान के लिए ऐतिहासिक शक्ति को मुख्यधारा में लाया जा सकता है।

6.7 स्वायत्तता : एक पारंपरिक प्रतिमान

स्वायत्तता, इस अध्याय में चर्चा के तहत, सम्मेलनों की उपयोगिता और उद्देश्य है। यह शासन के तंत्र का पारंपरिक प्रतिमान है। स्वायत्तता की अवधारणा पर विभिन्न अनुमान और अर्थ हैं। मानवाधिकारों के संबंध में सबसे अधिक प्रासंगिक मुद्दा संस्थाकरण या संस्थाओं के कामकाज की प्रक्रिया से संबंधित है। इस पुस्तक के माध्यम से हमने हेबरमास के संचारी क्रिया सिद्धांत से बहुत कुछ सीखा है। स्वायत्तता पर उनके पास निम्नलिखित चिंतन मनन उपलब्ध होता है :

"... विशेषज्ञ संस्कृतियों द्वारा विकसित संज्ञानात्मक क्षमता को, बदले में, रोजमर्रा की जिंदगी के संचार अभ्यास पर पारित किया जाना है और सामाजिक क्रिया प्रणालियों के लिए उपयोगी बनाया जाना है; अंत में, सांस्कृतिक मूल्य क्षेत्रों को इस तरह संतुलित तरीके से संस्थागत बनाना होगा कि उनके अनुरूप जीवन-क्रम पर्याप्त रूप से स्वायत्त हों ताकि जीवन के विषम आदेशों के आंतरिक कानूनों के अधीन होने से बचा जा सके।"

संस्थाओं की आवश्यकता जीवन-व्यवस्था में सांस्कृतिक मूल्यों को आत्मसात करने के लिए उत्पन्न होती है जो संस्थाओं को मानवाधिकार कानूनों और आदेशों के अलावा अन्य कानूनों के दुर्भावनापूर्ण हस्तक्षेप से स्वायत्त रखने से ही संभव है। सामाजिक क्रियाओं में संचार अभ्यास का उद्देश्य सांस्कृतिक मूल्य क्षेत्र का विस्तार करने के लिए एक विशेषज्ञ संस्कृति विकसित करके सामाजिक पारिस्थितिकी में विषम आदेशों की पहचान करना है जो कि संस्थानों का कार्य है। सामाजिक व्यवस्था को रोजमर्रा के जीवन के लिए उपयोगी और उत्पादक बनाने के लिए मानवाधिकारों की संस्थाओं में संज्ञानात्मक क्षमता और विशेषज्ञता है। मानवाधिकार निकाय विशेषज्ञ संस्कृतियों द्वारा विकसित क्षमता को बढ़ावा देने के लिए काम कर रहे विशिष्ट संस्थान हैं जो किसी भी तरह से अन्य राज्य एजेंसियों, कानून के अन्य उपकरणों या कानून के अधीन नहीं हो सकते हैं। दूसरे रूप में, स्वायत्तता सामाजिक कार्यों को कुशल और प्रभावी बनाकर सामाजिक व्यवस्था में सद्भाव और व्यवस्था को मजबूत करने के लिए सांस्कृतिक मूल्य क्षेत्रों पर रोजमर्रा की जिंदगी का एक संचार अभ्यास है। मानवाधिकार सम्मेलनों के लिए समर्पित स्वायत्त संस्थानों द्वारा किए गए दावों के लिए अधीनता अनुचित है। उन्हें घरेलू व्यवस्था से परे और ऊपर रखना होगा क्योंकि वे सभी राज्यों और वैश्विक समुदाय की सहमति और इच्छा से सार्वभौमिक और सार्वभौमिक संप्रभु संस्थान हैं। स्वायत्तता आत्मनिश्चय का सशर्त अधिकार है। कांत वर्णन करता है :

"स्वायतता अभिकर्ता की इच्छा के प्रभाव के बजाय वस्तुनिष्ठ नैतिकता के अनुसार कार्य करने की क्षमता।"

स्वायत्तता के मापदंड नैतिक और वस्तुनिष्ठ दोनों हैं जो आत्म-विकास की कुछ क्षमताएं विकसित करना, सुरक्षा की भावना, निर्णय लेने की स्वतंत्रता और अनुचित बाह्य बंधनों से मुक्ति देते हैं। नैतिक परंपराओं के आदर्श पालन

के लिए और मानक मापदंडों का पालन करने के लिए, सभी स्तरों पर स्वायत्तता की प्रत्याभूति दी जानी चाहिए। यह न केवल आत्म-अनुशासन के लिए बल्कि क्रम-सुधार के लिए भी जरूरी है। राजनीतिक नियंत्रण के तहत स्वायत्तता बनाए रखने योग्य नहीं है, हालांकि स्वतंत्र संस्थान बनाए गए हैं लेकिन फिर भी राजनीतिक नियंत्रण और हस्तक्षेप मूर्त या अमूर्त रूप में जैसे संपरीक्षा (ऑडिट), आम-व्यमक (बजट), भर्ती और नामांकन के माध्यम से होता रहता है। असली स्वायत्तता के अभाव में और राजनीतिक हस्तक्षेप के दबाव में (जो इतना बार-बार होता है कि यह सम्मान के व्यक्ति के लिए असहनीय हो जाता है) नाममात्र की स्वायत्त संस्थाएँ खराब हो जाती हैं, और इतनी बिगड़ जाती हैं कि दुर्व्यवहार और उत्पीड़न की मशीनरी में तब्दील हो जाती हैं। यहाँ कानूनी, नौकरशाही और लाभ कमाने वाली सस्थाओं का एक गठजोड़ बनता है जो आदमी के अपरिहार्य अधिकारों का दुरुपयोग करता है। हैबरमास ने अपनी जांच में पाया है :

> "स्वतंत्रता की प्रत्याभूति के साधन स्वयं उन लोगों की स्वतंत्रता के लिए खतरा हैं जो लाभान्वित होने वाले हैं। दूसरे शब्दों में, कुछ समस्याओं से प्रशासनिक रूप से निपटने का कानूनी-नौकरशाही-मौद्रिक रूप स्वयं उनके समाधान के विरुद्ध काम करता है। एक बात के लिए, यह जीवन स्थितियों को उन तरीकों से पुनर्परिभाषित करने की आवश्यकता है जो प्रतिकूल हैं।"[62]

उपरोक्त अवलोकन न्याय के महान कार्य के लिए समर्पित स्वायत्त संस्थानों के कामकाज के लिए एक उपयुक्त अर्थ रखता है। जब प्रशासनिक व्यवहार एक कानूनी-नौकरशाही-मौद्रिक रूप में बदल जाता है तो कानून अपने संकल्प पर काम करने में विफल हो जाता है और उल्टा हो जाता है। कार्य को पूरा करने में लगने वाला समय लोगों का अपनी संस्थाओं और संस्थागत विश्वसनीयता में विश्वास खो देता है। मोंटेस्क्यू के सत्ता-विभाजन सिद्धांत को लागू करके और लागू करने से इस प्रारूप/गठबंधन (कानूनी-नौकरशाही-मौद्रिक) को तोड़ा जाना है। सत्ता के क्षेत्राधिकार पर जनादेश स्पष्ट होना चाहिए। स्पष्ट जनादेश से स्वायत्तता पनपती है। 'आयरन केज' और 'स्वायत्तता' पर चर्चा सम्मेलनों को प्रभावी, कुशल और त्वरित बनाने के तरीकों पर स्पष्टता देती है। संस्थाओं और संस्था की स्वायत्तता का सीधा संबंध व्यक्ति की जीवन शैली और समाज में जीवन शैली के क्रम से है। संस्था और नौकरशाही की

स्वायत्तता व्यवस्था के उप-स्तर पर उद्देश्यपूर्ण-तर्कसंगत कार्रवाई की ओर ले जाती है और इस उप व्यवस्था द्वारा उचित वितरण जमीनी स्तर पर अधिकारों को बढ़ावा देता है। व्यक्ति और उपव्यवस्था के बीच टकराव राज्य प्रणाली को नियंत्रित करने वाले तकनीकी तंत्र के उच्च स्तर पर संघर्ष को बढ़ाता है। इसलिए, स्वायत्तता स्वचालित आदेश तंत्र और उसके व्यवस्थित आदेश द्वारा शासन के लिए आवश्यक शक्ति है।[63] नौकरशाही के पास सार्वजनिक सेवाओं के लिए संगठन और प्रशासन है। संस्थाएं उस तंत्र पर काम करती हैं जो सुव्यवस्थित और व्यवस्थित है, इसके अलावा स्वचालित भी है। स्वायत्तता संस्थानों की स्वचालितता है जो संस्थानों को परिणामोन्मुखी बनाती है। यह नौकरशाही की नैतिक चेतना पर निर्भर करता है कि वे अपनी संस्थाओं को राजनीतिक हस्तक्षेप, हस्तक्षेप और वर्चस्व से स्वायत्त रखें। मानदंड, नीति और कानून ऐसे उपकरण हैं जो नौकरशाही के कौशल-समूह पर निर्भर करते हैं ताकि वे इन्हे सार्वजनिक सेवा के लिए उपयोग कर सकें, लोक सेवक के रूप में मुख्य कर्तव्य, सार्वजनिक पद धारण करने की क्षमता में निहित है। यह निश्चित संभावना है कि आधुनिक कानूनी संस्थाएं और प्रशासनिक सुविधाएं राजनीतिक अभिजात वर्ग/स्वामी के निहित स्वार्थों के शिकार होंगे। हेबरमास ने भविष्यवाणी की है :

> "इस हद तक कि आधुनिक कानून राजनीतिक वर्चस्व के लिए एक संगठनात्मक साधन बन जाता है, जो कि "कानूनी वर्चस्व" के लिए वैधता पर निर्भर है तथा बाद में औचित्य के सैद्धांतिक तरीके के लिए आधुनिक कानून की आवश्यकता को पूरा करता है।"[64]

राजनीति सत्ता उन्मुख और मूल्यों की अवहेलना करती है। राजनेता अपनी शक्ति को बढ़ाने के लिए सभी संभव साधनों का उपयोग करेंगे या दांव पर लगाएंगे। लेकिन सभ्य दुनिया में प्रतिष्ठा अनुचित साधनों के माध्यम से सत्ता पर प्राथमिकता का विषय है। प्रतिक्रिया से बचने के लिए, राजनेता कानूनी वर्चस्व के माध्यम से राजनीतिक वर्चस्व के लिए संगठनात्मक साधनों का उपयोग करके अपने निहित स्वार्थ के लिए प्रशासनिक और कानूनी चौनलों का सहारा ले सकते हैं। सम्मेलनों के लिए औचित्य के सैद्धांतिक तरीकों को प्रचलित करने के लिए उन्हें प्रमुख और संप्रभु रखा जाना चाहिए। सद्‌गुणों द्वारा पंथ को नियंत्रित करना चाहिए। इस तरह स्वायत्तता बनाए रखते हुए

अधिकारों को संरक्षित करने के लिए सम्मेलनों को विकसित और संरक्षित किया जाता है।

6.8 स्वायत्तता : एक विस्तारित प्रतिमान

स्वायत्तता केवल राज्य और उसकी संस्थाओं के लिए ही प्रतिमान नहीं है अपितु सार्वजनिक जीवन और नागरिक समाज के क्षेत्र में इसका अधिक अनुप्रयोग है। सैद्धान्तिक आचरण के लिए व्यक्ति को स्वयं को मनमाने प्रभाव और नियंत्रण से स्वतंत्र रखना होता है। अध्याय दो में सचित्र है कि नैतिक दायित्व एक कठिन कार्य है। बेतुका स्वार्थ संबद्धता बनाने की प्रवृत्ति को मजबूर करता है और संबद्धता शक्ति उन्मुख होती है। जब क्षमता को कम करके आंका जाता है और इच्छा की कमी होती है तो स्वार्थ के लिए सत्ता केंद्रित जाल–तंत्र (राजनीति) को प्रस्तुत करना पड़ता है। स्वार्थ समर्पण की ओर ले जाता है। राजनीतिक अभिजात वर्ग विनम्र व्यक्तियों से विशुद्ध रूप से दिखावा करके मोलभाव/भुगतान करते हैं :

> "राजकुमारों के पास बहुत सारा सोना है, या कम से कम दिखावा करते हैं कि उनके पास है..."[65]

जीवन भर के लिए स्वर्ण और सुरक्षा के वादे के साथ, राजनीतिक संरक्षक स्वायत्तता को जब्त कर लेते हैं और अधीन बनाते हैं। यहाँ एक व्यक्ति संपत्ति/स्वर्ण और आश्वासन के लिए, क्षमता हासिल करने के लिए आवश्यक प्रयासों की कीमत पर स्वायत्तता को खो देता है। सुस्ती उद्यम को मार देती है। विचारधाराओं/मूल्यों को क्षणिक सहजता के लिए सस्ते में दांव पर लगा दिया जाता है जो उलटफेर का एक दुष्चक्र पैदा करता है। शास्त्रीय आदर्शवाद–भौतिकवाद नीचे प्रस्तुत ध्रुवता विचारधारा/मन और भौतिकवाद/पदार्थ के बीच पसंद की पहेली को स्पष्ट करता है :

> "विचारधाराएं 'मुक्त तैरती' नहीं हैं, बल्कि वास्तविक सामाजिक परिस्थितियों की उपज हैं। जब तक विचारधारा सामाजिक जीवन में दैवीय हस्तक्षेप से उत्पन्न नहीं होती है, तब तक उसे वास्तविक जीवन के अनुभव की व्याख्या और प्रतिबिंब को प्रकट करना चाहिए। लेकिन, इसकी स्वायत्तता इस बात में निहित है कि यह सामाजिक जीवन के पहलुओं की व्याख्या को प्रतिबिंबित करता है कि मौजूदा प्रमुख संस्थान (आर्थिक उत्पादन के तरीके, राज्य, सशस्त्र

बल और अन्य विचारधाराएं) प्रभावी ढंग से अपनी व्याख्या या व्यवस्था नहीं करते हैं। एक विचारधारा एक शक्तिशाली, स्वायत्त आंदोलन के रूप में तब उभरेगी जब वह एक ही व्याख्या और संगठन में अस्तित्व के कई पहलुओं को एक साथ रख सकती है जो अब तक सत्ता के प्रमुख संस्थानों के लिए सीमांत, अंतरालीय रहे हैं।"[66]

सम्मेलन कुछ मूल्यों/विचारधाराओं का पालन करते हैं जो सामाजिक परिस्थितियों में सुखद संबंधों के लिए स्वयं/स्व-हित पर प्राथमिकता की मांग करते हैं। जैसा कि चर्चा की गई है, सम्मेलन वास्तविक सामाजिक परिस्थितियों का परिणाम हैं और सम्मेलनों का उद्देश्य वास्तविक जीवन के अनुभव में सामंजस्य स्थापित करना है। सामाजिक व्यवस्था में सद्भाव को व्यवस्थित करने के लिए सम्मेलनों में विचारधारा को सत्ता के निष्क्रिय और अंतरालीय संस्थानों पर हावी होना पड़ता है। धार्मिक और आध्यात्मिक तत्वों का उपयोग सम्मेलनों को मानव जीवन शैली में शाश्वत बनाने के लिए किया जाता है। अकेले स्वायत्तता के साथ, यह संभव है कि मनुष्य सत्ता के प्रमुख संस्थानों की मनमानी की अनदेखी करके मानदंडों का पालन करे। स्वायत्तता का प्रभाव संक्रामक है। बेचैन आदमी दूसरे को अपने फायदे का मौका नहीं देगा। वास्तव में, पूरे समाज को स्वायत्त होने की जरूरत है, जिसमें व्यापार संघ, कल्याण समूह, गैर सरकारी संगठन और विशेषज्ञ समूह (थिंक-टैंक) शामिल हैं जो कभी भी एक वास्तविकता और अभ्यास नहीं है। अधिक प्रतिकूल परिणाम तब सामने आते हैं जब मानवाधिकारों के लिए समर्पित ये संस्थाएं संबद्धता विकसित करती हैं और स्वायत्तता को खतरे में डालती हैं। ऐसे परिदृश्य में, नैतिक परंपराओं पर स्थापित संस्थाएं राजनीतिक चापलूसी, राजनीतिक मुख्यधारा और कार्यक्रम निर्माण के साधन बन जाती हैं।[67] सशक्त लोगों की निष्ठा और प्रतिबद्धता चाहे वह समुदाय, समाज, संस्थानों, गैर सरकारी संगठनों, विशेषज्ञ समूह या जनसंचार माध्यम में हो, अंतिम लाभार्थी/आम आदमी के लिए होनी चाहिए, जिसके लिए वे कर्तव्यबद्ध हैं। लेकिन जब विद्वान राजनीतिक चापलूसी करने वालों की भूमिका ग्रहण करते हैं तो मानवाधिकार कार्यावली राजनीतिक प्रचार का रूप ले लेता है। अफ्रीका के रोमन प्रांत में कार्थेज के एक विपुल लेखक टर्टुलियन (c.155-c.240) ने चापलूसी के पर में आंसू बहाए हैं :

"सम्राट को उसके गुणगान से पहले एक ईश्वर कहना मृत्यु की इच्छा के बराबर है।"[68]

सार्वजनिक पदाधिकारियों और राजनीतिक अधिकारियों की जवाबदेही और दायित्व की तलाश के लिए समुदाय को खुद को मजबूत करना होगा। जमीनी स्तर पर लोगों के जीवन में सुधार करने के बजाय, सामाजिक संस्थाएं राजनीतिक हेरफेर और बिगड़ती आजीविका के अवसर का एक तरीका बन जाती हैं जो अंततः 'मृत्यु-इच्छा' के समान होती है। इसलिए, सम्राट को अपने ही तरीकों द्वारा गुणगान के परीक्षण जाँचने चाहिए।

चापलूसी स्वायत्तता के विपरीत है और फलस्वरूप मानवाधिकारों पर तर्कपूर्ण विमर्श के लिए है। गैर सरकारी संस्थान, विशेषज्ञ समूह और मानवाधिकार संस्थान अपने कार्यावली को विफल करते हैं और स्वायत्तता के अपने सरासर समझौते के कारण कुख्याति अर्जित करते हैं। एक हद तक इन सामाजिक संस्थाओं ने संगठित गिरोह का रूप ले लिया है। 'मानवाधिकार एनजीओ' का नाम सुनते ही कोई अनजाना डर मन में बैठ जाता है। मानवाधिकार सम्मेलनों के कार्यान्वयन के लिए समर्पित राज्य और गैर-राज्य संस्थानों द्वारा स्वायत्तता का समझौता अपने स्वयं के लाभार्थियों और हितधारकों को जोखिम में डालने के अलावा कुछ नहीं करेगा। भौतिक सामग्री द्वारा विचारधारा को नियंत्रित नहीं करना चाहिए और जब मूल्यों को सर्वोच्च माना जाता है तो मन हमेशा पदार्थ से अधिक प्रभावी होता है। शास्त्रीय आदर्शवाद-भौतिकवाद ध्रुवीयता सिद्धांत अपने प्रस्ताव और विचारधारा, भौतिकवाद और समग्र स्वायत्तता को जोड़ने के द्वारा सम्मेलनों पर चर्चा के लिए आवेदन में अद्वितीय है।

6.9 सशक्त-स्वः परंपरा और पारंपरिक प्रतिमान में मूल इकाई

हमने मानवाधिकारों पर ज्ञान और आधुनिक कानून के क्षेत्र में कई विचारकों, दार्शनिकों और योगदानकर्ताओं पर चर्चा की है। इन अधिकार प्राप्त व्यक्तियों ने मानवाधिकारों के प्रति असाधारण प्रतिबद्धता दिखाई है। जिसका परिणाम कानून की आधुनिक संरचना और इसकी स्थापना है। एक सशक्त व्यक्ति स्वयं में एक संस्था होता है। सशक्त व्यक्तियों द्वारा संस्थाओं को मजबूत बनाया जाता है यह तथ्य विपरीत में भी सत्य है। हनी बीरन ने सरलता से 'साधारण का साहस' तथ्य की जांच की :

"एक प्रतिभा के बिना एक प्रतिष्ठान और बिना प्रतिष्ठान के प्रतिभा मानसिक विकृत हो जाते हैं।"[69]

विडंबना यह है कि जब संस्थानों को असाधारण क्षमता वाले व्यक्तियों को बढ़ावा देने की आवश्यकता होती है तो प्रतिष्ठान उन्हें 'जाल-तंत्र' में खींच लेते हैं। नतीजतन, तथ्य यह है कि सत्ताधारी-स्वयं और प्रतिष्ठान दोनों हमेशा आपस में ही विरोधी बने रहते हैं। इस सामान्य तथ्य से कोई इंकार नहीं है कि संस्थाएं और व्यक्ति परस्पर एक दूसरे के चरित्र को मजबूत और विकसित कर रहे हैं। बायोन और फ्रायड के सिद्धांतों पर बीरन का अवलोकन व्यक्तियों की स्थापना और मानसिक दृष्टिकोण में रोष के बहुत से कारणों को चित्रित करता है :

"प्रतिष्ठान हमेशा प्रतिभा के साथ संघर्ष में है।"[70]

कुछ भी हो, मानव-प्रकार के अधिकारों के लिए समर्पित सशक्त व्यक्तियों ने अपने दर्शन की पेशकश की है जो परंपरा बन गई है। अहिंसा पर गांधी के दर्शन, सहिष्णुता पर बुद्ध, स्वयं के आचरण पर सुकरात, अनुशासित जीवन पर मार्कस ऑरेलियस और सेनेका ने मनुष्य के मूल अधिकारों पर मानव जागरूकता के लिए शाही मार्ग प्रशस्त किया है। निम्नलिखित और पिछले अध्यायों में ये शब्द बार-बार उपयोग किए जाते हैं : आत्म-जागरूकता, आत्म-नियंत्रण, आत्मनिर्णय, आत्म-प्राप्ति और आत्म-चेतना। इस पुस्तक को लिखने के दौरान मुझे नई शर्तों पर विचार करना पड़ा : आत्म-ज्ञान और आत्म-पर काबू। 'स्व'/'आत्म' न केवल एक इकाई है बल्कि सम्मेलनों में एक कार्यप्रणाली है। स्वयं खुद में एक सम्मेलन है। परंपरा व्यक्तियों के विचारों से अस्तित्व में आए। मैंने 'नैतिक दायित्व' के तहत अध्याय दो में पौराणिक कथाओं और रहस्यवाद को प्रस्तुत और उद्धृत किया है। यह जागरूकता का एक तरीका हो सकता है। प्राच्य रहस्यवाद स्थापित करता है : स्वयं पर काबू पाना आत्म-ज्ञान का शाही मार्ग है।[71]

यहां पर काबू पाना नियंत्रण और सीमाओं को दर्शाता है। सीमा को जानना भी ज्ञान का स्रोत है और ज्ञान ही शक्ति है। संरक्षण और आत्म-संरक्षण की अपनी समझ से, मैं तर्क दूंगा कि संरक्षण भी प्रगति है। जब समय जटिल और कठिन होता है, जब बाकी का अंत हो रहा हो, तो यह तथ्य मान्य है कि अस्तित्व में रहना और जीवित रहना ही प्रगति है। मानवाधिकार मानव

जाति के अस्तित्व के लिए कुछ मूलभूत आवश्यकताओं को संरक्षित करते हैं। होर्खाइमर और एडोर्नो ने स्व-रखरखाव की अवधारणा पेश की :

> "... हम संज्ञानात्मक-तंत्र से स्व-रखरखाव के अलावा किसी भी संहिता के आंतरिक मानदंड को नहीं चला सकते हैं।"[72]

चेतना, अनुभूति और तर्कसंगतता स्वयं को मजबूत करती हैं और सशक्त स्वयं सभ्यता को उत्तर-परंपराओं से आधुनिकता की ओर ले जाती है, जिसकी विधा सम्मेलन के माध्यम से परिवर्तनीय है। समय भी उस परिवर्तन की मांग करता है। मानवाधिकार सम्मेलनों पर सही/आचरण का आंतरिक मानदंड 'स्व' से जुड़ा है जिस पर आगे के अध्यायों में चर्चा और बहस की जाएगी।

मानवाधिकार दर्शन के लिए परंपराएं भविष्य की आकांक्षाएं हैं। हम आने वाली पीढ़ी के लिए भविष्य में शांति और समृद्धि के लिए प्रयास कर रहे हैं। जिस समय आधा जीवन साधारण संघर्षों और जीविका के विकास के साधनों में व्यर्थ हो जाता है, शेष आधा संक्रमण में गुजरने के लिए बाध्य है।

नीत्शे ने भले ही मानव की तुलना एक क्रूर जानवर से की हो जो हमेशा नियंत्रण और शक्ति की आकांक्षा रखता है, लेकिन वह जानवर भी अपने स्वयं के वंश को देखने के लिए दृढ़ रहना चाहता है जोकि एक प्राकृतिक और सार्वभौमिक लालसा है। जानवर भी तर्कवादी श्रेष्ठता दर्शाता है अन्यथा सभ्यता का अंत हो गया होता। इसी कारण सब बच गया है और परंपराओं ने सभ्यता को आगे बढ़ाया है। इस अध्याय की शुरुआत में, सम्मेलन पर चर्चा पवित्र ग्रंथों में भगवान, बुराई, अच्छाई और अन्य दावों पर धारणा से संबंधित है। पीटर जी बिएटेनहोल्ज ने निष्कर्ष निकाला :

> "पवित्र इतिहास की अवधारणा ने किसी भी समझौते को स्वीकार नहीं किया। जो सच है वह सच होना चाहिए, और सच्चाई के लिए ज्वार के खिलाफ खड़ा होना चाहिए।"[73]

सम्मेलनों में समझौता करने के लिए जगह नहीं होती है। वे उस सत्य पर बने हैं जिसकी वैधता अडिग रही है। मानवाधिकारों द्वारा दिखाए गए सैद्धांतिक मार्ग से मोड़ लेने से समय बर्बाद होगा और मनुष्य की आत्मा विचलित होगी। 'परंपरा' पर अनुशासित आचरण असाधारण वीरता की मांग करता है; लेकिन एक बार के लिए, अधिकारों पर विमर्श को चिरस्थायी बनाने के लिए यह जरूरी है।

टिप्पणियाँ

1. हैबरमास, जुर्गन, *संचारी कार्रवाई का सिद्धांत : कारण और समाज का युक्तिकरण,* खंड 1, बोस्टन : बीकन प्रेस, 1984. पृ. 239
2. मोरावसिक, एंड्रयू, "एक्सप्लेनिंग इंटरनेशनल ह्यूमन राइट्स रिजीम्स : लिबरल थ्योरी एंड वेस्टर्न यूरोप", *यूरोपियन जर्नल ऑफ इंटरनेशनल रिलेशंस,* खंड 1(2).पृ. 157-189
3. हॉब्स, यहां : https://en.wikipedia.org/wiki/Natural_law
4. इजराइल, जॉनाथन, *मन की क्रांति*। प्रिंसटन यूनिवर्सिटी प्रेस, 2010. पृ. 6-7
5. उक्त।
6. उक्त।
7. बीरन, हनी, *सरलता का साहस : डब्ल्यूआर बायोन के कार्य में आवश्यक विचार,* रूटलेज, 2015. पृ. 179
8. बिएटेनहोल्ज, पीटर जी. *हिस्टोरिया और फैबुला : मिथ्स एंड लेजेंड्स इन हिस्टोरिकल थॉट फ्रॉम एंटिकिटी* टू द *मॉडर्न एज,* ब्रिल्स स्टडीज इन इंटेलेक्चुअल हिस्ट्री, खंड 59. अक्षांश। लाइडेन : ई.जे. ब्रिल, 1994. पृ. 218
9. उक्त।
10. उक्त, पृ. 213
11. उक्त, पृ. 260-261
12. प्रसिद्ध बाइबिल उपाख्यान से, भगवान शैतान को दुष्ट सांप के लिए दंडित करते हैं, जिसके कहने पर ईव ने ज्ञान के पेड़ से निषिद्ध फल खाया था। स्टॉर, लेहरबुच सिट। 424-26; सीएफ ईचहॉर्न और गेबलर, उर्गेस्चिचटे सीआईटी। द्वितीय 264-73। बिएटेनहोल्ज, पीटर जी. *हिस्टोरिया और फैबुला : मिथ्स एंड लीजेंड्स इन हिस्टोरिकल थॉट फ्रॉम एंटिकिटी* टू द *मॉडर्न एज, ब्रिल्स स्टडीज इन इंटेलेक्चुअल हिस्ट्री, खंड,* 59. अक्षांश। लाइडेन : ई.जे. ब्रिल, 1994. पृ. 263
13. उक्त, पृ. 261
14. इलियड। बारहवीं 322-328।
15. हॉल, जॉन ए, और श्रोडर, राल्फ, *एन एनाटॉमी ऑफ पावर : द सोशल थ्योरी ऑफ माइकल मान,* कैम्ब्रिज, यूके : कैम्ब्रिज यूनिवर्सिटी प्रेस, 2006, पृ. 80
16. रॉर्टी, रिचर्ड, "सत्य और प्रगति", *फिलॉसॉफिकल पेपर्स,* खंड. 3, कैम्ब्रिज यूनिवर्सिटी प्रेस, 1998. पृ. 178
17. बिटेनहोल्ज, पीटर जी. *हिस्टोरिया और फैबुला : मिथ्स एंड लीजेंड्स इन हिस्टोरिकल थॉट फ्रॉम एंटिकिटी* टू द *मॉडर्न एज, ब्रिल्स स्टडीज इन इंटेलेक्चुअल हिस्ट्री, खंड,* 59. अक्षांश। लाइडेन : ई.जे. ब्रिल, 1994. पृ. 272
18. हैबरमास, जुर्गन, *संचारी कार्रवाई का सिद्धांत : कारण और समाज का युक्तिकरण,* खंड 1, बोस्टन : बीकन प्रेस, 1984. पृ. 373

19. https://www.ohchr.org/EN/HRBodies/Pages/HumanRightsBodies.aspx
20. https://en.wikipedia.org/wiki/Human_rights
21. उक्त।
22. https://www.ohchr.org/EN/ProfessionalInterest/Pages/CoreInstruments.aspx
23. उक्त।
24. उक्त।
25. https://www.universal-rights.org/urg-policy-reports/human-rights-council-subsidiary-organ-evaluating-relationships-un-general-assembly-un-security-council/
26. एक सहायक अंग के रूप में मानवाधिकार परिषद, यहां उपलब्ध है : https://www.universal-rights.org/wp-content/uploads/2016/11/Policy-Paper-HRC-as-a-subsidiary-organ पीडीएफ. पृ. 12.
27. https://en.wikipedia.org/wiki/Human_rights
28. जिनेवा कन्वेंशन, यहां उपलब्ध है : https://www.un.org/en/genocideprevention/documents/atrocity-crimes/Doc.32_GC-III-EN.pdf
29. शांति की मुद्रा में पाकिस्तान ने भारतीय पायलट अभिनंदन को मुक्त कराया https://www.dawn.com/news/1466951
30. https://en.wikipedia.org/wiki/Human_rights
31. उक्त।
32. उक्त।
33. मोरावसिक, एंड्रयू, "एक्सप्लेनिंग इंटरनेशनल ह्यूमन राइट्स रिजीम्स : लिबरल थ्योरी एंड वेस्टर्न यूरोप", *यूरोपियन जर्नल ऑफ इंटरनेशनल रिलेशंस*, खंड 1(2). पृ. 157-189
34. उक्त, पृ. 163
35. उक्त।
36. उक्त।
37. उक्त, पृ. 158
38. उक्त।
39. उक्त, पृ. 161
40. उक्त, पृ. 159
41. https://en.wikipedia.org/wiki/Natural_law
42. उक्त।
43. उक्त।
44. प्लेटो का टिमियस, यहां उपलब्ध है : https://plato.stanford.edu/entries/plato-timaeus/

45. प्लेटो, द *रिपब्लिक*, 429-29
46. हॉब्स, यहां : https://en.wikipedia.org/wiki/Natural_law
47. अंग्रेजी न्यायशास्त्र, यहां उपलब्ध है : https://en.wikipedia.org/wiki/Natural_law
48. उक्त।
49. बर्ड, ए. *फिलॉसफी ऑफ साइंस*, मैकगिल क्वींस : मॉन्ट्रियल, 1998. पृ. 17
50. हैबरमास, जुर्गन, *संचारी कार्रवाई का सिद्धांत : कारण और समाज का युक्तिकरण,* खंड 1, बोस्टन : बीकन प्रेस, 1984. पृ. 369
51. उक्त, पृ. 251
52. उक्त, पृ. xx
53. उक्त।
54. हॉल, जॉन ए, और श्रोडर, राल्फ, *एन एनाटॉमी ऑफ पावर : द सोशल थ्योरी ऑफ माइकल मान,* कैम्ब्रिज, यूके : कैम्ब्रिज यूनिवर्सिटी प्रेस, 2006, पृ. 27
55. उक्त, पृ. 28
56. हैबरमास, जुर्गन, *संचारी कार्रवाई का सिद्धांत : कारण और समाज का युक्तिकरण,* खंड 1, बोस्टन : बीकन प्रेस, 1984. पृ. 251
57. यह शब्द कानून के युक्तिकरण पर वेबर के उपयोग से उधार लिया गया है जो नौकरशाही में पदार्थ-कम और तीव्र औपचारिक दृष्टिकोण को दर्शाता है जो न्याय की आशा को मारता है और अधिकारों के दर्शन को अधीन करता है। कानून में युक्तिकरण न्याय के लिए आवश्यक पदार्थ से अधिक नहीं होना चाहिए। पदार्थ रूप के साथ मायने रखता है लेकिन पूर्व प्राथमिकता पर और बाद वाला पालन करने के लिए। उक्त, पृ. 258
58. उक्त, पृ. 144
59. यह सिर्फ रुख साफ करने के लिए है, मेरा इरादा या सिफारिश नहीं; मैं एक राज्य स्तरीय नौकरशाह हूं। उद्देश्य केवल तर्कपूर्ण/संतुलन उपयोगिता के लिए है। हॉल, जॉन ए. और श्रोडर, राल्फ, *एन एनाटॉमी ऑफ पावर : द सोशल थ्योरी ऑफ माइकल मान,* कैम्ब्रिज, यूके : कैम्ब्रिज यूनिवर्सिटी प्रेस, 2006. पृ. 9
60. थियोडोर एडोर्नो की प्रशासित दुनिया : जेरेमी ब्रुंगर द्वारा निबंध : http://numerocinqmagazine.com/2015/05/05/the-administered-world-of-theodor-adorno-jeremy-brunger/
61. हैबरमास, जुर्गन, *संचारी कार्रवाई का सिद्धांत : कारण और समाज का युक्तिकरण,* खंड 1, बोस्टन : बीकन प्रेस, 1984. पृ. 240
62. उक्त, पृ. xxxvi
63. उक्त, पृ. 353
64. उक्त, पृ. 262

65. बीटेनहोल्ज, पीटर जी. *हिस्टोरिया और फैबुला : मिथ्स एंड लीजेंड्स इन हिस्टोरिकल थॉट फ्रॉम एंटिकिटी टू द मॉडर्न एज*, ब्रिल्स स्टडीज इन इंटेलेक्चुअल हिस्ट्री, खंड 59. अक्षांश। लाइडेन : ई.जे. ब्रिल, 1994. पृ. 256

66. हॉल, जॉन ए, और श्रोडर, राल्फ, *एन एनाटॉमी ऑफ पावर : द सोशल थ्योरी ऑफ माइकल मान*, कैम्ब्रिज, यूके : कैम्ब्रिज यूनिवर्सिटी प्रेस, 2006. पृ. 77

67. सोने और आश्वासन के लिए स्वर्णिम प्रशंसा।

68. टर्टुलियन ईसाई धर्मोपदेशक थे जिन्होंने तर्कहीन रोमन सम्राट पंथ शैलियों के खिलाफ खुले तौर पर तर्क दिया। बिएटेनहोल्ज, पीटर जी. *हिस्टोरिया और फैबुला : मिथ्स एंड लीजेंड्स इन हिस्टोरिकल थॉट फ्रॉम एंटिकिटी टू द मॉडर्न एज। ब्रिल्स स्टडीज इन इंटेलेक्चुअल हिस्ट्री, खंड*, 59. अक्षांश। लाइडेन : ई.जे. ब्रिल, 1994. पृ. 55

69. बीरन, हनी, *सरलता का साहस : डब्ल्यूआर बायोन के कार्य में आवश्यक विचार*, रूटलेज, 2015. पृ. 12

70. उक्त।

71. हैबरमास, जुर्गन, *संचारी कार्रवाई का सिद्धांत : कारण और समाज का युक्तिकरण*, खंड 1, बोस्टन : बीकन प्रेस, 1984. पृ. 395

72. उक्त।

73. बिटेनहोल्ज, पीटर जी. *हिस्टोरिया और फैबुला : मिथ्स एंड लीजेंड्स इन हिस्टोरिकल थॉट फ्रॉम एंटिकिटी टू द मॉडर्न एज, ब्रिल्स स्टडीज इन इंटेलेक्चुअल हिस्ट्री, खंड*, 59. लैट। लाइडेन : ई.जे. ब्रिल, 1994. पृ. 261

7

निष्पादन : कार्यान्वयन अंतराल

...वह आदमी जो पहले लोगों को भोज और रिश्वत देता है, वह सबसे पहले उनकी स्वतंत्रता को नष्ट करता है। —प्लूटार्क

अपनी व्यवस्थाओं के माध्यम से वे मनुष्यों के सभी कार्यों को विनियमित करने, और उन सभी को निपटाने के जो मनुष्यों के स्वामित्व और इच्छा में था। स्वर्ग के नाम पर उन्होंने धरती पर मनमानी सरकार का समर्थन किया। —डिडेरो

कानून के संरक्षण से, मानवाधिकार सुरक्षित हैं; उस सुरक्षा को वापस ले लें और तब वे दुष्ट शासकों की दया या उत्तेजित लोगों के कोलाहल के अधीन हैं। —जस्टिस, डेविड, 1867 सुप्रीम कोर्ट, यूएस

वर्तमान सरकारें क्या हैं? अधर्म और उत्पीड़न का एक दृश्य हैं? —पाइन[1]

....लेकिन आप अपना स्वभाव नहीं बदल सकते... —अज्ञात

मैं चुप नहीं रहूंगा। हमारे नेता मानवाधिकारों को विफल कर रहे हैं। —जईद राद अल हुसैन[2]

दार्शनिक विमर्श वस्तुनिष्ठ होता है। निष्कर्ष (टेलोस) (अंत, लक्ष्य, उद्देश्य) किसी भी दर्शन का उद्देश्य है। संचार क्रिया सिद्धांत में हैबरमास अपने सामाजिक क्रिया सिद्धांत के तहत संचार आयाम के अलावा एक चर के रूप में दूरसंचार (उद्देश्य उन्मुख) ध्यान को रेखांकित करता है। निष्पादन विश्वसनीय परिणाम के लिए समर्पित कार्रवाई के माध्यम से एक विचार का

कार्यान्वयन है। आगे पहचाने गए अंतराल मानवाधिकार कानून और मानदंडों के कार्यान्वयन में कुछ बुनियादी निष्पादन चुनौतियों को उजागर करते हैं। इस अध्याय में चर्चा के अंत में यह लग सकता है कि राजनीति सभी बुराइयों का मूल कारण है। फिर भी मानवाधिकार व्यक्ति के अधिकार हैं और व्यक्ति/स्वयं के स्तर पर प्रतिबद्ध इच्छा पर निर्भर करते हैं। कभी-कभार होने वाली औपचारिक चर्चाओं पर मानवाधिकारों को प्रगतिशील बनाने में सभी को अपनी भूमिका निभानी होती है। नीचे पहचाने गए अंतराल मानवाधिकार संस्कृति के लिए कुछ बुनियादी कारकों और बाधाओं की पेशकश करेंगे।

7.1 राजनीतिक नेतृत्व

जैसा कि पहले चर्चा की गई थी जिसमें वोल्टेयर और डिडेरो के विचारों से अनुमान लगाया गया था कि सामान्य इच्छा को नियंत्रित करने की शक्ति को हड़पने और बढ़ाने के लिए नफरत और दुष्टता के दोष आसान राजनीतिक पहुंच हैं। भगवान के नाम पर, धार्मिक संस्थाएं जोड़-तोड़ की राजनीति में शामिल हो जाती हैं। एक लोकतांत्रिक व्यवस्था में, मानवाधिकारों को सुनिश्चित करने के लिए राजनीतिक नेतृत्व पर प्रमुख दायित्व है क्योंकि लोगों ने इसमें अपनी शक्ति सौंपी है। यह राज्य स्तर पर नेतृत्व है जो संस्थानों, नौकरशाहों और देश के कानून जैसे सुरक्षा प्रणाली के तंत्र को आदेशित और नियंत्रित करता है। ये सत्ता शक्ति और जिम्मेदारी की राजनीति के बीच व्यापार-बंधन है। अपने सत्ता पदानुक्रम को बनाए रखने के लिए राजनीतिक अभिजात वर्ग लोकतंत्र और अधिकारों के आदर्शों की उपेक्षा करता है। अपने राजनीतिक प्रचार के लिए नीति और कार्यक्रमों को बड़े पैमाने पर धूमधाम, चापलूसी, अतिशयोक्ति और दिखावा करके पूंजीकृत किया जाता है जबकि सच्चाई यह है कि इस तरह की धूमधाम भ्रामक होती है।[4] एक लोकतांत्रिक व्यवस्था में, सत्ता के लिए निहित स्वार्थ मानवाधिकारों के तंत्र को बहुत बिगाड़ते हैं। जिम्मेदारी के पदों पर अन्य हितधारकों के साथ राजनीतिक अभिजात वर्ग लंबे समय में मानवाधिकारों के दुरुपयोग का एक माध्यम बन जाता है। अपने अधिकारों और कर्तव्यों के बारे में अधिक जानकारी प्राप्त करने के लिए यह दायित्व लोकप्रिय आधार पर स्थानांतरित हो जाता है। तत्कालीन मानवाधिकार आयुक्त, जईद हुसैन की अभिव्यक्ति, जिसका उल्लेख प्रारंभ से किया गया

है, निष्पक्ष राजनीतिक नेतृत्व पर उनकी पीड़ा को दर्शाता है। द *राइट्स ऑफ मैन* में पाइन ने राजनीतिक अभिजात वर्ग के संदर्भ में सरकार की तीखी आलोचना की है कि राजनीति नैतिक संप्रदायों से रहित है :

> "वह सरकार किसी भी सिद्धांत से शासित नहीं है; जोकि वह अपनी इच्छा के अनुसार बुराई को अच्छा, या अच्छाई को बुरा बना सके। संक्षेप में, वह सरकार मनमानी शक्ति द्वारा संचलित है।"[5]

राजनीतिक नेतृत्व की रुचि लोगों के अधिकारों और चाहतों की घोषणा के बजाय वफादारी और अधीनता निकालने के लिए आत्म-महत्व सुनिश्चित करने वाले उनके नीति जनादेश की लागत और लाभ विश्लेषण पर ध्यान देने तक सीमित है। राजनीतिक अभिजात वर्ग की स्वाभाविक प्रवृत्ति हमेशा किसी न किसी रूप में हड़पने की ही होती है। यदि राजनीतिक पहुंच को अधिकारों के लिए समर्पित संस्थागत स्वायत्तता द्वारा सीमित और नियंत्रित नहीं किया जाता है तो मनमानी राजनीतिक शक्ति अत्याचार में परिवर्तित हो जाती है। पाइन के सिद्धांत से, यह अनुमान लगभग एक तथ्यात्मक वास्तविकता है कि राजनीतिक नेतृत्व सामान्य जनइच्छा की उपेक्षा करेगा जो भविष्य में राष्ट्रीय हित और प्राथमिकताओं को कमजोर करता है। राष्ट्रीय हित में राजनीतिक मंशा को मापने के लिए व्यापक-हित आधारित सामान्य जन इच्छा द्वारा वांछित सार्वभौमिक संसाधनों के प्रति अनुरूपता एक मानक परीक्षण है। सब कुछ राष्ट्र की सामान्य जन इच्छा के अनुरूप होना चाहिए, पाइन कहते हैं :[6]

> "राष्ट्र हर चीज का भुगतानकर्ता है, और सब कुछ इसकी सामान्यजन इच्छा के अनुरूप होना चाहिए।"

सामान्य जन इच्छा शक्ति के अभाव में लोगों की प्राथमिकताओं को राजनीतिक नेतृत्व द्वारा गलत और उपेक्षित किया जाएगा। सुंदर भाषण, अवास्तविक प्रतिबद्धताएं, बदनामी, गुंडागर्दी, अवमानना, निष्पादन, अनुचित और अवांछित नीतियां राजनीतिक अभिजात वर्ग के लिए मानवाधिकारों के मुख्यधारा के मुद्दों से विद्वान नागरिकों का ध्यान हटाने के लिए उपयोगी उपकरण हैं। राष्ट्रीय हितों और अधिकारों की रक्षा के लिए राजनीतिक नेतृत्व के निहित स्वार्थ द्वारा अतिक्रमण से सामान्य जनइच्छा की रक्षा करना आवश्यक है अन्यथा राजनीतिक महत्वाकांक्षाएं समृद्धि के साधन और भावी पीढ़ी के भरण-पोषण को रोक देगी। लोगों को राजनेताओं, उनकी आकांक्षाओं और

विश्वास की चाहत नहीं करनी चाहिए जो उन्हें अपनी पसंद से उत्पीड़न का शिकार बनाती हैं। जनसामान्य स्वयं में एक लोकप्रिय आधार हैं जो राजनीति की नींव रखते हैं। यह आधार और कुछ नहीं बल्कि सामान्य जन इच्छा है। इस जनइच्छा को सामरिक रूप से नियंत्रित किया जाता है :

1. धर्म,
2. राष्ट्रवाद,
3. विचारधारा।

मानवाधिकारों के लिए बुनियादी प्राथमिकताएं शासन, विकास, आजीविका और वृद्धि है जो व्यापक हितों को और अधिक प्राथमिकता देने के लिए नियामक विमर्श द्वारा संचालित है। जैसा कि कहा गया है कि मानवाधिकार बड़े पैमाने पर मानव को उसकी व्यक्तिगत क्षमता में समर्पित अधिकार हैं। अल्पसंख्यक के रूप में यह सामूहिक व्यक्तिगत क्षमता आगे बहुसंख्यकों द्वारा अतिक्रमण करती है। पाइन स्पष्ट करता है :

> "... अगर बहुसंख्यक सामान्य जनाकांक्षा अल्पसंख्यक पर वे शर्तें नहीं लगाते हैं, जो वे खुद पर थोपते हैं, तो वहाँ भले ही हालांकि अधिक त्रुटि हो सकती है, परंतु कोई न्याय नहीं होता है।"[7]

परंतु आमतौर पर, ऐसा नहीं होता है और बहुसंख्यक अल्पसंख्यकों के हितों पर हावी हो जाते हैं फलतः कभी-कभी अल्पसंख्यक अलग-अलग व्यवहार के लिए स्वच्छंदता पर मुखर हो जाते हैं। राजनीति अपनी शक्ति को लोकप्रिय आधार से चलाती है और उस लोकप्रिय आधार को सुधारने के बजाय उस पर हावी हो जाती है। लोकप्रिय आधार का सुधार राजनीतिक अभिजात वर्ग के लिए आत्म-विनाशकारी हो सकता है क्योंकि यह कम लोगों में तर्क और तर्क की संस्कृति को आत्मसात करेगा और वे नेतृत्व की जवाबदेही और दायित्व की तलाश करेंगे। अल्पसंख्यक और बहुसंख्यकों के हित और पद एक जैसे नहीं होते हैं और ये बात बहुसंख्यकों द्वारा भेदभावपूर्ण विभेदक व्यवहार के रूप में समझा जाता है। नतीजतन, अल्पसंख्यक पर बहुमत की सामान्य इच्छा समान नहीं है, लेकिन घोर भेदभावपूर्ण राजनीतिक अज्ञानता ने इसे बदतर बना दिया है। दूसरी ओर, विविध लोकतांत्रिक व्यवस्थाओं में, बहुसंख्यक और अल्पसंख्यक सामान्य प्राथमिकताओं पर चर्चा नहीं करते हैं जो राजनीतिक अवसरवाद द्वारा और अधिक बढ़ाए गए एक स्थायी अंतर को

पैदा करता है। पाइन ने पुष्टि की है कि सभी हितधारकों के बीच तर्क और चर्चा, अनुनय और दृढ़ विश्वास की कमी से हिंसा की मात्रा में दमन हो सकता है। राजनीतिक वास्तविकता अभिव्यक्तियों और गवाह के लिए खुली है। इस वास्तविकता के क्रम को उलटने के लिए, मौलिक तर्कसंगत चर्चा सामान्य जन इच्छा है। इसके संदर्भ में पाइन का तर्क राष्ट्रों द्वारा लागू और सम्मेलन द्वारा मांगा गया उत्तर है।[8] सामाजिक क्षेत्र में राजनीति व्याप्त है और इसका कोई अंत नहीं है, इसलिए राजनीतिक हस्तक्षेप के साथ सच है :

> "जब रोमानोव्स की निरंकुशता ने हड़तालियों को गोली मार दी, तो इसने क्रांतिकारियों को जन्म दिया; जब सुधारों का वादा किया गया था तो अधिक उदारवादी, अर्थशास्त्री राजनीति ने जमीन हासिल की।"[9]

अर्थशास्त्र की राजनीति मानव जाति के लिए सभी रास्ते बंद कर देती है जो समाजशास्त्रीय तंत्र में खराबी का मूल कारण है। राजनीति अर्थशास्त्र के माध्यम से कभी खत्म नहीं होगी। अब, यह व्यक्तियों और नागरिक समाज पर निर्भर करता है कि वे राजाओं और आवारा लोगों के बीच आर्थिक-राजनीतिक गठजोड़ द्वारा कथित या प्रच्छन्न निरंकुशता की ऐसी स्थितियों के तहत अधिकारों के क्रियावली को कैसे आगे बढ़ाते हैं।

7.2 व्यक्ति/लोग/स्वयं

सुकरात ने यूनान में अपने अनुभव के आधार पर लोकतंत्र के साथ समस्या की पहचान की जो उस युग का सबसे बड़ा और सबसे शक्तिशाली लोकतंत्र था। उन्होंने लोकतंत्र को शासन का सबसे अच्छा और सबसे खराब रूप बताया। सबसे अच्छा कारण यह है कि यह लोकप्रिय आधार को उनकी पसंद के राजनीतिक नेतृत्व, स्व-निर्णायक नीति और शासन के माध्यम से उनके भविष्य को नियत करने के लिए जगह प्रदान करता है। सबसे बुरी बात यह है कि अगर लोगों को अच्छी तरह से शिक्षित और सूचित नहीं किया जाता है तो यह एक आत्म-पराजय का प्रस्ताव होगा जो दुनिया के सबसे पुराने और सबसे बड़े लोकतंत्रों में राजनीतिक प्रवृत्ति-प्रतिरूप से प्रकट होता है। शिक्षित/प्रबुद्ध जनता शासन व्यवस्था में अपनी जिम्मेदारी भूल गई है। आत्म-संरक्षण पर होर्खाइमर के अभिधारणा की व्युत्पत्ति पर हेबरमास द्वारा दुविधा प्रस्तुत की गई है :

"... व्यक्ति आत्म-संरक्षण संबंधी धारणाओं में अपने समायोजन की आवश्यकताओं को व्यवस्था संरक्षण के रूप में मानता है ... पूर्व में वास्तविकता का विरोध किया गया था और आदर्श के साथ सामना किया गया था, जिसे माना जाता था कि स्वायत्त व्यक्ति द्वारा विकसित किया गया था; वास्तविकता को इस आदर्श के अनुसार आकार देना चाहिए था। आज ऐसी विचारधाराओं से समझौता किया जाता है और प्रगतिशील विचारों को छोड़ दिया जाता है, जो इस प्रकार अनजाने में वास्तविकता को आदर्श की स्थिति में ले जाने की सुविधा प्रदान करता है। इसलिए समायोजन प्रत्येक बोधगम्य प्रकार के व्यक्तिपरक व्यवहार के लिए मानक बन जाता है। व्यक्तिपरक, औपचारिक कारण की विजय भी एक वास्तविकता की विजय है जो विषय को पूर्ण, प्रबल के रूप में सामना करती है।"[11]

ऊपर एक साधारण कथन नहीं है पर समझने में आसान है। यह व्यक्ति और उसके नैतिक दायित्व के बीच विवाद की हड्डी के बारे में निम्न संकेत प्रदान करता है :

1. व्यक्ति स्वायत्त है और स्वतंत्रता के लिए तरसता है,
2. व्यवस्था का संरक्षण व्यक्ति के लिए उसके आत्म-संरक्षण के लिए गौण है,
3. वास्तविकता का सामना आदर्श से होता है,
4. प्रगति के नाम पर विचारधाराओं से समझौता किया जाता है,
5. अंततः, 'वास्तविकता' आदर्श में बदल जाती है,
6. व्यक्ति 'वास्तविकता' के साथ तालमेल बिठाना सीखता है,
7. 'समायोजन' व्यक्ति/विषय को पूर्ण रूप से प्रबल कर रहा है,
8. 'वास्तविकता' प्रबल होती है।

जनमत संग्रह में वास्तव में व्यक्ति-समायोजन की दुविधा स्पष्ट और व्याप्त है। एक बार जब राजनीतिक नेतृत्व चुन लिया जाता है तो सबसे पहले शिक्षित अभिजात वर्ग होते हैं जो लोगों की पसंद की आलोचना करते दिखाई देते हैं। उनके पास शासन में स्वामित्व की भावना नहीं है इसके अलावा लोकतांत्रिक मामलों में राजनीतिक रुचि की कमी है। शिक्षित कुलीन वर्ग को सबसे अधिक भार वहन करना पड़ता है। अगर वे बोझ नहीं उठाते हैं तो भूल करते हैं। मैक्स वेबर ने तर्क दिया:

"यह मानना शासन की एक भूल थी कि यदि अधिक उदार नीति अपनाई जाती है तो श्रमिकों में राष्ट्रीय निष्ठा के अलावा कोई राजनीतिक चेतना नहीं होती।"[12]

बड़े सवालों के बिना भावुक वफादारी शासन की बड़ी गलती की गुंजाइश पैदा करती है। मानवाधिकार राजनीतिक चेतना के साथ प्रश्न प्रस्तुत करने की विशेषज्ञता पर संचालित होते हैं। इसके विपरीत, बहुत से विद्वान राजनीतिक प्रतिक्रिया से अलग-थलग रहना पसंद करते हैं जिसका परिणाम मनुष्य और उसके अधिकारों के लिए द:ुखद होता है। विद्वान पुरुषों के पास शक्ति होती है, वे काम नहीं करते और राजनीति की आड़ सामाजिक संबंधों को मजबूत करने वाले तार खींचती है, अंतत: सब कुछ बंद कर देती है। एडोर्नो की बात याद रखें, दुनिया को मुख्य रूप से सशक्त व्यक्तियों के बीच सहजीवन की कमी के कारण प्रशासित किया जाता है।

एक लोकतांत्रिक व्यवस्था में, लोग सत्ता को अधिकृत करते हैं और साथ ही राजनीतिक आकाओं को उनके प्रति जवाबदेह बनाने के लिए उनकी जवाबदेही भी होती है। इस प्रयास के लिए शिक्षित अभिजात वर्ग द्वारा आराम से काम करने के लिए निरंतर प्रतिबद्धता की आवश्यकता हो सकती है ताकि पिरामिड के निचले हिस्से में लोगों के वैचारिक पूर्वाग्रह और अज्ञानता को दूर किया जा सके। इसलिए, मानवाधिकारों के आदर्शों को बढ़ावा देने के लिए शिक्षित लोगों को बेहतर शिक्षित नागरिकों के रूप में सेवा करने के लिए अतिरिक्त वजन को संभालना होगा। स्वार्थ और अधिकारपूर्ण व्यक्तिवाद समुदाय की सामूहिक भावना के लिए खतरा हैं। यह व्यक्तियों में आदर्शवाद और मूल्य-आधारित विचारधारा की कमी है जो समाज में बातचीत और संबंधों के लिए एक बाधा है।

"... अधिकारवादी व्यक्तिवाद दिल को गर्म नहीं करता [शराब की तरह] ..."[13]

समाज व्यक्ति को अनुभव करने, सीखने और समृद्ध होने का वातावरण प्रदान करता है जबकि अधिकारवादी व्यक्तिवाद स्वयं और समाज के लिए खतरनाक है। व्यक्ति के नैतिक दायित्व की परीक्षा सामाजिक व्यवस्था में होती है। समाज और समुदाय के मानदंडों की प्रणाली का पालन करने के लिए गैर-प्रतिबद्ध रवैया व्यक्तित्व की कमी को दर्शाता है।

एक संवैधानिक लोकतंत्र में, राज्य या राजनीतिक अभिजात वर्ग की अपेक्षा जनता ही हैं जो संप्रभु होती है और शासकों की स्वामी होती हैं। आम लोग

अंततः यथास्थिति के लिए जिम्मेदार होते हैं और उनके लिए प्रतिष्थापित संस्थानों की विफलता या सफलता के लिए भी जनता ही उत्तरदायी है। व्यक्तित्व और भावना व्यक्तिगत लक्षण हैं। मौलिक मानवीय शालीनता की भावना के अभाव में सभी गुण निरर्थक और अर्थहीन हैं।[14] मानवाधिकार संस्कृति में व्यक्तियों के लिए विनम्रता और शालीनता उच्च प्राथमिकता वाला समझौता है। अधिकांश लोग प्रयास और मानसिकता में असफल होते हैं। विवेक आसानी से उपलब्ध नहीं है। जेम्स रसेल लोवेल का प्रसिद्ध दृष्टांत एक संदेश देता है कि जब लोगों की त्रासदी हमारे प्रभु मसीह को ज्ञात होती है तो मुख्य पुजारी और शासक अंत में रोते हैं :

.... कौन रईसों को आश्रय देता है और गरीबों को कुचलता है?...
मैंने उनके आँसुओं की बूंदों को सुना है,
स्वर्ग में, ये अठारह सौ साल।"... ..

याजकों और शासकों की प्रतिक्रिया[16] :
"हे प्रभु और स्वामी, हमारा दोष नहीं,
हम निर्माण करते हैं, लेकिन जैसा हमारे पूर्वजों ने बनाया था;
अपनी छवियों को देखें कि वे कैसे खड़े हैं
हमारी सारी भूमि के माध्यम से संप्रभु और एकमात्र।
"हमारा काम कठिन है– तलवार और लौ के साथ,
अपनी धरती को सदा एक समान रखने के लिए।
और रखने के लिए स्टील से तेज बदमाशों के साथ,
तो भी तूने उन्हें छोड़ दिया, और तेरी भेड़ों को।"

तब मसीह ने एक कारीगर की तलाश की,
एक नीच भौंह वाला, बौना, कुंठित आदमी।
और एक माँ विहीन लड़की जिसकी उँगलियाँ पतली
उसकी बेहूदा चाहत और पाप से कुचल दिया।
इन ने उसे उनके बीच में खड़ा कर दिया।
और जैसे ही उन्होंने अपना वस्त्र वापस खींचा
अशुद्धता के डर से, "देखो, यहाँ," उसने कहा,
"जो मूरतें तुम ने मुझ से बनाई हैं, वे हैं।" –जेम्स रसेल लोवेल

समूहों में अपने अनुभव पर विल्फ्रेड बियोन स्वयं/लोगों के साथ व्यक्तिगत समस्या का सार प्रस्तुत करते हैं :

> "व्यक्ति युद्ध में एक समूहिक जानवर है, न केवल समूह के साथ, बल्कि खुद के साथ एक समूह जानवर होने के लिए और उसके व्यक्तित्व के उन पहलुओं के साथ जो उसके 'समूहवाद' का गठन करते हैं।"[17]

मानवाधिकारों के लिए खतरा हमेशा उन बेचौन अति-महत्वाकांक्षी पुरुषों से उत्पन्न होगा जो समाज के व्यापकता-आधारित हितों के लिए छुपे भेष में जुझारू बनते हैं। बेलगाम महत्वाकांक्षाएं सामाजिक ताने-बाने और व्यक्तिगत व्यक्तित्व के लिए विघटनकारी हैं। समाज आत्म-संयम की संस्कृति को लागू करता है और मनुष्य का पतन होता है, युद्ध शुरू होता है! मानवाधिकार अपने स्वयं के प्रस्ताव में एकान्त व्यक्ति के लिए गुण हैं जो समायोजित करने और समझौता करने के लिए तैयार हैं।

7.3 संस्थान

जब जनता राजनीतिक अभिजात वर्ग द्वारा हेरफेर और उत्पीड़न के लिए संभाव्य होती है तो कानूनी तंत्र ही आशा है क्योंकि कानून अंतिम उपाय है। विडंबना यह है कि मानवाधिकार कानूनी रूप से लागू करने योग्य नहीं हैं और आदर्श उपकरण जैसे कि विचार, राय, संलेखन प्रक्रिया आदि द्वारा संचालित होते हैं। संस्थानों के साथ समस्या यह है कि वे पक्षपातपूर्ण पूर्वाग्रह से ग्रस्त हैं क्योंकि किसी न किसी रूप में वे राजनीतिक अधिकारियों द्वारा नियंत्रित होते हैं जिनके लिए व्यक्तिगत हित सामान्य हितों की धारणा से अधिक मायने रखते हैं। समानता अनिवार्य रूप से कानून के तहत निहित एक प्रस्ताव है जिसके लिए वांछित प्रभाव और परिणामों के लिए अपने कानूनी तंत्र को बरकरार रखने के लिए मानवाधिकार संस्थानों पर विशेष ध्यान देने की आवश्यकता है। दूसरी ओर, संस्थानों में नेतृत्व को जवाबदेह ठहराने और संविधान और लोकतंत्र के नाम पर लोकप्रिय जन इच्छा को नियंत्रित करने की शक्ति का अभाव है। अभिव्यक्ति की स्वतंत्रता के तहत आंदोलन, प्रदर्शन और अन्य प्रावधानों से मानवाधिकारों का घोर उल्लंघन होता है। राजनीतिक हितों के लिए उकसाने वाली भीड़ के निपटान में कानून और शासन की वैकल्पिकता मानवाधिकारों को नियमित उल्लंघन के लिए प्रवण बनाती है। इसलिए, कानूनी शासन का

मुख्य कार्य स्वतंत्रता, समानता और स्वतंत्रता के प्रावधानों की व्याख्या इस तरह से करना है जो सद्‌भाव और व्यवस्था के व्यापकता-आधारित हितों के लिए शासन में अनुशासन को प्रोत्साहित करता है। संस्थाओं को अपनी स्वायत्तता को अक्षुण्ण रखने की आवश्यकता होती है जिसके लिए सख्त कानूनी दर्शन को अपनाना और प्रकट करना होता है। अध्याय छह में, मैंने परंपरा की मूल इकाई के रूप में 'सशक्त-स्व' के विचार का वर्णन किया और व्यक्त किया कि 'स्व और संस्थाएं' उनके प्रयासों में अधिक बार प्रतिकूल हैं जो सहयोग चाहते हैं। सत्ताधारी स्वयं संस्था की व्यवस्था के साथ घुलने-मिलने में सक्षम नहीं है क्योंकि उनके अपने स्वयं के अस्तित्व के लिए, व्यवस्था विद्वानों से खतरा महसूस करती है। जिसके परिणामस्वरूप व्यवस्था हाजिर जबाबी (यस मैन) की धारणा का पालन करते हुए दिनचर्या संचालित होती है। रचनात्मकता और नवीन वैचारिक विचारों को खारिज कर दिया गया है। मानवाधिकार लामबंदी के माध्यम से निरंतर शोधन के क्षेत्र हैं। गड़बड़ी और भ्रम के दुष्चक्र को बीरन ने व्यक्त किया है :

> "सबसे पहले, रचनात्मक और अभिनव प्रतिभा प्रतिष्ठान को भयभीत करती है और इसके द्वारा खारिज कर दी जाती है। फिर, इस नए विचार के इर्द-गिर्द एक नया प्रतिष्ठान बनता है। किसी भी समूह को हमेशा सभी नवाचारों को रोकने और नई प्रतिभा के विकास को रोकने का खतरा होता है।"[18]

ऐसे परिदृश्य में दिनों, वर्षों और युगों के लिए कुछ नहीं होता है जब हर दिन यथास्थिति में महत्वपूर्ण बदलाव के लिए मायने रखता है। मीडिया सशक्त स्व और राज्य व्यवस्था के बीच की लड़ाई में राज्य व्यवस्था की तरफ से शामिल होता है। मानवाधिकार सम्मेलनों में भारी बदलाव का आग्रह किया गया है जिसके लिए प्रतिष्ठान-प्रतिभा तालमेल दीर्घकालिक सद्‌भाव और व्यवस्था के लिए असामयिक है।

7.4 मीडिया (जनसंचार माध्यम)

मीडिया लोकतंत्र के चौथे स्तंभ के रूप में मानवाधिकार व्यवस्था में प्रक्रियात्मक और महत्वपूर्ण भूमिका निभाता है। मीडिया की मुख्य भूमिका आदर्शवाद और वास्तविकता के बीच अंतर को कम करना और तटस्थ और सार्वभौमिक मानदंडों पर महत्वपूर्ण विश्लेषण प्रस्तुत करना है। मानवाधिकार संस्कृति के

संबंध में राजनीतिक जवाबदेही और व्यक्तिगत दायित्व दो प्रमुख कारक हैं जिन पर मीडिया रक्षात्मक रहता है। उनके तर्क या तो तर्क की स्पर्शरेखा मात्र हैं या केवल तर्क के लिए तर्क हैं। रोम के सिसेरो कहते हैं :

> "तर्क' ऐसी घटनाएँ थीं जो घटित हो सकती थीं, भले ही वे वास्तव में नहीं हुई थीं।"[19]

मीडिया सामाजिक मामलों में प्रमुखता से शामिल है लेकिन उनका वास्तविक प्रभाव गायब है। मीडिया द्वारा फैलाई गई दुष्प्रचार और गलत सूचना ने अनिर्णय की घटनाओं को जन्म दिया जिससे अव्यवस्था पैदा हुई और पूरे सामाजिक तंत्र को कमजोर कर दिया। गहरी राजनीतिक संबद्धता और नियंत्रण के साथ, मीडिया निहित स्वार्थ की जानकारी प्रदान करता है। सूचना अधिभार के रूप में संचालित-पूर्वाग्रह, अज्ञानता और विकार का परिचय देता है जो आम जन की संज्ञानात्मक तर्कसंगतता को अक्षम करता है। मीडिया उन वास्तविकताओं के बीच संबंध बनाता है जो राजनीतिक हित के अनुकूल हैं। फ्रांसीसी गणितज्ञ, दार्शनिक और बहुश्रुत विद्वान हेनरी पॉइनकेयर ने सामान्य ज्ञान और सामाजिक ज्ञान पर मीडिया के समकक्ष प्रभाव को निम्नलिखित शब्दों में प्रस्तुत किया है :

> "हमारा दिमाग कमजोर है जैसे हमारी इंद्रियां हैं। यह दुनिया की जटिलता में खुद को खो देगा यदि वह जटिलता सामंजस्यपूर्ण नहीं थी। अदूरदर्शी की तरह, यह केवल विवरण देखेगा, और इनमें से प्रत्येक अगले की जांच करने से पहले विवरण को भूलने के लिए बाध्य होगा, क्योंकि यह उसे पूरी तरह से लेने में असमर्थ होगा। हमारे ध्यान के योग्य केवल वे तथ्य हैं जो इस जटिलता में व्यवस्था का परिचय देते हैं और इसलिए इसे हमारे लिए सुलभ बनाते हैं।"[20]

इस प्रकार, मीडिया राजनीतिक हित के तथ्यों की सेवा करके दुनिया की जटिलता को समझने की हमारी कमजोर समझ की कमी का फायदा उठाता है जो वास्तविकता की जांच करने के लिए हमारे ध्यान के योग्य नहीं हैं। मीडिया विवरण के साथ खिलवाड़ कर हमें अदूरदर्शी और कमबीन बनाता है। मीडिया के साथ निरंतर प्रतिक्रिया का परिणाम सरल वास्तविकता को जटिल बनाने वाली इंद्रियों को अंधा कर देता है। सूचना अधिभार मनुष्य की न्याय करने और निर्णय लेने की क्षमता को जब्त कर लेता है। मानवाधिकारों के लिए, हमें ध्यान देने योग्य और सामंजस्यपूर्ण व्यवस्था के लिए उपयुक्त

तथ्यों की आवश्यकता है। मीडिया ध्यान आकर्षित करता है और इसे हमारे शरीर, मन, आत्मा और भावना को थका देता है और हमें लाचारी की स्थिति में धकेल देता है। मीडिया हमें कभी भी सरल तथ्यों और बुनियादी तर्कों तक पहुंच की अनुमति नहीं देगा ताकि न्याय करने की हमारी क्षमता को नियंत्रित किया जा सके। यह गलत सूचना, दुष्प्रचार और प्रचार का एक विशाल व्यापारिक साम्राज्य है जो अराजकता का मार्ग प्रशस्त करता है जो बदले में मीडिया के लिए अधिक व्यापारिक रास्ते खोलता है। अराजकता मीडिया के कारोबार की मुद्रा है। मीडिया के लिए संघर्ष अराजकता के लिए कच्चा माल है, अव्यवस्थित दृष्टि और जटिलता का दुष्चक्र उद्यम है। मीडिया प्रमुख मुद्दों पर विचार-विमर्श की प्रक्रिया को मजबूत करके सशक्तिकरण के स्रोत के रूप में काम कर सकता है और दुष्प्रचार के माध्यम से लोगों की इच्छा को नियंत्रित करने के लिए हेरफेर का एक स्रोत भी हो सकता है। परंतु ज्यादातर मामलों में परिणाम यही है कि जानकारी विहीन और अशिक्षित लोग राजनीतिक लोकतंत्र के शिकार हो जाते हैं। गुस्ताव ले बॉन के संदर्भ से :

> "जो कोई उन्हें (जनता को) भ्रम की आपूर्ति कर सकता है, वह आसानी से उनका स्वामी है; जो कोई भी उनके भ्रम को नष्ट करने का प्रयास करता है, वह हमेशा उनका शिकार होता है।"[21]

मीडिया बड़े पैमाने पर राजनीतिक दिग्गजों के इशारे पर भ्रम और हेरफेर की भूमिका निभाता है जो मतदाताओं के बीच समझौतों के अंतराल को बढ़ाता है और इस प्रकार लोकतंत्र को एक मायावी और समस्याग्रस्त धारणा बना देता है जैसा कि केनेथ एरो अपने असंभव प्रमेय के माध्यम से तर्क देता है। प्रमुख मीडिया हाउस राजनीतिक या धनी अभिजात वर्ग द्वारा चलाए जाते हैं जिनका स्वार्थ जनता की राय में हेरफेर करने पर आधारित होता है। इस तरह मीडिया अराजकता और अनिश्चितता फैलाने का माध्यम बन जाता है। मीडिया संदेश और अनुभवजन्य वास्तविकता बन जाता है। आज के मीडिया ने 'न्यायिक अदालत' का एक रूप हासिल कर लिया है जहां अपील पर तत्काल-निर्णय पारित कर दिया जाता है। वास्तविकता के साधारण तथ्यों के लिए तर्कसंगत विमर्श देने के बजाय, मीडिया राजनीतिक चापलूसी और सच्चाई को मोड़ने की मिसाल पेश करता है। मीडिया न केवल संचार करता है, सूचनाओं को प्रसारित करता है बल्कि मानवीय संबंधों और सामाजिक

मामलों का प्रबंधन और नियंत्रण करता है। हैबरमास उस विडंबना को चित्रित करता है जो वर्तमान संदर्भ में सत्य है :

> "वे उद्देश्यपूर्ण-तर्कसंगत गतिविधि के कुछ रूपों को "सांकेतिक" (एनकोड) करते हैं, प्रतीकात्मक रूप से कुछ श्रेणियों के पुरस्कारों और दंडों को सामान्यीकृत करते हैं, और गैर-भाषाई साधनों द्वारा कार्रवाई पर रणनीतिक प्रभाव का प्रयोग करना संभव बनाते हैं। इसके अलावा, मीडिया द्वारा संचालित परस्पर क्रिया अधिक से अधिक जटिल कार्यात्मक जालतंत्र में जुड़ सकते हैं, बिना किसी को बाद के अवलोकन का आदेश दिए या उनके लिए जिम्मेदार नहीं। ऐसे माध्यम का सबसे स्पष्ट उदाहरण पैसा है।"

मीडिया जानकारी को सांकेतिक शब्दों में बदलता है और व्याख्या करता है क्योंकि वे अपनी रुचि और खुशी के अनुसार पुरस्कृत और दंडित करते हैं। वे माध्यम यानी पैसे से संचालित अपने जटिल नेटवर्क के माध्यम से सामाजिक व्यवस्था में अंत:क्रियाओं और संबंधों को संचालित करके रणनीतिक प्रभाव को नियंत्रित करते हैं। मैंने अपने जीवनकाल में वर्तमान मीडिया में मानवाधिकारों पर बहस कभी नहीं देखी। मीडिया में दिलचस्पी इस कदर निहित हो गई है कि उन्होंने अभिव्यक्ति की स्वतंत्रता के नाम पर आम सहमति बनाने की प्रक्रिया को पूरी तरह से समाप्त कर सामान्य जन इच्छा को दबा दिया है। युक्तिकरण पर मीडिया की भूमिका मनोरंजक बन गई है। लोगों के विचारों और आख्यानों को अनुशासित करने के बजाय वे अपने संवेदी तुष्टीकरण के लिए जनता को शामिल करते हैं। मीडिया के माध्यम से राजनीतिक अभिजात वर्ग के लिए जनमत को प्रभावित करना, अधिकारों और कर्तव्यों के लिए गौण मामलों की ओर ध्यान आकर्षित करना और भी आसान हो गया है। मीडिया की महत्वपूर्ण भूमिका तटस्थता और स्वायत्तता बनाए रखने वाले शासन का महत्वपूर्ण विश्लेषण प्रस्तुत करना है। मीडिया के तरीके, साधन और व्यवहार कभी भी स्वायत्त और तटस्थ नहीं होते हैं। उनकी प्रवृत्ति पहले से ही पूर्वाभास और निष्कर्ष के साथ लिखी गई है। वे वास्तविक मुद्दों के साथ विवादास्पद कारण पर कभी बहस, अनुमान या व्याख्या नहीं करते हैं। उनका संदेश पहले से ही स्पष्ट तौर पर एकतरफा होता है जबकि बुनियाद ये है :

> "माध्यम (जनसंचार) को कभी भी संदेश से नहीं जोड़ना चाहिए।"[23]

मीडिया पहले से ही संदेश रखता है और इसे लागू करता है। नतीजतन, मीडिया जरूरत में मानव जाति के मामलों को सुविधाजनक बनाने और प्रबंधित करने के बजाय राजनीतिक अभिजात वर्ग की एक अनौपचारिक नियामक जाल-तंत्र बन जाता है। प्रमुख मीडिया द्वारा बुनियादी कदाचार निम्न हैं :

1. नेताओं को मूर्ति मानना, उनकी अंधी मूर्तिपूजा,
2. अतार्किक उत्साह पैदा करके सनसनीखेज माहौल बनाना
3. ध्यान हटाने के लिए वातोन्माद (हिस्टीरिया) को बढ़ावा देना,
4. धारणा और विशेषाधिकारों पर नियंत्रण,
5. सूचना-संचालन (अवक्षेपण)।

नेता उनके हितधारक होते हैं जिनकी आसन्न प्रवृत्ति मीडिया का उपयोग उनकी यथास्थिति पर सवाल उठाने या सत्ता पदानुक्रम में बाधा को रोकने या उनका मुकाबला करने के लिए होती है। टैल्कॉट पार्सन के सामाजिक क्रिया के सिद्धांत ने मीडिया की क्षमता और सामग्री के पुनरुत्पादन, उप-प्रणालियों को अलग करने और प्रतीकात्मक प्रजनन को छिपाने/नष्ट करने पर मीडिया की क्षमता और आदेश द्वारा सामाजिक-रोग विज्ञान संबंधी परिणामों की चेतावनी को रेखांकित किया। संक्षेप में, मैं मीडिया को अंतराल/समस्या के रूप में मानता हूं और पीटर जी बायटेनहोल्ज कृत *हिस्टोरिया और फैबुला* से मीडिया की समस्या बारे संदर्भ प्रस्तुत है :

> "स्पष्टीकरण आम तौर पर एक ही आवेदन के आधार पर दिया जाता है; विरोधाभास अप्रासंगिक हैं क्योंकि पाठक से उस तरह की तुलना करने की अपेक्षा नहीं की जाती है जो उनके अस्तित्व को प्रकट करे।"[25]

इतिहास और वास्तविकता से सबक को प्रतिबिंबित करने के बजाय, मीडिया दंतकथाओं और रहस्य को युक्तिसंगत बनाने के लिए रहस्यमय तरीके से काम करता है। मीडिया का मौलिक कार्य रचनात्मक आलोचना के माध्यम से उस तरह की तुलना प्रस्तुत करना है जो जमीनी स्तर पर अस्तित्व को प्रकट करने के लिए अधिक प्रासंगिक है।

वर्तमान पर ध्यान देने और अतीत पर आत्मविश्लेषण करने के साथ मानवाधिकार भविष्यवादी हैं। मीडिया अपने श्रोताओं के अस्तित्व के औचित्य के लिए अप्रासंगिक जटिल दंतकथाओं का निर्माण करता है जो वैकल्पिक

और समाधान की मांग करते हैं। लोकतंत्र के चौथे स्तंभ के रूप में मीडिया का प्रारंभिक कार्य ध्यान आकर्षित करना और तथ्यों की वास्तविक धारणा बनाना है। असंगत स्पष्टीकरण, विरोधाभासी और अप्रासंगिक तर्क विमर्श की स्वस्थ भावना को नष्ट कर देते हैं। मीडिया की विशेषज्ञता विपत्तिग्रस्त चाल (विक्टिम कार्ड) खेलकर गहरी भावनाओं को सही राह न दिखा करके नफरत की दिशा में परिवर्तित करना है। मीडिया का कार्य लगभग विषैली अमेरिकी महिलाओं के समान है जिन्होंने अपने दुर्भावनापूर्ण संचार और युद्ध-भ्रम के साथ यूरोप को नष्ट कर दिया। निर्णय को परिष्कृत करने के लिए सूचना को जन के लिए सुलभ बनाकर सामान्य शांति स्थापित करना मीडिया की प्रमुख जिम्मेदारी है। विशेषज्ञ मीडिया द्वारा 'धारणा' को पूरी तरह से उलट दिया जाता है जिसके परिणामस्वरूप अभिवृत्ति और पहचान का एक मुद्दा बन जाता है।

7.5 नागरिक समाज

सभ्यता और समाज ही सभ्य समाज का निर्माण करते हैं।

"तो फिर समाज क्या है?

यह दुनिया भर में [सैन्य], राजनीतिक, आर्थिक और सांस्कृतिक कार्रवाई का स्थान, बदलता हुआ अंतर्जाल है और उनके अतिक्रमण की एक उपाधि है।"[26]

नागरिक समाज एक परिवर्तनशील जालतंत्र है जो गतिशील है जिसमें आर्थिक या राजनीतिक, सार्वभौमिक प्रकृति और व्यवहार में विनम्र बातचीत के सभी सरगम शामिल हैं। नागरिक समाज के विकास, प्रगति और निरंतरता के लिए समय के साथ रुचियां और प्राथमिकताएं बदलती हैं। सभ्यता परस्पर संवाद की भावना को बरकरार रखती है। वास्तविक दुनिया में अधिकांश बातचीत और संबंध शक्ति केंद्रित/उन्मुख होते हैं इसलिए नागरिक समाज की स्थिति मुख्य रूप से आर्थिक और राजनीतिक प्रकृति के विभिन्न हितों के बीच अतिक्रमण की उपाधि पर जांच और संतुलन के साथ अपनी सभ्यता की रक्षा करना है। नागरिक समाज की भूमिका व्यक्तिगत हितों को बढ़ावा देने के बजाय जनसामान्य के हितों के लिए एक मंच के रूप में सेवा करने में है। एक समूह के रूप में नागरिक समाज को उन मुख्य मुद्दों को प्रतिबिंबित करना चाहिए जिन पर विचार-विमर्श की आवश्यकता है। अन्य हितधारकों के

साथ नागरिक समाज मुख्य मुद्दों पर विचार-विमर्श प्रक्रिया को मजबूत करने के लिए एक सक्रिय योगदानकर्ता बनने के योग्य होने में विफल रहता है। वहाँ पक्षपात की समस्या भी बनी रहती हैं जहाँ राजनीतिक स्वार्थ के लिए निजी हित, सामान्य हितों के विचारों पर हावी हो जाते है। इस तरह नागरिक समाज भी मानवाधिकारों के कानून को कमजोर करने का एक तरीका बन जाता है। स्थिति तब विकट हो जाती है जब समाज के विशेषाधिकार प्राप्त सदस्य जो एक विशेष वर्ग से आते हैं अपने लोगों के प्रति जिम्मेदारी से बचना शुरू कर देते हैं अपने मूल अधिकारों को मान्यता नहीं देते हैं और उनके प्रति उदासीनता विकसित करते हैं। आधुनिक सभ्य समाज में वर्ग आधारित अंतराल, धर्म और जाति-आधारित अलगाव उस समस्या के परिदृश्य को समझने के तरीके हैं जिसमें विशेष वर्ग/जाति/पंथ या हठधर्मिता अपने स्वयं के सदस्यों के अधिकारों के लिए आत्म-पराजय हो जाती है। पूर्ण होशोहवास के साथ, इस अंतर को यंत्रीकरण के माध्यम से अवांछित को खत्म करने और उस अवांछित वर्ग के अभिजात वर्ग को प्रमुखता देने के लिए बढ़ाया जाता है। नागरिक समाज लोकप्रिय दबाव का प्रयोग करके राजनीति की विभाजनकारी ताकतों पर कार्रवाई करने में विफल रहता है और सामाजिक निष्क्रियता के कारण लोकतांत्रिक मूल तत्व कमजोर हो जाते हैं। वास्तव में, नागरिक समाज का लोकप्रिय दबाव विरोधाभास पैदा करने के लिए एक आवश्यक कार्रवाई कुल्यिका (चैनल) प्रदान करता है जो लोकतंत्र में विविधता के मूल्यों को खतरे में डालता है जिसके परिणामस्वरूप उल्लंघन करने योग्य, वास्तविक और न्यायसंगत अधिकारों को कुचल दिया जाता है।

> "लेकिन यह एक राज्य के कानून द्वारा शासित होने के ठीक विपरीत है, एक समुदाय के रूप में जिसमें 'बल के कारणों' को 'कारण के बल' द्वारा प्रतिस्थापित किया जाता है ..."[27]

नागरिक समाज की 'कारण की शक्ति' विभाजनकारी राजनीति के 'बल के कारण' से अपने ही लोगों के प्रति उदासीनता के रूप में अपनी चुप्पी और अज्ञानता के कारण विनम्र हो जाती है। पिछले अध्याय में सामाजिक संबंधों को मुक्त करने में नौकरशाही की भूमिका पर प्रकाश डाला गया है। फिर भी, यह नागरिक समाज पर निर्भर करता है कि कैसे इसके सदस्य सत्ता की राजनीति के निहित स्वार्थों का मुकाबला करने के लिए लोकप्रिय

दबाव का प्रयोग करते हैं और उस परिदृश्य में जब नौकरशाही पूरी तरह से केंद्रीकृत है। निष्क्रियता की कमी से राज्य के राजनीतिक नेतृत्व में सत्ता का क्रिस्टलीकरण हो सकता है जिससे हालात बिगड़ सकते हैं।

> "राज्य-समाज सम्बन्धों का कड़ा होना, धीरे-धीरे नागरिक समाज पर निरंकुश राज्य सत्ता की जगह लेना, इसका मतलब है कि नागरिक समाज में विभिन्न समूहों की शक्ति राज्य में क्रिस्टलीकृत हो सकती है।"[28]

नागरिक समाज और उसके समूहों के पास राज्य सत्ता द्वारा प्रतिस्थापन और राज्य में इसके क्रिस्टलीकरण पर रोक लगाने के पक्ष में तर्क शक्ति है। समूहों के अलावा यह ध्यान दिया जाना चाहिए कि नागरिक समाज बहुत से सशक्त व्यक्तियों द्वारा चलाया जाता है और विविध विचारों के लिए अपने आप में एक पारिस्थितिकी है। यदि नागरिक समाज अपने शिक्षित अभिजात वर्ग को सशक्त बनाने में विफल रहता है तो अधिकारों की विचारधारा यथास्थिति से समझौता कर लेती है। नागरिक समाज को अपने जानकार लोगों से मूल्यों के कुशल संचरण के लिए उस शाही मार्ग को प्रशस्त करना होगा।

> "सार्वजनिक दुनिया को शील और कुशल होने दें ताकि निजी क्षेत्र में उत्साह पनप सके!"[29]

व्यक्ति की रचनात्मक संस्कृति के लिए 'कुशल स्थान' का अभाव नागरिक समाज के लिए अल्पार्थक और मानवाधिकार संस्कृति के लिए दुखद है। होलोकॉस्ट (पूर्णाहुति) को याद रखें, ऑशविट्ज कैंप एक वास्तविकता थी क्योंकि हंगरी की जनता चुप रही और चुप्पी इतिहास की सबसे बड़ी मानव त्रासदियों में से एक थी।[30] नागरिक समाज की चुप्पी आपदा के रूप में हो सकती है जब उसके स्वयं के अधिकार खतरे में पड़ जाते हैं। नागरिक समाज की नीरवता का अर्थ मानवाधिकार शब्दावली में त्रासदी है।

7.6 सामान्य संस्कृति

संस्कृति लोगों के (वे कौन और क्या हैं) मन में या मन के एक हिस्से में गहराई से आत्मसात हो जाती है, जिसका मानव स्वभाव उसके मामलों, बातचीत, संबंधों और परिणामों पर सवेंदित नियंत्रण और प्रभाव होता है। सरल शब्दों में, संस्कृति किसी समाज की 'उचित भावना' है, दूसरे शब्दों में, यह एक व्यक्ति की सामूहिक इच्छा है। डेवी परिभाषित करते है :

"न तो जंगली और न ही सभ्य व्यक्ति वह है जो वह अपने मूल संविधान से है, लेकिन जिस में वह संस्कृतिक रूप से भाग लेता है।"[31]

चाहे कोई व्यक्ति जंगली जानवर के समान हो या एक बुद्धिमान व्यक्ति (होमो सेपियन्स) उसकी संस्कृति से स्पष्ट होता है जिसमें वह भाग लेता है और जिससे मूल्य वह प्राप्त करता है। सार्वभौम मानवाधिकारों के आलोक में सांस्कृतिक दुविधा को गेलनर ने सांस्कृतिक समरूपीकरण के अपने शोध में निम्नलिखित शब्दों में व्यक्त किया है :

"... अपना राज्य प्राप्त करें या आत्मसात करने का प्रयास करें– और प्रार्थना करें कि आप खुद को एक ऐसे देश में पाएं जिसमें प्रमुख समूह आपको अंदर आने देगा।"[32]

मानवाधिकारों के प्रति उत्साही लोगों के सामने सांस्कृतिक आत्मसात, संस्कृतिकरण या रूपांतरण प्रत्यक्ष चुनौतियां हैं। समरूपीकरण भी उसी हद तक चुनौतीपूर्ण है। एक संस्कृति जो मानव जाति के रचनात्मक उद्यम के लिए उपयुक्त नहीं है, व्यक्तिगत हितों के मामलों को तय करने के लिए प्रमुख समूहों का उत्पादन कर सकती है। अंतिम परिणाम एक बुरे/प्रमुख समूह के बुरे लोगों के बीच खराब बातचीत है अगर संस्कृति मानवीय भावना के अनुकूल नहीं है और इसके विपरीत सब कुछ बदतर है। संस्कृति मानव जीवन के लगभग सभी क्षेत्रों को विचारों और स्वभाव से लेकर प्रथाओं तक को प्रभावित करती है। यदि सामान्य संस्कृति और किसी राष्ट्र के लोग इसमें विश्वास नहीं करते हैं तो सभी नियामक और कानूनी प्रथाएं अनुत्पादक हैं। सांस्कृतिक–अंतराल, सांस्कृतिक सापेक्षतावाद, प्रति–संस्कृति आदि समाजशास्त्रियों द्वारा पहचाने गए कुछ प्रमुख दोष हैं जो नैतिक मूल्यों के रूपांतरण की प्रक्रिया में बाधा हैं। मानवाधिकारों को एक सर्वदेशीय संस्कृति या सार्वभौमिक सिद्धांत बनाने की एक पूर्वापेक्षा आत्मसात करने की प्रक्रिया है।

मानवाधिकारों की प्रभावोत्पादकता के लिए अल्पविकसित सांस्कृतिक पहलुओं और दृष्टिकोणों को समझना सर्वोत्कृष्ट है। सांस्कृतिक, आर्थिक और राजनीतिक कारक किसी स्थान की सामान्य संस्कृति को आकार देते हैं और सामान्य संस्कृति बहुमत की इच्छा और जनमत का प्रतिनिधित्व करती है जो संबंधित सस्थाओं और संस्थानों द्वारा कानून के निष्पादन के निर्देश के रूप में कार्य करती है। वास्तव में, धार्मिक संस्कृति राजनीति के साथ जबरन

एकरूपता के लिए सबसे आसान उपकरण है यानी यह जनमत को आत्मसात करके नियंत्रण के क्षेत्र को बढ़ाने के लिए बहुमत की इच्छा पर कानून लागू करना है। धर्म सार्वभौमिक सामान्य संस्कृति है जहां आम संस्कृति किसी भी कारण से कानून का सम्मान करने में विफल रहती है वहां मानवाधिकारों का घोर दुरुपयोग होता है। नैतिक अनिश्चितताएं सामाजिक समस्याओं को बढ़ाती हैं और लोगों की जिम्मेदारियों को कम करती हैं। वास्तविकता एक ऐसी संस्कृति के उद्‌भव की विशेषता है जो एकजुटता के लिए खतरा है और एक वास्तविक 'मृत्यु की संस्कृति' का रूप ले लेती है।[34] न्याय और कानून के बीच की खाई चौड़ी हो जाती है जिसका उल्लेख मैंने अगले अध्याय में एक उपाख्यान के माध्यम से किया है। अपराध फलता-फूलता है और सामान्य संस्कृति इसे कायम रखती है। यह पिछड़े क्षेत्रों का अकेला मामला नहीं है यद्यपि दुनिया भर में अधिकांश अनुभवी सभ्यताएं सुरक्षा और राष्ट्रीय हित पर समान नीति के बावजूद ऐसी प्रवृत्तियों को दर्शाती हैं।

स्व-हित और राजनीतिक लाभ के लिए गलत व्याख्या की गई सांस्कृतिक बारीकियों से आवास की संस्कृति प्रबल होती है। सामान्य संस्कृति का ऐसा व्यवहार न केवल निम्न आर्थिक और सामाजिक विकास या अन्य प्रकार के पिछड़ेपन के संदर्भ में स्पष्ट है बल्कि समकालीन आधुनिक, और महानगरीय क्षेत्रों में भी प्रचलित है जहां सशक्त वर्ग की अज्ञानता और निरंकुशता सवाल उठाती है। कभी-कभी अभिजात वर्ग और मध्यम वर्ग बुनियादी साधनों का शोषण करके बड़े पैमाने पर अधिकारों के दुरुपयोग में हितधारक बन जाते हैं जिस पर निचले तबके के लोग जीवित रहते हैं। उदाहरण के लिए, अति धनवानों द्वारा वन भूमि का अतिक्रमण और शोषण सुखवादी उद्देश्यों के लिए होता है जो अन्यथा आजीविका और गुजर बसर के लिए आदिवासियों के लिए है। गरीबों के भरण-पोषण की कीमत पर, राजनीतिक अभिजात वर्ग द्वारा आर्थिक साम्राज्य स्थापित करके विलासिता का आनंद लिया जाता है। आर्थिक वृद्धि-विहीन-विकास के लिए आधुनिक मानव द्वारा सभ्यता की प्राचीन मानव विरासत को नष्ट करने का इससे बड़ा उदाहरण और क्या हो सकता है। यहां तक कि प्रशांत क्षेत्रीय या स्कैंडिनेविया के सबसे विकसित देश भी मछली पालन में अपने सांस्कृतिक जुनून के लिए, टयूना या सेलमॉन के शिकार में अंतर्राष्ट्रीय मानदंडों का उल्लंघन करते हैं। मानवाधिकारों के विद्वानों या

अभ्यासी के लिए सबसे कठिन कार्य एक सामान्य संस्कृति को सार्वभौमिक संस्कृति में बदलने का तरीका है। पाँचवें अध्याय में इस बात की सराहना की गई है कि मानवाधिकार सार्वभौमिक मूल्य प्रणाली हैं और मानवाधिकारों के मामले में सार्वभौमिकता ही एकमात्र आशा है। संस्कृति सार्वभौमिक मूल्य विशेषताओं को आत्मसात करने से अपनी पुष्टि प्राप्त करती है अन्यथा यह एक उप-संस्कृति स्तर की प्रथा, एक वर्जना या एक रूढ़िवादी धारणा बनी रहती है। गुट्जके की स्थापना है :

> "संस्कृति सामूहिक अनुभवजन्य वस्तुओं का अवतार है। [...] यह मुक्ति रूप से 'यंत्रीकृत' है और इस तरह इसका कोई 'अंतिम' महत्व नहीं है"।

सामान्य संस्कृति इसलिए मानव जाति के अधिकारों के लिए एक बाधा है, लेकिन उपयोगिता तब है अगर यह सामूहिक मानव अनुभव को विकसित करती है और मानवाधिकारों को महत्व देने के लिए सहायक होती है।

हालाँकि, मैं संस्कृति के अंतिम महत्व पर गुट्जके से अलग राय दूंगा कि मानव प्रयासों के अनुक्रम को निर्देशित करने के लिए इसमें विलक्षण और अंतिम परिमाण है।

7.7 स्वहित बनाम जन-हित (शाश्वत युद्ध)

मानवाधिकारों के उल्लंघन की ओर ले जाने वाली हर चीज का मूल कारण स्वार्थ/स्व-इच्छा है। रुचियां मायने रखती हैं। आमतौर पर अपने कथित स्वार्थ, भौतिकवादी आकांक्षाओं और पारंपरिक दृष्टिकोण के संदर्भ में बर्नार्ड ग्रोएथ्यूसेन गरीबों, मध्यम वर्ग की परेशानी की व्याख्या करते हैं :

> "मध्यम वर्ग को अपने जीवन का रूप, उसकी नैतिकता में मिला, जो मध्यम वर्ग जीवन शैली की स्थितियों के साथ घनिष्ठ संबंध में थी।"[36]

मनुष्य का स्वार्थ सांसारिक नैतिकता, वैज्ञानिक प्रगति या धार्मिक संस्कार के लिए सर्वोच्च है। ज्यादातर यह संचालित होता है, बर्नार्ड ने जीवन की स्थितियों की सही पहचान की है। मनुष्य की नैतिकता उसकी रुचि और यथास्थिति पर इच्छा में सीमित है। मानवाधिकारों के आदर्शों में अंतर्विरोधों का शोषण नीति द्वारा प्रमाणित किए गए अधिकारों के संरक्षण और विस्तार की प्रथा को नकारने के लिए किया जाता है। मानवाधिकारों की सेवा के लिए

समानता, स्वाधीनता और स्वतंत्रता पूर्ण अर्थों में प्रदान नहीं की जा सकती है। प्रतिनिधित्व और अधिकारिता-आधारित कानून और नीति द्वारा बनाए गए पूर्वाग्रहों के संदर्भ में विवाद उत्पन्न होते हैं। हो सकता है कि समाज आश्चर्यजनक अंतर्विरोधों को संभालने के लिए सुसज्जित न हो जैसा कि यहाँ और ऊपर के खंड में बताया गया है। अस्वीकृति उन स्थितियों में विकास की तुलना में परिणाम हो सकती है जहां आदर्शों की गलत व्याख्या की जाती है और गलत सूचना दी जाती है। जुझारूपन एक प्राकृतिक प्रवृत्ति के रूप में परिणामित हो सकता है जो शासन के समग्र वास्तुकार के लिए खतरा है। जब स्वायत्तता, स्वतंत्रता और समानता की गारंटी कानून द्वारा संरक्षित अधिकारों के मूल्यों पर आधारित नीति के माध्यम से एक सुविधाजनक उपाय के रूप में नहीं दी जाती है तो जनहित की धारणा पर स्व-हित अधिक प्रचलित हो जाते हैं। नतीजतन, कर्तव्यों और जिम्मेदारियों की विफलता के कारण एक अपरिहार्य स्थिति उत्पन्न होती है जो मूल्यों के साथ होनी चाहिए। सामान्य भलाई की भावना सिद्धांतों के विपुलता में खो जाती है जबकि स्वार्थ बढ़ता है।

समानता और स्वतंत्रता के रूप में प्रदान की गई स्वायत्तता सामान्य कारण के लिए पारस्परिकता को कम करती है। अंत में, किसी भी स्तर पर स्वार्थ यूनानी (ग्रीक) दार्शनिक सोफोकल्स द्वारा अपने *ओडिपस रेक्स* में व्यक्त यूनान त्रासदी के समान एक परिदृश्य की ओर जाता है। कथा राजा ओडिपस की स्थिति पर है जो अंत में अर्थहीन आत्म-विनाश के साथ सब कुछ प्राप्त कर लेता है। सोफोकल्स का उवाच है :

> "हे मनुष्यों की पीढ़ियों, ये मरती हुई पीढ़ियाँ सभी जीवनों को मिलाकर मैं पाता हूँ कि वे व्यर्थ हो जाती हैं तुम मेरे महान उदाहरण हो, तुम, तुम्हारा जीवन, तुम्हारा भाग्य, ईडिपस, द:ख का आदमी।"[37]

जब तक और सबतक स्वार्थ सीमित न हो, ओडिपस मिथक एक वास्तविकता होगी ... मरने वाली पीढ़ियां और अंत में कुछ भी नहीं। अडिग स्वार्थ के माध्यम से आत्म-संतुष्टि शोषण, परजीवीवाद और जुनून की ओर ले जाती है जो अंततः खोखली साबित होती है और आत्म-विनाश की ओर ले जाती है।[38] मानव कार्यों के दीर्घकालिक प्रभाव का मूल्यांकन समय पर किया जाना चाहिए अन्यथा हम मूर्खों के स्वर्ग में रहते हैं।[39] सामान्य हित के लिए सहकारिता की भावना के बिना भलाई, स्वार्थ के प्रति सहकारी योगदान

की परिणति अंध जिज्ञासा और दुख के अलावा और कुछ नहीं होती है; असामंजस्य, दर्द और आपदा[40]। मिथकों में इतनी शक्तिशाली प्रवृत्ति है और मनुष्य के लिए निश्चित रूप से सुधार के लिए संदेश है।

7.8 कानून का भ्रष्टाचार : कानूनी वर्चस्व

ऐसे कई तरीके हैं जिनसे कानून भ्रष्ट होता है। पैसा, मीडिया, सत्ता, राजनीति, हित–समूह और पहचान–संघर्ष राजनीतिक नियंत्रण के कुछ साधन हैं। 'कानूनी वर्चस्व' राजनीतिक एकाधिकार के लिए एक 'वास्तविक अभ्यास' है जो स्थापना/व्यवस्था में कानूनी माध्यमों से होता है। *राजनीति में प्रभुत्व की भावना निहित है। [...] ...राजनीति नैतिक नहीं* है।[41] मानवाधिकार संस्कृति की वकालत करने वाले वैश्वीकृत दुनिया में, राजनीतिक वर्चस्व फैलाव कर रहा है। आज के राजनीतिक गलियारों में कोई भी चंगेज खान कहलाना पसंद नहीं करता है। छवि एक विशिष्ट संपत्ति है। ऐसे परिदृश्य में कानूनी उपकरण और कानूनी संस्थान काम में आते हैं। सुरक्षा के तर्क, संप्रभुता, राष्ट्रीय–हित, राज्य की प्राथमिकता और आंतरिक मामलों पर विदेश नीति हैं। कानून का भ्रष्टाचार कानूनी वर्चस्व का असली तरीका है। मोटे तौर पर यह राजनीतिक रूप से नियंत्रित बहुमत के विवेक और वर्चस्व पर होता है जो कानून, नियमों और नीति के बहाने अपरिपक्व जनों को दबा देता है क्योंकि ये उपकरण लोकतंत्र में बहुमत के हितों को व्यापक रूप से वर्गीकृत करते हैं। मानवाधिकारों के लिए एक अलग दृष्टिकोण की आवश्यकता होती है जहां कमजोर अल्पसंख्यक को ऊपरी हाथ दिया जाता है और बहुमत एक कुर्सी के रूप में कार्य करता है। इस तरह की प्रथा के अभाव में, कानून और मानवाधिकारों के लिए कानूनी संस्थाओं का अस्तित्व अर्थहीन है और खराब होने की संभावना है क्योंकि कानून की सुरक्षा के लिए एजेंसियां अधिकारों के क्षरण का स्रोत बन जाती हैं और अंततः उनके दृष्टिकोण में कठोर हो जाती हैं। कानून का भ्रष्टाचार तब होता है जब कानून का इस्तेमाल राजनीतिक वर्चस्व के उद्देश्य से किया जाता है या मनमानी शक्ति का दावा करने के लिए एक उपकरण के रूप प्रयोग में किया जाता है। हमने अध्याय छह में "लौह पिंजरा" शीर्षक के तहत चर्चा की है कि राजनीति निहित स्वार्थ के लिए कानून को प्रशासित और व्यवस्थित करने के लिए संस्थानों का उपयोग

कर सकती है। हैबरमास ने इसे कानूनी प्रभुत्व करार दिया। अध्याय तीन से, प्लूटार्क के शब्दों को दोहराते हुए जिन्होंने सम्राट ट्रोजन के दरबार में एक राजदूत और मजिस्ट्रेट के रूप में कार्य किया :

> "निश्चय ही लोगों के इस आग्रह का कि उनके उम्मीदवार अंगलेप और अंगरखा के बिना उपस्थित हों, रिश्वतखोरी के किसी भी संदेह से कोई लेना-देना नहीं था, क्योंकि लंबे समय बाद तक मत खरीदने और बेचने का दुरुपयोग सामने नहीं आया पर पैसे ने चुनाव के निर्धारण में एक महत्वपूर्ण भूमिका निभानी शुरू कर दी। हालांकि, बाद में, भ्रष्टाचार की यह प्रक्रिया कानूनी अदालतों और सेना द्वारा विफल कर दी गई, और अंत में जब तलवार भी सोने की शक्ति से गुलाम हो गई, तो गणतंत्र सम्राटों के शासन के अधीन हो गया। क्योंकि यह ठीक ही कहा गया है कि जो मनुष्य पहले लोगों को भोज और घूस देता है, वह सबसे पहले उनकी स्वतंत्रता को नष्ट करता है।"

इसलिए यह कानून-निर्माताओं और न्याय-प्रदाताओं के नैतिक विवेक पर संयम और नैतिक दायित्व निभाने के लिए प्रेरित है। इसके लिए, कानून ने वस्तुनिष्ठ रूपों पर अपनी व्यक्तिपरक अभिव्यक्तियों को महत्व दिया है। कानून में सार की व्यक्तिपरक समझ के बिना, कानून सत्ता-उन्मुख अभिजात वर्ग की सनक और कल्पनाओं की सेवा करेगा। कानून में पूर्ण प्रत्यक्षवाद और औपचारिकता को व्यक्तिपरक कारण से संतुलित करना होगा। जर्मन दार्शनिक और समाजशास्त्री होर्खाइमर ने आत्म-संरक्षण का विचार पेश किया जो केवल व्यक्तिपरक कारण से ही संभव है :

> "... व्यक्तिपरक कारण महत्वपूर्ण कारण है, यानी आत्म-संरक्षण के लिए एक उपकरण है।"[42]

होर्खाइमर व्यक्तिपरक कारण और आत्म-संरक्षण के पक्ष में नहीं थे, उन्होंने सिर्फ अवधारणा और इसके संरक्षण और तर्कसंगतता के साथ संबंध पेश किया। उनका मुख्य कार्य महत्वपूर्ण कारणों पर है। आत्म-संरक्षण पर मेरे विचार भिन्न हो सकते हैं। मैं कानून के पर्याप्त मूल्य में दृढ़ विश्वास रखता हूं जो सद्भाव और व्यवस्था के संरक्षण के लिए आवश्यक है। यह एक संतुलनकारी क्रिया है। हालांकि, अत्यधिक व्यक्तिपरकता विवेक और अत्यधिक विवेक को तर्कहीनता की ओर ले जा सकती है जो इसकी विशेषता में अराजक है और अंतिम परिणाम कानून का भ्रष्टाचार है। अराजकता के

तहत, शक्तिशाली अधिक शक्तिशाली बन जाता है, अमीर अधिक अमीर और कमजोर अस्तित्व की चुनौती का सामना करते हैं। विषयपरकता को कानून के रूप का पालन करना पड़ता है और इसके विपरीत भी यह सच है। न्याय एक समय-परीक्षित घटना और समय की परीक्षा है। समय स्पष्टता लाता है, स्पष्टता समय के साथ आती है और किसी ने कहा कि स्पष्टता ही शक्ति है। भ्रम मानव निर्मित है और कानून के भ्रष्टाचार द्वारा निहित स्वार्थ के लिए अव्यवस्था पैदा की जाती है क्योंकि स्वार्थ रहता है।

7.9 सहिष्णुता और सहनशीलता : पूरी तरह से चूक गए

सहिष्णुता योग्यता है और सहनशीलता एक ऐसे मुद्दे को संभालने का अभ्यास है जो वांछित या इच्छा नहीं हो सकता है। सहनशीलता की कमी सामाजिक व्यवस्था में संकीर्णतावादी विसंगतियों को जन्म देती है जिससे हिंसा के प्रति घृणा उत्पन्न होती है। सरलता के साहस पर अपने शोध में बीरन ने विभिन्न आयामों पर समाज का विश्लेषण किया है। प्रवचन के लिए सहिष्णुता आवश्यक है जिसका प्रारंभिक मानदंड है[43]:

1. संबंध/सहयोग,
2. समझौता/रियायत देने की इच्छा।

इन दो विशेषताओं के बिना, समुदाय सामाजिक संकीर्णता प्राप्त कर लेता है जो सांस्कृतिक संघर्षों/संकीर्णता की ओर ले जाता है और अंततः पारस्परिक सह-अस्तित्व के लिए खतरा होता है[44]। सार्वभौमिक पहचान/अधिकार के अभाव में, असहिष्णुता वैश्विक व्यवस्था में व्याप्त हो जाती है और भीड़ द्वारा मानवता उन्माद के निपटान में रह जाती है। निम्नलिखित कारक हैं जिनसे असहिष्णुता उभरती है [45]:

1. रूढ़िवाद यानी विविध विचारों/विभिन्न संस्कृतियों को स्वीकार नहीं करना,
2. योगदान/समर्थन या बनाए रखने की क्षमता और क्षमता का अभाव,
3. अभद्र आचरण और तर्कहीन दृष्टिकोण,
4. पहचान/श्रेष्ठता/सांस्कृतिक परिसर की भावना।

आजीविका और मानवाधिकारों के लिए शासन के ठोस तंत्र के अभाव में, असहिष्णुता लगभग सभी मानवीय मामलों में निराशा पैदा करती है। यह संक्रामक है और मानव उद्यम को रोकता है। सहिष्णुता और सहनशीलता की कमी का माहौल राजनीतिक हितों के अनुकूल है क्योंकि यह उन्हें अधिनायकवादी होने और कानून को अपने पक्ष में भ्रष्ट करने का एक सुनहरा अवसर प्रदान करता है। असहिष्णु व्यवहार स्वाधीनता, स्वतंत्रता और स्वायत्तता पर एक उच्च लागत के बराबर है। जब सत्ता/अधिनायकवाद के माध्यम से मनमाने नियंत्रण के कारण स्वतंत्रता नहीं होती है तो असहिष्णुता सहनशक्ति की सीमा को पार कर जाती है इसलिए स्थापना, शासन प्रणाली को तोड़ती है और आजीविका को बाधित करती है। असहिष्णु आचरण के कारण होने वाला दुर्व्यवहार, अपमान, दुख और दर्द निरंतर हिंसा के लिए भय, अलगाव, असुरक्षा और जटिल बढ़ती असहिष्णुता को और जन्म देता है। सत्ता केंद्रित राजनीति के लिए हिंसा एक शस्त्रागार है जो अराजकता, अव्यवस्था, उत्पीड़न, घृणा और वहम को भुनाने के लिए कभी भी समय नहीं चूकता। अधिक असहिष्णुता का अर्थ है अधिक व्यवधान इसलिए अधिक राजनीति कम सद्भाव, यह नियंत्रण के लिए राजनीतिक हेरफेर का मूल है। मानवाधिकार अभ्यास परिदृश्य के प्रति एक नरम दृष्टिकोण है। विवादास्पद बहसें, सांप्रदायिक विचारधाराओं का प्रदर्शन, पुरातनता और शास्त्रीयता पर खींचे गए पूर्वाग्रही अनुमान सार्वभौमिक नैतिकता के लिए खतरा हैं। सही चुनाव की दुर्गमता और इच्छा की कमी सहनशीलता के मुद्दे को कई गुना बढ़ा देती है। ब्रिटिश मनोविश्लेषक विल्फ्रेड रूपरेक्ट बियोन ने भय, असफलता की भावना और जीवन प्रवृत्ति पर इसके प्रभुत्व में असहिष्णुता की जड़ों की पहचान की।[46] असहायता, दुख, बिना किसी विकल्प की स्थितियों को दोहराकर अव्यवस्था पैदा करने के लिए असुरक्षा की सेवा की जाती है। बायन के शोध में ऊहापोह (विचार/सोच) पर कथन है :

> "कारण या चयनित तथ्य का भय और असहिष्णुता अंततः जिज्ञासा को महसूस करने और संतुष्ट करने के लिए व्यक्ति के उपकरणों पर बढ़ते हमलों में योगदान करती है और इसलिए पुरातनतपंथी भाव पैदा करने में सक्रिय बलों में योगदान करती है।"[47]

असहिष्णुता पुरतनपंथता का सह उत्पाद है जो निराशा, विकल्पों की कमी, विकल्पों पर नियंत्रण और निराशाजनक आजीविका के अवसरों से उभरा है। जब व्यक्ति की भावना पर हमला/प्रभुत्व होता है और उसकी 'जिज्ञासा' की भावना नष्ट हो जाती है तो व्यवधान असहिष्णु आचरण के रूप में प्रकट होता है। मानवाधिकार दर्शन में नैतिक आदर्श मानव मामलों/जीवन शैली यानी भावना और जिज्ञासा के लिए दो आवश्यक अमृत प्रदान करने के लिए हैं। मानवाधिकारों पर विमर्श हमारी जिज्ञासा और भावना को मजबूत करता है[48] हमारे जीवन और जीवन की प्रवृत्ति को बनाए रखता है[49]। विमर्श के अभाव में भावना सूख जाती है और आत्मा शून्य हो जाती है। अपने साहित्य द *करेज ऑफ सिंपलिसिटी* में बीरन तय करती है कि मनुष्य अनिश्चितता में रहने के लिए पैदा हुआ था लेकिन पहेली का समाधान एक सामान्य सार्वभौमिक संरचना पर आधारित है। सामान्य सार्वभौमिक संरचना नैतिकता, धार्मिक/आध्यात्मिक मूल्यों और प्राकृतिक कानून पर आधारित है। अधिक स्वतंत्रता और कम नियंत्रण वाले सहिष्णु वातावरण में नैतिक जिम्मेदारी और समुदाय की भावना संभव है। अपेक्षित तंत्र प्रदान करना राज्य का प्रमुख कर्तव्य है। कला सार्वभौमिक सम्मेलनों का पालन करना और उनकी आज्ञाकारिता की तलाश करना है। मानवाधिकार मूल्यों में कोई अंतिम संदेश नहीं है। अभ्यास/माध्यम ही स्वयं में एक संदेश है। मानवाधिकार मूल्य ज्ञान के स्तर और उन्नत ज्ञान को विकसित करते हैं। बुद्धि एक समझौता और संयम या मार्कस ऑरेलियस के शब्द में कुछ भी नहीं है : *स्वयं में एक वापसी है* जिसे मैंने शुरुआत में इस पुस्तक के उद्देश्य के रूप में उपयोग किया है। सीमाओं को जानने से भी ताकत बढ़ती है इसलिए यह जरूरी नहीं कि एक समझौता हो बल्कि कुछ रचनात्मक और उपयोगी चीजों की ओर सद्गुणों का ध्यान केंद्रित हो। तापसियों (स्टोइक्स) ने गैर–भोग के इस कौशल को औसत दर्जे के मामलों में दिखाया। सहनशीलता और सहिष्णुता को अपनाने के लिए रूढ़िवाद के बहुत सारे सबक हैं जो समय की जरूरत है कि गुस्से में सब कुछ अनुपात से उड़ा दिया जाता है जो वैश्विक, राष्ट्रीय और स्थानीय संदर्भों में एक भीषण वास्तविकता है। बातचीत हो रही है लेकिन संचार स्थापित नहीं है और संदेश तक नहीं पहुंचता है जो सहिष्णुता की कमी को दर्शाता है, यह मानवाधिकार प्रयासों में मौलिक बाधा है। ह्यूम ने कानून पर भावनाओं की वकालत की और मानवता की प्रगति के कारण की वकालत की है। मानवाधिकारों के लिए सभी

के संचयी और सामूहिक प्रयासों की आवश्यकता होती है और यहां विस्तृत अंतराल सभी की जवाबदेही और दायित्व की तलाश करते हैं। इसका कारण स्वार्थ, अज्ञानता और परिहार है। यूनानी कवि हेसियोड के शब्दों में संक्षेप में:

सोना, चांदी, कांस्य, लोहे की मौजूदा दौड़ के लिए अग्रणी बने हुए है। [51]

हम मानवाधिकार की संतति के किस चरण में हैं? क्या हम बर्बरता के युग में प्रवेश कर रहे हैं?

समय आत्मविश्लेषण की मांग करता है। उम्मीद के समान कुछ भी प्रोत्साहित नहीं करता है। दृष्टि परंपरा में बदलाव और मानवीय मामलों में उच्चतर की आकांक्षा के लिए रास्ता खोलती है।

"आज संकरी जमीन पर जीती गई एक भी लड़ाई बड़ी जीत हासिल करेगी।"[52]

छोटे प्रयासों से मिली सीख के अत्यधिक जुड़े वैश्विक अंतरिक्ष में बड़े परिणाम हो सकते हैं। पहला कदम यह है कि मनुष्य के लिए अपने अधिकारों के विषय में पहली प्राथमिकता के विषय पर चर्चा करते रहें। अगर विमर्श दोहराता है और स्मरणीय यादें बनाता है तो निरंतरता व्यापक विजय के लिए एक अंतर और रास्ता बनाती है।

टिप्पणियाँ

1. http://www.ushistory.org/paine/rights/c1-021.htm
2. 2014 से 2018 तक संयुक्त राष्ट्र मानवाधिकार उच्चायुक्त) राय, द *न्यूयॉर्क टाइम्स*, यहां उपलब्ध है : https://www.nytimes.com/2019/05/06/opinion/united-nations-human-rights .html
3. हैबरमास, जुर्गन, *संचारी कार्रवाई का सिद्धांत : कारण और समाज का युक्तिकरण*, खंड 1, बोस्टन : बीकन प्रेस, 1984. पृ. xii
4. बिटेनहोल्ज, पीटर जी. *हिस्टोरिया और फैबुला : मिथ्स एंड लीजेंड्स इन हिस्टोरिकल थॉट फ्रॉम एंटिकिटी टू द मॉडर्न एज, ब्रिल्स स्टडीज इन इंटेलेक्चुअल हिस्ट्री, खंड* 59. अक्षांश। लाइडेन : ई.जे. ब्रिल, 1994. पृ. 154
5. http://www.ushistory.org/paine/rights/c1-022.htm
6. उक्त।
7. http://www.ushistory.org/paine/rights/c2-057.htm
8. उक्त।

9. हॉल, जॉन ए, और श्रोडर, राल्फ, *एन एनाटॉमी ऑफ पावर : द सोशल थ्योरी ऑफ माइकल मान,* कैम्ब्रिज, यूके : कैम्ब्रिज यूनिवर्सिटी प्रेस, 2006. पृ. 42
10. क्राउट, रिचर्ड, *यूनान डेमोक्रेसी*, नॉर्थवेस्टर्न यूनिवर्सिटी, पृ. 1
11. जुर्गन, हैबरमैन, *संचारी कार्रवाई का सिद्धांत : कारण और समाज का युक्तिकरण,* खंड 1, बोस्टन : बीकन प्रेस, 1984. पृ. 343
12. हॉल, जॉन ए, और श्रोडर, राल्फ, *एन एनाटॉमी ऑफ पावर : द सोशल थ्योरी ऑफ माइकल मान,* कैम्ब्रिज, यूके : कैम्ब्रिज यूनिवर्सिटी प्रेस, 2006. पृ. 43
13. उक्त, पृ. 36
14. उक्त।
15. एक दृष्टांत, यहां उपलब्ध है : http://www.gutenberg.org/files/38520/38520-h/38520-h.htm
16. उक्त।
17. बायोन, विल्फ्रेड आर, *समूह और अन्य पत्रों में अनुभव*, लंदन : टैविस्टॉक प्रकाशन, 1961. पृ. 131
18. बीरन, हनी, *सरलता का साहस : डब्ल्यूआर बायोन के कार्य में आवश्यक* विचार, रूटलेज, 2015. पृ. 12
19. बीटेनहोल्ज, पीटर जी. *हिस्टोरिया और फैबुला : मिथ्स एंड लीजेंड्स इन हिस्टोरिकल थॉट फ्रॉम एंटिकिटी टू द मॉडर्न एज। ब्रिल्स स्टडीज इन इंटेलेक्चुअल हिस्ट्री, खंड* 59. अक्षांश। लाइडेन : ई.जे. ब्रिल, 1994. पृ. 60
20. बीरन, हनी, *सरलता का साहस : डब्ल्यूआर बायोन के कार्य में आवश्यक* विचार, रूटलेज, 2015. पृ. 19–20
21. गुस्ताव ले बॉन, *ला साइकोलॉजी डेस फाउल्स*, 1895
22. बिटेनहोल्ज, पीटर जी. *हिस्टोरिया और फैबुला : मिथ्स एंड लेजेंड्स इन हिस्टोरिकल थॉट फ्रॉम एंटिकिटी टू द मॉडर्न एज,* ब्रिल्स स्टडीज इन इंटेलेक्चुअल हिस्ट्री, खंड 59. अक्षांश। लाइडेन : ई.जे. ब्रिल, 1994. पृ. 58
23. हॉल, जॉन ए, और श्रोडर, राल्फ, *एन एनाटॉमी ऑफ पावर : द सोशल थ्योरी ऑफ माइकल मान,* कैम्ब्रिज, यूके : कैम्ब्रिज यूनिवर्सिटी प्रेस, 2006. पृ. 94
24. जुर्गन, हैबरमैन, *संचारी कार्रवाई का सिद्धांत : कारण और समाज का युक्तिकरण,* खंड 1, बोस्टन : बीकन प्रेस, 1984. पृ. xxxiii
25. बिएटेनहोल्ज, पीटर जी. *हिस्टोरिया और फैबुला : मिथ्स एंड लीजेंड्स इन हिस्टोरिकल थॉट फ्रॉम एंटिकिटी टू द मॉडर्न एज,* ब्रिल्स स्टडीज इन इंटेलेक्चुअल हिस्ट्री, खंड 59. अक्षांश लाइडेन : ई.जे. ब्रिल, 1994. पृ. 65
26. हॉल, जॉन ए, और श्रोडर, राल्फ, *एन एनाटॉमी ऑफ पावर : द सोशल थ्योरी ऑफ माइकल मान,* कैम्ब्रिज, यूके : कैम्ब्रिज यूनिवर्सिटी प्रेस, 2006 पृ. 25

27. इवेंजेलियम विटे, यहां उपलब्ध है : http://w2.vatican.va/content/john-paul-ii/en/encyclicals/documents/hf_jp-ii_enc_25031995_evangelium-vitae.html
28. हॉल, जॉन ए, और श्रोडर, राल्फ, *एन एनाटॉमी ऑफ पावर : द सोशल थ्योरी ऑफ माइकल मान,* कैम्ब्रिज, यूके : कैम्ब्रिज यूनिवर्सिटी प्रेस, 2006. पृ. 4
29. उक्त, पृ. 36
30. बीरन, हनी, *सरलता का साहस : डब्ल्यूआर बायोन के कार्य में आवश्यक विचार,* रूटलेज, 2015. पृ. 120
31. डेवी, *कला अनुभव के रूप में,* पृ. 345
32. हॉल, जॉन ए, और श्रोडर, राल्फ, *एन एनाटॉमी ऑफ पावर : द सोशल थ्योरी ऑफ माइकल मान,* कैम्ब्रिज, यूके : कैम्ब्रिज यूनिवर्सिटी प्रेस, 2006. पृ. 47
33. उक्त।
34. इवेंजेलियम विटे, यहां उपलब्ध है : http://w2.vatican.va/content/john-paul-ii/en/encyclicals/documents/hf_jp-ii_enc_25031995_evangelium-vitae.html
35. गुट्जके, मैनफोर्ड जॉर्ज, *जॉन डेवी का विचार और ईसाई शिक्षा के लिए इसके निहितार्थ,* कोलंबिया यूनिवर्सिटी प्रेस, 1956. पृ. 122
36. हैबरमास, जुर्गन, *संचारी कार्रवाई का सिद्धांत : कारण और समाज का युक्तिकरण,* खंड 1, बोस्टन : बीकन प्रेस, 1984 230
37. बीरन, हनी, *सरलता का साहस : डब्ल्यूआर बायोन के कार्य में आवश्यक विचार,* रूटलेज, 2015. पृ. 112
38. उक्त, पृ. 140
39. उक्त, पृ. 111
40. उक्त, पृ. 112
41. हॉल, जॉन ए, और श्रोडर, राल्फ, *एन एनाटॉमी ऑफ पावर : द सोशल थ्योरी ऑफ माइकल मान,* कैम्ब्रिज, यूके : कैम्ब्रिज यूनिवर्सिटी प्रेस, 2006. पृ. 51
42. हैबरमास, जुर्गन, *संचारी कार्रवाई का सिद्धांत : कारण और समाज का युक्तिकरण,* खंड 1, बोस्टन : बीकन प्रेस, 1984. पृ. 349
43. बीरन, हनी, *सरलता का साहस : डब्ल्यूआर बायोन के कार्य में आवश्यक विचार,* रूटलेज, 2015. पृ. 164
44. उक्त।
45. उक्त, पृ. 165
46. बायोन, विल्फ्रेड आर, *कॉग्जिटेशन,* नया विस्तारित संस्करण, लंदन : कर्णक बुक्स, 2005. पृ. 275
47. उक्त।
48. बीरन, हनी, *सरलता का साहस : डब्ल्यूआर बायोन के कार्य में आवश्यक विचार,* रूटलेज, 2015. पृ. 21

49. उक्त।
50. उक्त, पृ. 27
51. बिटेनहोल्ज, पीटर जी. *हिस्टोरिया और फैबुला : मिथ्स एंड लीजेंड्स इन हिस्टोरिकल थॉट फ्रॉम एंटिकिटी टू द मॉडर्न एज, ब्रिल्स स्टडीज इन इंटेलेक्चुअल हिस्ट्री*, खंड 59. आक्षांश लाइडेन : ई.जे. ब्रिल, 1994. पृ. 22
52. गणतंत्र के विभिन्न समय में रोमन लोगों की विभिन्न प्रतिभाओं पर विचार : चेरेस मार्गुटेल डी सेंट-डेनिस, सेंट-एवरमंड के भगवान, उक्त, पृ. 296

8
बदलती परंपराएं

मैं एक इंसान हूं और मुझे लगता है कि मानवता से संबंधित कुछ भी मेरे लिए बाह्य नहीं है।
—टेरेंस, एक अफ्रीकी, एक गुलाम और रोमन गणराज्य के दौरान बर्बर वंश का एक रोमन नाटककार

सामान्य आदमी जानता है कि क्या सही है, और न्याय उसके पक्ष में है[1]।

यदि आप स्वयं सोचेंगे तो राजनीतिक अर्थव्यवस्था के अध्ययन के लिए आपको किसी विशेष ज्ञान की आवश्यकता नहीं है, कोई व्यापक पुस्तकालय नहीं है, कोई महंगी प्रयोगशाला नहीं है। आपको न तो पाठ्यपुस्तकों की आवश्यकता है और न ही शिक्षकों की।
–हेनरी जॉर्ज (1839–97)

...सरकारें दखल देकर अनिष्ट करती हैं।
—थॉमस पाइन[2]

... सार्वजनिक या निजी किसी प्रकार के प्रभाव में नहीं, बल्कि तर्क और सिद्धांत के प्रभाव में।
—थॉमस पाइन[3]

शिक्षित करें और निर्माण करें।
—अज्ञात कृत

सहकारी चर्चा के माध्यम से कानून और नीति में सुधार निरंतर होना चाहिए। मानव जाति के अधिकारों को नए चरण में आगे ले जाने का यही एकमात्र तरीका है। मानदंड, मूल्य आचरण और पहचान को आकार देते हैं, हमारी सामान्य दृष्टि को दर्शाते हैं। मान मूल्यों में तल्लीन होने का मूल कारण स्थापित करता है :

> “हमें अध्ययन करना चाहिए कि मानदंड, मूल्य और सामाजिक पहचान कैसे उत्पन्न होती हैं और हमारे अपने हित की भावना को परिभाषित करने में मदद करते हैं।”[4]

यह तर्क किसी न किसी रूप में दोहराया जाता है कि मानवाधिकार हमारी समझ और हमारी रुचि पर निर्भर करते हैं। मूल्यों के आधार पर उद्देश्यपूर्ण–तर्कसंगत कार्रवाई के साथ हम सम्मान और रुचि दोनों प्राप्त करते हैं, एक के बिना दूसरा अमान्य है। पहचान के लिए मनुष्य की लालसा बेचैन है। प्रत्यक्ष ज्ञान धारणा का मार्गदर्शन करता है। विशेषाधिकार नाम और प्रसिद्धि के लिए संघर्ष की संभावना को समाप्त करते हुए पहचान को समेकित करता है। मानवाधिकार शिक्षाएँ सीखने में स्व–उन्मुख होती हैं और व्यवहार में बाहर की ओर। मानवाधिकारों का क्षेत्र कोई बाजार नहीं है बल्कि उच्च कार्यों के लिए एक वास्तविक प्रक्षेपण पद (लॉन्च–पैड) है। यथास्थितिवादी प्रवृत्ति एक बदतर स्थिति का नेतृत्व करेगी। अलगाव और यथास्थिति में जोसेफ सी. फ्ले यथास्थिति में निहित प्रतिगामी प्रकृति की चेतावनी देता है जो समाज को अलग–थलग कर सकती है। किसी को बदलाव की जिम्मेदारी लेनी होगी। फ्ले के शब्दों में :

> “सुधारक का अनुसरण करें और यथास्थिति को बदलें। यथास्थिति बदलें और वह सब भी बदल दें जो आपके लिए सबसे अधिक अर्थपूर्ण है; यथास्थिति के लिए, वर्तमान मूल्य संरचना, सुधारक के कार्यों का प्रतिकार करेगी और आपको नुकसान होगा। चुनना आपको है।”

सुधार के लिए प्रतिबद्ध इच्छाशक्ति की आवश्यकता है। और क्या होगा अगर हम सुधार के लिए प्रकृति को नहीं अपनाते हैं? बेहतर मानवाधिकार दृष्टिकोण के लिए पिछली विश्लेषणात्मक चर्चाओं से उधार लिए गए कुछ विचारोत्तेजक विमर्श नीचे दिए गए हैं।

8.1 धारणा और विशेषाधिकार

राज्यों की नीति का उद्देश्य एक ठोस धारणा बनाने के लिए निष्पादित किए जाने वाले कुछ बुनियादी मूल्यों पर आधारित है कि वह अपने लोगों की परवाह करते हैं। नीति को न्याय, शासन, वृद्धि और विकास के विशेषाधिकारों पर संचालित राज्य की इच्छा के रूप में माना जाता है। जब मानवाधिकारों की

बात आती है तो न्याय आधारित शासन, विकास और वृद्धि का विशेषाधिकार होता है। न्याय राज्य के लिए बाकी तीन चीजें सुरक्षित करता है यानी शासन, वृद्धि और विकास। इन कारकों का पदानुक्रम भिन्न हो सकता है लेकिन मेरा यह दावा है कि एक संवैधानिक लोकतंत्र में न्याय सबसे महत्वपूर्ण है। कानून या नीति के संदर्भ में जो भी राज्य द्वारा तय किया जाता है वह सीधे राज्य की प्राथमिकताओं के बारे में एक धारणा प्रस्तुत करता है। संविधान नीति और प्राथमिकताओं के माध्यम से राज्य द्वारा प्राथमिकता के आधार पर सरल मानकों पर एक असाधारण दावा है। यदि न्याय के माध्यम से प्रगति को प्राथमिकता देनी है तो सर्वोच्च कानून यानी संविधान में विश्वास की त्रुटिहीनता के बारे में ध्यान करना होगा। धारणा मायने रखती है और यह नीति निर्माताओं की मानसिकता पर नजरिया पेश करती है। लोगों की बारहमासी संतुष्टि के लिए यह आवश्यक है कि कानून-निर्माता इस तथ्य के प्रति सचेत रहें कि अस्तित्व मानवाधिकारों पर आधारित सभी के सह-अस्तित्व पर निर्भर करता है। राज्य को इस तथ्य को स्वीकार करना होगा कि यह साम्य है जो मानवाधिकारों के मूल्यों में दृढ़ विश्वास के द्वारा अपने नागरिकों के दृष्टिकोण और व्यवहार को बढ़ावा देता है। नीति के लिए प्रतिस्पर्धा, पूर्णता और योग्यता मानदंड प्रमुख प्राथमिकताओं और अपने लोगों की भविष्य की आकांक्षाओं पर कार्यावली निर्धारित करना है। मूल प्रश्न जिनका राज्य द्वारा हमेशा उत्तर देने की आवश्यकता होती है :

1. राष्ट्रीय हित क्या है?
2. राष्ट्रीय हित में प्राथमिकताएं क्या हैं?
3. लोगों की आकांक्षाएं क्या हैं?

लोगों के मुद्दों और उनकी भविष्य की आकांक्षाओं के प्रबंधन के बिना, राज्य द्वारा शासन अर्थहीन और अनुत्पादक है।

8.2 अधिकारिता/सशक्तिकरण

यूनानी दार्शनिक प्रोटागोरस 'राजनीतिक तकनीक-राजनीतिक कला' के रूप में मानवाधिकार सशक्तिकरण पर सटीक नीति के लिए एक पद्धति प्रदान करता है जो लोकतंत्र में लोगों पर जोर देती है :

1. उत्कृष्ट नागरिक,
2. विचार-विमर्श में कुशल,
3. सरकार में हिस्सेदारी करने में सक्षम।

उनका तर्क है कि राजनीतिक विचार-विमर्श में कौशल एक लोकतांत्रिक नागरिक के अधिकारों का प्रयोग करने के लिए तर्कसंगतता की पुष्टि करता है। मानवाधिकारों का दर्शन कहता है कि दूसरों को सशक्त बनाने से हम स्वयं सशक्त होते हैं। कानूनी दर्शन के लिए उपयुक्त लैटिन वाक्यांश सर्वांगीण सशक्तिकरण के दर्शन के लिए समान रूप से मान्य है :

"ऑडी अल्टरम पार्टेम : हमेशा दूसरे पक्ष को सुनें।"

उपरोक्त वाक्यांश गति में प्राकृतिक न्याय के सिद्धांत की महता को स्थापित करता है और न्याय सशक्तिकरण की ओर ले जाता है। दूसरों के दृष्टिकोण को सुनने की आदत व अभ्यास संवाद और सम्मान की संस्कृति का निर्माण करता है। आपसी सम्मान एक समाज को सशक्त समुदाय में बदल देता है। सांस्कृतिक और सामाजिक कारकों के अलावा, वास्तविक सशक्तिकरण का अवतार सही अर्थों में आर्थिक है और आर्थिक सशक्तिकरण राजनीतिक समानता की ओर ले जाता है। हम यथार्थवादियों के साथ एक वास्तविक दुनिया में रह रहे हैं जहां आर्थिक साधनों से शक्ति संचालित होती है क्योंकि आर्थिक विकास के अलावा कोई विकल्प नहीं है। संसाधन सीमित हैं और महत्वाकांक्षाएं घातीय हैं। वैश्विक समृद्धि के लिए आर्थिक विकास के आवश्यक मानदंड को हैबरमास द्वारा निम्नलिखित तरीके से समझाया गया है :

> "... आर्थिक क्षेत्र में तर्क के अवतार का अर्थ था एक सामाजिक स्थान की स्थापना जिसके लिए अपने स्वयं के हित की खोज, अब तक यह अन्य सभी व्यक्तियों द्वारा समान खोज के साथ संगत था। इसका वैश्विक परिणाम समाज की सामान्य संपत्ति में निरंतर वृद्धि और इसके व्यक्तिगत सदस्यों के हिस्सों की बढ़ती समानता होगी।"[6]

व्यक्ति वैश्विक आर्थिक प्रणाली में एक उद्यम है जिसे रचनात्मकता और नवाचार के लिए एक समान समर्थन दिया जाना चाहिए ताकि समानता में वृद्धि करके सामान्य धन में निरंतर वृद्धि हो सके। सद्भाव और व्यवस्था की पारिस्थितिकी की स्थापना का वादा करने वाली परिस्थितियों और स्थितियों के

तहत सच्चा सशक्तिकरण संभव है जो लोगों को उनकी संभावित आकांक्षाओं को आगे बढ़ाने के लिए सशक्त बनाता है। संघर्ष और घृणा से भरे वातावरण में सशक्तिकरण संभव नहीं है। घृणा सभी व्यक्तियों के पारस्परिक नैतिक दायित्व के प्रति संक्रामक है। मानवाधिकार सभी पहलुओं को निर्धारित करते हैं : सांस्कृतिक, राजनीतिक, सामाजिक और आर्थिक; यहाँ अंतिम ही (आर्थिक)एक सशक्तिकरण का पदार्थ है क्योंकि यह दूसरों को प्रभावित करता है। एक खाली पेट इंसान के लिए मानवाधिकारों का होना अर्थहीन है और अस्तित्व के दूसरे साधन भी अर्थहीन और गौण हैं। राजनीतिक नेतृत्व की प्रमुख जिम्मेदारी है कि वह कमत्तर और वंचित वर्ग जनता के कारणों को हल करे क्योंकि सुरक्षित जीवन की गारंटी के रूप में सुरक्षा जाल प्रदान करने के अधिकारों के लिए आम जनसंसाधन और उनका वितरण राज्य नीति का मुख्य ढांचा है। सशक्तिकरण से पहले सुरक्षा आती है। लोगों को सशक्त बनाने के लिए त्रुटिहीन नैतिक और राजनीतिक प्रतिबद्धता की आवश्यकता है। फ्रांसीसी दार्शनिक जीन-पॉल सार्त्र अस्तित्ववाद पर सशक्तिकरण के लिए प्रासंगिकता की निम्नलिखित शर्तों का प्रस्ताव करते हैं :

1. स्वतंत्रता और स्वतंत्र इच्छा,
2. मानव व्यक्ति के लिए अनुकूल मानव वातावरण,
3. मानवतावाद की भावना,
4. अच्छे विश्वास के साथ जीवन जीना,
5. नैतिक जिम्मेदारी को बढ़ावा देने वाले मूल्य।

अस्तित्ववाद पर सार्त्र का दावा उनके निबंध *बीइंग एंड नथिंगनेस* में संपन्न हुआ है :

"होना है। होना अपने आप में है। होना वही है"।

अपने और दूसरों के संबंध में 'स्व' मायने रखता है। प्रमुख प्रश्न सार्त्र पूछते हैं : आप कौन बनना चाहते हैं और आप कौन से मूल्य जीना चाहते हैं? मूल्य सशक्तिकरण के लिए आवश्यक उपक्रम हैं और नैतिक दायित्व आत्म-साक्षात्कार की यात्रा के लिए प्राप्ति का मार्ग है। सशक्तिकरण की निश्चित जड़ केवल नैतिक मूल्यों के माध्यम से है। सद्‌गुण के बिना कोई सशक्तिकरण नहीं है।

8.3 न्याय

मानवाधिकारों के लिए कोई अदालत नहीं है। कानून प्रक्रिया और सार की प्रकृति में विशिष्ट नहीं है और इसके प्रभाव में बाध्यकारी नहीं है। नीति को प्रभावित करने के लिए कुछ मानक उपकरण हैं जैसे नाम लेकर शर्मिंदा करना, मूल्यांकन, निगरानी और विवरण, जवाबदेही और दायित्व तय करना। यूनानी देवता हर्मीस और उनके पिता जीउस के बीच वास्तविक संवाद का उल्लेख बताता है कि मानव के बीच सहयोग के लिए सामाजिक दबाव बनाने में शर्म की भावना कैसे पर्याप्त है :

हर्मीस ने जीउस से पूछा : क्या इन सामाजिक कौशल [न्याय की अवधारणा, शर्म की भावना और दोस्ती की भावना] को कुछ लोगों को वितरित किया जाना चाहिए, जैसे कि आग का उपयोग करने वाले उत्पादक शिल्प को केवल थोड़ी मात्रा में उपयोग किया जाता है?

जीउस : न्याय और शर्म की भावना सभी मनुष्यों को वितरित की जानी चाहिए, क्योंकि यदि केवल कुछ ही लोग जानते हैं कि क्या उचित है और क्या शर्मनाक है तो नगरों का उत्थान नहीं हो सकता है?

शर्मसार करना सामाजिक संदर्भ से बाहर व्यवहार को अनुशासित करने में मदद करता है और व्यक्ति को आवश्यक सामाजिक कौशल अपनाने के लिए प्रेरित करता है। शर्म की भावना अपराधी व्यवहार के लिए एक निवारक है। इसलिए, उपरोक्त कथन से निकाला गया विचार लोगों को सामाजिक सहयोग के लिए कुशल बनाने के लिए शर्म की भावना पर आधारित है। उच्च स्तरीय मामलों में, नैतिक निंदा का एक साधारण आदेश भी जरूरतमंदों की मदद कर सकता है। नामकरण, लज्जा और निंदा की योजनाओं का नैतिक प्रतिमानों में एक रणनीतिक स्थान होना चाहिए, ईमानदार आपत्तियों को उठाने के लिए दंडात्मक उपायों को छोड़ दें। अत्यधिक पिछड़ेपन के साथ अत्यधिक धार्मिक उप-संस्कृति में, ऐसी रणनीति बहिष्कार के डर से अपराधी पर दबाव बनाया सकता है।

सार्वजनिक प्राधिकरण की भूमिका अपराध के निवारण और उल्लंघन पर व्यक्तिगत ध्यान देने में महत्वपूर्ण है। सुविधा और नियामक उद्देश्यों के लिए पर्याप्त प्रावधानों का अभ्यास और प्रयास किया जाना चाहिए। विचार

अपराधी के मनोबल को तोड़ना और पीड़ित के अधिकारों को प्रोत्साहित करना है। मुद्दों की प्रासंगिक समझ अनिवार्य है जिसके लिए अधिकारों की रक्षा के लिए सार्वजनिक अधिकारियों की प्रतिबद्धता की आवश्यकता होती है। अधिकारों की रक्षा करके ही समाज की रक्षा की जा सकती है। सामाजिक परंपराएं कानून और व्यवस्था के रखरखाव के लिए महत्वपूर्ण हैं। केवल सामाजिक व्यवस्था में ही नैतिकता की परीक्षा हो सकती है। न्याय का विचार सामाजिक व्यवस्था में नैतिकता को प्रोत्साहित करना और उसकी रक्षा करना है। कानून में प्रत्यक्षवाद न्याय के सार में बाधा नहीं होना चाहिए। न्याय के अपने सिद्धांत में रॉल्स बताते हैं :

> "नैतिक निष्पक्षता को एक उपयुक्त रूप से निर्मित सामाजिक दृष्टिकोण के संदर्भ में समझा जाना चाहिए जिसे सभी स्वीकार कर सकते हैं। न्याय के सिद्धांतों के निर्माण की प्रक्रियाओं के अलावा, कोई नैतिक तथ्य नहीं हैं"।

नैतिकता न्याय की प्रक्रिया का साधन और अंत है। अध्याय दो में चर्चा की गई नैतिक प्रतिबद्धता की अवधारणा समाज के सभी सदस्यों के लिए ऊपर से नीचे के दृष्टिकोण के लिए अनिवार्य नैतिक आचरण की आवश्यकता पर जोर देती है। राजनीतिक नेतृत्व को अपने हितधारकों, एजेंसियों, नागरिकों और संस्थानों को शिक्षित और सूचित करने के लिए पूरी ईमानदारी और प्रतिबद्धता के साथ नेक काम करना होगा। अध्याय दो में प्रस्तुत समीकरण अर्थात्

न्याय > शासन > विकास > वृद्धि

यह समीकरण न केवल नैतिक दायित्व के रूप में बल्कि सबसे प्रथम नीति, नियत व सदाचार में होना चाहिए। न्याय को पहला गुण बनाने के लिए सार्वजनिक संसाधनों पर मानवाधिकारों को सर्वोच्च प्राथमिकता दी जानी चाहिए। जैसा कि उपरोक्त समीकरण के आधार पर अध्याय दो में चर्चा की गई है कि न्याय के बिना, विकास असमानता/विषमता को बढ़ाएगा और विकास और शासन के प्रयास व्यर्थ होंगे क्योंकि यहाँ धनिकों द्वारा विकास के नेतृत्व वाले विकास प्रतिफलों का आनंद लिया जाएगा जबकि आम लोगों को उनका प्रतिभाग कम मिलेगा।

न्याय के लिए, अधिकारियों और राजनेताओं को शिक्षावादी सुधारकों की भूमिका अपनाने की जरूरत है। उन्हें अपने नागरिकों को बुद्धि और सूचना के साथ सशक्त बनाना होगा।

"... न्याय तब तक राज्य नहीं कर सकता जब तक राजा दार्शनिक या दार्शनिक राजा नहीं बन जाते।"[9]

8.4 कानून का सम्मान

कानून प्रक्रियात्मक और पर्याप्त विवेक के माध्यम से उल्लंघन के लिए प्रवण हैं। एकमात्र सुरक्षा भूमि के कानून के प्रति सम्मान की संस्कृति है जो लोकतांत्रिक व्यवस्था में एक भगीरथ प्रयास है जो स्वतंत्रता, स्वाधीनता और समानता की अंतर्निहित प्रवृत्तियों और आदर्शों के कारण प्रकृति में विविध और विभाजनकारी है। मानवाधिकारों के प्रति सम्मान कानून और शक्ति के बीच एक समझौता है। सबसे शक्तिशाली सबसे अधिक अवैध हैं इसलिए सत्ता उन लोगों के हाथों में होनी चाहिए जिनके नैतिक दर्शन सत्ता को हमेशा के लिए बनाए रखने के लिए शक्ति को केंद्रित करने की तुलना में देश के कानून के प्रति त्रुटिहीन हैं। यह दुविधा और विषमता इस तथ्य की स्वीकृति पर विवेक का आह्वान है कि शक्ति प्रकृति में क्षणिक है और इसके प्रभाव अस्थायी हैं। विवेक नैतिक चेतना से संचालित होता है और नैतिकता कानून की आत्मा है। सम्मान चेतना से मूल्यों की ओर आता है। कानून की नैतिक प्रशंसा के बिना इसे सकारात्मक, कानूनी और औपचारिक प्रकृति का एक मात्र कानूनी साधन मानने से न्याय की अक्षमता और उपेक्षा होती है।

> "आधुनिक कानून में लागू नैतिकता और वैधता का पृथक्करण इस समस्या के साथ आता है कि वैधता के क्षेत्र को व्यावहारिक औचित्य की आवश्यकता है।"

आदर और सम्मान की एक प्रणाली बनाने के लिए, नैतिक आधार पर कानून को उचित ठहराया जाना चाहिए जो व्यावहारिक और तर्कसंगत हो तथा आंतरिक रूप से नैतिक भी हो। लोग कानून के लिए बाध्य होंगे यदि यह कानून निर्माताओं और न्याय प्रदाताओं द्वारा नैतिक दायित्वों के सबूत स्थापित करके उनकी भावनाओं को उद्वेलित करता है। सम्मान, आत्मसम्मान, कानून की स्वीकृति कानून में नैतिकता के लिए है।

एक संवैधानिक लोकतांत्रिक व्यवस्था में, सत्ता एक ऐसा माध्यम है जिसे साध्य के तौर पर गलत समझा जाता है। यह एक तर्कसंगत प्रवृत्ति है जिसके लिए किसी अनुभवजन्य प्रमाणीकरण की आवश्यकता नहीं होती है इसलिए

शक्ति का उपयोग शासन में सामान्य स्थिति और स्थिरता के उद्देश्य के लिए किया जाना चाहिए जिसमें मानवाधिकार पनपते हैं। मानवाधिकारों के लिए संस्थानों को सार्वजनिक अधिकारियों और आम जनता को मानवाधिकारों के मूल्यों के प्रति संवेदनशील बनाने के लिए तीक्ष्ण दृष्टिकोण का पालन करना होगा। इस संबंध में एक गंभीर प्रयास की आवश्यकता है क्योंकि बेरोजगारी और गरीबी जैसे अन्य प्रमुख मुद्दों की उपस्थिति में यह फलदायी नहीं हो सकता है। लोगों की स्वाभाविक प्रवृत्ति के रूप में कानून के सम्मान के लिए एक पारिस्थितिकी बनाने के लिए रचनात्मक और नवीन पद्धतियों को वह निर्णायक मार्ग प्रदान करना चाहिए। उदाहरण के लिए, जमीनी स्तर पर अधिकारों को बढ़ावा देने वाले हितधारक के लिए एक ठोस प्रोत्साहन तंत्र सांस्कृतिक मसाला और संवेदीकरण संचालक के विकल्पों में से एक हो सकता है। एक पिछड़े समाज में, धार्मिक संदर्भों की लिपियों का उपयोग कानून के सम्मान पर युक्तिकरण के लिए किया जा सकता है। समाधान लिपि में है और लिपि जन को अनुशासित कर सकती है क्योंकि धर्मों के प्रभुत्व का जनमानस पर गहन प्रभाव है।

8.5 न्याय-कानून का अंतराल

अंतर इस तथ्य से स्पष्ट है कि कानून जरूरी नहीं कि न्यायसंगत हो लेकिन यह न्याय का वादा करता है।[11] न्याय और कानून के बीच की खाई उस तंत्र में अंतर्निहित है जिसके साथ कानून लागू किया जाता है। मैं भारत के पिछड़े स्थानों में से एक व्यक्ति की एक अजीब टिप्पणी का उल्लेख करना चाहता हूं जब मैं एक उपमण्डलाधीश की हैसियत से सेवा कर रहा था। उसने कहा कि भारत में यह जगह अपराधियों के लिए सबसे अच्छी जगह है क्योंकि यहाँ अपराध होने के बाद कानून पीड़ित को न्याय दिलाने की बजाय अपराधियों को बचाता है। आप यहां बलात्कार करते हैं या सामाजिक या सांप्रदायिक अपराध करते हैं तो पीड़ित पर समझौता करने का प्रशासनिक दबाव होगा। इसके अलावा, जब आप अवैध खनन गतिविधियों को करते हैं, कुछ लोगों को डंपर के नीचे कुचलते हैं या किसी को गोली मारते हैं तो फिर प्रशासन को आंदोलन और प्रदर्शनों के माध्यम से जानमाल के नुकसान के लिए जिम्मेदार ठहराया जाता है। यह कानून को लागू करने में कानूनी संस्थाओं की

विफलता का परिदृश्य नहीं है लेकिन लोगों ने एक सामान्य संस्कृति के रूप में अपराध को जीवन शैली के रूप में अपनाया है जहां दादी अपनी संततियों को छोटे अपराधों में लिप्त होने के लिए प्रोत्साहित करती हैं और जब वे अपने युवावस्था के चरम पर होते हैं तो कठोर अपराधियों में बदल जाते हैं। यहाँ राज्य के अधिकारियों की जमीनी स्तर पर पहुंच के अभाव ने राज्य-समाज संबंधों में एक स्थायी अंतराल पैदा कर दिया है जिसे पाटने के लिए पूर्णतः समर्पित रवैये के साथ एक युद्ध स्तर के प्रयास की आवश्यकता है। यहाँ नीति को नीचे से ऊपर तक एक उद्देश्यबद्ध दृष्टिकोण में होना चाहिए। इसके लिए बुनियादी सुविधाओं के नियंत्रण और सुविधा दोनों की भी आवश्यकता है जहां रोजगार के मुद्दे प्रमुख हैं। अंतर को कम करने के लिए अनुकूलित दृष्टिकोण की आवश्यकता है अन्यथा ये सिद्धांत समान रहता है :

> "किस न्याय के नाम पर भेदभाव का सबसे अन्यायपूर्ण व्यवहार किया जाता है। कुछ व्यक्तियों को बचाव के योग्य माना जाता है और अन्य को उस सम्मान से वंचित किया जाता है।"[12]

कानूनी नीति में सकारात्मक और पर्याप्त दोनों तत्वों को जोड़ना होता है जो मानवाधिकारों पर चढ़ते हैं। यथास्थिति का मूल्यांकन और निगरानी परिवर्तन के लिए मानक होना चाहिए। जैसा कि ऊपर चर्चा की गई है, रचनात्मक और नवीन पद्धतियों के माध्यम से अंतर को कम किया जा सकता है। अधिकारों के संदर्भ में किसी भी गंभीर समस्या का चरणबद्ध तरीके से मूल्यांकन और निगरानी करके समाधान किया जा सकता है। सभी हितधारकों के संयुक्त प्रयास से व्यवस्थित अभियान ऐसी ही एक पद्धति है। जमीनी स्तर पर निरंतर दार्शनिक और वैज्ञानिक विमर्श की आवश्यकता है जहां शीर्षस्थ सार्वजनिक प्राधिकरणों को लोगों तक पहुंचना है जैसे सामाजिक संबंधों को समझने और मुद्दों के निवारण के लिए अपने अधिकार क्षेत्र में एक गांव का दौरा करने वाले अदालत के मुख्य न्यायाधीश व्यावहारिक परिवर्तन के लिए एक प्रतीकात्मक संदेश भेज सकते हैं। उच्च अधिकारियों की भागीदारी की ऐसी प्रथाएं निश्चित रूप से दृश्यमान प्रभावों के लिए प्रतीकात्मक संदेश भेज सकती हैं।

न्याय अवधारणा और कानून में साररूप है। अवधारणात्मक या पर्याप्त मूल्यों के बिना, कानून का कोई दावा नहीं बनता है। कानून सकारात्मक, वैध और औपचारिक है लेकिन न्याय नैतिक है और एक परंपरा है जिसका

उद्देश्य नागरिक व्यक्तियों और नागरिक समाज के हितों की रक्षा करना है। वेबर कानून के अपने युक्तिकरण और उद्देश्यपरक-तर्कसंगत कार्रवाई सिद्धांतों के आधार पर न्याय-कानून के अंतर को कम करने के लिए एक उपाय प्रदान करते हैं :

> "आधुनिक कानून के रूप को नैतिक चेतना की उत्तर-पारंपरिक संरचनाओं के संदर्भ में समझाया जाना चाहिए, जो इसे वास्तविक रूप देता है।"[13]

सांस्कृतिक संदर्भ का हमेशा आधुनिक कानून पर प्रभाव पड़ता है। नैतिक चेतना और नैतिक दायित्व प्रारंभिक व्यक्तित्व की विशेषताएँ हैं जिनके द्वारा कानून के माध्यम से न्याय प्रदान किया जाना है। कानून के पत्रों में नैतिक चेतना निहित है और उत्तर-पारंपरिक संरचनाओं में कानूनी उपकरणों की पवित्रता को बनाए रखने के लिए न्याय प्रदाताओं को भावना के स्तर तक पहुंचना होगा।

कानून की सामग्री न्याय के उद्देश्य से अपने सार हेतु प्रामाणिक इरादे से अपना अधिकार प्राप्त करती है। कानून की सच्ची परीक्षा समाज पर इसका प्रत्यक्ष प्रभाव है कि यह एक न्यायपूर्ण समाज में बदल रहा है और यहाँ समुदाय के सदस्य साझा समझ के साथ वास्तविक जीवन का आनंद लेते हैं :

> "संभावित जीवन की अनंत संख्या है जो संभावित संस्कृतियों, धर्मों, राजनीतिक व्यवस्थाओं, भौगोलिक परिस्थितियों आदि की अनंत संख्या से आकार लेती है। एक दिया गया समाज तभी सही होता है जब उसका वास्तविक जीवन जिया जाता है ... सदस्यों की साझा समझ के प्रति वफादार होता है।"[14]

मानवाधिकार कानून में आपसी और साझा समझ के साथ वास्तविक जीवन को लाने की यह भूमिका है।

8.6 समावेश और प्रतिनिधित्व

लोकतंत्र और शांति स्वभाव से समावेशी हैं। जॉन स्टुअर्ट मिल ने लोकतंत्र में क्षमता के अनुसार प्रतिनिधित्व की वकालत की। समावेशी प्रतिनिधित्व लोकतंत्र की पुरातन संरचना को दृढ़ और मानवाधिकार पारिस्थितिकी के समृद्ध होने के लिए टिकाऊ रखता है। मार्कस ऑरेलियस ने कहा:

"मेरा काम अपने साथी नागरिकों के लिए अच्छा करना और उनकी संभाल करना है।"

राज्य को समावेशी प्रतिनिधित्व के अवसर के साथ चलाया जाता है। सहनशीलता राजनीतिक नेतृत्व द्वारा अपनाया जाने वाला अनिवार्य गुण है। इसके अलावा, सेनेका उचित ठहराता है :

"जब भी कोई इंसान होता है तो दयालुता का अवसर होता है।"

इसलिए नागरिकों को सहनशीलता और दया की संस्कृति विकसित करने का अवसर माना जाना चाहिए। वितरण नीतियां समावेश और प्रतिनिधित्व के लिए महत्वपूर्ण भूमिका निभाती हैं इनके माध्यम से सांस्कृतिक कार्यक्रम पर ध्यान केंद्रित करना होता है। पर्याप्त प्रतिनिधित्व निर्णय लेने और कार्यान्वयन की प्रक्रिया में विविधतापूर्ण वर्णक्रम को बढ़ाने के माध्यम से बहुमत की इच्छा, एकवचन जनमत द्वारा बनाई गई बाधाओं को तोड़ने में मदद करता है। जनसांख्यिकीय विवरण के आधार पर प्रश्न का समाधान करने के लिए ऊर्ध्वगामी दृष्टिकोण आवश्यक है। समाज के सभी कमज़ोर सदस्यों को नीतिगत विभागों में पर्याप्त रूप से शामिल किया जाना चाहिए। उदाहरण के लिए तृतीय लिंगी अधिकारों को शामिल करने, प्रतिनिधित्व करने और शासन प्रणाली की मुख्यधारा में लाने की आवश्यकता है क्योंकि इन लोगों के अधिकारों का सबसे अधिक शोषण किया जाता है जिसके लिए उनका कोई दायित्व नहीं है।

सही मायने में समावेश और प्रतिनिधित्व लोगों को निश्चित रूप से सशक्त बनाता है। थ्यूसीडाइड्स अंतर्दृष्टि मूल्यवान हैं :

"ठीक है, जैसा कि दुनिया चलती है, सत्ता में केवल बराबर के बीच ही सवाल है, जबकि शक्तिशाली वही करते हैं जो वे कर सकते हैं और कमजोरों को वह अवश्य ही भुगतना पड़ता है।"

समावेश और प्रतिनिधित्व का उद्देश्य कमजोरों को शक्तिशाली के साथ बराबरी पर लाना है ताकि कमजोर को नुकसान न हो और शक्तिशाली उनका दमन न कर सकें।

8.7 एक गैर–परक्राम्य नीति

मानवाधिकार नीति को अन्य मापदंडों पर अधिकारों को प्राथमिकता देने के लिए एक गैर–परक्राम्य मुद्रा प्राप्त करनी होगी। अधिकारों पर सौदेबाजी और बातचीत से दुर्बलता हो सकती है जो उल्लंघनकर्ताओं को लाभ पहुंचाने के लिए कानून को समायोजन के लिए प्रवण बनाती है। पहले, मैंने व्यक्तिपरकता के पक्ष में तर्क दिया था। यदि न्याय प्रदान करना है तो सापेक्षता और व्यक्तिपरकता के दायरे को मूल्य–आधारित विचारधारा के साथ संतुलित करना होगा। समय और संदर्भ जनसांख्यिकीय मापदंडों के आधार पर वार्ता–आधारित सौदेबाजी की मांग कर सकते हैं लेकिन यह मूलभूत मूल्यों की कीमत पर नहीं होना चाहिए। नीति में मानवाधिकार मामले और दर्शन को जुटाने के मूर्त और अमूर्त दोनों साधनों को शामिल करने की आवश्यकता है। अधिकारों की संस्कृति को विकसित करने के लिए मुख्यधारा की वितरण रणनीतियों की आवश्यकता है उदाहरणार्थ सभी स्तरों पर नागरिकों, लोक सेवकों और अधिकारियों के लिए उन्मुखीकरण और प्रशिक्षण कार्यक्रमों में प्रारंभिक स्तर और उसके बाद की शिक्षा। सामाजिक मामलों और दैनिक जीवन शैली में इसे दूसरी प्रकृति बनाने के लिए मानवाधिकार नीति को एक चर्चागत विषय होना चाहिए। मूल्य आधारित विचारधारा के प्रति सभी को प्रोत्साहित करके समुदाय के लिए एक मजबूत भावना पैदा करनी है। व्यापक समझ के लिए विचारधारा और मूल्य को नीति का हिस्सा होना ही चाहिए।

> "...वैचारिक शक्ति 'दुनिया' की प्रकृति को समझने और इसमें कैसे कार्य करना चाहिए, और एक ऐसे समुदाय से संबंधित है जो इन समझों को साझा और अधिनियमित करता है, यह समझने की गहरी मानवीय इच्छा से संबंधित है।"[15]

सामाजिक संदर्भ में, विचारधारा और मूल्य लोगों की आकांक्षाओं की बेहतर व्याख्या के लिए विचारों और प्रतिवादों के समेकन में मदद करते हैं और तदनुसार नीति की योजना बनाते हैं। नीति को एक ऐसा संसाधन बनाया जाना चाहिए जो गहरी बैठी हुई मानवीय इच्छा को प्रभावित करे और इसे पारस्परिक सम्मान प्रणाली का एक सार्वभौमिक समुदाय बनाने, बातचीत को बढ़ावा देने और संसाधनों को जुटाने के लिए सार्वभौमिक नैतिकता को समझने के लिए प्रोत्साहित करे। वैश्विक अधिनायकों और जमीनी स्तर पर

परिवर्तन करने वालों के बीच बातचीत की आवृत्ति नीति में नवाचार के लिए महत्वपूर्ण मानदंड है। जमीनी स्तर और इसके विपरीत के साथ दुनिया का उन्नत बाह्यफलक मानवाधिकारों पर नीति के बेहतर परिणाम ला सकता है। नीति को जमीनी स्तर पर रूढ़िवादी सांस्कृतिक भावना को दूर करने के लिए बाह्यफलक और अंत:क्रिया को समर्थित और संवर्धित करना है जो सामाजिक संबंधों में विसंगति लाता है और जिसका परिणाम अलगाव होता है। नियामक प्रवर्तन और शांति द्वारा मामलों की वैधता को जमीन पर रखने का एकमात्र तरीका नीति है। हमने ऐसे परिदृश्य देखे हैं जहां प्रक्रियागत और कानून के सार के बीच तालमेल न होने के कारण न्याय के नाम पर अन्याय से भी बदतर घटित होता है। प्रक्रिया सार तत्व के आधार पर होनी चाहिए। प्रक्रिया की चंचलता और सार तत्व की नाजुकता एक नीति के लिए समान रूप से हानिकारक है। नीति सह-अस्तित्व और सभी के एकीकरण के विचार के लिए प्रेरणा पर आधारित शासन के लिए राज्य की इच्छा है। नीति को दिशा और उद्देश्य के लिए संवैधानिक मूल्यों को प्रकाशस्तंभ के रूप में रखते हुए मानवाधिकारों के धर्मनिरपेक्ष मूल्यों का पालन करना होगा। बड़े पैमाने पर जनता के सामान्य हित के लिए कानून के निष्पादकों और नीति-निर्धारकों द्वारा अपनाए जाने वाले मनमाने दृष्टिकोण और भेदभाव को कम से कम किया जाना चाहिए अन्यथा प्रगतिशील और व्यवस्थित दुरुपयोग और नीतिगत साधनों का गलत प्रयोग जरूरतमंदों को उनके विकल्पों और दायरे को सीमित करके नुकसान पहुंचा सकता है। गॉस्पल ऑफ लाइफ में कहावत एक नियमित वास्तविकता हो सकती है जब कानून और नीति का भ्रष्टाचार होता है :

प्रकृति ही, "मातृ"(माता) से, अब "पदार्थ" हो गई है, और हर तरह के हेरफेर के अधीन है।[16]

गॉस्पल ऑफ लाइफ मानव स्वभाव पर चेतावनी देता है जो कि निहित स्वार्थ है। नीति को हेरफेर के कार्य से सुरक्षित रखने की आवश्यकता है ताकि यह मानव जाति के लाभ के लिए अपने प्राकृतिक और मूल दृष्टिकोण में काम कर सके। नीति की वैधता मानव जाति के अधिकारों की नैतिक और वैध रक्षा में निहित है।

8.8 राजनीति के माध्यम से

राजनीतिक नेतृत्व राज्य को [सैन्य] बल, आर्थिक संसाधनों और वैधनिक नियमों के त्रिशक्तीय परिसर के द्वारा नियंत्रित करता है।[17] शासन के तंत्र अधिक स्वीकार्य होंगे यदि ये मानदंड बल और औपचारिक कानून से पहले आते हैं। कल्याणकारी हित के लिए आर्थिक संसाधन वितरित किए जाते हैं और [सैन्य] शक्ति एक सुरक्षित राष्ट्रीय हित है। आम तौर से जब मानदंडों से समझौता किया जाता है तो शासन की व्यवस्था की प्राथमिकताओं में पूरी तरह भ्रामक स्थिति होती है। हम आमतौर पर इस तथ्य को देखते हुए दावा करते हैं कि अंत में सब कुछ राजनीतिक है; लेकिन, राजनीति मानवता से अधिक प्राचीन है क्योंकि यह प्राकृतिक प्रजातियों में एक प्राकृतिक प्रवृत्ति रही है। राजनीति लोकतंत्र को असंभव और बदतर रूप में बदल देती है जिसका तर्क केनेथ एरो और सुकराती विद्वानों द्वारा 'असंभवता के सिद्धांत' में दिया गया है।

> "जिस अंत की हम तलाश कर रहे हैं वह वही है जो हम करते रहे हैं" : अरस्तू, निकोमैचेन एथिक्स

स्वार्थ एक राजनीतिक उद्देश्य के रूप सामान्य हित के विचार पर हावी है। इस जटिल समस्या का उत्तर सरल है :

> "राजनीति व्यावहारिक जीवन पर शासन करती है इसलिए राजनीति के उचित उद्देश्य में अन्य सभी कार्यों का उचित उद्देश्य शामिल होना चाहिए, ताकि यह अंत:मानव हित बन जाए।"[19]

मानवीय भलाई को सभी राजनीतिक गतिविधियों का साध्य होना चाहिए अन्यथा राजनीति उन लोगों के लिए आत्म-पराजय होगी जो इस धारणा के तहत कार्य करते हैं कि स्वहित व्यवसायिक हुए बिना प्राप्त किया जा सकता है। राजनीति का उचित उद्देश्य राजनीतिक नियमों पर व्यावहारिक जीवन पर विवेकपूर्ण जोर देकर मानव भलाई की प्राप्ति करना है। इसके अलावा, हैबरमास राजनीति की भूमिका पर सुझाव देते हैं :

> "राजनीतिक क्षेत्र में तर्क के अवतार का मतलब नागरिक स्वतंत्रता और एक संस्थागत रूप से सुरक्षित सार्वजनिक क्षेत्र की गारंटी के साथ सरकार के एक गणतंत्र रूप की स्थापना करना था, ताकि सामान्य इच्छा और सामान्य हित को

प्रतिबिंबित करने के लिए सार्वजनिक चर्चा के माध्यम से राजनीतिक शक्ति को युक्तिसंगत बनाया जा सके।"[20]

उल्लिखित कुछ रूप और प्रकार्य हैं जिनके लिए राजनेताओं को अपने स्वयं के हित के लिए जवाबदेह और नैतिक रूप से बाध्य होना चाहिए जो सार्वभौमिक संसाधन/सामान्य हित में निहित है। इसके बाद संतुष्टि और सुरक्षा की भावना पैदा करने के लिए न्याय और सशक्तिकरण के लिए संस्थागत रूप से सुरक्षित सार्वजनिक क्षेत्र है। राजनीतिक नेतृत्व द्वारा आम जनता को यह संदेश देने के लिए कि सरकार लोगों की सामान्य इच्छा के लिए काम कर रही है जनता को लोकतांत्रिक और गणतांत्रिक शासन की भावना देने के लिए, जनमत के दबाव में आए बिना, वैधानिक नीति बनाने और उसे युक्तिसंगत बनाकर नागरिक स्वतंत्रताएं सौंपे जाने का आश्वासन दिया जाना चाहिए। हैबरमास का एक 'गणतंत्र रूप' का विचार राजनीतिक प्रतिष्ठान/कर्तव्यों के लगभग सभी कोनों को छूता है जहां हित सत्ता में नहीं बल्कि सार्वजनिक समृद्धि में है। सार्वजनिक क्षेत्र में खुद को अधिक प्रासंगिक और सार्थक बनाने के लिए सरकार को सामान्य वस्तुओं और वितरण नीतियों के लिए मानवाधिकारों की सुविधा को प्राथमिकता देने की आवश्यकता है। हम पहले ही चर्चा कर चुके हैं कि न्याय पहला गुण है इसलिए न्याय के संस्थानों की याचना किए बिना, सरकार सत्ता के लिए मनमाने नियंत्रण के अलावा कुछ नहीं करती है। मानव उद्यम की सुविधा के क्षेत्रों में न्यूनतम सरकार और सरकारी हस्तक्षेप सरकार को विश्वसनीयता प्रदान करते हैं क्योंकि जिम्मेदारी लोगों पर होती है। हैबरमास स्पष्ट करता है :

> "नियंत्रण हासिल करने के लिए अर्थ-गत हानि के साथ भुगतान किया जाता है। और जो नियंत्रण हमें प्राप्त होता है वह स्वयं मूल्य तटस्थ होता है, एक सहायक क्षमता जिसे मूल्य परिप्रेक्ष्य में असीमित संख्या में से किसी एक से उपयोग किया जा सकता है।"[21]

इसलिए सरकार/राजनीतिक अधिकारियों की व्यक्तिगत/सार्वजनिक हितों के नियमन पर मानवाधिकारों की सुविधा की प्रमुख भूमिका होती है अन्यथा अधिकांश मानवीय प्रयासों में नियंत्रण हासिल करने की कोशिश करना राजनीतिक नेतृत्व को आत्म-पराजय होगी। नियंत्रण पाने की कोशिश अर्थ में हानि के समान है। इसलिए जवाबदेही और दायित्व की धारणा के लिए

राज्य को विनियमन और नियंत्रण के लिए न्यूनतम सरकारी हस्तक्षेप को प्रोत्साहित करना चाहिए। मानव उद्यम के प्रत्येक क्षेत्र में प्रवेश करके राज्य अपने अधिकार का अर्थ खो देता है। प्राधिकरण का ध्यान विशिष्ट मामलों में होना चाहिए। राजनीतिक अभिजात वर्ग के साथ अधिकारियों का जुड़ाव उनकी विशेषताओं और व्यक्तित्व के लिए खतरा है जबकि तटस्थता के साथ, वे मानवीय भलाई के उचित उद्देश्य के साथ अधिकारों की सुविधा के अपने कार्य में अधिक मुखर हो जाते हैं।

8.9 संस्थाएं : लोकतंत्र की रक्त शिराएं

संस्थाएं लोकतंत्र में संचार शुरू करने और स्थापित करने की भूमिका निभाती हैं। उनकी उचित भूमिका बुनियादी प्रकृति के मानव मामलों जैसे शिक्षा, स्वास्थ्य, न्याय आदि की सुविधा और विनियमन की है। राज्य प्रणाली के तहत मानवाधिकारों के अधिकांश संस्थान राज्य एजेंसी के रूप में अर्ध-न्यायिक क्षमता में काम करते हैं। ये राज्य पर नैतिक दबाव डालने के लिए अतिरिक्त-कानूनी साधन हैं ताकि वे मानवाधिकारों के लिए प्रतिबद्ध होने के लिए कार्यकारी अभिजात वर्ग को शामिल कर सकें या मजबूर कर सकें। प्रारंभ में, उनका मुख्य कार्य शासन और राज्य प्रणाली में प्रतिबद्धता, उद्देश्यों और प्राथमिकताओं पर नैतिक प्रश्न उठाना है। संस्थानों की क्षमता पर वे पहुंच की कमान संभालते हैं और ऊपर से जमीनी स्तर तक पहुंचते हैं। उनकी भूमिका न केवल महत्वपूर्ण है बल्कि अभूतपूर्व है। मान ने *ढांचागत शक्ति* की अवधारणा पेश की है जो संस्थागत संदर्भ में प्रासंगिक है। इसे *नागरिक समाज के समन्वय की शक्ति* के रूप में परिभाषित किया गया है।[23] संवैधानिक लोकतंत्र में, संस्थाएं नियमों और विनियमों को लागू करने के लिए इसे और अधिक वैधता देने के लिए शासन तंत्र का विस्तार और बुनियादी ढांचे की शक्ति का प्रयोग करती हैं। राजनीतिक नेतृत्व ढांचागत शक्ति का इस तरह से उपयोग करके वृद्धि और विकास के रास्ते बढ़ सकता है जो नागरिक समाज के लिए अधिक सुविधाजनक, प्रभावी, कुशल, और स्वीकार्य हो। संस्थाएं राज्य की मुख्यधारा, लामबंदी और पहुंच रणनीति के स्रोत हैं। सर्वांगीण सशक्तिकरण के लिए संस्थाओं को स्थापित, संरचित और मजबूत करना होगा। सुकरात ने कहा कि अज्ञानी नागरिकों के लिए लोकतंत्र शासन

का सबसे खराब रूप है जहां राज्य प्रगति नहीं कर सकता। संस्थाओं के पास नागरिकों को उनके अधिकारों और कर्तव्यों के बारे में सूचित और जिम्मेदार बनाने के लिए इस अंतर को भरना है जो तभी संभव है जब संस्थागत स्वायत्तता को राजनीतिक प्रभाव से अलग कर दिया जाए। संस्थाओं की मुख्य भूमिका सामान्य रूप से समानता और राजनीतिक समानता को सशक्त रूप से बढ़ावा देना है। स्वायत्त संस्थानों के तहत, नियंत्रण की व्यवस्था राजनीतिक अभिजात वर्ग से लेकर विद्वानों तक विस्तृत होती है। सत्ता संबंधों पर विद्वानों का पर्याप्त प्रभाव पड़ता है। राजनीतिक अभिजात वर्ग अपने स्वार्थ के लिए अपने कौशल और विद्वता पर निर्भर करते हैं। विद्वान अभिजात वर्ग की 'व्यक्तित्व विशेषताओं' को उनके संस्थानों के मिशन के दृष्टिकोण के स्तर तक ले जाना होगा। इसलिए, सत्यनिष्ठा शासन के लिए इतनी मूल्यवान संपत्ति है कि यह शासन से जवाबदेही और दायित्व निकालती है।

8.10 'स्व' : परंपरा, अंतराल और उपाय

मानवाधिकार अंतरात्मा की एक अत्यंत ही व्यक्तिगत पुकार है। 'स्व' की भूमिका अध्याय छह में परंपरा के रूप में, अध्याय सात में मानवाधिकारों के कार्यान्वयन में अंतराल के रूप में और यहां नीचे उपाय के रूप में विस्तृत है। सशक्त 'स्व' सम्मेलन की एक संपूर्ण सार्वभौमिक संरचना और मूल इकाई है। प्रसिद्ध ब्रिटिश मनोविश्लेषक जिन्होंने स्वयं/व्यक्ति–समूह/समाज की गतिशीलता का विश्लेषण किया, उन्होंने मानव स्वभाव के बारे में मौलिक तथ्य पर निष्कर्ष निकाला:

> "अगर हम अपने भीतर के इंसान की खोज करना चाहते हैं तो हमें अनुभव से सीखते हुए, व्यक्तिगत परिवर्तन की एक दर्दनाक यात्रा पर निकल जाना चाहिए।"[24]

जब तक मनुष्य आंतरिक मनुष्य की खोज करने और अपने स्वयं के अस्तित्व और उससे परे के ऐतिहासिक/अतीत से सीखने का मन नहीं बनाता मानवाधिकार विमर्श तक सीमित रह सकते हैं। बायोन टिप्पणी करता है कि यह एक दर्दनाक यात्रा है लेकिन खोज में मानवीय अहसास और आकर्षण के लिए बहुत कुछ है। यात्रा को व्यक्तिगत परिवर्तन के प्रवास से शुरू करना है। थिब्स के राजा ओडिपस रेक्स के साथ दृष्टिहीन यूनान दिव्य दृष्टा

टायर्सियस का विमर्श सत्य की प्राप्ति के लिए व्यक्तिगत परिवर्तन और मानवीय अज्ञानता को परिलक्षित करता है जिस से व्यक्तिगत कारण पर आश्वस्त हुआ जा सकता है :

> "तुम्हारे पास तुम्हारी दृष्टि है और तुम नहीं देखते कि तुम कितने दुःखी हो, या तुम कहाँ रहते हो, या यह कौन है जो तुम्हारे घर का हिस्सा है। क्या आप उस परिवार को जानते हैं जिससे आप आते हैं? अपने ज्ञान के बिना आप अपने ही प्रकार के, नीचे के संसार के और यहाँ के लोगों के शत्रु बन गए हैं।"[25]

उपरोक्त संवाद अपनी सार्वभौमिक पहचान और दायित्व के संबंध में स्वयं की दुविधा का एक सटीक प्रतिनिधित्व है। लोग अपने पर्यावरण की अदूरदर्शिता के कारण दुखी हो जाते हैं जिसमें सार्वभौमिक संक्रमण होता है। घर-घर और परिवार के प्रति उनका संकुचित दृष्टिकोण दिनचर्या के साथ विडंबना को अधिकतम रूप से गुणा करता है जहां समुदाय के लोग नीचे की दुनिया में और यहां के सभी लोगों को पीड़ित करते हैं। टायर्सियस एक मंदबुद्धि व्यक्ति था जिसके पास अपने आत्म-विश्वास को दृढ़ करने की दृष्टि थी। एक और संवाद नीचे की रेखा को साफ करता है, वह ओडिपस को संबोधित करता है :

> "आप राजा हो सकते हैं लेकिन मुझे आपको जवाब देने का अधिकार है और मैं उस अधिकार को नियंत्रित करता हूं, क्योंकि मैं गुलाम नहीं हूं। मैं यूनानी देवता अपोलो की सेवा करता हूँ।"[26]

हमें टायर्सियस की क्षमता वाले लोगों की जरूरत है जो दूसरों को सभी बाधाओं के खिलाफ प्रेरित कर सकें, उन्हें उनके अधिकारों के बारे में जागरूक कर सकें और राजा को उसके लापता मानवीय आयाम और नैतिक दायित्व को महसूस करवाने में सफल हो सकें और उसे उत्तरदायी ठहरा सके। शक्तिशाली राजा ईडिपस पर अंधे व्यक्ति की दृष्टि का प्रभाव उसके दृष्टिकोण का पूर्ण परिवर्तन है। उपरोक्त संवाद से सबक समाज की देखभाल के लिए स्वयं की चिंता के लिए है[27] :

1. परिचय,
2. ज्ञान और अनुभव,
3. भावनाएँ,

4. सहानुभूति,

5. निर्धारण,

6. सर्वशक्तिमान सोच।

सोच की कोई सीमा नहीं होती। राजा ने महसूस किया कि उसकी मानवीय शक्ति उसकी राजसी शक्ति पर अधिक विश्वसनीय/सर्वशक्तिमान है। यह सामुदायिक जीवन में दुखों को ठीक करने का दृष्टिकोण है।[28] इसलिए, बेलगाम मानवीय महत्वाकांक्षा की सीमा को महसूस कराना महत्वपूर्ण है। तर्क और सामान्य समझ द्रव्य प्रदान कर सकता है। इसके अलावा, मानवाधिकारों के लिए समाज को उसकी बीमारी से मुक्त करने के लिए इच्छाशक्ति और शक्ति की भावना की आवश्यकता होती है।[29] मानवाधिकार दृष्टि से मनुष्यों की परिकल्पना करते हैं।

8.11 संक्षेप में

जिम्मेदारी के साथ देने पर वाक्पटुता काम करेगी। इच्छित कार्रवाई के बिना विमर्श निष्क्रिय हैं। दावों और समय की जरूरत को समझने में विमर्श की भूमिका सीमित है। सुधारों के लिए जानबूझकर की गई कार्रवाई क्षमता और स्थिति के अनुसार सभी के दायित्वों को निर्धारित करके परिवर्तन का मार्ग प्रशस्त करती है। इच्छा की प्राप्ति संस्कृति और मानव स्वभाव पर निर्भर करती है। मानवाधिकार मनुष्य के आंतरिक स्वार्थ के लिए बाह्य रूप से शून्य नहीं हैं। नैतिक रूप से गहरा होना मनुष्य के लिए आत्म-साक्षात्कार और आत्म-दर्शन की क्षमता को खोलने के अपने उच्च हितों को पूरा करने के लिए अधिक उपयुक्त है। इसलिए तर्कसंगतता, स्वार्थ की प्रकृति और नैतिक दर्शन एक-दूसरे के विरोधी नहीं हैं। रोर्टी तय करते हैं :

> "... ... 'मानवाधिकार संस्कृति' का हिस्सा होने का मेरा गौरव वित्तीय सफलता की मेरी इच्छा से अधिक मेरे लिए बाहरी नहीं है।"[30]

मानवाधिकार संस्कृति को दीर्घकालिक स्थिरता के लिए नियमित उद्यम के रूप में बनाने में सभी की भूमिका है। जवाबदेही और दायित्व नीति निर्माता और नीति लाभार्थी दोनों के लिए है। जब मानवाधिकारों का उल्लंघन होता है तो यह उल्लंघनकर्ता का ही दोष नहीं है दोषी वह भी है जो न्याय

प्रदाता है। शिक्षित तबके की बड़ी भूमिका होती है कि दोषारोपण की स्थिति उत्पन्न नहीं होती और आपसी जिम्मेदारी की भावना विकसित होती है। डेवी की नैतिकता कहती है :

> "जो लोग अपने आचरण के लिए दूसरों को जवाबदेह ठहराते हैं, वे इसे इस तरह से करने के लिए स्वयं जवाबदेह होते हैं कि जवाबदेही विकसित होती है। अन्यथा वे स्वयं अपने आचरण में गैर-जिम्मेदार हैं।"[31]

आचरण और जवाबदेही के दोष-खेल को दूर करने के लिए एक बेहतर सारांश पर समाप्त करने के लिए; मैक्स एहरमन की एक कविता, देसीडेराटा के अंश, मनुष्य को अपने अधिकारों से प्रसन्न रहने के लिए प्रेरित करने के लिए उद्‌धृत हैं–

> "अपने व्यापारिक मामलों में सावधानी बरतें, क्योंकि दुनिया छल से भरी है।
> लेकिन यह आपको अंधा न करे कि कौन सा पुण्य है;
> कई व्यक्ति उच्च आदर्शों के लिए प्रयास करते हैं,
> और हर जगह जीवन वीरता से भरा है...
> ...पूर्ण अनुशासन के अलावा, अपने साथ कोमल रहें,
> आप ब्रह्मांड के बच्चे हैं जो पेड़ों और सितारों से कम नहीं हैं;
> आपको यहां रहने का अधिकार है...
> ... अपने सभी दिखावे, कड़ी मेहनत और टूटे सपनों के साथ,
> यह अभी भी एक खूबसूरत दुनिया है।
> हंसमुख होना।
> खुश रहने का प्रयास करें।"[32]

टिप्पणियाँ

1. क्रौट, रिचर्ड, *यूनानी डेमोक्रेसी*, नॉर्थवेस्टर्न यूनिवर्सिटी, पृ. 18
2. http://www.ushistory.org/paine/rights/c1-020.htm
3. http://www.ushistory.org/paine/commonsense/sense1.htm
4. हॉल, जॉन ए, और श्रोडर, राल्फ, *एन एनाटॉमी ऑफ पावर : द सोशल थ्योरी ऑफ माइकल मान*, कैम्ब्रिज, यूके : कैम्ब्रिज यूनिवर्सिटी प्रेस, 2006. पृ. 64

5. उक्त, पृ. 28
6. जुर्गन, हैबरमैन, *संचारी कार्रवाई का सिद्धांत : कारण और समाज का युक्तिकरण,* खंड 1, बोस्टन : बीकन प्रेस, 1984. पृ. 19
7. उक्त, पृ. 29
8. रॉर्टी, रिचर्ड "ट्रुथ एंड प्रोग्रेस", *फिलॉसॉफिकल पेपर्स*, खंड 3, कैम्ब्रिज यूनिवर्सिटी प्रेस, 1998. पी.316
9. उक्त, पृ. 228
10. जुर्गन, हैबरमास *संचारी कार्रवाई का सिद्धांत : कारण और समाज का युक्तिकरण,* खंड 1, बोस्टन : बीकन प्रेस, 1984. पृ. 261
11. क्या कानून न्याय का वादा करता है? https://readingroom.law.gsu.edu/cgi/viewcontent.cgi?referer=https://www.google.com/&httpsredir=1&article=1858&context=gsulr
12. जॉन पॉल II, "जीवन का अधिकार और यूरोप" पर अध्ययन सम्मेलन में प्रतिभागियों को संबोधित, 18 दिसंबर 1987 : इंसेग्नामेंटी, एक्स, 3 (1987), 1446-47।
13. हैबरमास, जुर्गन, *संचारी कार्रवाई का सिद्धांत : कारण और समाज का युक्तिकरण,* खंड 1, बोस्टन : बीकन प्रेस, 1984. पृ. 260
14. वाल्जर माइकल, *न्याय के क्षेत्र : बहुलवाद और समानता की रक्षा,* ऑक्सफोर्ड : मार्टिन रॉबर्टसन, 1983. पृ. 313
15. हॉल, जॉन ए, और श्रोडर, राल्फ, *एन एनाटॉमी ऑफ पावर : द सोशल थ्योरी ऑफ माइकल मान,* कैम्ब्रिज, यूके : कैम्ब्रिज यूनिवर्सिटी प्रेस, 2006. पृ. 103
16. Evangelium Vitae, यहां उपलब्ध है : http://w2.vatican.va/content/john-paul-ii/en/encyclicals/documents/hf_jp-ii_enc_25031995_evangelium-vitae.html
17. हॉल, जॉन ए, और श्रोडर, राल्फ, *एन एनाटॉमी ऑफ पावर : द सोशल थ्योरी ऑफ माइकल मान,* कैम्ब्रिज, यूके : कैम्ब्रिज यूनिवर्सिटी प्रेस, 2006 . पृ. 77
18. फ्रीडमैन, लॉरेंस, *रणनीति*, ऑक्सफोर्ड यूनिवर्सिटी प्रेस, 2013
19. टैंथ्रपिनॉन एगथॉन, *निकोमैचेन एथिक्स*, https://en.wikipedia.org/wiki/Nicomachean_Ethics
20. हैबरमास, जुर्गन, *संचारी कार्रवाई का सिद्धांत : कारण और समाज का युक्तिकरण,* खंड 1, बोस्टन : बीकन प्रेस, 1984. पृ. 19
21. उक्त।
22. हॉल, जॉन ए, और श्रोडर, राल्फ, *एन एनाटॉमी ऑफ पावर : द सोशल थ्योरी ऑफ माइकल मान,* कैम्ब्रिज, यूके : कैम्ब्रिज यूनिवर्सिटी प्रेस, 2006. पृ. 109
23. उक्त।
24. बीरन, हनी, *सरलता का साहस : डब्ल्यूआर बायोन के कार्य में आवश्यक विचार,* रूटलेज, 2015. पृ. 69

25. उक्त, पृ. 72
26. क्रो, इयान, ईडिपस राजा, रिचर रिसोर्स पब्लिकेशन, 2012. पृ. 23
27. बीरन, हनी, *सरलता का साहस : डब्ल्यूआर बायोन के कार्य में आवश्यक विचार,* रूटलेज, 2015. पृ. 74
28. उक्त, पृ. 73
29. उक्त।
30. रॉर्टी, रिचर्ड, "ट्रुथ एंड प्रोग्रेस", *फिलॉसॉफिकल पेपर्स*, खंड, 3, कैम्ब्रिज यूनिवर्सिटी प्रेस, 1998. पृ. 176
31. डेवी, जॉन, *एथिक्स,* द लेटर *वर्क्स*, खंड, 7, पृ. 30
32. मैक्स एहरमन, 1927, देसीराटा : https://www.desiderata.com/desiderata.html

9

बहस जो जारी रहती है...

> अगर वर्तमान दुनिया भटक जाए तो कारण आप में है इसे आप में खोजना है। —दांते अलीघिएरी, द *डिवाइन कॉमेडी*

> इसका उस शपय से नहीं जिससे हम उस मनुष्य पर विश्वास करें परन्तु उस शपय को जिस से हम विश्वास करें। —एशिलस

> सिखाओ या सहन करो। —मार्कस ऑरेलियस

> सहनशीलता और स्वतंत्रता एक महान गणराज्य की नींव हैं। —फ्रैंक लॉएड राइट

> यह दर्शन का ऐतिहासिक दावा है कि यह स्वयं को संपूर्ण और संपूर्ण के आदर्श में समेटे हुए है। —जॉन डेवी

मानवाधिकारों के संदर्भ में कभी न खत्म होने वाली बहसें निम्नलिखित हैं। मानव स्वभाव की जटिल प्रकृति मामले को और भी चुनौतीपूर्ण बना देती है। थॉमस जेफरसन के पास दास थे और वह लोगों की स्वतंत्रता और स्वतंत्रता के प्रबल नायक थे। चर्चिल ने अंग्रेजों के वर्ग भेद को बनाए रखने के लिए भारतीयों को जानवर कहा। माओत्से तुंग ने किसानों के कल्याण के लिए अपने ही प्रांत और आसपास नरसंहार किए। ये उदाहरण मानव प्रकृति के वास्तविक विरोधाभास हैं, इसकी जटिलता प्लेटो द्वारा वर्णित मानवीय आदर्शों की तुलना में है। नीत्शे ने मानव स्वभाव पर प्लेटो के आदर्श का विरोध किया :

> "मानव प्रकृति के बारे में वास्तविक सच्चाई यह है कि हम एक विशिष्ट रूप से बुरे और खतरनाक प्रकार के जानवर हैं।"[1]

तो आदमी क्या है? यह कांत का प्रश्न है। उस पशु प्रवृत्ति के बावजूद मनुष्य के आदर्शवाद की जीत हुई है। आगे बहस के बिंदु मानवाधिकारों दर्शन में कुछ बुनियादी तर्कों के सशक्त विमर्श के लिए उनकी सीमाओं (यदि कोई हो), और स्पष्टता जांच करते हैं।

9.1 न्याय, कानून और प्रकृति

कानून सामग्री है और न्याय इरादा है। यदि मनुष्य के स्वभाव में परोपकारिता है तो मानवाधिकार प्रतिकूलता से संभावना बन जाते हैं। मैकडॉवेल *माइंड एंड वर्ल्ड* में प्रकृति के साथ कानून की बराबरी करते है।[2] उनका दावा है कि *कानून का दायरा तर्कसंगत नियंत्रण के माध्यम से प्रकृति का तार्किक स्थान* है और एक वैचारिक स्पष्टता के लिए कानून के दायरे का अनुमान तर्क के दायरे के मानदंडों पर लगाया जाना है।[3] प्रकृति वस्तुपरक और अपरिवर्तनीय वास्तविकता है। वार्ता के दर्शन पर यहूदी दार्शनिक मार्टिन बुबेर ने प्रकृति की अवधारणा को एक महान गर्भ के रूप में रुपांकित किया जो कि ब्रह्मांड का है : *महान मां हम सभी की मां*।[4] हम भी उस महान जैविक गर्भ से बच्चे हैं जो ब्रह्मांड का एक टुकड़ा है।[5] इसके अलावा, द *ग्रेट मदर* के प्रतिपादक सिद्धांतवादी एरिक न्यूमैन ने सामूहिक चेतना की अवधारणा को गढ़ने के लिए प्रकृति की तुलना धरती माता से की है। प्रकृति मानव, मानस और उसके चरित्र को आकार देती है, न्यूमैन का सिद्धांत विश्लेषण करता है।[7] 'देवी धरती माता' की आधारभूत अवधारणा 'देवी प्रकृति' सिंधु सभ्यता के समय से है जिसका संदर्भ लगभग सभी प्राचीन सभ्यताओं में मिलता है।

चित्र 9.1 : देवी माँ, सिंधु नदी घाटी सभ्यता।

प्राचीन काल में यूनानी दार्शनिक से लेकर महान रोमन सम्राट मार्कस ऑरेलियस एंटोनिनस तक प्रकृति धर्म, समाज, मनोविज्ञान और राजनीति का प्रकाशन करने वाले दार्शनिक प्रवचनों में एक मौलिक इकाई रही है। तत्वमीमांसा चेतना की वंशावली को समझने में मदद करती है। प्राचीन मान्यताओं और यहां तक कि पौराणिक कथाओं/मिथकों की व्याख्याएं सामान्य सार्वभौमिक संरचना के लिए एक प्रतिमान के रूप में काम करती हैं। किसी भी संदेह के उत्तर के लिए प्रकृति की ओर देखें। प्रकृति आधुनिक कानून की स्थापना के लिए सार्वभौमिक विशेषता के विशेषक तत्व प्रदान करती है। यह मनुष्य को ब्रह्मांड का सदस्य होने के नाते सार्वभौमिक मूल्यों का पालन करने के लिए प्रोत्साहित करती है। प्रकृति के संदर्भ के बिना सार्वभौमिक चेतना का विचार व्यावहारिक नहीं होगा। मानवाधिकार सभी चेतना के बारे में हैं जो प्राकृतिक, उद्देश्यपूर्ण, अपरिवर्तनीय वास्तविकता और सार्वभौमिक है। यहाँ 'प्रकृति' का उल्लेख इस अर्थ में किया गया है कि मानवाधिकार कानून प्राकृतिक कानून है। प्रकृति के पास अवसर और विवेक दोनों हैं। यह मनुष्य को स्थिरता और शांति के लिए होड़ करने के लिए प्रोत्साहित करता है। अधिकांश प्राकृतिक नियम सार्वभौमिक हैं। सार्वभौमिक कानून अपरिवर्तनीय हैं जिन्हें जमीन पर वास्तविकता के साथ-साथ एक चौकस रहने की आवश्यकता होती है। कोंडोरसेट ने प्रकृति के प्रतिरोध, हमारे विश्लेषण के तरीके से इसके संबंध और तथ्यों के हमारे आत्मसात करने के समग्र गठन, हमारी समझ और धारणा की जांच की है। न्याय, कानून और प्रकृति के बीच सामंजस्य केवल तर्कसंगत नियंत्रण का प्रयोग करने वाले अपने विश्वास पर दृढ़ता के साथ ही बनाए रखा जा सकता है। यूनानी त्रासदी लेखक ऐशाइलस ने ठीक ही कहा था कि यह वह व्यक्ति है जो हमें शपथ में विश्वास दिलाता है। लेकिन तर्क कानून की प्रभावशीलता और न्याय लाने की उसकी क्षमता पर आधारित है।

> ...कि व्यवस्था सुधर्मी के लिये नहीं है, अपितु अधर्मियों और कुधर्मियों के लिये, राक्षसों और पापियों के लिये, अपवित्र और अपावनों के लिये, पिताओं और माताओं के हत्यारों के लिये, ओर मनुष्यों के हत्यारों के लिये बनी है।
>
> –तीमुथियुस 1: 9

ऊपर एक बाइबिल अभिव्यक्ति है और इसकी छाप और प्रक्षेपण सामान्य नहीं है। क्या इसका मतलब यह है कि धर्मी कानून के पहले पीड़ित हैं या

बेईमान इसके लाभार्थी हैं? कानून का कोड़ा पकड़ने का अधिकार किसे है? एक पूर्ण, परिभाषित, व्यवस्थित और सार्वभौमिक कानून में विवेक कैसे निहित है? क्या कानून का पालन करना मनुष्य के स्वभाव में है? यदि हां, तो परिणाम विपरीत क्यों है। यदि नहीं, तो रास्ता क्या है? ये कानूनी दर्शन से संबंधित प्रश्न नहीं हैं बल्कि सभी के अधिकारों से संबंधित नैतिक विवेक से संबंधित हैं।

सेंट ऑगस्टाइन के दर्शन की चर्चा पिछले अध्यायों में की गई है। उन्होंने कहा : अन्यायपूर्ण कानून बिल्कुल भी कानून नहीं है। कानून में न्याय कैसे सुनिश्चित करें? कानून कोई जीवित प्राणी नहीं है! तो, पूरे क्रम को कैसे संगठित किया जाए, यह मनुष्य की मंशा और प्रकृति पर निर्भर करता है कि वह सत्ता के विस्तार के खिलाफ कानून को लागू करे या पीड़ित के हितों की रक्षा और लाभ के लिए इसका उपयोग करे। आत्मा की मुक्ति के लिए मानव आत्मा से उत्तर की अपेक्षा की जाती है। अंततः, यह धार्मिक रूप से एक आध्यात्मिक आह्वान है। नैतिक और नैतिकता की चर्चाएं संतुष्टि के लिए हैं और *आत्मा को खुश करने के लिए रस के समान हैं, जीवन का उद्देश्य हैं* जैसा कि अरस्तू ने कहा था। कानून, न्याय और प्रकृति के बीच परस्पर विरोधी पहलू मानवाधिकारों की चेतना के लिए अंतःकरण में जटिलता जोड़ते हैं।

9.2 व्यक्तिगत बनाम संपूर्ण या व्यक्तिगत के साथ संपूर्ण या संपूर्ण के साथ व्यक्तिगत या संपूर्ण के साथ संपूर्ण

'व्यक्तिगत' और 'संपूर्ण' का विचार मार्कस ऑरेलियस के *मेडीटेशंस* से और आगे जॉन डेवी के पब्लिक एंड इट्स प्रॉबलम्स के सिद्धांत से प्रेरित है। इस अध्याय की शुरुआत में डेवी द्वारा उद्धरण देखें। यहाँ व्यक्ति का अर्थ है स्वयं, मनुष्य की/में एक इकाई। मानवाधिकार व्यक्तिगत अधिकार हैं। इस विमर्श का ध्यान व्यक्ति और उसके 'स्व' पर होना चाहिए। डेनेट का मानना है कि *स्वयं वर्णनात्मक गुरुत्वाकर्षण का केंद्र है।*[9] सभी विमर्श या आख्यान मनुष्य के लिए स्वयं को विकसित करने के लिए सुपुर्द हैं अन्यथा विमर्श मानव स्वभाव, स्वयं की वास्तविकता और उसके आचरण को समझने के लिए क्यों होगा। एक गलत जानकारी वाला व्यक्ति समाज के लिए एक लागत और राष्ट्र के लिए नुकसान है। कोई भी कानून या नीति तभी सफल होती है जब व्यक्ति

व्यापक रूप से जागरूक हो, उसका सम्मान करता हो और उसके अनुसार कार्य करता हो। होर्खाइमर (एक जर्मन समाजशास्त्री, प्रबुद्धता के दार्शनिक और फ्रैंकफर्ट स्कूल के संस्थापक सदस्य) ने देखा कि *सांस्कृतिक मूल्य क्षेत्रों* को व्यक्ति के विवेक द्वारा प्रशासित किया जाता है जिसे वह स्वयं के *विशिष्ट आंतरिक तर्क कहते हैं।*[10] व्यक्ति संस्कृति के दायरे के बीच नियंत्रक कड़ी है/संपूर्ण और सार्वभौमिक उद्देश्य/ संपूर्ण। उनके आंतरिक तर्क *सार्वभौमिक उद्देश्य सत्य* और संदर्भ की वास्तविकता या जन के सामान्य ज्ञान को अर्थ और प्रतिस्थापन देते हैं। मानवाधिकारों हेतु व्यक्ति के कर्तव्य काफी हद तक जागरूक, सूचित और सक्रिय होने पर निर्भर है। इस प्रकार केवल व्यक्ति ही समाज/संपूर्ण/संस्कृति को जोड़ सकता है। अध्याय आठ में एक ऐसे परिदृश्य के लिए सुझाव दिए गए हैं जब व्यक्ति वंचित है, संवेदनशील/संवेदित नहीं है और अनुशासन की आंतरिक प्रकृति की कमी है। सार्वभौमिक मूल्य-आधारित अनुशासन को छूट देने के लिए विभेदक उपचार की मांग की जानी चाहिए। ऐसी स्थितियों में संपूर्ण/समाज को व्यक्ति के पूरक, संपूरक और प्रश्न दोनों में हस्तक्षेप करने की आवश्यकता होती है।

लेकिन क्या बहुसंख्यक अल्पसंख्यकों की चिंताओं पर ध्यान देंगे?

उपरोक्त प्रश्न एक गहरा नैतिक आह्वान है क्योंकि मानवाधिकार व्यक्ति/स्वयं और समाज/संपूर्ण के बीच गतिशीलता की परस्पर क्रिया है। कभी-कभी, व्यक्ति सामाजिक पंथ को चुनौती दे रहा होगा और अधिकांश समय 'संपूर्ण' व्यक्ति को दबा रहा होगा। फिर व्यक्तिगत और संपूर्ण के बीच इस अविश्वास और उदासीनता को कैसे दूर किया जा सकता है ताकि मूल्यों की सामान्य प्रणाली को रास्ता दिया जा सके? दोनों पक्षों के भविष्य के लिए दृष्टिकोण, अपेक्षाओं और नजरिए को समझने के लिए सहमत होने और एक दिशा में सुसंगत और पारस्परिक प्रयास करने के इच्छुक हुए बिना मानवाधिकारों का दर्शन एक औपचारिक चर्चा तक ही सीमित रहेगा।

पूर्ण और संपूर्ण यहाँ पहला समुदाय है और दूसरा उन समुदायों का संघ है अर्थात राष्ट्र-राज्य (संपूर्ण) और राष्ट्र-राज्यों का संघ या अंतर्राष्ट्रीय अपर-प्राधिकरण (संपूर्ण)। मानवाधिकार वैश्विक घटना है। किसी भी स्तर पर निष्क्रियता और शिथिलता विश्व व्यवस्था को बिगाड़ देगी। वैसे भी, बाइबल चेतावनी देती है :

"सारा संसार दुष्टता में पड़ा है" –जॉन 5.19

दुष्टता कायम रहना मानव अस्तित्व के लिए विनाशकारी है। शीर्ष पर सभी जिम्मेदार राज्यों की सहमति से अपर-राष्ट्रीय प्राधिकरण (सुपर-नेशनल अथॉरिटी) वाले अंतर्राष्ट्रीय संस्थान हैं। अंतर्राष्ट्रीय संगठनों ने राष्ट्रीय प्राधिकरणों के लिए निर्माण और संरचना प्रदान करके मानवाधिकार जैसे सार्वभौमिक मूल्यों को मान्यता दी है। राज्यों के पक्ष में तदर्थ और आकस्मिक दृष्टिकोण ने उस विमर्श के दृष्टिकोण को विफल कर दिया है जो बड़े पैमाने पर नेतृत्व की व्यक्तित्व विशेषताओं और नेताओं पर उप-संस्कृति स्तर की घटना के प्रभाव के कारण वैश्विक मंचों पर सार्वभौमिक नैतिक मूल्यों को सही ठहराने के लिए वे बाहर नहीं आ पा रहे हैं। निष्पादन अंतराल (संदर्भ अध्याय सात) को दर्शाते हुए जायद हुसैन की निराशा को याद करें। इसीलिए परिचयात्मक अध्याय में ठीक ही कहा गया है कि मुक्त व्यापार या वैश्वीकरण के साहित्य में जितने भी साक्ष्य प्रस्तुत किए जाते हैं, दुनिया संकुचित होती जा रही है। 'संवेदनशील' राज्य के नेताओं द्वारा मुख्यधारा के प्रयास के बावजूद, मानवाधिकारों का क्रियावली सीधा जकड़ में ही रहेगी। व्यक्ति का मानवाधिकारों/सार्वभौमिक मूल्यों पर संपूर्ण/अति-प्राधिकरण के साथ एक अंतराफलक भी होता है। मैकडॉवेल की रचना *ऑन माइंड एंड वर्ल्ड* दुनिया के प्रति हमारी सोच की जवाबदेही के लिए हमारे मनन को दुनिया के साथ रखती है।[12] एक व्यक्ति के लिए, मन पहले आता है फिर ब्रह्मांड और इस प्रकार सही पदानुक्रम है 1. मन, 2. दुनिया। जब मानदंडों/आदर्श संदर्भ की बात आती है तो मनन को दुनिया के लिए खुला होना चाहिए और उन चीजों का लक्ष्य रखना चाहिए जो दुनिया के प्रति जवाबदेह हैं।[13] उदारवाद सार्वभौमिक मूल्यों के अधिग्रहण के लिए एक दीक्षा है। व्यक्ति/स्वयं, संपूर्ण/समाज, संपूर्ण/राज्यों और संपूर्ण/अंतर्राष्ट्रीय प्राधिकरण के बीच संबंध स्थापित से अधिक है और दायित्व पारस्परिक है; जटिल दुनिया में काम आसान नहीं है। मूल मुद्दा यह है कि पहचान अनजाने में सभी क्षेत्रों में व्याप्त है। पहचान की प्राथमिकता निम्न के साथ टकराव पाती है :

1. मानवता और मानव जाति का सिद्धांत,
2. न्याय, कानून और नैतिक दायित्व के मूल्य,
3. वास्तविकता का मार्गदर्शन करने वाला सत्य।

बीरन ने समस्या का सार बताया : "एक बार जब राष्ट्र मानवता और न्याय और सच्चाई के मूल्यों से परे हो जाता है तो एक राष्ट्र दूसरे राष्ट्र के खिलाफ बल प्रयोग करता है तो कोई प्रेम नहीं होता है। अपने देश के लिए प्रेम जिसमें मानव जाति के लिए प्रेम शामिल नहीं है, एक प्रकार से मूर्तिपूजा के अलावा और कुछ नहीं है।"[14]

पहचान के झूठे दावे के लिए अंतहीन खोज मानवता, न्याय और सच्चाई में सैद्धांतिक विश्वास के खिलाफ सभी बुराइयों का मूल कारण है। प्राथमिक स्तर के सुधारों के नेतृत्व में एक मिशनगत संवेदीकरण अभियान प्राथमिकताओं पर परिप्रेक्ष्य में बदलाव की आशा पेश कर सकता है। सभी स्तरों पर 'रवैये' के अलावा, मानवाधिकार दर्शन के संदेश की बेहतर बढ़ी हुई धारणा के लिए परिपेक्ष्य में बदलाव की आवश्यकता है। दर्शन को स्पष्ट करने के लिए, जैसा कि हार्वर्ड के दर्शनशास्त्र के प्रोफेसर रॉबर्ट ब्रेंडन तर्क, प्रतिनिधित्व और विवेकपूर्ण प्रतिबद्धता के माध्यम से इसका उत्तर देते हैं।[15] विचारकों और मूल्यों पर अध्याय पांच में मैंने राजनीतिक समानता के प्रस्तावों में से एक के रूप में 'प्रतिनिधित्व' पर लिखा था। सामाजिक परिवर्तन के लिए, विवेकीकरण (रीजनिंग) से प्रतिनिधित्व (रिप्रेजेंटिंग) तक के सामाजिक मार्ग के लिए पूर्वसर्गात्मक दृष्टिकोणों को बताते हुए प्रतिनिधित्व दीर्घकालिक रूप से व्यवहार परिवर्तन की ओर ले जाएगा।[16]

9.3 मनुष्य की प्रकृति और प्रकृति के नियम

"हम जिन देवताओं पर विश्वास करते हैं और जिन पुरुषों के बारे में हम जानते हैं कि वे अपनी प्रकृति के एक आवश्यक कानून के अनुसार कहीं भी शासन कर सकते हैं। और ऐसा नहीं है कि हम इस कानून को बनाने वाले पहले व्यक्ति थे, या बनाए जाने पर इस पर कार्रवाई करने वाले सबसे पहले थे हमने इसे अपने सामने विद्यमान पाया और इसे हम हमारे बाद हमेशा के लिए अस्तित्व में छोड़ देंगे; हम केवल इसका उपयोग करते हैं, यह जानते हुए कि आप और बाकी सभी, हमारे पास समान शक्ति रखते हुए, वही करेंगे जो हम करते हैं। इस प्रकार, जहां तक देवताओं का संबंध है, हमें कोई डर नहीं है और न ही डरने का कोई कारण है कि हम नुकसान में होंगे।"

–मेलियन संवाद

चित्र 9.2 : खतरनाक सबक : आधुनिक युग के लिए "मेलियन संवाद"।[17]

एथेनियाई लोगों द्वारा 'द मेलियन डायलॉग' में मेलियन के बहाने का यह खंडन मानव स्वभाव का एक प्रतीक है कि मानव मन बहुतायत में शक्ति के लिए तरसता है। उस अर्थ में, मनुष्य अपने व्यवहार और युद्धाभ्यास में तर्कसंगत और यथार्थवादी है। अरस्तू और अन्य के दर्शन में यह विश्लेषण किया गया है कि मानव का अंतिम उद्देश्य खुशी की तलाश करना है और इसके लिए हर कोई हमेशा वह सब कुछ करेगा जो उसकी शक्ति में है।[18] अधिकांश मानवाधिकार प्राकृतिक कानून से संचालित होते हैं लेकिन कानून प्रकृति अन्य रूप और संरचना में मनुष्य को एक सामाजिक प्राणी के रूप में प्रस्तुत करने में अपर्याप्त है। मनुष्य ने अपने संरक्षण के लिए सामाजिक व्यवस्था में रहने के लिए जंगलों को छोड़ दिया और प्रकृति के सामाजिक जटिल कानून मानव अस्तित्व के लिए विनाशकारी होगा। सामाजिक व्यवस्था ने मनुष्य को सीमाओं के साथ स्वतंत्रता प्रदान की। उनके नैतिक और विवेकपूर्ण आचरण के लिए सीमाएं थीं। संस्थानों, धर्म, राज्य और समाज द्वारा मानक निर्धारित किए गए थे। चौथे अध्याय में हमने धर्म की खोज की जो मनुष्य के आचरण का मूल उपक्रम है। इसलिए, कानून के अलावा, उसकी स्वाभाविक प्रवृत्ति को उसके आत्म-आत्मा भय और अपने धर्म के प्रति सम्मान से नियंत्रित किया जाता है। मनुष्य इस तथ्य में विश्वास करता था कि पुरुष प्रस्ताव करते हैं और भगवान निपटाते हैं। इसलिए, अपने आत्म-साक्षात्कार के लिए अपने आत्म-सम्मान से परे, उन्होंने ईश्वर के उच्च लोकों, उनके आशीर्वाद और उनके क्रोध में

विचारों को अपनाया। स्वयं के साथ मनुष्य के इस सहक्रियात्मक सामंजस्य और निरपेक्षता ने उसकी बेलगाम इच्छा को कम कर दिया जिसने उसे एक तर्कसंगत व्यक्ति बना दिया जो सद्भाव और व्यवस्था में विश्वास करता है।

> "मनुष्य एक तर्कसंगत प्राणी है और यदि उसका पहला मौलिक संबंध (ईश्वर के साथ उसका संबंध) भंग हो जाता है तो वास्तव में और कुछ भी सही नहीं हो सकता।"
> – पोप बेनेडिक्ट XVI

सत्ता का मनमाने ढंग से पीछा करना मनुष्यों के लिए असंभव है, चाहे ईश्वर का भय नाममात्र का हो या वास्तविक। मनुष्य का मूल स्वभाव आत्म–संरक्षण है जो शांति के विस्तार की मांग करता है। मनुष्य ने सभ्यता को आगे बढ़ाया है इसलिए वह शांति की क्षमता में विश्वास करता है कि वह उसे भविष्य की ओर ले जाए। मनुष्य को सदाचारी होना चाहिए क्योंकि यह उसके लिए उपयोगी है।[19] कानून के दायरे में दृढ़ विश्वास के साथ तर्क करने की इच्छा और प्रतिबद्धता के साथ पुरुषों द्वारा बौद्धिक क्षमता में दीक्षा के साथ, नैतिक चरित्र और सामाजिक परिवर्तन के मार्ग खींचने के लिए अवधारणात्मक अनुभव की क्षमता प्राप्त करने के लिए मानवाधिकारों में प्रगति हुई है और आगे भी होती रहेगी।[20] लेकिन,यहाँ मेलियन डायलॉग पूरी तरह से अलग था और मनुष्य की प्रकृति और तथ्य पर खतरनाक कथा वास्तव में थी कि संवाद पेलोपोनेसियन युद्ध को टाल नहीं सका।

चित्र 9.3 : पेलोपोनेसियन युद्ध पर।

9.4 स्वयं, समाज या राज्य : दायित्व किसका?

मानवाधिकार एक व्यक्ति को समर्पित अधिकार हैं और यह एक व्यक्तिगत जिम्मेदारी है। जिम्मेदारियों से तात्पर्य उन समझौतों से है जिन्हें उसे समाज के सदस्य के रूप में स्वीकार करने और बनाए रखने की आवश्यकता है। प्रतिवादी नैतिकता में वेबर ने व्यक्ति की संस्कृति/समाज से ऊपर 'स्व' का मूल्यांकन करने की प्रवृत्ति की जांच की थी। वेबर ने पहले ही सोचा था कि [प्रोटेस्टेंट] नैतिकता को स्थापित करने के लिए संस्कृति अपने आप में पर्याप्त नहीं है। यह दृढ़ विश्वास है जो जीवन के आंतरिक-सांसारिक आचरण का मार्गदर्शन करने के लिए *मूल्य-तर्कसंगत* कार्रवाई का मार्ग प्रशस्त करता है जो समाज में औचित्य, व्यापक *सामाजिक स्तर की जीवन शैली* को प्रेरित करता है।[21]

जब सब कुछ कहा और किया जाता है तो यह स्वयं के दृढ़ विश्वास पर निर्भर करता है कि संस्कृति का पालन करें और दूसरों के भाग लेने के लिए प्रवृत्ति के प्रतिरूप निर्धारित करें। समाज 'स्वयं का सहसंयोजन' है और समाजों का ही राज्य है। समाज में होना एक संपत्ति और एक समझौता है। सामाजिक जीवन/संबंध मानव स्वभाव के अनुकूल नहीं हो सकते हैं जो हमेशा अल्पकालिक लाभ और आनंद के लिए होते हैं।

अरे मुझे! यह कहना कितना कठिन है दांते ने *डिवाइन कॉमेडी* में कहा है कि 'मैं ही क्यों?' अपनी स्वयं की अभीप्सा के लिए मनुष्य के पास लंबे समय तक चलने वाला बहाना है। लेकिन, सशक्त व्यक्ति समृद्ध समुदाय बनाते हैं जिसका आधार न्याय है और लक्ष्य विकास होता है। मानवीय आत्मा की व्यापकता को मानव स्वभाव में छोटेपन पर हावी होना पड़ता है, एक सत्तारूढ़ मानदंड के साथ कि समृद्धि संक्रामक है। यहाँ चयन स्थायी कारण और उथली इच्छा के बीच है, यदि पहला शासन करता है, तो दूसरा व्यक्ति समाज को बढ़ावा देता है और समाज व्यक्ति के तर्कपूर्ण विकल्पों पर पनपते हैं। विपरीत विकल्प से निश्चित, लंबे समय में विनाश भी सुनिश्चित है।

दायित्व पारस्परिक है जबकि लोकतांत्रिक व्यवस्था में अंतिम दायित्व जनसमूह पर होता है। प्रत्यारोप और दायित्व स्थानांतरण अधिकारों के उल्लंघन की गंभीरता के बराबर हो सकता है। प्लेटो ने सम्मान, आदत और व्यवहार को बुनियादी आवश्यकता के रूप में बताया जो जानवर और जंगली जानवरों

के विपरीत मनुष्य द्वारा परिलक्षित होती है। प्रतिशोध की भावना घृणा और अवमानना से पैदा होती है। गरिमा/सम्मान पर कांत का सिद्धांत पारस्परिक दायित्व के लिए आवश्यक पारस्परिक सम्मान की अर्थव्यवस्था के लिए अंतर्दृष्टि प्रदान करता है :

"... एक इंसान को एक व्यक्ति के रूप में माना जाता है जो कि नैतिक रूप से व्यावहारिक कारण के विषय के रूप में है, अपने आप में एक अंत के रूप में सभी कीमतों से ऊपर है, उसके पास एक गरिमा है जिसके द्वारा वह दुनिया के अन्य सभी प्राणियों से अपने लिए सम्मान मांगता है ..."[22]

दायित्व स्वयं, समाज और राज्य से संबंधित है। यहाँ प्रत्येक व्यक्ति को प्रत्येक का समान रूप में महत्व स्वीकार करना होगा, प्रत्येक को बराबर मानना होगा, प्रत्येक का अच्छे व्यक्ति के रूप में मूल्यांकन करना होगा और सब के साथ निष्पक्षता का व्यवहार करना होगा। यद्यपि यह सब एक समझौता है ऐसे संयम के मामले में एक उच्च स्तरीय प्रयास की आवश्यकता है और यह प्रयास उस समय और भी कठिन हो सकता है जब मनुष्य स्वयं अपनी ही भविष्यवाणियों (इच्छाओं) को पूरा करने के अलावा कुछ भी नहीं करता है। ऐसे में आत्म-सुधार और सामाजिक साधना के लिए समय नहीं होता है तो यही कारण है कि मानवाधिकार कार्य करने और अभ्यास करने के लिए प्रतिबद्ध इच्छाशक्ति चाहते हैं।

जब जिम्मेदारी की बात आती है; जवाबदेही और दायित्व अन्य बाधाएं हैं। नैतिक दायित्व पर वाद-विवाद कभी समाप्त नहीं होता। मनुष्य अपने स्वयं के संरक्षण के लिए जातीय समाज में रहने के लिए आया था। आधुनिक जातीय /समाज में मनुष्य को नए तरीकों से दबाया जाता है और अति जातीय /राज्य पार्टी आधुनिक जातीय व्यवस्था में शामिल हो जाता है। नीत्शे जातीय समाज में सदस्यता के लिए मनुष्य की नैतिक पसंद से आशंकित थे :

"जातीय समाज से अभिभूत होने से बचने के लिए व्यक्ति को हमेशा संघर्ष करना पड़ता है। यदि आप इसे आजमाते हैं, तो आप अक्सर अकेले रहेंगे, और कभी-कभी भयभीत भी होंगे। लेकिन खुद के मालिक होने के विशेषाधिकार के लिए भुगतान करने के लिए भी कोई कीमत बहुत अधिक नहीं है।"

नीत्शे एक निराश आदर्शवादी की तरह लग सकते है लेकिन उनके अनुमान सही हैं कि जातीय समाज में आत्म-साक्षात्कार के लिए व्यक्ति के उद्यम को

अधीन करने की प्रवृत्ति है। जाति/समाज का एक प्रतिगामी अधिकार है। राज्य हमेशा अपने लोकप्रिय जन की सामान्य संस्कृति और सामान्य इच्छा का पालन करता है। वह स्वयं को जाति/समाज और अति जाति/राज्य के साथ संघर्ष की स्थिति में लाता है। विद्वान समाज एक ऐसे वातावरण में स्थानांतरित होना पसंद करेगा जहाँ परिस्थितियाँ उसके स्वयं के स्वामित्व के विशेषाधिकार के अनुकूल हों जहाँ वह अपने आकांक्षात्मक सपनों के लिए सफल प्रयत्न कर सके। यह जातीय समाज को कठोर स्वभाव वाले मनुष्यों के एक गठजोड़ के साथ छोड़ देता है जो राज्य के मामलों को नियंत्रित करते हैं। ऐसे में राज्य के खराब होने का खतरा संभाव्य हो जाता है। दायित्व/जिम्मेदारी सभी के लिए एक आवश्यक गुण है अन्यथा एक गणतंत्र अंधकार युग के समान एक शाश्वत कयामत में प्रवेश कर सकता है। नीत्शे को याद करें और प्लेटो का अनुसरण करें लेकिन लोग इसके विपरीत प्रतिक्रिया करते हैं। वे शक्ति केंद्रित मानव स्वभाव पर नीत्शे का अनुसरण करते हैं जबकि अवचेतन में मनुष्य में मूल्यों और अच्छाई के लिए प्लेटो का आदर्शवाद बना रहता है। मानवाधिकार सभी के प्रयासों की तलाश करते हैं और यह *पारस्परिक अनुशासन* है[23] जो काम करता है। सम्मेलनों के लिए सामान्यता और पारस्परिकता अनुभवजन्य चुनौतियां हैं। दुविधा 'स्व' के साथ है :

> "एक आदमी! वह अपने साथ अपने स्थिरांक रखता है; वह उनकी निरंतरता का ऋणी है; लेकिन इसकी विविधता भी है... क्रमिक क्षणों की गवाही जिसमें वह स्वयं, एकल विषय की, अपनी विविधताएं पाता है।"[24]

क्रमिक क्षणों की गवाही को पहचानें। रेने ह्यूघे फ्रांसीसी लेखक प्रशंसनीय बात करते हैं :

मनुष्य को अपनी विविध सोच को जन्म देने के लिए अपने स्थिरांक के मनोवैज्ञानिक बोझ को दूर करना होगा; यद्यपि यह स्वयं की दुविधा है।

9.5 सीधा रास्ता या दुष्चक्र : पुरातनता, शास्त्रीयता और उदार व्यवस्था

पुरातनता में अपनी भौतिकवादी आकर्षण और महत्व के लिए एक आवेग है जो मनुष्य के मन और प्रकृति को संचलित करता है जो उपायों से परे

सकारात्मक और विनाशकारी दोनों हो सकता है। पुरातनता आदत, अभ्यास और स्वाद के मानवीय व्युत्पन्न को नियंत्रित करने वाली इंद्रियों से परे है। कारण, आवश्यकता और प्राथमिकता के प्रति मनुष्य की प्रकृति को देखने के लिए एक मामले के रूप में पुरातनता आंतरिक और वास्तविक है। इसलिए पुरातनता मनुष्य के वर्ग और कद का निर्धारक है। मन के प्रति उसका जुनून आदत और स्मृति पर विस्तृत है। सार्वभौमिक भावना को विकसित करने के लिए, अतीत के बुरे अनुभव को भविष्य की आकांक्षा से दूर करना होगा। पुरातनता से प्रेरित आदत और स्मृति, धोखे और व्यवधान, तथा अतिविचार का कारण बन सकती है। मानव की पुरातनता/भूतकाल से अत्यधिक लिपत्ता उसे *अप्रासंगिकता के गर्त में उतार देती* है।[25] अधिकार सार्वभौमिक हैं और वैचारिक-विविधीकरण की मांग करते हैं।

सकारात्मक पुरातनता मानव को शास्त्रीयतावाद एवं आगे उदार व्यवस्था की ओर ले जाती है जबकि नकारात्मक पुरातनता बर्बरता, उपनिवेशवाद और सार्वभौमिकता के लिए खतरा लाती है। अपने विविध रूप में पुरातनता के परिणाम/जुनून निहित हैं। रूढ़िवादिता पुरातन सम्मेलनों के अंधानुकरण से पैदा होती है जो उद्यमशीलता की उस भावना के लिए खतरा है जो की मानवाधिकारों के दर्शन को विकसित करती है। स्व-पूर्ति की भविष्यवाणी और अज्ञानता पुरातनता, शास्त्रीयतावाद द्वारा संचालित सक्रिय अतीत के उत्पादों द्वारा होती है। पुरातनता उस उदार व्यवस्था को खतरे में डालती है जो सार्वभौमिक संदर्भ में अन्य मूल्यवान संभावनाओं के प्रति 'ध्यान और धारणा' की कमी के कारण होती है। आधुनिक सामाजिक व्यवस्था में दिनचर्या के साथ मिश्रित होने पर भविष्य के क्रम को आकर्षित करने के लिए पारंपरिक तरीकों और साधनों का पालन करते हुए वर्ग/शास्त्रीयवाद के प्रति चेतना समान रूप से खतरनाक है। पुरातनता और शास्त्रीयवाद ने संपूर्णता में विभाजन पैदा कर दिया है। एक सांझे रंगमच पर यदि व्यक्तिगत गायन होने लगे तो स्वरों में कर्कशता ही पैदा होगी, यही स्थिति आज वास्तव में सार्वभौमिक मूल्यों की वकालत करने वाले अपर-राष्ट्रीय स्तर के अधिकारियों की वास्तविकता बनी हुई है। विश्व एकमत होने के बजाय वैश्विक प्राथमिकताओं में आम मुद्दों पर बंटा हुआ है। उप-संस्कृति स्तर के मामलों से निपटने के लिए अवधारणात्मक अनुभवों और प्रथाओं के माध्यम से आम मंच को मजबूत करने के बावजूद, उदार

दृष्टिकोण (एजेंडा) अज्ञानता का सामना करता है। राष्ट्रीय और अंतर्राष्ट्रीय स्तर पर मानवाधिकारों का कभी-कभी उल्लंघन किया जाता है। मशालधारकों ने आमूलचूल परिवर्तन के सामान्य आधार पर खड़े होने के लिए भी उत्साह खो दिया है। पुरातनता और शास्त्रीयता की बर्बर भावना द्वारा भी उदारवादी एजेंडा को निजीकरण से ऊपर रखकर मानवाधिकारों की भावना और दर्शन को मौलिक रखना होगा। मानवाधिकार विशेषता, आयाम और पहचान में अमूर्त और शाश्वत हैं जिन्हें अक्षरशः और भावना में पहचाना जाना चाहिए। इसलिए पुरातनता और शस्त्रीयतावाद के लिए प्रलोभन, अधिकारों के लिए भावना को साकार करने वाले उदार आदेश को पूरी तरह से बदल सकता है या बदलने की कोशिश कर सकता है। गर्व मानवाधिकारों की संस्कृति के लिए गुणकारी नहीं है। पुरातनता और शास्त्रीयतावाद सांस्कृतिक सापेक्षतावाद और सर्वोच्च गौरव को प्रोत्साहित करते हैं, इस संदर्भ में कोई भविष्यवाणी नहीं की जा सकती क्योंकि ये एक व्यक्ति को रूप और विवरण में दूसरे से अलग करते हैं। जर्मन प्रबुद्धता और विकास पर एक गहन विचारक जोहान गॉटफ्राइड हेडर एक दृष्टि प्रदान करते हैं :

> "... चरवाहों के साथ एक चरवाहा बनना चाहिए और प्राच्य लोगों के साथ एक प्राच्य।"[26]

मानवाधिकारों का दर्शन अनुकूलन, आत्मसातकरण, ज्ञानोदय और विकास सिखाता है। पुरातनता और शास्त्रीयवाद आधारित जुनून मानवाधिकार संस्कृति के लिए सीधे शाही रास्ते की ओर से अलग एक मोड़ है।

9.6 पुनरुक्ति, सहनशीलता या रणनीति

मैं इस पुस्तक को मानवाधिकारों पर इस विश्वास के साथ लिख रहा हूं कि शिक्षा और ज्ञान लंबे समय में मदद करेगा। सभ्यता को आगे ले जाने वाले विमर्श के माध्यम से लोगों को अपने बारे में और दूसरों के बारे में जागरूक करने के अलावा और क्या उपाय है। *डिवाइन कॉमेडी* में दांते एक पंक्ति प्रदान करते हैं :

> "तुम्हें उन लोगों को कष्टजनक मानना होगा जिन्होंने बुद्धि की उपयुक्ता को त्याग दिया है।"

मनुष्य की उदासी को बुद्धि और बौद्धिक विमर्श से दूर किया जा सकता है। अपने मतभेदों और विचारों को व्यक्त करने के लिए समाज के हितधारकों के भीतर बौद्धिक संचार स्थापित करने की आवश्यकता है। सहनशीलता मानवाधिकारों में मूल्यों का महत्वपूर्ण पहलू है। आँख के बदले आँख का दृष्टिकोण आधुनिक सभ्यता के लिए प्रासंगिक नहीं है। सहनशीलता का उन लोगों के लिए आकर्षक मूल्य है जो समुदाय और समृद्धि की प्राथमिकता के साथ भविष्य की योजना बनाना चाहते हैं। समृद्धि समुदाय के विस्तार और सामुदायिक भावना को प्रोत्साहित करने वाले मूल्यों पर निर्भर करती है। लगातार संघर्षों वाला समुदाय अचानक समाप्त हो जाता है। जिन समाजों का विकास हुआ है उन्होंने घृणा और अन्य मजबूत सामान्य मूल्यों के खिलाफ उल्लेखनीय सहनशक्ति दिखाई है। शिक्षा सहिष्णुता सिखाती है। एक अमेरिकी लेखक हेलेन केलर ने कहा है कि *शिक्षा का सर्वोच्च परिणाम सहिष्णुता है।* लेकिन सहनशीलता उस स्तर तक नहीं होनी चाहिए कि एक समाज जागीर में बदल जाए। इसलिए सहिष्णुता को पारस्परिक होना चाहिए क्योंकि महात्मा गांधी ने कहा था कि पारस्परिक सहिष्णुता सभी समय और सभी जातियों के लिए एक आवश्यकता है। पारस्परिकता के अलावा, स्वीकार्यता और अनुकूलन अन्य कारक हैं जो समाज में अनुकुलनता और सहनशीलता को बढ़ाते हैं। ये मूल्य एक समाज की उस ताकत के संकेत हैं कि वह उस अवस्था को सहन कर सकता है जो इसे नष्ट करने की प्रवृत्ति रखता है। क्षमा, धैर्य और सहनशीलता किसी मजबूत व्यक्ति के गुण हैं। राज्य समाज पर हावी है इसलिए इसके शासी कानून में तदनुसार प्रावधान हैं। तीव्र यथार्थवाद गुटबाजी की ओर ले जाएगा। कानून अपने पूर्ण अर्थ में उसके क्रियान्वयन में प्रभावी नहीं हो सकता। एक अंतर्दृष्टि के लिए :

> "केवल कानून ही अभिव्यक्ति की स्वतंत्रता को सुरक्षित नहीं कर सकते; प्रत्येक व्यक्ति बिना दंड के अपने विचार प्रस्तुत करे, इसके लिए पूरी आबादी में सहिष्णुता की भावना होनी चाहिए।" – अल्बर्ट आइंस्टीन

सहिष्णुता एक राष्ट्र की संस्कृति द्वारा परिकल्पित कानूनों और नैतिकता की आकांक्षाओं को प्रभावित करने और साकार करने में मदद करती है। यह सामान्य जनइच्छा में निर्विवाद स्वीकार्यता लाता है। आजादी, स्वाधीनता और स्वतंत्रता का प्रयोग केवल एक सहिष्णु संस्कृति में ही किया जा सकता है

और इन विशेषताओं के बिना, समाज नाममात्र का, नकली, उथला और शून्य है। सहिष्णुता केवल एक विश्वास नहीं है; इसके परिणाम बोधगम्य हैं और यह किसी संस्कृति में एक सामान्य प्रवृति है। सहिष्णु व्यवहार दूसरे के लिए नहीं है बल्कि आपकी अपनी विश्वसनीयता और तालमेल बढ़ाने के लिए है जो राय और विचारों को मुखर करने में मदद करता है और यह समाज के लिए वार्ता और विमर्श निर्मित करने के लिए एक पूर्व शर्त है। विमर्श के लिए सहिष्णुता की आवश्यकता होती है। अलगाव संचार स्थापित करने के लिए अनुकूल नहीं है जो एक सभ्य समाज में रक्त रेखा है। संचार और विमर्श लगातार और निरंतर होना चाहिए।

लेकिन क्या होगा अगर सहिष्णुता अक्षमता की ओर ले जाती है? ये वास्तविक और यथार्थवादी समय हैं! एक सहिष्णु समाज की विफलता दुखद परिणामों की ओर ले जाती है जो उस त्रासदी का नेतृत्व करने वालों से विचारशीलता की कमी को दर्शाता है। ऐसी परिस्थितियों में कठोर उपाय की मांग करते हुए, सीमित समय के लिए अपनी अवधारणात्मक समझ को कम करके कानून को पूर्ण अर्थों में लागू किया जाना चाहिए। कानून में यह पूर्णता नैतिक व्यवस्था और नैतिक प्रगति को बहाल करती है। थॉमस एक्विनास ने औचित्य दिया[27]:

> "चूंकि कुछ लोग लज्जाहीन होते हैं और बुराई के शिकार होने के प्रवण होते हैं, जिन्हें आसानी से शब्दों से नहीं हिलाया जा सकता, यह आवश्यक है कि उन्हें बल और भय से बुराई को दूर रखा जाए, ताकि वे कम से कम बुरी तरह से काम करना बंद कर दें और दूसरों को शांतिपूर्ण जीवन जीने दें, ताकि वे, इस तरह से अभ्यस्त होकर, अंततः स्वेच्छा से वह करने के लिए लाए जा सकें जो उन्होंने डर के कारण से पहले किया था, इस प्रकार वे गुणी बन गए। और इस प्रकार की शिक्षा, जो दंड के भय पर बल देती है, वह है कानूनों की शिक्षा।"

लोगों को नैतिक स्तर पर बनाए रखने के लिए कड़े कदम उठाने के लिए कानून के कूटनैतिक उपयोग आवश्यक है। कभी-कभी, बल का प्रयोग, जैसा कि एक्विनास ने उल्लेख किया है, चीजों को सही दिशा में आगे बढ़ने के लिए आवश्यक है। कानून का क्रियान्वन लज्जाहीन और बुराई करने के प्रवण लोगों को निशाना बनाने पर होना चाहिए। जब सिद्धांत व्यावहारिकता

में बदलता है तो शांति को आदेश से अधिक महत्व देने से सामंजस्य वापस आ सकता है। जब विचार काम करने में विफल हो जाते हैं, तो कार्रवाई का समय जिसे रणनीति कहा जाता है, जो स्वभाव से भेदभाव, अवज्ञा, घृणा और अज्ञानता पर न्याय के लिए कानून पर एक नकारात्मक दायित्व है। मनुष्य अपने स्वभाव से प्रकृति की भाषा को समझते हैं जो इस सत्य का प्रमाण है कि उद्देश्य नैतिकता पर हावी हो जाते हैं। इसलिए इस तरह के तत्वों को सामान्य हितों को नकारात्मक दायित्वों की ओर आकर्षित करने के लिए कानून के तहत क्षमा आचरण को सीमित करने के लिए प्रदर्शन किया जाना चाहिए।

एक्विनास शिक्षा की सिफारिश करते है क्योंकि कानून अपने पूर्ण अर्थों में न्याय की नवीनता को निरर्थक बना सकता है। शिक्षा और कुछ नहीं बल्कि भविष्य के प्रति एक व्यापक दृष्टि पर एक विमर्श है। संकुचित दृष्टि से अल्पकालिक लाभ होता है लेकिन दीर्घकालिक नुकसान होता है। सुसंगतता के अभाव में कुछ ठोस सुरक्षा प्रणाली की आवश्यकता होती है जो तंत्र को सुगम बनाने और विनियमित करने दोनों के संदर्भ में होना चाहिए। गुटबाजी से बचने हेतु विमर्श को बढ़ावा देने के लिए उचित कार्यक्रम बनाकर एक यंत्रीकृत रणनीति अपनानी चाहिए जो अवश्य ही कानूनी ढांचे में समाहित हो सके।

"त्रासदी के बाद, पुरानी हास्यकथा पेश की गई"–सेनेका

यहां हास्यकथा का मतलब लोगों को सकारात्मकता में बांधे रखने का एक तरीका है ताकि दुखद परिणाम बढ़ते न जाएं। शिक्षा दोहराव वाले संवादों के माध्यम से मन बदलने में मदद करती है। दुखद समय में, जब साम्राज्य खतरे में हो तो हमें रोम पर हमला करने के लिए एटिला हुन के नापाक इरादे के खिलाफ पोप लियो द ग्रेट के रूप में योग्य लोगों की आवश्यकता होती है :

> "मैंने न तो अनुमति दी है और न ही मैं अनुमति दूंगा, जिन चीजों को पवित्र पिताओं ने तय किया है वे किसी भी नवाचार से उल्लंघन नहीं की जा सकती है।"
>
> –पोप सेंट लियो द ग्रेट

चित्र 9.4 : लियो द ग्रेट और अत्तिला प्रवचन करते हुए (राफेल, 1514)।

पोप लियो ने अत्तिला को रोम पर हमला न करने के लिए मना लिया और यह विमर्श विशुद्ध रूप से धार्मिक आधार पर था। हमें पोप लियो के कौशल वाले राजनेता की जरूरत है कि वार्ता कौशल के इस्तेमाल से एक त्रासदी से बचा जा सके। इसे कूटनीति या युक्ति कहा जा सकता है लेकिन अंतिम परिणाम रोमन साम्राज्य में शांति थी।

यहां विश्लेषित वाद-विवाद का कोई वैकल्पिक और पक्का समाधान नहीं है। मानवाधिकार विमर्श एक अंत नहीं है बल्कि चल रही प्रथा है जो निरंतर परिशोधन चाहती है। अधिकारों से पीड़ित लोगों के लिए एकमात्र सांत्वना और अधिकारों के लिए आवारा लोगों के लिए एकमात्र विकल्प फिर से सीखने के लिए फिर से शिक्षित करना है क्योंकि :

> "दुनिया के महान युग के सभी तथाकथित प्रमाणों का खंडन किया जा सकता है।"[28]

अधिकारों के संवेदनशील मामलों पर बहस भविष्य के परिपेक्ष्य में कुछ आशंका पैदा करती है और इस तरह की उदास स्मृति को व्यामोह में नहीं बदलना चाहिए।

टिप्पणियाँ

1. रॉर्टी, रिचर्ड, "ट्रुथ एंड प्रोग्रेस", *फिलॉसॉफिकल पेपर्स*, खंड 3, कैम्ब्रिज यूनिवर्सिटी प्रेस, 1998. पृ. 169
2. उक्त, पृ. 140-141

3. उक्त।
4. बीरन, हनी, *सरलता का साहस : डब्ल्यूआर बायोन के कार्य में आवश्यक विचार*, लंदन : कर्णक, 2015. पृ. 34
5. उक्त।
6. न्यूमैन, ई. द *ग्रेट मदर : एन एनालिसिस ऑफ द आर्कीटाइप*, पहला प्रिंसटन क्लासिक्स एड, प्रिंसटन क्लासिक्स, 2015.
7. उक्त, पृ. 24
8. हैबरमास, जुर्गन, *संचारी कार्रवाई का सिद्धांत : कारण और समाज का युक्तिकरण*, खंड 1, बोस्टन : बीकन प्रेस, 1984. पृ. 146
9. डेनेट, डीसी, *चेतना समझाया*, बोस्टन : लिटिल ब्राउन, 1991 पाठ 1.
10. हैबरमास, जुर्गन, *संचारी कार्रवाई का सिद्धांत : कारण और समाज का युक्तिकरण*, खंड 1, बोस्टन : बीकन प्रेस, 1984. पृ. 346
11. उक्त।
12. स्मिथ, निकोलस एच. *रीडिंग मैकडॉवेल : ऑन माइंड एंड वर्ल्ड*, लंदन; न्यूयॉर्क : रूटलेज, 2002.
13. उक्त।
14. बीरन, हनी, *सरलता का साहस : डब्ल्यूआर बायोन के कार्य में आवश्यक विचार*, लंदन : कर्णक, 2015. पृ. 222
15. ब्रैंडम, रॉबर्ट, *इसे स्पष्ट करना : तर्क, प्रतिनिधित्व, और विवेकपूर्ण प्रतिबद्धता*, कैम्ब्रिज, मास : हार्वर्ड यूनिवर्सिटी प्रेस, 1994. अध्याय 8
16. उक्त।
17. खतरनाक सबक : "आधुनिक युग के लिए मेलियन संवाद : http://www.amendmentavenger.com/melian/
18. इस्राएल, योनातान, *मन की क्रांति*, प्रिंसटन यूनिवर्सिटी प्रेस, 2010. पृ. 168
19. उक्त
20. एक अनुमान : रॉर्टी, रिचर्ड, "ट्रुथ एंड प्रोग्रेस", *फिलॉसॉफिकल पेपर्स*, खंड 3, कैम्ब्रिज यूनिवर्सिटी प्रेस, 1998. पृ. 146
21. हैबरमास, जुर्गन, *संचारी कार्रवाई का सिद्धांत : कारण और समाज का युक्तिकरण*, खंड 1, बोस्टन : बीकन प्रेस, 1984. पृ. 199
22. कांट का व्यक्तियों के सम्मान का लेखा-जोखा, https://plato.stanford.edu/entries/सम्मान/#KanAccResForPer
23. हॉल, जॉन ए, और श्रोडर, राल्फ, *एन एनाटॉमी ऑफ पावर : द सोशल थ्योरी ऑफ माइकल मान*, कैम्ब्रिज, यूके : कैम्ब्रिज यूनिवर्सिटी प्रेस, 2006. पृ. 71
24. पार्सन्स, सी. आर रेने, टोरंटो विश्वविद्यालय प्रेस, 1957 पृ. V

25. बीरन, हनी, *सरलता का साहस : डब्ल्यूआर बायोन के कार्य में आवश्यक विचार*, लंदन : कर्णक, 2015. पृ. 9

26. बिटेनहोल्ज, पीटर जी. *हिस्टोरिया और फैबुला : मिथ्स एंड लेजेंड्स इन हिस्टोरिकल थॉट फ्रॉम एंटिकिटी टू द मॉडर्न एज,* ब्रिल्स स्टडीज इन इंटेलेक्चुअल हिस्ट्री, खंड 59. अक्षांश। लाइडेन : ई.जे. ब्रिल, 1994. पृ. 256

27. थॉमस, *सुम्मा थियोलॉजिका : कम्पलीट इंग्लिश एडिशन* इन फाइव खंड, वेस्टमिंस्टर, एमडी : क्रिश्चियन क्लासिक्स, 1981. चौ. 7. पृ. 140

28. फ्रांकोइस रेने डी चेटोब्रिआंड, फ्रांसीसी लेखक, राजनयिक, राजनीतिज्ञ और इतिहासकार जब धर्म पर गुटबाजी बढ़ रही थी, तब चेटेउब्रिआंड ने 'विश्वास' के पक्ष में लिखा था।

आइए चलते हैं, क्योंकि हमारी लंबी यात्रा इसकी मांग करती है।

–दांते अलीघिएरी, द *डिवाइन कॉमेडी*

रुकिए, मैं एक नया काम कर रहा हूँ।

–प्रभु (यशायाह 43:19)

अनुक्रमणिका